獻給

格蘭 (Al Glenn)

模範、良師、摯友

系統神學叢書

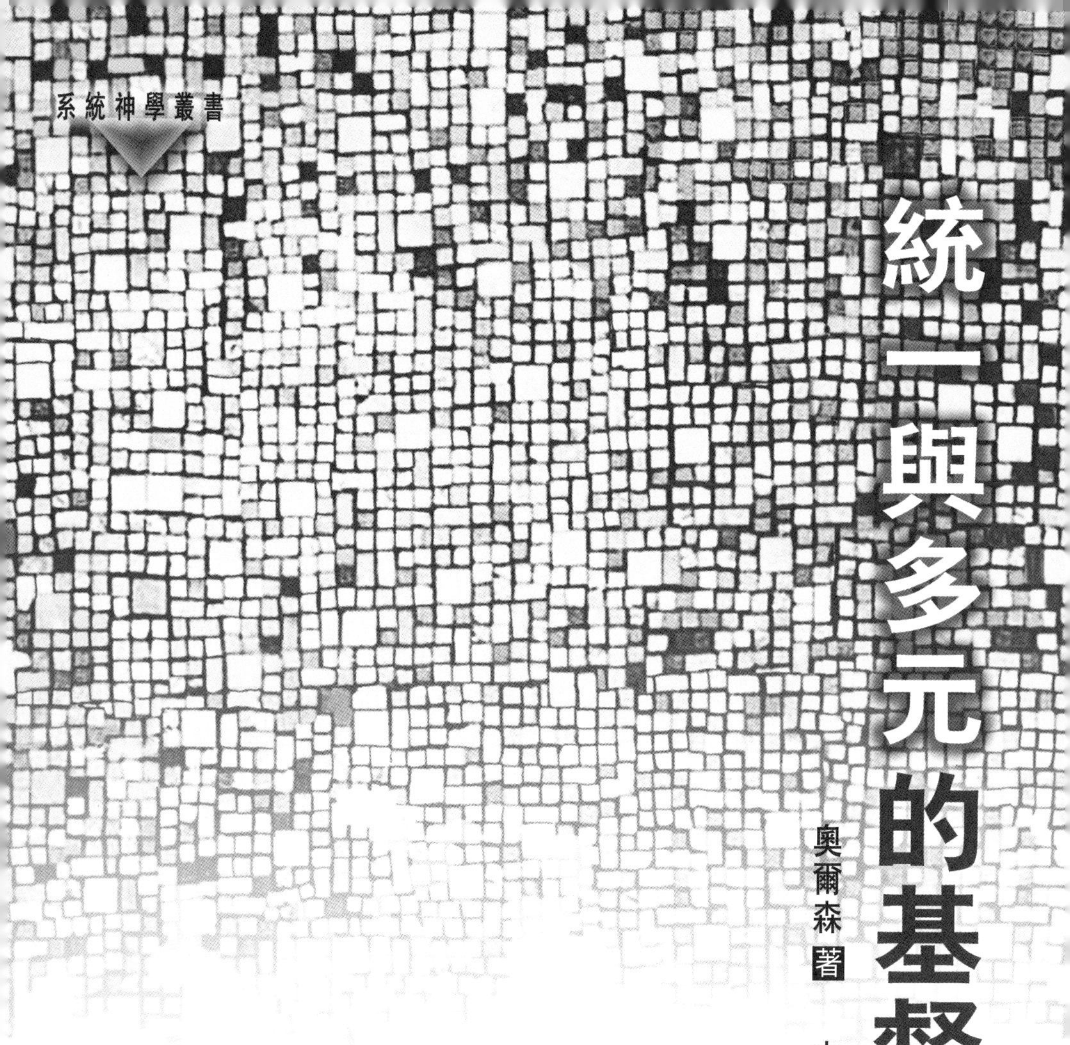

統一與多元的基督教信仰

二版

奧爾森 著

李金好 譯

鄧紹光 學術顧問

▼

系統神學叢書

統一與多元的基督教信仰

The Mosaic of Christian Belief
Twenty Centuries of Unity & Diversity

作者
奧爾森 Roger E. Olson

譯者
李金好

學術顧問
鄧紹光

責任編輯
蔡錦圖

裝幀設計
莫可雅

■

出版 / 發行
基道出版社
香港沙田火炭坳背灣街 26 號富騰工業中心 10 樓 1011 室
LOGOS PUBLISHERS
Unit 1011, 10/F., Fo Tan Ind. Centre, 26 Au Pui Wan St., Shatin, Hong Kong
電話：(852) 2687-0331　傳真：(852) 2687-0281
網址：https://www.logos.com.hk

承印
雅聯印刷有限公司

●

7/2006 初版　3/2014 二版
Cat. No. LP231-2A
ISBN-10: 962-457-307-7
ISBN-13: 978-962-457-307-7
Originally published by InterVarsity Press
as The Mosaic of Christian Belief by Roger E. Olson.

Translated and printed by permission of
InterVarsity Press, P.O. Box 1400, Downers Grove, IL

Printed in Hong Kong

刷次	10	9	8	7	6	5	4	3	2
年份	2031	2030	2029	2028	2027	2026	2025	2024	2023

中文版序

《統一與多元的基督教信仰》由香港基道出版社出版，我深感欣慰。本書有助美國許多神學生、牧者和平信徒對於神國的理解有深入的認識，我深切盼望同樣的果效在中文地區也可得見。

當然，我憂心中文讀者會發現本書所用的某些材料可能有別於他們的社會和文化環境，那是來自西方的觀點。然而，我期望亞洲基督徒可以與歐美基督徒一同分享許多宗教遺產，以及中文讀者可以共鳴的信念。我希望他們不會認為這是把西方思想強加在他們身上，那不是我撰寫本書的目的。

我期望，我們所分享的信仰，可以藉著西方思想的馬賽克式鑲嵌畫而得以顯亮。本書的目的只是列出基督教二千年來在各地所呈現的基本信仰外貌。同時，本書也是要展示在同一信仰中，能夠有真實差異的空間。中文基督徒讀者大可在本書所見的合唱歌曲中，加上他們的文化調子。我盼望運用本書的老師，也可以詢問他的學生：「在教義的這個領域中，中國人可以有何獨特的貢獻？」

我感謝基道出版社把《統一與多元的基督教信仰》帶給中文讀者，並期望與他們深入交流。

奧爾森

英文版序

本書的面世是由於差不多20年來我在大學、學院及神學院教授基督教教義和神學的入門課程。那些年間我用過許多不同的單本教科書，要求學生仔細而嚴謹地閱讀。雖然每一本我用的書都叫我和學生從中得益，而我們也一起閱讀並討論它們，但就我們的目的而言，似乎沒有一本叫人感到完全滿意。我和學生有一個共同的結論：我們需要的是一本相當基礎、比較全面、不太學術性、不是純理論的單本基督教信仰入門。我覺得有需要寫這樣的一本書，於是讀者眼前的這一本就出現了。讀者可以從引論部分知道更多有關本書和本人(作者)的資料。我希望本書將會榮耀神，造就教會，使學生得著見識和激勵，並回答人們有關基督教信仰的問題，與此同時，又把誤導讀者的可能性減至最低。

我願意向 InterVarsity Press 的諸位朋友致謝，他們幫忙籌劃此書的英文版，並使之成形。我又願意感謝吾妻碧琪 (Becky)、小女阿敏 (Amanda) 及桑亞 (Sonja)，他們常要忍受我在寫作方面的偏執個性。感謝葛倫斯 (Stanley Grenz) 及博爾德 (Gregory Boyd) 兩位 (分別) 與我的交情，多年來用心聆聽，給我意見。

謹將此書獻給我25年來的神學導師和模範——格蘭 (Alfred Glenn, Al) 先生。若沒有他忠心的支持、鼓勵與禱告，我就不會成為神學家了。格蘭先生是我的榜樣，教我如何作一個愛好和平的福音派分子；他也是我的朋友、同事和顧問。

本書一律以 *ANF* 及 *NPNF* 兩個縮寫語來指在兩套叢書中所用的文本，這兩套叢書分別是：*The Ante-Nicene Fathers: Translations of the Writings of the Fathers Down to A. D. 325,* ed. Alexander Roberts and James

Donaldson, 10 vols. (Grand Rapids, Mich.: Eerdmans, 1988)，以及 *A Select Library of the Nicene and Post-Nicene Fathers of the Christian Church,* ed. Philip Schaff, 14 vols. (Grand Rapids, Mich.: Eerdmans, 1984)。(相同的兩套叢書也由 Hendrickson Publishing of Peabody, Mass. 出版。) 一般來說，它們都可以在大多數與教會有聯繫的大學或學院、或大部分神學院的圖書館找到。很多公共圖書館將之歸入參考書一類。讀者也可以在互聯網上 (ccel.org) 的 *Christian Classics Ethereal Library (CCEL)* 叢書找到它們；或可以購買出版社的光碟(詳情請查閱網址)。全書所引加爾文的《基督教要義》(John Calvin, *Institutes of the Christian Religion*)，其文本出自 Westminster Press (今稱 Westminster John Knox) 在1960年出版的 The Library of Christian Classics，由 John T. McNiell 編，Ford Lewis Battles 譯。

奧爾森

學術顧問序

鄧紹光
香港浸信會神學院
基督教思想（神學與文化）教授

基督教會究竟相信的是甚麼？而對於所相信的，又是否明白其意義(meaning)與含意(significance)？我們所信的，我們明白嗎？這是所有基督徒都得回答的問題。然而，沒有教導，誰能明白、知曉呢？沒有正確的教導，又如何可以保證繼後的實踐不會出錯呢？教會跟神學院就這一教導的使命，顯然是責無旁貸的。

基督教的信仰並非個人主觀的產物，而是一個藉著聖靈的能力聆聽聖道而生的信仰羣體對所信靠的對象的思想和認識。因此，當我們在教導基督教的信仰之時，就並非只是講授一兩位神學巨人或奮興佈道家的言論學說；基督教會要教導的乃是我們這個信仰羣體所相信的。再說，這個信仰羣體也不是一時一地的，而是古往今來的。因此，基督教會要宣講的、要教導的、要傳揚的，乃是眾聖徒所共同相信的。

那麼，我們這個基督信仰羣體所相信的，又是否只是一些鐵板一塊、僵化不動的教條呢？曰云不然，那麼我們又會否擺到另一極端，以為基督信仰是完全流動任意變化的？這樣，我們就要講到奧爾森(Roger E. Olson)這本著作：《統一與多元的基督教信仰》。事實上，統一與多元正是作者用來形容二千年來基督信仰的特性。此書英文正題為*The Mosaic of Christian Belief*，副題才是*Twenty Centuries of Unity and Diversity*。

二千年來的基督信仰就好像一幅馬賽克的彩色拼圖。一方面固然由許多教義組成，彼此之間有著不可分割的關係。另一方面這許多教義又各自有其彩色的拼圖。事實上，這種統一與多元的格局，並非要到奧爾森方才提出來的。舊約聖經和新約聖經的研究在上個世紀末葉已經有不少學者提出如此的看法，這就更加表明了我們對信仰的了解既非統一亦非多元，而是統一與多元並立，而更準確的講法，乃是統一中的多元、多元中的統一。

奧爾森此書基本上是以這樣的進路來介紹二千年來的基督教信仰。他在其引言及第一章清楚交代他的寫作手法，全書各章都依據他這統一與多元的格局來鋪陳基督教各項教義。統一是劃界，多元就是在這劃下的界限以內而有的各種看法。因此，統一並非表示只有一種見解，但也不是甚麼見解都行。在統一這條界線之外就是異端或另類見解，而在統一這條界線之內的都是正統信仰的不同演繹。

從以上的討論和介紹可以得知，奧爾森雖然有他自己的某種信仰立場，但他此書卻並不純粹站在某個學派的神學觀點之上來講解我們二千年來的共同信仰。事實上，二千年來，從早期教會到羅馬公教，從東正教到新教，從新教中的信義宗到信洗派等，都是構成這幅精彩的信仰拼圖不可或缺的一部分。華人教會所信的，都明白嗎？深願本書的中譯本能幫助華人教會及神學院，於教導、宣講、傳揚我們所信的，起著積極的作用。

是為序。

2006年5月24日

香港浸信會神學院

目錄

中文版序 v
英文版序 vii
學術顧問序 ix
目錄 xi
引論：需要一套「兼容」的神學 1
| 1 | 基督教信仰：統一**與**多元 17
| 2 | 基督教信仰的來源與規範：一**與**多 37
| 3 | 神的啟示：普遍**與**特殊 57
| 4 | 聖經：神的話**與**人的話 75
| 5 | 神：偉大**與**良善 95
| 6 | 神：三**與**一 117
| 7 | 受造世界：美好**與**墮落 139
| 8 | 神的護理：有限**與**精微 159
| 9 | 人：從本質來說是美好的**與**從存在來說是疏離的 181
| 10 | 耶穌基督：神**與**人 205
| 11 | 救恩：客觀性**與**主觀性 225
| 12 | 救恩：恩賜**與**任務 247
| 13 | 教會：有形**與**無形 269
| 14 | 死後的生命：延續**與**斷裂 287
| 15 | 神國：已然**與**未然 311
聖經經文索引 337
人名中英對照及索引 339
專有名詞中英對照 343

引論

需要一套「兼容」的神學

最近數十年出版了無數闡釋基督教信仰的好書，其中很多還沒有絕版，有心人不難買到，從中領會基督教所說的宗教課題：神、人、救恩、教會、死後生命、世界終局，以及其他。為甚麼要多此一本？本書與眾多基督教神學家撰寫的作品有何分別呢？

為另一本教義大全的非護教性辯解

日光之下固然可說並無新事，但這本是論基督教信仰的手冊，要在闡釋基督教教訓的書籍中填補一個已為人知的空隙。正如大部分同類書籍一樣，它務求**全然符合聖經**，而且**忠於基督教的偉大傳統，並以切合時宜的方式，重申基督徒一向的信念**。除此以外，它更謀求**在福音派基督教的廣大傳統之間，提供一種中庸的神學觀點**。一種中庸的神學 (mediating theology)，是要嘗試打通那存在於某個宗教 (在此即基督教) 的觀點與解釋之間不必要及不適當的鴻溝。這樣的手法著重和諧，也著重真理；它假定了在某些時候，同樣虔誠的基督徒必須大家同意，在次要的事情上有所分歧，在基本的立場上團結。這個目標可如何達到？其中一個方法是，重新發現並重新評價我們共有的基督教信仰遺產——在本書將稱之為「基督教教訓的偉大傳統」(the Great Tradition of Christian teaching)。還有人用「公認的基督教傳統」(consensual Christian tradition) 和「純正基督教」(mere Christianity) 等名詞，指同一套共有的基督教信念。有人用過一個較不恰當的名稱——「普遍基督教」(generic Christianity)——來指稱這個從早期教會以至歷代大多數基督徒所共有的信仰立場。我會在第一章探討基督徒共同的信仰立場這個概念。本書旨在向初入門的讀者說明，這個共同的傳統就一致性來說包含了甚麼，就多元性來說，它容許甚麼，而就異端來說，它拒絕的是甚麼——所謂「異端」，即被普遍視為是根本與基督教接不上的信念，儘管它們不時濫用了「基督教」之名。

一種中庸的神學固然著重不同派別基督徒的一致信念及彼此共有的立場，但是要達致一套中庸的基督教信仰的另一條門徑，可以是證明在共有的基督教信仰這個共同的一般範圍內，有足以容納真正的多元性空間。許多基督徒把「真正的基督教信仰」等同了狹窄片面的基督教思想。基督徒的成熟進程包括容許和而不同，在大體的團結之中，認可正當的差異，甚至分歧。例如，東正教、羅馬天主教、長老宗、循道會、浸信會及五旬宗各個傳統的基督徒，雖在解釋和看法上有若干重要的分歧，但都擁有一套共同的信仰——只要他們站穩在本身的**基督教**宗派傳統上，不偏向激進的宗派主義或自由化神學。換言之，以長老宗傳統的〈威斯敏斯特信條〉(Westminster Confession of Faith) 與循道會的〈宗教信條〉(Articles of Religion) 而論，彼此的立場大體上是一致的，儘管在一些次要論點上二者有明顯的分歧。二者同是基督教信仰的表白，而非出自世俗主義、偶像崇拜、印度教或佛教。同樣的說法也適用於在這偉大傳統內的其他傳統。即使以歷史悠久的東正教、羅馬天主教和新教這三大基督教流派來說，與其他世界宗教、精神哲學及世界觀相比，三者也有著不少共同點。本書的名字正是表現了這條中庸之路，一種務求兼顧基督教的統一性**及**多元性的進路。一幅拼畫把豐富多姿的色彩合成一個和諧複合的圖案，既表現一個統一的形象，卻沒有犧牲了多元性。偉大傳統的基督教是把統一性與多元性結合的。基督徒在關乎神的最緊要的事情上，可以並且(往最好方面說)是「有一樣的意念」，但他們也以多個不同的觀點，為這同一個世界觀添上繁麗。本書其中的一個主要目標，是描畫基督教信仰，同時兼顧其美好的和諧及豐富的多元性。

除了向讀者展現出一條中庸的基督教信仰之路之外，本書的另一重要目標是，說明**福音派基督教** (evangelical Christianity) 的信念，展現這個傳統最好的一面。**福音派**這個概念備受爭論，也許本質上它是一個惹人爭議的概念。從最廣義說，它可以是與**基督徒** (Christian) 一詞同義，因為基督教 (Christianity) 是以福音為中心而非以律法為中心的。**福音派** (Evangelical) 源自一個希臘字，意指在耶穌基督死而復活以後，使徒所傳佈的福音或好消息。福音就是使徒傳的這個信息：人可憑著神的恩典並藉著耶穌基督，因相信祂而獲得完全及白白的拯救。這樣，不論任何教會、組織或個人，只要是忠心宣揚這個福音，就是福音派了。

然而，綜觀過去的歷史，有各種運動把福音派之名賦與一個比較特定的意思，並以此自稱。時至今天，在歐洲，**福音派**一詞實際上是與**新教** (Protestant，或譯「更正教」) 同義，而且專指某種基督教 (譬如教會或宗派)，既不屬羅馬天主教，又不屬東正教，而是站在馬丁·路德 (Martin Luther) 和加爾文 (John Calvin) 的改教遺產，以及由克藍麥 (Thomas Cranmer) 所領導的英國宗教改革運動傳統中。在大不列顛，**福音派**一詞是指18世紀由衛斯理兄弟 (John and Charles Wesley) 及友人懷特腓德 (George Whitefield) 所領導的復興運動。在美國，**福音派**及**福音主義** (Evangelism) 漸漸用來專指 (大多屬) 新教基督教的形式，它跨越了宗派的界限，在神學上一般保守，持守歸正主義和福音主義、聖經主義，並且著重耶穌基督是道成肉身的神、被釘十架的救主、復活的主及再來之王。福音派在其他基督徒中的突出之處，在於他們強調「與耶穌基督的個人關係」，包括了由悔改及相信而來的歸正經驗，以及天天作基督門徒的生活——禱告、讀經，以及靠著神的幫助學效救主的模樣。到了20世紀下半葉，一批溫和而保守的福音派基督徒、福音派宗派和組織聚攏起來，組成一個自由聯盟，互相支持並提倡其共同的福音派精神。[1]

1　對於這個福音派聯盟及其中的統一與分歧覺得陌生的讀者，參 Jon R. Stone, *On the Boundaries of American Evangelicalism: The Postwar Evangelical Coalition* (New York: St. Martin's Press, 1997)； Gary Dorrien, *The Remaking of Evangelical Theology* (Louisville, Kentucky: Westminster John Knox, 1998)；以及 Donald W. Dayton and Robert K. Johnston, eds., *The Variety of American Evangelicalism* (Downers Grove, Illinois: InterVarsity Press, 1991)。

本書正是從這溯源自歷史性的新教傳統的福音派傳統立場，概括而大體性地談論基督教信仰。不過與此同時，本書也是要從所有基督教傳統的立場去談論基督教信仰，包括東正教、羅馬天主教及各種忠心持守那偉大基督教教訓及信仰傳統的非福音派新教。不過，讀者將要清楚看出，本書並不站在那些與其說是真貨不如說是膺品的現代基督教形式的立場，反倒是與它們相反。本書並不相信，凡以**基督徒**為名的都是真正基督徒的東西，而且它將會嘗試闡述各種形式的偉大傳統基督教和假基督教的分別，假基督教是指宣揚另一種福音，又或其教訓和信仰的一個重點，與耶穌基督的福音以及基督教的偉大傳統不相容。

本書除了嘗試從廣泛的福音派觀點來陳述一種中庸的基督教信仰之外，也務求一反論戰式的進路，追求和平的 (irenic) 精神和語調。很多論信仰的書都是教義式和議論式的。在此，我盡量維繫基督徒的團結，但不犧牲神啟示內的基本真理或基督教教義的偉大傳統。*Irenic* 來自希臘文，意指「和平精神」。以和平的進路闡釋基督教信仰，就是試圖無時無刻在反對之前，先去了解相反的觀點，而遇上必須反對之時，就抱著尊重和愛的態度去反對。以和平的進路闡釋教義，就是求同存異，看重分歧之中有合一，合一之中有分歧。和平的進路並不意味相對主義或無視真理，它反倒是謹守這句格言：「在重要的事上團結，在不重要的事上自由，在一切的事上有愛」。

雖然本書是從亞米紐斯派 (Arminian) 的立場寫的 (即相信神賜人類自由意志)，但它嘗試以尊重和愛的精神對待改革宗神學 (加爾文主義) 及真基督教神學的所有其他流派。此處的目的不是要在基督教圈子為某種神學取向爭一日之長，而是要為共同的基督教信仰提出一種中庸的解說，承認並尊重多元化的基督教傳統及詮釋。本書雖然是多從亞米紐斯派而少從改革宗／加爾文派的觀點詮釋基督教信仰的偉大傳統，卻不意味著對改革宗神學有反感或敵意。[2] 事實上，這正好是一個例

---

2 對基督教神學的改革宗／加爾文派及自由意志／亞米紐斯派等術語 (又稱「獨力說」“monergist” 及「神人合作說」“synergist”) 覺得陌生的讀者，或想參考此作：Alan P. F. Sell, *The Great Debate: Calvinism, Arminianism, and Salvation* (Grand Rapids, Michigan: Baker, 1982)。

子，考驗了本書在闡釋基督教信仰上所取的這條獨特路線：它務求一視同仁地對待偉大傳統基督教內的所有主要神學取向，認真顧及各家的獨特貢獻，卻不會犧牲或隱藏筆者個人的神學取向。

除了**中庸**、**福音派**及**和平**以外，本書更務求以一種**非臆測性的方式**去展現基督教信仰。據筆者的看法，以及他很多學生所強烈表達的意見，有相當多闡釋教義的著作，在沒有充足理據的支持下，過分對以下事情憑空推斷：有關神的屬性、三一神的永恆內在運作、神的道成肉身在耶穌基督身上的準確性質、基督代贖之死的緣由及果效、聖經終末觀(基督再來及世界終局)的詳情等項。筆者經常聽到大學生、神學生及在教會論壇發言的平信徒不耐煩地問：你怎麼知道，聖靈是聖父與聖子之間「愛的聯繫」？再者，為何你那麼肯定，耶穌不可能犯過罪呢？諸如此類對聖經啟示頗為傳統的理解，是數百年來在基督教神學界興起，並已習以為常的，可是到了機靈敏銳的神學新手那裏，往往把它們視為不外是臆測而已。即使費盡唇舌去解釋和辯護，都無法滿足這個要求，要為一些並非憑空構想的神學主張找賴以立足的理據。上面所提有關三一神觀及耶穌基督本性(基督論)的教義，只不過是兩個可能的例子。還有很多別的例子：神的永恆性與時間的關係，其準確的性質為何？神對人類歷史的計劃和目的，在未來將要如何完成，詳情如何？那些在復活受審判之前死了的人，確實去了甚麼地方？「天堂的布置和地獄的溫度」是如何的？

凡此種種的問題，若對它們抱存意見，固然是完全正常、可以接受的，但有誰可真正宣稱，自己**知道**這些問題的答案，又或，對這些現實有合理而具充分理據的標準答案？臆測不一定是錯的。有一種所謂「謙恭而合理的臆測」；若要為一些基督教的基本資料來源所沒有清楚說明的問題給予答案，這種臆測大概是無可避免的。然而，筆者(像他大部分的學生一樣)相信，不少用心良苦的基督教神學有一個弱點，就是有不正當的臆測。當然，這使得神學家不至於失業。另一方面，當基督徒聲稱他們所知的，比從基督教典籍和規範所可能獲知的更多，這就往往削弱甚至貶低了基督教。任何主張若不能從所用的資料來源及規範找著實在的支持，而自稱不只是推測的話，那就是有不正當的臆測。本書的目的，不在於為各種難題提出新奇的答案，而是描畫基督教信仰粗略的一致性及其豐富的多元性。若是遇到在基督教信念背後或其中有臆測的成分，必定加以說明，而筆者會力求避免加添問題的複雜性。

最後，這本論基督教信仰的書將務求**簡明但不過分簡化**。有太多基督教教義和神學的入門作品，自稱是為受過相當教育，求知心切的初學者(例如高中程度以上的學生)寫的，但實際的對象卻是其他學者。對這類書本的作者來說，這差不多是無可抗拒的一個試探。筆者知道，譬如說，其他學者和教授會細看本書。要是把一些精妙的地方、細微差異和枝節都包括在內，以避過他們的批評，那會是很誘人的。但假如向這個試探屈服，就必會對初入門的讀者造成混亂。本書將盡一切努力，避免使用神學術語，除了當某些專門術語對理解其內容來說是必須的時候，才會用上，在這情況下，本書會在該等術語最先出現的上下文中即時加以解釋。同樣道理，本書將避免冗長地討論學者在細節上的爭議，或超過了神學初學者所需要知道，妨礙他們進入基本基督教神學起步階段的種種有細微差異的解釋。可是與此同時，本書又會避免過分簡化，它要求讀者學習並擴大學習範圍。本書不會略過歷史上重要的神學觀念，以及譬如「本質合一」(hypostatic union) 之類的術語，但會即時解釋(至少一次) 說，這是基督教神學論道成肉身教義的一個術語，論到神在基督身上是如何道成肉身：藉著神人二性的合一。

至此，本書交代了它在同類書籍之間與眾不同的特色：**中庸路線(盡可能取兼容之道，有別於非此即彼的做法)、福音派、展現和平精神及語調、非臆測性，以及為初學者而寫、相對地比較簡單**。每一章會研究並闡釋基督教神學的一個特定範圍(議題及相關的問題)。內容和次序會按照傳統做法，先談神學方法論(資料來源及規範)的初步問題，然後進到神的啟示、神的本質和屬性、三一神觀等範圍。最後一章會處理的基督教信念，是有關終末未來，以及基督徒對世界終局所盼望並肯定預期的東西。每一個主要章目(在第一章之後；第一章處理統一與分歧的課題，替代了傳統的「序言」或「基礎與方法」)會按照同一個大綱，先說明該項教義所牽涉的議題和問題，繼而略述基督教教訓一致公認的立場，然後解釋這個公認立場之外較為重要的另類立場(異端)，之後處理在廣大的基督教公認看法之中，對該項教義的各種主要詮釋，最後提出一些建議，強調「兼容」(both-and) 而不是「非此即彼」(either-or) 的統合觀點。

兼容而不是非此即彼的神學

敏悟的讀者或即使只是粗略閱讀本書的人，也許會覺察到一點：至今還沒有提及多少基督教**信仰**或**神學**的性質或必要性，更不用說，這**兼容而不是非此即彼**的進路是甚麼意思了。有關這一切，仔細而詳盡的解釋會在第一章出現，但為了讓那些正考慮要不要購買或借閱本書的人好作決定，我在此先略為交代一下。正如神學家和有神學思維的牧者或會引以為憾的，今天很多全然奉獻予耶穌基督，委身基督教，以之為一種生活模式的人，幾乎用不上甚麼正規教義或神學之類的東西。對他們來說，**信仰**比**教義**還要容易接受一點，但**神學**呢，就往往令一些基督徒感到心寒發顫；他們深信——不論正確與否——基督教(特別是西方基督教)的問題，有不少是出於對正規神學的反省。很多資深基督徒特別喜愛的一個口號是：「耶穌帶來合一；教義造成分歧」。1970年代初的「耶穌運動」，為北美的基督教，特別是為福音派運動，留下了深刻的反智思潮。靈恩運動與那些曾吸引數以百萬人加入為會員、並受其薰陶的很多獨立教會和事工，也是如此。

某些研究宗教的社會學家指出一點：當代基督教(特別在北美的)正陷於一個危機，就是變成一種「民間宗教」。民間宗教的一個特徵是對啟示性經驗的理性內涵缺乏反省，不能貫通這些經驗和生活的其他層面。民間宗教往往在獨立分割、大體上私有化的生活層面發展得最為興旺，就如擁有類似經驗的一羣人，以小組方式聯成網絡，尋求彼此間的支持；感覺較容易比理性優先，口頭禪和口號(常配以音樂)往往代替了條理分明、成熟的信條。民間宗教一般抗拒批判性的反省和正規的認信文，偏向屬靈領域內的主觀經驗及以實際的方法解決問題。這類民間宗教在北美的其中一個例子是所謂「新紀元運動」，它興起於

1970年左右，是一些古老的信念和習俗借屍還魂。儘管少數倡導新紀元的人已嘗試為這類極之混雜的屬靈現象提供若干理性的支持，這些理據大都為民間善信所忽視；他們十之八九會閱讀一些關乎超自然經驗和靈界事物的書，而大多抗拒條理分明的解釋，認為是過分束縛、太教義性了。占星術(差不多所有新紀元信徒都相信的)雖然大為流行，但無論於宗教或非宗教的團體，它只有極少甚至毫無影響力。

基督教是否逐漸變成有點像新紀元那樣的民間宗教？譬如說，基督徒對代求的信念，是否逐漸變成像新紀元對占星術的信念那樣？俗世社會加予基督教的壓力，將其信念和習慣私有法的做法，正正就把基督教推向這個方向。來自各樣基督教運動的內部刺激，有份促進把基督教約化成為一套主觀經驗，以及「感覺很好」的口頭禪。甚麼能「帶來好感覺」、「令人舒服」，往往是基層基督徒賴以判斷要相信甚麼，如何將其靈性付諸實行的主要條件。教會變成了一個支持羣體，而不是那繼承傳統(一個看重真理的傳統)的羣體。這似乎是對北美基督教現況一個沉鬱的剖析。肯定地說，有很多基督教教會、基督教機構以及個別的作者和刊物，也曾對這種趨向民間宗教的現象加以口誅筆伐。在各處出現了由看重基督教學術和神學傳統的「認信基督徒」所組成的小團體，並且生長蓬勃。有人發表悲憤的文字，以《真理無位置》(*No Place for Truth*)及《叫人反感的福音派思維》(*The Scandal of the Evangelical Mind*)之類為題，譴責矮化和約化了的基督教。這一切對問題帶來多少衝擊，還是見仁見智。雖然學者注意到這一切，而在神學教授的圈子內，也有被認可的一致立場，但是北美的平信徒往往完全收不到這個信息，因為他們的屬靈餵養是來自基督教電視節目，或來自屬靈支持小組，而不是學者的文章或教導。

不用說，民間宗教的問題，在於它對公眾甚少或全無影響，隨著時日的遷移容易走樣，逐漸和其他任何東西混合起來。民間宗教容易被滲透，沒有固定面貌。信眾的感覺——它們賴以滋長的溫床——眾所周知，都是一樣的，看不出有甚麼分別。據民意調查披露，約有百份之二十二的美國成年人相信基督投胎之說，那其中必定包括了許多自以為是虔誠基督徒的人。當被問及，他們怎樣把投胎之說，與傳統基督教對身體復活的信念作出調和的時候(新約聖經清楚表達了身體復活的信念，所有重要的教父和改教者都支持這個信念)，很多人似乎給問題難倒了。凡要教導年輕基督徒基督教教義或神學的，都領會過這種奇怪的折衷主義，在其中從經驗出發的屬靈觀，攙雜了一些全不相干的觀念。

處於這個後現代兼崇尚相對主義的社會氣候，再加上各宗派為看來無關重要的釋經觀點或教義立場激烈地爭論，為彼此間造成不必要的藩籬，人們感到徹底地失望，於是對正規神學，對有關神的客觀啟示的理性反思，產生了深深的厭惡感。對所謂傳統的信念與習慣，也產生了更大的反感。很多虔誠的基督徒對整體教義和神學的態度，若非心存敵意，就是不予理會。儘管如此，大部分成熟的基督徒都很明白，無論如何，在作基督徒一事上，**相信** (believing) 的確扮演著必要的角色，很少(即或有的話)基督徒真會摒棄信念，而寧可選擇一種全然主觀的、以感覺為主導的屬靈觀。畢竟，新約聖經不是鼓勵人相信並承認「耶穌是主」之類的信念嗎？在**相信** (believing) 與**經歷** (experiencing) 之間找著平衡，這對很多後現代基督徒來說似乎是太難了。從教會的講壇和誦經臺上所發出的幫助，又是微乎其微。一方面，有些福音派牧者和教師那麼強調相信，好像它等於真基督教的全部本質和目的；另一方面，有較多牧者和教師強調「經歷神」或「行耶穌所行」，那就是真基督教的全部本質和目的。那麼，一個平常的基督徒應該想甚麼和做甚麼？

本書旨在為克服上述的難題，提供些微幫助。民間宗教是歷史性基督教一個差勁的代替品；而相對於透過個人與三一神的關係而獲得更新改變而言，刻板、學術化、理性上的「頭腦知識」，又是同樣差勁的代替品。但在這後現代、高度個人主義並崇尚經驗的社會裏，此刻的較大威脅是民間宗教。筆者的感覺就如各個基督教傳統許多別的神學家一樣，為過去20年來，平信徒對**基督教基本信仰** (basic Christian beliefs) 的意識滑落而深覺不安。筆者又為許多年輕基督徒大感欣慰，因他們渴慕有一套尊重人的自主權的、基督教信仰的闡釋；這具有自主的人是按神的形象而造，神又賦予他探索和分辨的思考能力。他們有尋根究底的精神，想要從既統一而又多元化的全盤角度來了解歷史性的基督教信仰，並在神的權柄之下，由他們連同一個信仰羣體自行決定，他們應該相信甚麼。曾幾何時，大多數人只因某項教義是傳統的教義，而且因他們受了吩咐(就如德國諺語所云)：「有多少吃多少，小乖乖，不然就死了！」，就會接受它。這樣的日子一去不返了，此刻正值新的時代，很多基督徒都想知道，歷史性的基督教信仰說些甚麼關於神、關於自己的信念；並且在基督教之中為何有那麼多不同的解釋，到底如何面對這一切。本書旨在為這些具有批判力和尋根究底精神的基督徒，提供一個初階：**以新鮮的方式，闡釋古老的基督教信仰，同時顧及其統一性及多元性**。可以指望，在這民間宗教的一片泥沼之中，本書會作為一塊踏腳石，引導我們踏上一條較理性的路，邁向真理。

這是一本論**教義**和**神學**的書，教義和神學都是關乎**信仰**，在此宜解釋一下這幾個名詞的意義和它們之間的關聯。**信仰**很簡單，是頭腦上贊同一個命題或一列命題。命題是有關真理的主張。並非所有命題都是直截了當、明明白白的，有些採用隱喻的手法，藉著對照或喚起回應來說明有關實在(reality)的東西。有人會反駁說，信仰還有其他解釋，例如，一個人可以相信另一個人，卻不能把這種相信等同是贊同某一命題。這話說得不錯，但肯定人人都承認一個事實：若沒有一些命題式的內容(譬如「約翰是個好人」)，相信某人與喜歡某人，就幾乎沒有分別了。為免扯開話題，在此不就**信仰**和**相信**的本質作哲學性討論，只說一點就夠了：兩者的意思離不開對命題或有關真理的主張表示贊同。要是把基督教一切有關真理的主張倒掉，它就變得空洞、不過虛有其表，那就沒有甚麼好信或不信的了。基督徒一向相信一套命題，不信別的。這除了見於聖經的見證本身以外，還明顯見於在新約聖經之後出現的早期基督教文獻，因為早期教父認為，有必要把重要的基督教信念概括成一套一套的命題，供初信者贊同接受。

教義相對來說，是複雜的信念。當然，此語經常被用作為宗教信仰的同義詞。可是，試看以下的普通句子：「我相信三位一體的教義。」從日常用語顯示，我們常常看得出，一個簡單的信仰和一項教義之間的分別，不過，兩者在很多情況下如影隨形。教義由信仰產生，它是經由一羣有組織的信徒加以檢視、反省，正式確定為真實的一個信念或一套信念。〈使徒信經〉一開始是「我信上帝、全能的父、創造天地的主」。從某種意義說，它表達了一項教義；但從另一方面說，它並沒有表達教義。三位一體的教義是由初期教會發展出來的，用以解釋並維護〈使徒信經〉所宣告的信念，它多少是比較複雜的；就反省來說，它也是次要的——跟那個相信上帝全能的父、聖子耶穌與聖靈的信念，相差了一步。或可用一個比喻，幫助讀者明白箇中的意思。按美國的司法制度，一個人是根據憲法中的《人權法案》去信奉並宣稱擁有宗教自由的。政教分離是一條法律原則（譯按：「原則」原文"doctrine"，與「教義」同），由一羣法官制訂，他們必須解釋《第一修正案》，並將之應用在憲法的人權部分（包括宗教自由）。它之所以產生，是經過一個過程，即就保證享有宗教自由這一點作出反省，而且比這還要複雜。總之，誰要在美國宣認宗教自由的信仰，都難免要接受政教分離的看法。有些人會試著承認宗教自由，卻不肯接受政教分離，二百年後才看出那是不可能的。政教分離的原則——有關其細節及應用雖是眾說紛紜——在美國社會中現已成為宗教自由的重要部分。不過，贊同宗教自由是一回事，贊同政教分離又是另一回事——儘管這樣區分，箇中幾乎毫無分別。

神學是反省和檢視的過程，由此建立並重整出一套教義。當然，有時候，**神學**一詞不過**教義**的同義詞，例如在這些例子：「我們的神學是徹頭徹尾的三位一體論」，或「她對末時的看法是前千禧年論」。那是非正式的措詞。說得正確而且準確些，神學是過程，而不是結果。結果是教義。再以剛才的比喻說明，我們可以說，神學跟美國司法制度的審查和裁判程序類似，當一條法例受到挑戰之時，就需要這個審查和裁判的過程。這過程往往產生「教義」，就像一些像里程碑之類的原則，作為日後法官必需加以慎重考慮的權威先例，其重要程度不下於憲法本身。經過一段漫長的日子，美國最高法院從審理過的案件總結出政教分離的法律原則，這條原則實際上（跟大多數人想的相反）並沒有在憲法中列明。晚至1819年以前，有些州仍訂明以宗教條件作為競選公職的資格，只有隸屬於某些認可宗派的成員，才有權在州議會或立法機關任職；後來最高法院逐漸取締這類宗教條件，基於它們與人權法案中保障宗教自由的權利相違。政教分離的原則是如此產生的。類似的過程，使處於羅馬帝國時代的初期教會發展出三位一體的教義來。神學是就神的啟示，以及就有關這啟示的公認信念，作出合理反省的過程。神學反省的本質，在第三章將要探討。

由神學反省建立了教義，並引出對教義的重整。教義是由恪守傳統的社羣(如初期教會或後期各宗派)發表的，成熟而相對複雜的信仰措詞。很多時候，教義的產生是為自衛的目的，即是出於一個考慮：要維護某些有關神、有關耶穌或有關救恩等信念，以防它們被侵蝕、被曲解或被人公然反對。有時候，基督徒社羣會對所知的異端作出過分反應(**異端**是一個錯誤的信念，嚴重破壞福音的某些重要層面，必須加以拒絕摒棄)。在建立並重整教義的神學反省過程中，鐘擺不斷從一個方向移向另一個方向。舉例說，許多基督教神學家——特別是新教和東正教的——相信，羅馬天主教教會在19世紀推出教宗無誤的教理(**教理**是一項必然的教義，一旦要質疑它，必定引起很大迴響)，對現代主義作出了過分反應。就連一些主張改革的天主教神學家也贊同這個看法。同樣，有些新教羣體因為覺察現代主義的威脅，就作出過分反應，提出了嚴格的聖經無誤論。很多時候，這類過分反應會引起相反的過分反應。有些重視現代性的自由派神學家，以現代性為基督教神學的原始資料與規範，不但否認聖經無誤論，更全盤否認基督教思想的「權威之家」(house of authority)，於是在個人之上，再沒有絕對的真理準繩。

這種神學上的鐘擺效應，產生了「非此即彼」的神學。換句話說，人們開始不加究問地接受一系列錯誤的抉擇：**要不是**教宗無誤，**就是**教義上的混亂；**要不是**聖經無誤，**就是**相對主義；**要不是**拆毀「權威之家」的信念，**就是**活在壓制之下，諸如此類。這類非此即彼的基督教思想形式，隨處可見。神要不是三，就是一。神要不是全然預定一切，祂就不是神。人類要不是自出娘胎便全然墮落，就是不需要神拯救之恩。要不是絕對由神預定人得救與否，就是拯救並非神的恩典。

要不是恩典透過聖禮臨在，就是聖禮「僅是象徵」。復活要不是身體復活，就不是真的復活。諸如此類。

可惜，經常被人忽略的是，教義上的分歧和爭論，在很多情況下其實是有「兼容」的可能的。神會否**既**是三，**又**是一呢？神會否**既**是自限的（讓受造物有自主決定的空間），**又**是有最高主權的？救恩會否全是出於恩典，即使人確實是自由的，人也必須自行決定（在預定之外）贊同與否？洗禮和聖餐等聖禮會否不僅是「象徵而已」，即使恩典不一定透過聖禮臨在？也許很多教義上的分歧是由於不必要的二極化而產生的——錯誤的非此即彼。非此即彼的思想成了習慣。人們不去尋求兩者的結合，不去發現兩者所含的真理。假如基督徒採取相反的模式，開始去著重綜合而不是分析，那又會如何呢？假如神的子民不再執迷於著重彼此的不同，把它們看成好像是永遠無法調和的，而是相反地，從表面上看來是無法調和卻同樣找著聖經支持的信念和教義中，耐心並細緻地看出其中的真理，那又會如何呢？這不是說，每個信念都包含或多或少的重要真理，應該發掘它，把它跟相反的真理綜合。就以基督投胎之說為例，它跟基督徒一向視為信仰的最終來源（source）和最終規範（norm）的耶穌基督，以及那見證基督的、神所默示的話語，根本無法相容。基督沒有化身成另一個人回來。祂只是一次道成肉身，而且復活；祂降生和受死之前，都有同一位格。復活跟投胎之說是不能結合的。雖然如此，說到有關復活的兩個不同概念，二者卻可以有真理的成分。事實上，這似乎正是使徒保羅在哥林多前書十五章的做法，他把復活的身體說成是「靈性的身體」（*sōma pneumatikos*）。有人主張，耶穌的身體自復活以來，至今仍是物質的血肉之軀。這一點保羅否認了。然而，他卻沒有否認，那身體自復活以來，都是一個身體，而不是像幽靈般無形無質的。二者「兼容」，而不是「非此即彼」。既是身體，又是靈性的，而非二者取一。

當然，從對立的信念和教義尋找真理的成分，藉此把兩方面的真理綜合起來，從中突破非此即彼的框框，這個意念也並不新鮮。19世紀的德國哲學家黑格爾（G. W. F. Hegel）就提倡此一哲學進路。19世紀很多走中庸路線的神學家，嘗試把他的正反合思想應用到神學難題上。可惜，許多時候，從黑格爾得著啟發的中庸神學，最終卻變成弱化了的理性主義的哲學性神學。19世紀的丹麥基督教思想家祈克果(Søren Kierkegaard)對黑格爾的綜合論提出反對，認為那偏離了神的莊嚴奧妙，以及神的啟示。他認為，神和神的啟示是只可通過吊詭的表述方式來明瞭的。這正是在神學領域中產生的又一個非此即彼的現象：神學真理要不是以吊詭的方式表述，就必會與理性主義融合，把神的奧妙排擠出去，簡單容不下它。筆者不贊同黑格爾的進路，他似乎認為人類的頭腦能趕上神的思維，能夠憑一套理性的概念和系統，認識那最終的實在。我也不贊同祈克果，他對黑格爾的論調作出了過分反應，執愛基督教的「絕對吊詭」(absolute paradox)，以至認為就認識神的啟示而論，人是無法憑其思維，循理性之途取得甚麼進展的。

神學的其中一項任務是，就神藉耶穌基督所啟示的超越實在，及那由神默示而成，有關耶穌基督的記載和解釋(即我們所知的聖經)，建構出比較整合而實用的模型。這任務也包括了就那些因對其他模型作出過分反應，立場偏隘、觀念扭曲的舊模型進行重建。(在此的**模型**，並非指用來代表一件較大的實物比例模型，而是代表無可形容的他物的發現模型〔disclosure model〕，或類比模型〔analogue model〕。原子模型是一個發現模型或類比模型。三位一體論是這樣的一個模型，用以說明那藉耶穌基督及聖經所啟示的三一神。)筆者深信，有時候，就神的啟示而作出的最精闢、最合理可靠的反省，是無法以單一的一個模型來表述的；假如這樣做的話，就難免要對某個現實的全部啟示造成不公。許多作者指出，即使是在物理學的範疇，情況亦如是。在光學上，粒子理論和波動理論必須互相補充，不能將二者綜合為一套理論。然而，無論在物理學或神學的領域裏，具探索精神的心靈仍掙扎著要發掘單一的模型，好把那蘊含於相異而互為補充，卻不能彼此結合的模型中的相反真理貫通起來。兼容的神學不是自動排除了非此即彼的可能，它不是自動而輕率地走向一個綜合性的結論。它反倒是仔細端詳兩方面的真理——神啟示的兩面，並尋求以盡可能最佳的方式，公平看待二者。有時候，那意味著肯定了兩個看來是互不相容的現實模型的真確性。有時候，那意味著建設一些新的模型，比舊的模型更公平地看待神總體的啟示。

歷史神學有很多例子，足以顯示這種信念上的二極化，以及錯誤地被置於對立的教義；這些教義僵化為惟我獨尊的模型，導致教會內產生不必要的分裂。馬丁·路德與天主教改革家伊拉斯姆 (Desiderius Erasmus) 在自由意志與神的預定之間的爭論，便是一個研究個案。路德為強調恩典是賞賜，以及人性的墮落，就主張人類在屬靈的事情上，只是由神或魔鬼駕馭的騾子，並沒有自決權。伊拉斯姆為強調人類的責任，就提出人類是有相當程度的自由，並有適度的自決權。路德沒否定人類的責任，而伊拉斯姆也沒否定人類的墮落，其對恩典的依賴，可是在爭論白熱化期間，二人就救恩中神人之間的相互作用以及雙方的角色所提出的模型，竟變成了彼此完全對立的，對其後天主教和新教之間的關係，造成了負面影響。協助馬丁路德進行宗教改革的副手墨蘭頓 (Philipp Melanchthon) 嘗試把伊拉斯姆和路德的觀點綜合起來，但不成功，主要原因是兩家的支持者不願合作。這個任務還有待基督教神學家去探索，如果可能的話，把兩個模型所含的真理融合為一。有人由於毫無保留地永遠支持這其中的一個模型，而反對是類計劃。無論如何，在很多基督徒看來，兩個模型都找得著聖經理據，而相信人類有自決權的，和相信神的預定者之中，都有同樣虔誠的基督徒。二者可以綜合為一嗎？也許不可以。但至少可以說，兩種信念都被承認是真正屬於基督教的，因為兩者既不否定神的絕對主權，也不否定人的責任。

兼容的神學之重要性何在？筆者深信，這種在教義上非此即彼的錯謬論調，以及它們在教會全體內所造成的分裂，對基督徒在世的見證帶來破壞，減損了其可信性。在敬畏神兼篤信聖經並愛耶穌的基督徒之間，那種無休止爭吵和冷漠的態度，成為教外人的絆腳石——正如對於基督徒來說，也是一樣。有關教義的這種論調及其所造成的分裂，足以叫許多基督徒深深相信：神學和教義對基督教是有害的。他們看見，很多基督教神學家在「愛慕真理」的外衣下，為他們所偏重的狹隘教義奮力作戰，而不敢踏足，不談民間宗教那片同樣危機四伏的土地。再一次，我們看見了非此即彼的禍害。主觀的民間宗教，未經任何教義上的嚴格審查確認，並不是在僵化、一面倒、像裁判官一般的教條主義之外的惟一出路。教義的發展和確認教義的過程，其實可以與尋求更炫目的新亮光配合；基督徒對神的體悟，也是可以與對神學議題的理性思考共容的。

對於上述議題及其中有關任務，本書採取的解決之道是一條平實的進路，並沒預期會達到綜合全部真理的目標。本書只會就每條教義說明其二極化的問題，詳細闡述基督教信仰背後的共同看法，列出除了基督教教會這個壓倒性的共同意見之外，還有甚麼其他的看法；我會探討在基督教思想之中，有甚麼意見和解釋上的正當分歧，並提出一些有潛力足以把基督徒(特別是福音派信徒)再次聯合起來的可能和統合的觀點。當然，這一切都無可避免地會反映筆者的立場，即使他已盡最大努力，試圖為整體的福音派基督徒發言。

筆者本人的神學立場，受到幾個因素影響。讀者(或明智的讀者)應該知道它們是甚麼。首先，筆者現時是浸信會會友，屬於福音派獨立教會的傳統，這傳統也包括了很多沒有自稱是「浸信會」的宗派。筆者接受過五旬宗教會，後來又接受過敬虔派教會的靈性和神學的教養，在其中成長。兩者都強調，與耶穌的個人關係是真實而活潑的基督教的首要條件。另一方面，筆者逐漸重視那更寬廣的大公(catholic)傳統，它超越宗派，接受早期教父、改教者，以至今天的保守派神學家、福音派神學家的一致教導。筆者在採取福音派的神學進路之時，一面堅守改革的路線，一面尊重基督教教導的偉大傳統。他竭力謀求合一，又忠於其本身的傳統，重視其特色。最後，筆者全心信服那惟有在耶穌基督裏才找著的，就是那憑著信心、因聖靈內住而擁有的權柄和自由。寥寥數語，對筆者的立場和進路談的不多，但可以指望，它們足以說明本書的特殊風格。筆者承諾忠心闡釋基督教信仰，盡力防止把個人偏見或信仰偏見攙進去，但承認不會達到像神一般的客觀標準。事實上，也不應該對任何一個神學家抱著這種期望。

1

基督教信仰

統一與多元

所有基督徒是否應該擁有某些共同的信念？有沒有一個「純正基督教」必然共守的立場，憑其信仰的內容去界定真正的基督教？又或，可以是眾人聲稱同屬真正的基督教，但各自卻相信自己的思維和意願所接納的東西？這些都是重大問題，而許多現代和後現代人士寧願對它們迴避。假如我們說，凡自稱是基督徒的人都必須持守一套信念，以便證實他們的聲稱，那麼我們就有散發著霸權主義氣味的統一化之嫌，而似乎沒有尊重人民或文化的個性。另一方面，如果我們說，每個基督徒都可以訂定本身的信念清單，並且期望別人承認他／她是基督徒，而毋須理會其與歷史性的基督教教訓是否有相同的信念，那麼我們就要冒另一個危險，把**基督徒**一詞的意思掏空。每一個自稱是基督徒的人仕或團體，是否都應該自動被別人承認為真正基督徒？又抑或，是否有某些信念上（也許還有行為上）的起碼標準，為表明真正基督徒的存在和驗證宣稱屬於基督教的說法所必須的？

上述的問題涉及重大的難題，若要處理它們是要冒險的。無可避免地，偏狹的教條主義或空泛的相對主義等指控會紛至沓來，或兩者兼備！可是，這些問題是必須回答的——哪怕只是權宜的答案。這是因為在我們所處於的時代和社會中，宗教由於吵耳和僵化的基要主義而趨向被兩極化，幾乎不容許信仰的多元化——而懶散的個人主義和相對主義則在自我之外，甚少或絕不承認任何權威。只要覺察到一方的危機，相反的一方就會更加大力鼓吹它的立場，變成惡性循環。到底有沒有出路，擺脫這種非此即彼、壁壘分明的狀況：一方面是完全沒有形狀、沒有絕對中心（更談不上範圍）的個人化基督教，在其中一切自稱為基督徒的東西都必須加以承認；另一方面是排他的、教條主義的、偏狹的基要主義基督教，傾向把真正基督教定義為思維上贊同一套全面而詳盡的教義系統？在此，我要提出一個可能的取向——這方式以取自基督教原始來源的一套可識別的基督教信仰作為堅實的中心，包括了歷代以來為基督徒所公認關乎上帝、耶穌基督和救恩的教訓。然而，在提出這個方案之前，首先要就是否需要有一套統一的信念，以及這套信念從何而來的問題，作出較詳細的檢視，將會有助讀者。

統一性的必要和統一的大傳統

若有人以為，沒有必要為基督教定義清楚，即使只是不全面地說明一套共同的信念，也是不需要的，這樣的人並沒有對有關議題作出深思。若有人以為，所有基督徒在每一點上，實際上都必須有相同的信念，這樣的人對有關議題的了解也只是皮毛而已。17世紀偉大的法國基督徒哲學家巴斯噶（Blaise Pascal）說：「不能統一的多元是混沌；與多元割裂的統一是獨裁。」這條原則的前半部可以有另一種說法，指出顯而易見的一點：**某些可以與任何及一切東西攙合的東西，毫無獨特可言**。假如「基督教」可以與任何一切有關真理的主張攙合，它就毫無意義。那樣，它會跟（例如）佛教或無神論沒有分別。真的，它將會是一片混沌，無一定的形狀，缺乏個性。基督徒思想家和領袖向來都認識這一點，致力訂定一套核心的基本基督教信念，讓所有成熟而有能力的基督徒都必須承認，以便被視為真正的基督徒。

我們從新約聖經中也看出這一點：約翰壹書的作者斷言，誰要是說，基督不曾成為肉身而來（即耶穌基督不是真正的人），就要把他看為是教外人（不屬教會）。第1和2世紀的早期教會充斥著一羣自稱是基督徒，卻傳「另一個福音」的人，歷史神學家稱其為諾斯底主義（Gnosticism，或譯「靈知主義」）。諾斯底派認為物質是邪惡的，否認神的兒子真正道成肉身和身體復活。他們有關創造、基督和救恩的教導，跟使徒所傳的，以及他們之後的教父所教導的大相逕庭，以致羅馬帝國的基督教會發展出一套表明正確信仰的洗禮認信文，要求所有加入教會的人都必須同意。早期教會領袖正確地承認：「基督教」若一方面容納那些支持保羅和約翰等使徒所傳福音的人，另一方面卻包括諾斯底主義者，它將是無意義的基督教，因為它即使並非無所不容，也攙雜得太多了。

今天一如以往有同樣的情況出現，不過是形式不同罷了。今天，諾斯底主義披上「祕傳基督教」(esoteric Christianity) 的外衣出現。有些接受並提倡諾斯底思想的個別人士和組織，仍然自稱是基督徒。諸如基督教會 (Church of Christ；譯按：指屬「國際基督教會」)、科學派 (基督教科學會〔Christian Science〕)，以及其他嚴格區別「耶穌」和「基督」，否認在耶穌身上有真正本質上的道成肉身的「新思維」(New Thought) 教派與教會。有些自稱是真正基督教的教會，提倡基督轉世輪迴的信念，以及諸如通靈和其他超自然經驗的做法，他們所教導的，其實是一種泛神論的神觀 (即上帝與世界在本質上是等同的)。許多自稱為基督教的教派都主張，聖經背後有一種隱藏的意思，藉此支持他們的信念；有一個教派甚至出版一部「形而上學聖經字典」(metaphysical Bible dictionary)，認為若要明白聖經寓意式寫法的「深意」，那幾乎是少不得的。繼承使徒的早期教父認為，有必要分辨那些真理的宣稱：哪些是正確的基督教，哪些不是。為了做到這一點，他們不能只複述正在流傳的福音書和書信上的使徒話語。諾斯底派和其他另類基督教教派都訴諸同一批著作，而且加上一套聲稱是由使徒秘密傳授的、沒有成文的教訓傳統。與真正的基督教相違的主張和信息此起彼落，面對這種多元化的局面，第2和3世紀的基督教教會領袖和基督教思想家不得不發展教義。這就開始了我現在所稱的偉大傳統 (the Great Tradition)，那是基督教的公認傳統和解釋共識。

早期教父大多數一直堅持的核心信念 (與個別教父所提出及宣揚的、較次要的個人信念有別)，被16世紀的新教改教者重新抓住，而且成為二千年來某些類似美國最高法院憑其二百多年的裁決所奠定的案例傳統一般。兩者都不是沒有錯誤的；兩者有可能根據各自原本及最終的權威（在基督教是神的啟示，在美國最高法院是美國憲法）被重新思考和修訂。然而，兩者都被尊重為第二權威，繼後的每一代基督徒、美國每一所高等法院都必須從它們尋求指引。於是，在某程度上，傳承自使徒的核心教訓就構成了基督教教訓的公認內容，它從信仰方面界定何謂真正的基督教。假如沒有這套統一的核心理念，那麼凡自稱是**基督徒**並訴諸耶穌基督以及聖經的人，都必須一律被接受為真正和相等的基督徒。可是，歷史證明了那是不可能的。耶和華見證人會（Jehovah's Witnesses）訴諸聖經（或至少是他們的聖經版本，以及他們對它的解釋），卻否認並拒絕耶穌基督的神性和三一上帝。基督教科學會和摩門教徒（Mormons）訴諸聖經和耶穌基督（以及他們自己外加的典籍），卻提倡他們對上帝超越性（完全和神聖的他者）的獨特否認。除非我們甘願把**基督徒**一詞所有可被確認的意義都倒掉，不然的話我們就得接受信仰的重要性，不管這是似乎多麼偏狹或排他。

另一方面，有些人在界定真正的基督教上，過分強調信念的重要性，他們有時公開表明或暗示拒絕一切的歧異和多元。這是基要主義的標誌。**基要主義**（fundamentalism）有不同的意思，但它一般被人認為的特徵是以戰鬥的方式，強行推動教義的統一。無疑，在沒有自稱為基要派的基督徒之中，也有同一問題。我們在此關注的是現象而不是字眼。假如，美國最高法院每一個劃時代的重大決定，都被視為具有與憲法同等的權威，那將如何？假如不容許對憲法有多元的解釋，而主張公民的定義必然包括毫無保留地完全贊同高等法院的每一個決定，那將如何？

那些教條主義式的基督徒似乎把基督教作出過分的定義，到一個地步，真正屬於基督教的東西（在他們而言）必須包括堅守聖經以外的一套詳盡信念，其中某些信念甚至跟大傳統本身相當不符。例如，某些保守派基督徒團體堅稱，「基督在千禧年之前再來」（耶穌基督在歷史結束之時將會重臨大地掌權，統治一千年）這個信念是每一個基督徒的基本信念。誠然，啟示錄二十章或可為前千禧年論（premillennialism）提供理據，而若干早期教父和改教者也是前千禧年派，但客觀地看整部聖經以及整個基督教歷史，就可以知道這個信念並非構成普世教會公認傳統的核心基督教教訓的一部分。個別的基督教教會和團體可以在其教義聲明中列明這類特定的信念，但在那更廣大的、更具歷史性的基督教傳統之內，在這一點及其他許多事情上有分歧，一向都是正常的狀況。

以上一切只是說，**信念是要緊的，但並非所有信念都同樣要緊**。基督教教會從2世紀至20世紀的統一教訓(特別在最初幾世紀及改教運動出現的16世紀這兩個重要階段中形成)的大傳統，有助我們確定，哪些信念是至為要緊的，哪些是次要的，或甚至是遠離基督教信仰的核心。如果不知道、不認識這個公認的傳統，每個時代的基督徒就得自行為老問題再次發明極之複雜的答案。認識這大傳統，就在解釋並應用神的啟示上，得到另一個指導的機制，以應付所出現的議題和問題，而且它也有助分辨哪些是假冒的基督教(例如異端)，哪些是在次要的層面上不同，卻同樣肯定是那承傳自使徒的核心基督教教義的教派和運動。

那麼，大傳統是甚麼？在哪裏找到它？它包括了甚麼？可惜，這些問題並沒有絕對的答案。大傳統是一個相對模糊的現象。東正教基督徒以一個方式描述它，羅馬天主教徒以另一個方式描述它，新教各派又以他們自己的方式去描述它。無論如何，大部分教派起碼同意，它是包含在早期教父直接從使徒繼承的、以一套基要的信念所表達的共同理念之中。東正教神學家會補充一句：「正如前七次大公會議的聲明中所表述的」。羅馬天主教神學家會補充一句：「正如由教會聖品人員連同教宗所承傳下來，並以其權威所解釋的」。大部分新教徒會說：「正如16世紀的改教者所重新發現並教導的」。早期基督教作者萊蘭的萬桑(Vincent of Lérins，約450年卒)提出一條用來識別大傳統的粗略原則，被稱為「萬桑準則」(Vincentian Canon)：**凡是在各時各地，為每個人(基督徒)所相信的**。不論信仰的這種統一性到底曾否存在，這是有商榷的，但如果我們以「大多數基督教領袖和教師」代替「每個人」，我們就可以從萬桑準則中找著一條通用的原則。

在近數十年來，有些基督教神學家從東正教、羅馬天主教與新教各派神學家之間的對談中，探討公認的傳統，而且發現了顯著的共同立場。循道會神學家奧登 (Thomas Oden) 從早期教父和改教者的著作中，搜集了相信是構成這樣一個大傳統的大量資料，並且基於該等資料出版了一套三冊的基督教神學作品，簡單題為《系統神學》(*Systematic Theology*, San Francisco: Harper & Row, 1987～1992)。某些新教神學家求教於新教改教者所用的、前三、四世紀教父一致公認的教義。譬如說，路德堅信**惟獨聖經** (*sola scriptura*，即惟獨以聖經作為信仰與實踐的最終來源與規範)，同時又接受未分裂之前的教會前四次大公 (全體) 會議的相對權威 (尼西亞〔Nicea〕、君士坦丁堡〔Constantinople〕、以弗所〔Ephesus〕及迦克墩〔Chalcedon〕會議)。加爾文對此大致贊同。在改教者之中比較激進的重浸派 (Anabaptists，一般譯作「重洗派」) 也尊重早期教父，並且常加引述，但說到採用和尊重早期教父的會議和信經，就有較多條件上的考慮。[1] 聖公會偉大的平信徒神學家兼辯道者魯益師 (C. S. Lewis) 試圖在《返璞歸真》(*Mere Christianity*) 一書中，以他個人的版本，詳述並介紹基督教的基本信仰共識；該書原是二次大戰期間英國廣播公司 (British Broadcasting Corporation) 的廣播節目系列。許多其他基督徒作者各自就這公認傳統提出自己的說法，並以之為在現代及後現代時代中穩定基督教的一個指引。

訴諸「惟獨聖經」及「除了耶穌以外，無人告訴我該信甚麼」之類的口號，要是在保守的基要主義那僵硬、非此即彼的框架內出現，聽來倒不錯；這種主義抹殺一切個別的思想自由，並試圖堅持次要的教義，當作是基本的基督教教義一樣。但是，在更大的框架內 (在凡俗及非基督教社會中) 不只是基督教的界線，連基督教的核心也受到各種異端、意識形態和另類福音 (很多打著基督教的旗號，或自稱是與基督教相配的東西) 的威脅，如此過分簡化地只訴諸聖經，此外任隨個人

---

1 關於改教家對基督教公認傳統各種看法的詳情，以及基督教思想的大傳統對福音派神學的強烈支持，參 D. H. Williams, *Retrieving the Tradition & Renewing Evangelicalism* (Grand Rapids, Mich.: Eerdmans, 1999)。關於東正教、羅馬天主教及新教神學家就大傳統及其修正所進行的對談，參 James S. Cutsinger, ed., *Reclaiming the Great Tradition: Evangelicals, Catholics & Orthodox in Dialogue* (Downers Grove, Ill.: InterVarsity Press, 1997)。

自由發揮的做法，是不合時宜的。若要界定「真正基督教」到底信些甚麼，基督徒需要一個解釋傳統，以及重視這個傳統，以之為僅次於聖經本身的社羣。那偉大傳統確實包括了甚麼，甚至在學者之間也必然有分歧，雖然如此，明顯的是，基督教一切主要流派的大多數基督教神學家——包括來自多個宗派的福音派新教徒——都同意它包括了2至4世紀（更可能延伸至5世紀，結束於迦克墩會議就基督的人性所下的定義）為大部分（甚至全部）教父一致同意的基本信念及聲明。

對大部分新教徒來說，那也包括了16世紀主要的新教改教者（路德、慈運理〔Ulrich Zwingli〕、布塞珥〔Martin Bucer〕、克藍麥、門諾．西門〔Menno Simons〕）重新發揚，有關恩典的教義。在早期教父的文獻中不一定找到後者。改教者很多相信，在奧古斯丁的後期著作中可找到「惟獨恩典，憑信稱義」（*sola gratia et fides*）的道理。無論如何，改教者以及改教以後他們在新教神學家及改教者羣中的忠心承繼人，一方面尊重早期教會的公認教訓，另一方面切望以有關救恩方面的真理補充之；這有關救恩方面的真理，即視救恩為純粹的恩典，單憑信心而得，有關這一點的論述，在教父們的著作中幾乎付諸厥如。

在本書內，基督教的公認立場或偉大傳統，被看成是最起碼的一套核心信念，它為所有或大多數教父，也為16世紀的改教者所普遍贊同。我相信，它也存在於中世紀的天主教和東正教的眾教會，縱使被許許多多次要的人為傳統所掩蓋；這些人為傳統與其說是出於神的啟示或使徒的見證，不如說是出於臆測和民間的宗教觀。譬如，我把三位一體教義的基本輪廓——父、子、聖靈以三個不同的位格彰顯，本體永遠相同——視為基督教公認傳統的一部分，但我不會把中世紀之說，有關三個位格在永恆三一生命中的確切關係，視為那偉大傳統的一部分。東方教會拒絕接受聖靈是永恆地從父**和子**（*filioque*）而出的觀念，而西方（天主教及大部分新教）教會則接受該觀念為尼西亞會議中有關三位一體信念的一部分。其實，那偉大傳統並不要求兩個看法之中的任何一個，兩者都屬臆測。

若是說到基督教個別流派的獨特信念，也是一樣。這些信念有關乎圖像（東正教特別堅守這方面的信念）、馬利亞（羅馬天主教為之制訂了一套詳盡的信念)、聖禮(關於聖餐中基督臨在的性質，新教徒之間一向有分歧)，以及末時(關於基督再來並在地上掌權的詳情，福音派新教徒之間有不少分歧)。無論是**神恩獨作說**(monergism，相信神在每一件事包括人類的決定和行動上，擁有絕對的決定權，祂是惟一和最終的因)，或是**神人合作說**(synergism，相信人類有自由意志，必須自願與神合作來成就祂完美的旨意——特別是在個人得救上)，就那偉大傳統來說，都是不必要的。關於救恩中的預定以及人類參與的自由，基督教的看法意見分歧，伊拉斯姆和路德——二人就此等議題激烈爭辯——在此都被視為那偉大傳統的一個角色，有份建構它。不幸地，二人在該議題上的分歧，掩蓋了他們在以下方面的高度一致：三一神觀、基督的神性、救恩是出乎恩典而非行為，以及神最後並且最終要征服肉體、世界和魔鬼，實現全權統治。

到此階段，對讀者來說，基督教信理的偉大傳統仍然是朦朧一片、無以名狀——直到我們在每一章以更豐富的細節填滿它的時候為止——可是，它其實一點也不比美國憲法及審判過程中的先例概念更空泛。在2000年，美國最高法院就憲法引申出來的事宜，諸如在公立學校由學生領禱、晚期墮胎、教區附屬學校為有特殊需要的學生所用的設施而公開籌款等事，頒佈了一系列看似互相矛盾的裁斷，叫很多新聞工作者甚至是學者都摸不著頭腦。可是有人指出，最高法院並非要在所有的裁斷之間找著完全的和諧一致，而是要就同一議題，找著與先前的裁斷之間的普遍一致性。當然，那九位最高法院的法官宣稱，他們的裁斷是取自美國憲法，但追問之下，他們(當然法律教授必須就它們和他們的決定作出解釋)會承認，在許多情況下他們不能光「照憲法的本子辦事」。憲法並沒有就他們遇到很多迫切的問題提供解答。於是，他們(至少某程度上)求教於憲法**原則**，而**這些原則反映在憲法與今天之間法庭的裁斷常規之中**。某些專家稱之為憲法的外圍(penumbra，就像光環一樣)。比方說，政教分離，特別是所謂二者之間的牆，並沒有明文記在憲法上，但它已成了憲法的外圍。只是這個基於先例的解釋傳統，固然解決不了所有問題，但它的確提供了指引。無疑，有個別先例甚至整個解釋傳統或憲法外圍，都可能在某些情況下出錯。最高法院有自由說或不說，但極少會說出來，除非最高法院相信，憲法本身所記的原則有明確意思要求把事情說個明白，就當別論。

基督徒應該熟悉他們的宗教傳統，包括那偉大傳統(或公認的基督教基本信仰)，像熟悉聖經一樣。事實上，有人或會大膽地說，它好比是第三本「約書」，不過明顯地，它不像基督教的新約聖經那樣有神的靈感，或以同樣超自然的靈感寫成。那偉大傳統類乎正典之外的正典，打個比喻說，它是一幅地圖或一個指南針。那麼，這個公認傳統可以在哪裏找到？基督徒能否抓住它？它是否存在於書本之中？不幸地，答案是不。這差不多就解釋了為甚麼基督徒對它所知的是那麼少。很多基督教宗派嘗試把早期的基督教信經以及該宗派的認信文，收入教會崇拜手冊以及紀律和信仰手冊內，以此概覽那偉大傳統的精義。所謂〈使徒信經〉，是基督教信仰偉大傳統的宣言之一，言簡意賅。〈尼西亞信經〉把〈使徒信經〉的內涵加以擴充，而〈迦克墩信經〉肯定是對〈尼西亞信經〉的一種擴充和詮釋。名不副實的〈亞他那修信經〉是詳細得多的一份基督教基本信仰摘要，大多數新教徒都不像他們接受〈使徒信經〉和〈尼西亞信經〉那樣熱衷地接受它。[2]

早期教父的著作內常有他們所認識的「信仰準則」(Rule of Faith)，或簡單地「使徒教訓」(Apostolic Teaching) 的眾多版本。2至4世紀的教父 (其中部分也是主教，即一組教會的監督)。愛任紐 (Irenaeus)、特土良 (Tertullian)、俄利根 (Origen)、居普良 (Cyprian)、亞他那修 (Athanasius)、該撒利亞的巴西流 (Basil of Caesarea)、拿先施的貴格利 (Gregory of Nazianzus) 及呂撒的貴格利 (Gregory of Nyssa) 尤其用相當簡明的一條「準則」(rule，規範、標準)——措詞雖有不同——表達基督教信仰的統一。它們通常是圍繞著神在耶穌基督身上道成肉身這

---

2 這些信經及多份信條，以及它們的歷史背景可參 John H. Leith, ed., *Creeds of the Churches: A Reader in Christian Doctrine from the Bible to the Present,* rev. ed. (Richmond, Va.: John Knox Press, 1973); 及Ted A. Campbell, *Christian Confessions: A Historical Introduction* (Louisville, Ky.: Westminster John Knox, 1996)。有關學者對早期基督教信經及其發展的討論，參 J. N. D. Kelly 的兩部作品：*Early Christian Doctrines* (San Francisco: Harper & Row, 1978)，及 *Early Christian Creeds* (London: Longmans, 1960)。

一點(反諾斯底派)，以之為中心，並不偏離；而後期則圍繞著聖父、聖子、聖靈的同等(反亞流派，亞流派否認聖子和聖靈有完全、真正的神性)。他們也強調基督的復活、再來和教會——基督的身體——的合一。教父對信仰準則的詮釋在細節上雖有分歧，但他們所表達的基本的、核心的基督教信仰，則有著令人驚異的一致性。

改教者撰寫切合他們時代的信仰準則，好用來教導新教的兒童及初信者有關基督教的總體教義，以及新教的宗派特色；它們往往除包括了對〈使徒信經〉及〈尼西亞信經〉的肯定外，還附有新編的信仰宣言和教理問答。路德及其副手墨蘭頓寫了〈奧斯堡信條〉(*Augsburg Confession*，又叫 *Augustana*)。加爾文寫了〈海德堡問答〉(*Heidelberg Catechism*)。英國長老會就寫了〈威斯敏斯特信條〉和〈教理問答〉(*Catechisms*)。差不多每一份新教的信仰宣言——包括那些聲稱不採用信經或信條的獨立教會——除了諾斯底派、鼓勵另類福音或現代自由派神學，以及「基督教異端」之外，都肯定了歷代所有基督徒之間，有一套基本的共同信念。

以上一切都是說，所謂那偉大傳統或基督教的一致立場，不可以在一個地方找到，而要從基督教教訓的各種資料來源——特別是尚未分裂的早期教會在形成階段，以及16世紀新教改教者的資料——提煉出來。儘管事實不一定是，所有基督徒從來都是只相信同一套東西，無論在哪裏(萬桑準則)，但說到基督教的基本輪廓，我們仍可以就有關神、宇宙、人類的存在、救贖等信念，找到很大程度的、明確或內在的一致性。在本書中，我盡力以忠誠的態度，以切合時代的語言來展現這個一致性，然後我會說明，這一致性更可以與有限度的多元化共容。

正統與異端：偉大傳統的權威

基督徒是承認基督教基本信仰的人——這套基本信念也可稱為正統(orthodoxy)。在很多讀者聽來，這話有排他性而且偏狹。慢著！請不要放下本書，塞回書架上去。(或用更糟的方法處理它！)請聽我解釋。無疑，**基督徒**一詞是有其他正確定義。基督徒是追隨基督的人；

基督徒是基督教教會的成員；基督徒是被神的靈改變成為活的見證人，為耶穌基督和祂的福音作見證的；基督徒是奉父子聖靈的名(或奉耶穌的名)受洗，並繼續承認這洗禮的人……這清單還可以繼續下去，但讓我們返回上面有關**基督徒**的第一個定義去。**正統**的意思，簡單地說是「信仰正確」或「教義正確」。從這個定義看，它可以有廣義和狹義的用法。正統信義宗即正確的信義宗信仰。誰來決定那是甚麼？這問題固然難解，不過，幾乎無人會因為在實際上很難決定這個概念的準確意思，而就此拒絕它的。假如信義宗信徒可以與任何東西、每一種東西融合的話，那麼信義宗的身分就沒有意義可言了。我們可以說，(而且一定要說！)任何傳統團體(tradition-community)和基督教團體也是一樣。

很多人聽見**正統**一詞就打顫，因為他們收到一個錯誤的含義：基要主義的宗教。在別的人聽來，它是個負面概念，因為他們收到的信息是一種靜態的崇拜和靈命，其中沒有生命力，也沒有適切時代的表達。也許兩種反應，都是在潛意識裏把**了無生氣**(*dead*)一詞與**正統**掛上，認為一切正統都是「了無生氣的正統」(dead orthodoxy)。可是，設若我們退後一步，翻新一下這個概念又如何：我們到底要不要採用這個詞呢？(我們還可以用甚麼別的詞？)正統的真義——從最寬廣的意義說——是「純正基督教」(mere Christianity)。它是那套核心的基本信念，一旦否認它，就對基督教的福音信息以及基督教的使命造成嚴重扭曲，連「基督教」的面目也變得難以辨認了。

肯定地說，一定有配稱為基督徒的人，還未(也許永遠不會)完全領會、承認和明白整套公認的基督教信仰。有些單純的基督徒朋友，從沒研究過三位一體教義，並且因為種種原因，可能還未能夠在理智上領會或確定它，就大力宣揚三一論。有些受過高深教育、思想複雜的基督徒學究，在經過了一番研究之後(或者正是因為經過了一番研究)，對某些重要的基督教教義產生疑惑，開始有所保留，但禱告說：「主啊，我信，但我信不足，求主幫助！」而他們也是基督徒。持正統信仰的基督徒有各種定義，足夠列出一張清單，但總體和主要來說，作基督徒的意思包括務求了解並確定那些等同是基督教對神、世界、罪和救贖的看法的信念。這絕對不等於宣稱，凡是沒有抱正統基督教信念的人還沒有得救，都是註定入地獄的；每個人的永恆歸宿，由神的公義憐憫決定，雖然正確的信念會在影響結果上扮演一個重要的角色，但最終決定是屬於神的，並且只屬於神。關於宣稱別人的屬靈光景如何，他是與神和好還是不和好，其命運是上天堂還是下地獄，我們應當極其謹慎，這些事最好還是留給神自己去管。雖然如此，關於誰是基督徒、誰不是，甚麼機構是真正的基督教、哪些不是，我們間中也不能不作出決定。在這等情況下，他們信的是甚麼，就在公正的裁決上扮演一個很重要的角色了。

正統的相反是**異端** (heresy) 。異端 (通常在教導傳揚之時) 顯然是與正統教義背道而馳的信仰。根據我們先前的類比：在信義宗背景內的異端，是自稱為信義宗信徒所教的一種信念，它明顯與基本的信義宗信仰及教訓 (正統信義宗) 相違。例如，大部分信義宗人士都相信、而有關信義宗教義的認信文也聲明這一件事：按著虔守聖餐的教導，基督之復活而得榮耀的身體，是在酒與餅「之內、與之共存，並在其下」(in, with and under) 。這種有關聖禮中基督「真正臨在」的看法，有時候稱為「合質說」(consubstantiation) ，以別於天主教的教義「變質說」(transubstantiation) 。就信義宗的背景來說，假如有一位信義宗人士將變質說 (即主張餅和酒不再是餅和酒，已完全變成基督的血和肉) 教導人，或教導說，基督的臨在完全是非形體的、只是藉著聖靈間接臨在，或說，聖餐只是象徵性的，那麼就信義宗的處境說，他就是在傳異端了。至於對此可有甚麼對策，就因個別的信義宗處境而異。**異端**並不意味著必定失落救恩，或經審訊裁定為異端，或被逐出教會。

今天，就基督教整體來說，我們應該保留還是撤回**異端**這概念？很多基督徒為此大感不安。他們錯誤地假定了最糟的情況——只要談到**異端**，就必然導致審訊、制裁及清理門戶等事。不錯，在國家教會與俗世政權的伙拍下，曾對那些被判為異端者加以迫害，可是這並不意味著異端這概念本身是可廢棄的。假如我們不用**異端**一詞，我們就得發明一個新詞，用來指那些徹底違反公認基督教信仰核心的信念了 (特別是，當這些信念被人當作是所有基督徒都應該遵守的真理般教導的時候。)(記得我在此說的「公認基督教信仰」**並非指**「凡是大部分基督徒長久相信的東西」，而是指一套較具體的信仰和教訓，差不多所有的基督徒從起初就斷定，它是忠於新約聖經所載神的啟示和使徒教訓，是神的啟示和使徒教訓的必要表達。)從這廣義的基督教角度看，不是每一種少數派的意見或新穎的想法都是異端。相反地，基督教的異端只會是一種明顯而相當徹底地違反基督教核心——「純正基督教」，即基督教的身分——的信仰。正如在此入門手冊內逐漸清晰的，承認異端的存在，並不表示拒絕承認詮釋上的多元化。說到基督教的基本信念，足有空間可容納各種廣泛不同的詮釋，但並非每一種自稱是真正基督教的詮釋，都應當被接納為有效。

有一個問題，很嚴重地妨礙人們接納**正統**和**異端**的概念：人們普遍混淆了**它們作為概念之合法性**與**擁有一套分別二者並應付它們的準確方法**。筆者相信，這兩件是很不同的事情。特別是對自由教會(free church)的基督徒(例如浸信會)而言，並沒有一套乾淨俐落、清晰的方法去區分正統和異端。原因是，自由教會的基督徒不像羅馬天主教教會及一些所謂教權式的新教宗派(magisterial Protestant denominations)，並沒有為裁定信念一事設定繁複的程序。羅馬天主教教會有非正式和正式的施教權威(magisterium)——有一套準則(法規)，而且有法庭用以調查並裁定信念和教訓。最終，教宗聯同羅馬的一個法庭可以判定，某一信念是異端，而將之拒絕。這個做法即使在近年也曾導致神學家被迫保持沉默，以及幾個被革除教藉的個案。

自由教會的新教人士一般以組織鬆散得多的方式來處理事情，為信念和教訓而有的論爭常常導致分裂，因為沒有明確的方式去判定何謂正統、何謂異端。不過，這也不至令正統與異端的區分以及相關概念在這類教會變為無效。各個堂會及各個基督徒都必須在某些時候為這些事情作出決定。各個宗派必須在某些時候舉行全體大會或會議，並進行投票。這類決定經常是以決議案的形式進行的，過程通常是冗長的，並不精確，而且多是拖泥帶水地達致一個粗略的共識，而非取得一個清晰、乾淨俐落的決定。人們經常為這等過程感到婉惜，問為甚麼我們不能只是統統團結起來，埋首於敬拜神與為基督贏取失喪靈魂的事？有時候那會更好。可是，這一點也不能徹底消除區分正統和異端這個籠統的現實。不論是否用這兩個術語，而且不論有否一個準確的區分程序——這個現象都必定是真實的。不然的話，情況就是一片混亂了。有些教會和宗派嘗試廢除正統與異端的分界，結果總是製造一套與此相若的、他們自己的分類法，只是冠以不同的名稱罷了。

想像一下你搬到一個陌生的城市和國家去——遠離了你從前居住過的地方。你想要找一間教會參加，於是你翻開黃頁，檢索教會一項。你注意到基督教教會的名單又長又複雜——分別有無數宗派，其中又有一個組別包含了許多「獨立教會」。研究宗教的社會學家告訴我們，20世紀最後數十年發生了兩件事，把選擇教會的這件事弄得更為複雜。首先，很多人對教義認識極少，或很少關注它們，除了教會崇拜形式的一些線索之外，這些人連自己要找的是甚麼都不知道。很多人選擇教會的決定，大多是基於教會的崇拜風格或所辦的兒童、青少年或成年人活動，而非基於教會所信的是甚麼。然而，每一間教會都有它的信念，要找出這些信念是甚麼，並不如以往容易。很多尋覓教會的人，對於要問甚麼問題或要找甚麼線索，毫無頭緒，宗派名稱不如從前那麼幫得上忙，而無宗派的獨立教會(其中有很多其實是有宗派聯繫的，只是要隱瞞)，名單更是一年比一年長。其次，從20世紀下半葉以來，有很多甚或是大部分教會嚴重忽視神學和教義。若要找出一間教會確實信些甚麼，究竟它實際上有否認真看待它所自稱持守的信念，是很困難的。除非你早已投入了某個宗派，而發現在你剛到的新城市有該宗派的教會，不然的話，你就可能會落在一個相當艱難的尋覓歷程中。千千萬萬的教會都自稱是基督教，而由於這個名稱是那麼不清晰，有些實際上是基督教的教會，反而沒有用上這個名稱，你怎麼在眾多可供選擇的教會之間作出篩選？當你拜訪教會之時，你會問甚麼問題？你要從它的宣傳廣告、刊物、互聯網上、主日崇拜、講道和教導中尋找甚麼？關於一般來說何謂正統，如果你沒有一個清晰的概念，可能發覺自己正處身一個聲稱是基督教的教會，而它卻否認三一神、基督的神性、惟獨靠恩典得救，以及好些基本的基督教教義。

我本可在此舉出更多實例，以論證區別正統與異端的重要性，以及此舉的無可避免。無論是誰，若曾受命去領導跨宗派的事工，去開拓教會或教派的，總知道這個議題。要是根據一套不講信念，對來者一律不拒的「基督徒」原則而行的話，是註定要失敗的。沒有信條必然一團糟，沒有正統必然綱紀全無。在區分基本的基督教正統信仰與那些必須加以防範並拒絕的錯謬異端上，我們有一個起點，就是偉大傳統——那涵蓋教會歷史、差不多基督徒共有的基礎信念。它是公認的核心傳統。它的權威在於作為嚮導。它的權威並不獨立於聖經的權威以外，當然也不淩駕其上。然而，它是一種相對的次要權威，配受高度尊重，要是漠視它的話，難免恐懼戰兢。

力求統一而容許多元

如果說神學的一大任務是界定何謂正統基督教，那麼同樣重要的任務是，識別基督教的重要核心信念與個別基督徒或個別基督教羣體所重視、提倡的次要信念之間的不同；後者於基督教的身分並非不可少的。基督教一向接納和容許這個區別——除非它在機能失調的情況下偏離正軌，走進了不容異見或多元存在的極端形式。在16世紀宗教改革時期，新教人士借用一個希臘術語來形容次要及更次要的信念：*adiaphora*，它可譯作「無關重要的東西」，或「基督徒之間可以有分歧而無損大家同是基督徒之事」。這個概念與 *status confessionis* 剛好相反，*status confessionis* 的意思是一個重要的信念，若否定它就造成異端甚至是背道（apostasy，完全背離基督教）。

合乎中道的基督教信仰承認一件事：部分信念比其他信念更重要；部分真理在必要時值得為之有所分歧，其他則不。關於前者，路德曾說：「盡可能和平，但為真理不惜一切！」在後者之中，早期教父及改教者對「天堂的佈置和地獄的溫度」（借用尼布爾〔Reinhold Niebuhr〕一語）眾說紛紜。換句話說，雖然公認的基督教信仰包括了相信死後有生命，又相信有兩處真正有別的永恆歸宿，被稱為天堂與地獄，但兩者的詳情就不包括在公認的信仰之中。

我認為，把真正的基督教信念分成三類，有助我們取得一條正確而平衡的路線，以便為基督教的身分與合一保存正統信仰，同時又避免千篇一律及一種狹隘的、教條式的、孤注一擲的基督教。所謂「真信仰」的意思是，任何一個或一羣基督徒所接受為真的(和現實相符的)信念。大多數時候，我們看見明理的基督徒把這其中的一些真理看成是基督教本身不可或缺的——正統基督教——否定它們會造成真正的異端，甚至是徹底的背道情況。基督教的身分全繫於這些信念之上；我會叫它們**教理**(dogmas)。同樣地，明理的基督徒往往承認有一類次要的信念，它們對某個基督徒團體的傳統是重要的(譬如從廣義或狹義說的宗派)，但於基督教本身卻並非不可或缺。我會把這類信念稱為**教義**(doctrines)，這意義比「教義即任何信念」的概念要狹窄些和專門些。最後，幾乎所有明理而具反省力的基督徒都承認：有些宗教信念只不過是意見，因為關於它們，並沒有一致的基督教立場，聖經並無教導，而它們也沒觸及福音本身。它們常常是屬於臆測性的——純粹是猜測，缺乏有力的理據。由於找不著更好的名稱，我會乾脆稱之為**意見**(opinions)。從某種意義看，**無關信仰之事**(*adiaphora*)屬於中間一類，因這類信念對基督教本身並非不可或缺的。可是對於某一個宗派，它們的重要性就足以在其圈子中變得不再是無關重要的了。第三類包括了一切無關信仰的東西。

若要妥貼地把信仰歸類並非易事，千百以來基督徒為此爭論不休。新教之所以有許多宗派，其中一個原因在此。中間的一類充滿著有關聖禮的各種信念。譬如說，浸信會通常與東正教、羅馬天主教及其他新教的基督徒同樣相信，耶穌基督是神道成肉身，是三一神的第二位，他們認為這是不可或缺的基督教信念。然而，他們也相信，就連別的基督徒也沒有用正確的方式施洗——這可不是小事。只有年紀夠大、懂得為罪悔過並承認相信基督的人，才可以真正受洗，而基督徒的洗禮應該一律採用全身浸入形式，而非倒水或灑水。這是浸信會的一項信條，卻不是用來識別基督教的教理。每個宗派都有這樣富特色的教條，以及為他們鄭重承認的教理，這些教理構成他們與別的基督徒所站之共同立場。五旬宗人士奉為教條卻非教理的是「聖靈的洗」，這是一切基督徒在歸正以後必有的經驗，而且必有說方言的現象相伴。

跟許多人的誤解恰好相反，東正教及羅馬天主教的基督徒都承認新教徒為基督徒，只要他們同樣接受那歷史的、正統的大公基督教基本教理。不過，他們也有本身具特色的教義，是他們看為十分重要，並要求其追隨者恪守的。東正教在崇拜、靈修之時景仰聖像(icons)。(這與崇拜聖像大不相同。他們是用它們作為禱告和默想的「媒介」。)這個信念對東正教徒來說，並非可有可無。羅馬天主教相信馬利亞出生時不帶原罪(無染原罪成胎說)，以之為教義。他們會稱這為**教理**，但其實它在我們的分類中屬於教義一類，因為他們並不堅持人必須相信這個才能作基督徒。關於在其他星球上有沒有智慧生物的問題、地球的年齡，以及世界末期種種大事的確實詳情，譬如敵基督的身分等信念，大部分基督教派別都視之為純粹意見而已。我選擇這些例子，因為已經有基督徒以它們為題，寫了些臆測性的文章和書本，而且在基督教的電視節目上，也都可以聽見談及它們的講道。可是，幾乎沒有哪個宗派把這些信念(不論是甚麼)提升到重要或不可缺乏的地位上。

那麼，由誰來決定哪些基督教信念該歸屬哪個類目呢？正如讀者也會想到的，這是個備受爭議的問題。東正教教會說，這個程序是在神忠貞之民的手，在他們的主教作出詮釋並以全體發言之時。當然，那真正的意思是由主教決定的，為做到這一點，他們盡最大的努力去細心聆聽神的聲音及他們子民的聲音。聖經、傳統、理性和經驗，無疑也扮演了一個重要的角色。東正教會說，大部分信念在很久之前早有定案——在基督教歷史頭八百年舉行的教會會議，就有關教義與實踐公佈教令和法令之時。羅馬天主教有它的施教權威，決定以上類目及其內容。主教間中聚首一堂，作教宗的智囊團，雙方決定把一度視為意見的信念提升到更高的地位，即教理或教義的層次。新教教派並無一定程序去決定，如何把真信念正確歸類。那是不斷進行著的、冗長的過程、辯論、召開會議、於周年大會投票、編寫及重訂教義聲明。在2000年，美南浸信會聯會修訂了其《浸信會的信仰與信息》(Baptist Faith and Message)，把部分本來留給個人判斷的信仰，納為教義一類，其中有禁止按立婦女為資深牧師，並且宣佈神是完全預知受造物在未來的自由抉擇。

為了有助我們區分哪些信念該屬教理、哪些該屬教義、哪些可被看作是見仁見智的意見，我會求教於那偉大傳統。一般來說，作出這種區分的試金石是基督與福音，福音即是由基督的死而復活所帶來的白白救恩。這是以基督論為試金石。耶穌基督是整件事情的中心：「你對基督有何想法？」一直被歸入教理一類的，被那些認定在承認耶穌基督是至高無上的主和救主的這一點上不可或缺的信念，其中包括了承認祂是道成肉身的神，又是為贖世人之罪的祭牲。還有其他基本信念被歸入教理一類，為了維護耶穌基督的福音。三一神論就是這類信念的一個例子。

「聖經說甚麼？」是教義類的試金石。凡看來是聖經的見證所明顯啟示的信念，但於信仰基督上並非不可或缺的，都歸入此類。臆測是意見一類的試金石。凡屬此類的是那些無法從基督中心這個前提，或從聖經這試金石得著有力支持，而其惟一的理據只是間接地引申自別的信念，或只是基於對某些模糊經文的臆測性理解的信念。雖然如此，以上一切都沒有使求同存異的過程變得容易或科學化。以上一切是怎麼運作的，甚麼信念歸甚麼類目，在基督徒之間都沒有一致的看法。故此，我必要乾脆承認，我要跨出大膽的一步，冒著受到強烈異議的可能，而著手描述我認為是構成基督教信念的基本核心。在大多數時候，它是等同於那偉大傳統。

若要維護全體基督徒的統一並尊重其內的多元，其中一個方法是識別基督教的基本信念——教理——並將之從次要的信念及純粹是意見的東西區分出來。「在重要的事上統一，在不重要的事上自由，在一切事上有愛。」與此工程密切相關的另一個方法是，從相信基督教的認知意義，去識別它的中心和界線。近代基督教出現了兩大理論，它們大概早已潛在多個世紀；兩套理論分別是，把真正的基督教比作是一個「由界線定準的範疇」(bounded set category)，以及把基督教比作是一個「由中心定準的範疇」(centered set category)。有沒有必要假定，某人或某個組織**要麼**完全是基督教的，**要麼**根本不是基督教的？基督教的身分——即使就信仰來說——是否一件黑白分明的事？界線定準的範疇理論顯示，至少對於自稱是基督教的成熟基督徒和組織來說，答案是肯定的；他們**要麼**是基督教的，**要麼**是非基督教的。在那些接受這種理論的人看來，**界線的界定和維持**是十分重要的，把**人們排拒於外**，是藉以說明基督教是有界線、因之是有身分的一個途徑。正統基督教是在界線之內，異端是在界線之外。

至於中心定準理論，就把基督教視為一個具流動性而靈活的力場，有一個強力的磁力中心。界線的重要性不如那個界定真基督教的中心；凡被中心吸引著，沒遠離中心往外走的，都被視為真正基督教的。這個理論沒否定所有界線，但它的確否定中心以外有任何絕對界線，並且它容許一個可能：沒有基督徒(或基督教的東西)正正落在中心的位置上。人和組織可以按著他們(它們)與基督教經驗和信念的核心關係，有不同程度的基督教——這核心是歸順耶穌基督並獻身於祂，以及由使徒所宣揚、由早期教父及改教者所保存的，有關耶穌的基本信念。

兩套理論各有缺點，但筆者認為，界線定準理論在為維護統一及多元的這一點上，不及中心定準理論那麼有效。界線定準理論最終幾乎不容許中心(福音)與界線(正統)之間有任何區別。它又無可避免地必然導致偏執於維持界線，並就某些人或派別到底是不是基督教，進行宗教裁判官似的審斷。它太呆板、太講求絕對。中心定準理論雖然會有含糊不清之弊，但它容許在詮釋上有真正的多元，又不至落入相對主義的危機。即使一個人的某些信念是錯的，他也可以是真真正正的基督徒。這個理論把正統基督教定義為一套信念，其形式隨文化和時代轉變，但始終是忠於福音信息本身。人可以有不同程度的正統。然而，人可以因拒絕一個關乎福音的信念，脫離原來的軌道，趨向另一個太陽系，圍繞某些非耶穌的福音的另類福音而運轉，因而墮入異端之中。即使就中心定準理論而言，某些信念以及持守並提倡這些信念的人，也可謂越界而不再是基督教的。某些信念以及持守它們的人，即使離中心頗遠，還是在基督教的範圍以內(即是說，在力場之內被中心吸引著)。

當我們就某方面的基督教教義展開討論的時候，我們每一次都會先從中心及其外圍——即正統基督教——開始。忠貞的基督教教父和改教者在這方面的普遍共識是甚麼？這是我們對統一的焦點。為了對此有更徹底的認識，又會看非正統的看法——異端——即普遍被認為是在基督教的範圍之外，完全遠離基督教的核心的信念。這些往往是富有神學意味的信念，一度或正為部分基督教教師所持守的，並不包括非基督教的宗教或哲學信念——除非有基督徒向其他基督徒宣揚這些信念。然後，我們會細看正統基督教之內各種分歧的基督教信念。往往在這些論點上，那些一樣地效忠中心、盡量本著忠誠進行詮釋的基督徒之間(雖然他們不可能全部都對)，都會頗有爭議。最後，我會就如何詮釋基督教內部的主要分歧點，提出若干建議，好讓分歧趨向合一。

2

基督教信仰的來源與規範

一與多

基督徒為各式各樣的理由相信許多事情。我們在此問的，與其說是：基督徒信甚麼？為甚麼信？不如說是：何謂正確的基督教信念？它們是如何建構起來、如何重構的？頭一個問題是純粹描述性的；第二個問題則是較多指示性的。分別在於「是甚麼」與「應該是甚麼」之間。想像有一天，全世界所有的基督徒醒來時都相信靈魂轉世之說，那麼靈魂轉世會否在那一天自然成為基督教信念之一？從某種意義說：會。從我們在此的意義說：不會。換句話說，我們要找的是**正確的基督教信念**，而不只是**大多數基督徒所抱的信念**。研究宗教的社會學家將其焦點放在某些宗教運動及教派的追隨者相信甚麼，以及他們為何相信；神學家則更多把焦點放在甚麼是**忠於他們本身的宗教要義**的信念上。

基督教信仰在來源與規範的議題和爭論

大多數基督徒是相信身體復活，還是相信靈魂不滅呢？誰曉得？不少來自基督教各家各派的神學教師抱怨說，許多基督徒似乎相信死後在天堂（至於那些與基督和祂的恩典無關的人，就是死後在地獄）是以一種永恆不朽的、無形無體的方式永遠存在。可是他們大多會說，這種死後生命的觀點是希臘化的（Hellenistic）看法，而不是聖經或基督教的看法。如果我們要確定正確的基督教信念，票數是不大重要的。這麼說來，重要的是甚麼？這是本章的基本問題。也許讀者會心中有數，這問題也沒有簡單、直截了當的答案。有人以為，答案很簡單，是聖經嘛！有別的人——也許東正教徒或羅馬天主教徒——會喜歡答案（同樣很簡單）是教會一貫的教導嘛！有些靈恩派人士或會喜歡答案是屬靈經驗！可是，以上沒有一項答案是充分的。

就基督教神學（或者任何宗教的神學）而論，沒有比本章這個議題更基本、更基礎的了：**在確定正確的基督教信念這一點上，甚麼是要考慮的權威來源與規範呢**？當要判斷哪些信念屬正統、哪些屬異端時，甚麼是正當可靠的來源與準繩（規範、準則）呢？當基督徒一如既往，對基督教信念進行審視和建構（或重構）的任務時，有甚麼可作為指導，提供定論呢？為甚麼這個信念（諸如身體復活）比那個信念（譬如靈魂不滅或轉世之說）更合符基督教——更正統——呢？無論答案是甚麼，自然早就假定了一套權威來源與規範。純粹個人的喜好或甚至某教派的喜好，並沒有甚麼重要性。一旦提出了這個問題——為甚麼這個選擇比另一個優勝？就必然引出一套更高的準則；不然的話，喜好（品味、隨心所欲的選擇）變成了最終準則，基督教也就變成了民間宗教，與客觀真理脫節了。

可惜的是，話雖如此，說到處理信仰的事情，正當的來源與規範究竟為何，打從基督教以一獨特的宗教存在以來，就無法有一個統一的聲音。假如所有基督徒——即使只是大多數也好——在來源與規範上達成一致的話，事情就會簡單多了。你說，不是所有基督徒都同意，聖經是基督教信理的終極權威與規範嗎？無疑，大部分人都同意，聖經是主要的來源與規範之一，而且，可能大部分更同意，它是最高的來源與規範；可是，隨之而來的問題是：那是甚麼意思？遇到基督徒之間在聖經的意思上有嚴重分歧的情況，基督徒該怎麼辦啊？隨之就有別的來源與規範，例如**傳統**（tradition）、**理性**（reason）和**經驗**（experience）。部分基督教流派在聖經之外發展出施教權威（magisteria），藉此斷定聖經的正確詮釋。東正教的教會派系傾向把聖經視為更大現象的一個（可能是最主要的）部分，這現象簡單稱為傳統（Tradition）。

傳統在此是指在基督教開首約九百年的基督徒（特別是施教權威的領袖如主教、皇帝、教會的權威神學家或教師）的一致觀點。在這具權威並由神默示的傳統形成過程中，聖經被選定，正典被確立。還有聖經沒直接教導的信仰和習俗(東正教人士認為，它們之中卻沒有一項是與聖經有抵觸的)，也是一樣。羅馬天主教的基督徒會訴諸聖經**及**傳統，承認教會聖統制度(church hierarchy)有一具權威的詮釋角色。新教傳統向來訴諸神的話語(聖經)及聖靈(聖靈默示聖經，並光照虔誠的讀者，使之明白其意義)，以之為基督教信理的「權威架構」。然而，當壓力來到，不得不面對有關教義的爭論時，很多新教徒就訴諸那偉大傳統(特別是早期教會和16世紀改教運動)的信經及認信文，以之為次終極的權威。

在這複雜而常令人目眩的處境下，既然沒有準確的科學方法去確定正統，將之從異端分別出來，很多基督徒就寧可我行我素，甚麼信念看來合理又令人自在的，就接受甚麼。或者某位受歡迎的講員、作家或基督徒教師說甚麼，他們就接受甚麼。這個方法(也不算方法)並非不常見——只看電視或聽電臺廣播的幾個宗教節目，就接受所聽見的一套東西，即使其中彼此有矛盾，跟基督徒一向普遍相信的幾乎全不相干，也都無妨。有時候，基督徒甚至大多從凡俗或宗教電影和網上電視節目，而非從基督教的史料中，建立他們的信仰。由此產生的，是徒有**基督教**之名的一套喧鬧、混雜的信念。在這形勢下，偶然有些基督教權威人士到來大聲疾呼說，一定要把這多元又混亂的處境改變成劃一而有秩序的；為求達到這個目的，他們提倡「回到聖經去」或「追本溯源」(「回到傳統去」)或「以理性為原則」，以為這樣把某個來源與規範提升到絕對的地位，把其餘的排拒於外，就會令基督教統一起來，回復它的身分了。在這些聲音之中，有來自基要主義，他們常常提倡「惟獨聖經」，同時又企圖把某套傳統教義當作是教理般，要求人人相信。

由此可見，基督教神學一個富爭議性的重大議題就是：到底基督教信仰有**一個來源與規範**抑或**多個來源與規範**。無疑，若說這方面的神學方法，還有其他相關的爭論及懸而未決的問題，可是，沒有爭論可以比正當的來源與規範這一點更基本、更迫切。它耗去了繼使徒以後早期基督徒的大量精力，該時期的諾斯底主義者聲稱，終極來源與規範除了由耶穌及其入室弟子所傳下來的、祕密的口傳傳統以外，還有從「天上」(on high) 來的、他們自己的「知識」(gnosis) 或「祕傳的智慧」(esoteric wisdom) 作為印證。其他諸如孟他努 (Montanus，2世紀中葉) 的早期基督教領袖主張，基督教信仰的終極來源與規範，是由聖靈直接向他默示的預言。

在16世紀改教時期，改教者面對著來自羅馬官方教會及狂熱份子 (極端激進的改教者) 就基督教信仰所作的、有關終極來源與規範的聲稱。某些狂熱份子完全摒棄聖經及傳統，以來自聖靈的個人啟示及內在信息取代。該時期及繼後的一些理性主義者雖自稱是基督徒，卻把人類的普遍理性提升至終極權威的地位，甚至以此作為教義的終極權威。早期教父及改教者尤其必要面對這些挑戰，要就正當的基督教來源與規範，發展出一套盡量統一的概念來。在基督教那偉大傳統之中，在這一點上有沒有某些基本的共識呢？可否界定主要的基督教來源與規範，並將之從那些被錯誤地提升到終極權威的次要 (或錯誤) 來源與規範分別出來？

基督教在來源與規範的立場

從一開始，我們須承認，要界定正當的基督教來源與規範，無論如何都是一種冒險。新約聖經本身使用和訴諸的來源有多個：神的兒子耶穌 (來一章)、希伯來聖經 (即舊約) (提前二15)、使徒所傳的福音 (羅一16～17)、神的靈 (約十六13)，以及使徒的書信 (彼後三15～16)。早期教會有先知講說來自神的信息，而門徒和使徒就把一套教訓傳統，傳給領導他們所建立教會的年輕人。保羅引述過非基督教詩人和哲學家的話。耶穌似乎與某些猶太教師站在同一陣線，反對其餘的。可以從以上一切看出一個模式來嗎？大概沒有一個模式是無可爭議的。最初的基督教教會在建立教義，以及在相反教義之間作出判決時，是倚賴多個來源的。他們不像猶太人領袖 (譬如法利賽人) 為在會堂聚集的猶太人那樣，沒有專為基督徒而設的基督教正典。不過，他們有使徒，而那些公認是使徒之男女的教訓，看來在1世紀的基督教教會之內及其間，佔有很重的份量。

假設你穿過時光隧道，回到1世紀中葉，在羅馬一間基督徒的家庭教會，你很可能會聽見人們訴諸於希伯來先知(譬如以賽亞)，聽見人們閱讀他們的經卷。你可能也會聽見一兩個基督教的先知站起來，把從神的靈所領受的信息傳給會眾。你可能會聽見有人讀出一封由使徒，譬如保羅或巴拿巴寫的傳閱書信，而且你也可能會聽見會眾中有一位成員報導，他在往訪耶路撒冷期間與耶穌一個門徒的一番談話。你差不多必定會聽見，會眾中的一位長老(好比是後來的傳教士或牧師)按著他或她對希伯來聖經所理解的意思，以及他或她對使徒總體教訓的理解，給予會眾及來賓一番勸勉。勸勉的焦點是耶穌基督的死而復活，以及神怎麼樣活在祂裏面，怎樣在那些叫世界與祂復和及改變的事情之中。你不會看到聽到的，是後來才建立的「新約聖經」之類的東西。

當有關教義的爭論陸續出現，特別當自稱是基督教的教師和先知在羅馬帝國境內的基督徒中間四出活動，勸他們相信種種東西時，有些人就開始把使徒將殘的薪火接過來(最後一個使徒於大約在公元90年離世)，並且聲稱有使徒權威，因為他們跟使徒是認識的，曾受教於其門下。這些「使徒教父」和「教會的教師」把使徒的著作蒐集起來，開始製訂一套具權威的來源與規範，以確定這許多基督教遊行傳道者互不吻合的教訓之中，哪些才是真正的基督教教訓。這些早期教父所聲稱的使徒統緒(apostolic succession)，當時來說，在駁斥異端及其教訓，以及在論證他們認為是正確的基督教信念上，經常訴諸於三大來源兼規範：**信仰準則**、**使徒著作**及**希伯來先知**。

信仰準則代表教父保存和詮釋並應用的基督教信仰的基本內容。隨著時間流逝，它被濃縮為精簡的洗禮條文，最後變成了所謂〈使徒信經〉。愛任紐、特土良、俄利根、居普良及亞他那修等教父，不只聲稱學過並背誦這信經，他們更引述各類使徒著作，從中徵引文句，以支持其主張，顯示這使徒教訓的規條或傳統，是基督教信仰的規範。於是，與這規範並列的，是後來最終演變為新約聖經(在4世紀末十年內為西方教會正式贊同)的一部經典。早在此之前，已有一份正式的基督教聖經正典清單(它的確切範圍及界限，從來沒有多大共識)，又有一種非正式的共識：凡使徒寫的東西，或是在教會之間為眾人廣泛閱讀，叫眾人得著裨益的文獻，就有特別的、神聖的權威。可是當異端以相同的著作，作為他們支持理據的時候，教父就轉而訴諸於信仰準則，以之為具有權威的基督教教訓精華，用它來締造並維持合一，將假教師排拒於外。信仰準則變成了基督教教訓及信仰的核心——從聖經本身提煉出來的終極規範。

在大約150年之間，一共舉行了四次決定性的大公會議，為止息基督徒內部有關教義的重大爭論，並就使徒教訓中的含義及基督教信理的準則，制訂決定性的聲明。這些大公會議所產生的信經及有關忠實信仰的定義，被16世紀的新教改教者接受為具有次要權威的。它們成了「法規之外的法規」(canon outside the canon)，就如改教者(特別是路德)承認，聖經有「正典中的正典」(canon within the canon)一樣。路德及其後的改教者把所謂次經(即原來不屬希伯來聖經的13卷猶太人書卷，卻早被東正教及羅馬天主教的領袖接受為基督教正典)從正典剔除，並主張信經及認信文所陳明的信仰準則，就權威來說，僅次於神默示的聖經66卷。

惟獨聖經的原則，或「只有聖經是(基督教信仰與實踐的)終極權威與規範」，成了新教的組成部分。然而，實際上，改教者及其大多數追隨者都接受，聖經各卷也有「高低」之分，視乎各卷為耶穌作的見證有多直接，路德稱聖經為「盛載基督的搖籃」。他們也接受聖經以外的著作，特別是〈使徒信經〉、〈尼西亞信經〉、〈迦克墩信經〉、〈亞他那修信經〉，以及早期教會的權威神學家和教師(例如上文提到的教父)的著作，作為權威的詮釋傳統或非官方施教權威的一部分。據改教者聲稱，後者的權威就如月光之於日光——是反射的榮耀。

作為到此階段的一個小結，在基督教成形的首四百年及16世紀，基督教各流派及教會達致了一個粗略的共識，就是：**那從神而來、由默示寫成的話語——聖經——所傳達的，神對希伯來先知的啟示，及使徒為耶穌基督所作的見證，連同從聖經提煉出來的精華——信仰準則，就是基督教為信仰及人生所定的終極來源及最後規範**。東正教將它與傳統拉上關係，主張它是那個更廣闊的類目，涵蓋基督教的一切來源與規範，包括聖經、信經，以及教會有關禮儀(崇拜形式)、禱告和靈修(採用圖像)等不成文教導。東正教認為，這權威性的傳統隨著8世紀第七次大公會議的舉行而告圓滿。羅馬天主教教會則大體上對傳統表示贊同，但讓它仍保持開放。他們可按需要為製訂教義、修訂已成文的規條、平息爭議等，舉行新的會議。會議所議決的無論是甚麼(其實早就為神子民一直篤信，不論有沒有人將之寫成文字)，都因此成了教會正統信仰的一部分。聖經並非所有真理的陳列室，在東正教及羅馬天主教的基督徒來說，它是讓真理得以脱穎而出的試金石。新教基督徒(特別是那些自稱福音派的)把聖經提升到比傳統還要高的位置，以既尊重又具批判的態度來使用這公認的傳統。

至此，讀者或會問，就連在來源與規範上都沒有一致的共識，那麼有甚麼希望可確立基督教的合一，或甚至基督教的身分呢。那是自然反應。但我鼓勵讀者，要看看基督教的各家各派之間的共同立場。他們全都把神特殊的神聖啟示，視為他們的終極來源與規範。他們全都贊同，聖經是該啟示的成文形式，它的主要目的和功能，是向那些無法與耶穌處於同一片土地上的，即無法親睹耶穌及其門徒或使徒風采的人們，啟示基督。他們全都把以不同名目指謂的這個「信仰準則」或「信經」或「福音傳統」，看成是特別濃縮了的神聖啟示，以之為指導基督教信仰的試金石，區分虛假版本的基督教與名實相符的**基督徒**。

與其他所有的可能比較，這並非無關重要的共識。那偉大傳統把聖經提高到一個特殊的地位，作為確定神是誰，以及神要求人甚麼的權威。可是，正如救恩雖是單憑信心而得，但它從來都不單獨存在(因它和它所產生的善行是雙胞胎)，同樣，聖經雖是基督教信仰至高無上的惟一來源與規範，它從來都不是單獨的。在聖經之內有耶穌基督，有那促使祂成為正典中的正典。在聖經之外有許多不同版本的簡明信仰準則，以及那足可作為詮釋歷史的公認傳統——那領人穿越聖經詮釋(或錯誤的聖經詮釋)的迷宮的。由此可見，在歷代基督教歷史中，基督徒有一套很好用的**權威架構**(pattern of authority)——即使它或者並不完美——讓他們能確定甚麼是正統的基督教信念，並能建構及重構教義、識別正統。

關於衡量基督教信仰，應根據甚麼基督教神學來源與規範，雖然沒有一致的看法，但仍有粗略的共識(在基督教歷史上時而出現明顯的異議)，即基督教神學家正當使用的有**四個主要的來源與規範**，合稱為「衛斯理四邊形」(Wesleyan Quadrilateral)。衛斯理四邊形並非只為約翰．衛斯理這位循道運動的創始人和18世紀大覺醒運動的奮興家所專用，在他之前早已以各種形式存在。英國教會的偉大神學家胡克爾(Richard Hooker)早在16世紀後期發展出他自己的版本。「衛斯理四邊形」一語則是由20世紀美國循道宗神學家歐慈理(Albert Outler)所創。然而，事實上，它的一些版本早在古代就有了，在基督教思想家中常見。衛斯理四邊形(下稱「四邊形論」)認為正確的基督教信仰是由四個來源與規範所約束及模造的：**聖經**、**傳統**、**理性**和**經驗**。(胡克爾略去最後一項，故此他在衛斯理之前的版本較像三角形或三腳凳，不像四邊形。)這裏沒聲稱這個權威架構和神學方法，可以從整個基督教歷史看得出來的，除非我們也考慮到那些沒有明言的情況。從2世紀到20世紀大多數基督教思想家都運用這四個久遠的來源及指導機制，來確定健全的教義。

大多數教父及改教者認為，**聖經**是指成文的神聖啟示，即希伯來先知及早期基督教使徒的著作。雖然有關基督徒聖經正典的考慮條件，固然存在分歧(主要關乎是否把次經歸入正典)，但這一事實無損以聖經作為建構並模造正確基督教信仰的特殊權威的這個普遍共識。聖經的特殊權威可被證明嗎？美國憲法的特殊權威可被證明嗎？兩個問題的答案都是**不可**。兩者都是被它們所模造的傳統團體(tradition-communities)全體接受或幾近全體接受的基礎權威。所謂**傳統**，大多數基督教教父及改教者的意思是指我們在此一直稱為「純正基督教」的偉大傳統，即為早期教父及16世紀改教者一致持守的信念。所謂**理性**，大多數是指邏輯，特別是互不相衝的原則，以防互相對立的命題獲得同等的肯定。基督教信仰就如在生活的其他每一方面，必須要求一致性及可被理解。**理性**不一定或不經常有一套發展成熟的複雜哲學，儘管哲學一向是神學的談話伙伴。所謂**經驗**，大多數基督教思想家是指非私有的個人經驗，即是人類的經驗，特別是神的子民在信仰羣體中的宗教經驗。無疑，不同的基督教思想家、基督教團體會以不同的方式採用這四大來源與規範。衞斯理(及之前的胡克爾)認為它們是彼此的不斷交流，其中以聖經享有最主要、最尊貴且具權威的地位。[1] 在接受、運用這四邊形論的程度上雖然存在不同，我們還是可以看出，在整個教會歷史上，有許多基督教思想家早已假定並採用了它。

對來源與規範的非正統立場

要就任何一個有關信念的課題認識基督教的一致立場，其中一個最好的方法是檢視它的非正統立場。有人曾打趣說：「異端是正統之母」，以及「正統受益於異端的，比它有意承認的要多。」此話不差。很大程度上，在1世紀初代以後的基督教信仰，與那些被判定徒有基督教之名、實際上與基督教身分抵觸的信念，循著辯證關係發展起來。在後來整個教會歷史中，在基督徒團體內部及邊緣地帶出現了別類看法，大多數基督教領袖和思想家斷定它們是和福音格格不入，與那偉大傳統不相配的。此等看法經常源自基督徒團體之外的某處，後來混進其中。有時它們是出現於基督徒團體的內部，就在牧者、神學家及平信徒思想家試圖以不正當的方式去解決神學問題、重構教義之時。

有關基督教信仰的來源與規範，其中一種最早和最具威脅性的看法，是來自一批後來稱為諾斯底主義者(或譯「靈智派」)的基督徒。傳說這個運動——在2世紀變成了多個運動——始於一個源頭：撒瑪利亞的西門．馬古斯(Simon Magus，即行邪術的西門)，使徒行傳記載了他與使徒的交鋒。無論如何，到了2世紀，在羅馬帝國各地，諾斯底主義的小羣教派、學校、團體如雨後春筍，依附在基督教的邊

1 關於四邊形較詳細的描述及分析，參 Donald A. D. Thorsen, *The Wesleyan Quadrilateral: Scripture, Tradition, Reason and Experience as a Model of Evangelical Theology* (Grand Rapids, Mich.: Zondervan, 1990)。

緣。[2] 即使到了後來，基督徒皇帝及主教使諾斯底主義者變成了地下教派，它還是在歷史上周而復始地出現和存在。在20世紀的西方社會，它以祕傳基督教運動及新思維教派的各種面貌出現。**諾斯底主義**一詞源自諾斯底主義者對基督教信仰的終極來源與規範的共同看法：希臘文的 *gnosis*，可譯作「智慧」或「更高的知識」。諾斯底主義者聲稱（秘傳基督教的教師也聲稱），他們擁有一種特別的屬靈能力和知識，是那些得靠成文權威和人間權威的一般基督徒所不能擁有的。諾斯底主義者所追隨的領袖，向他們傳授一些超過了常人所能理解，通常被認為是隱秘的特殊知識。在古代基督教，這秘傳的屬靈知識包括了這些想法：「基督」是「耶穌」之外的某人；「基督」雖住在「耶穌」之內，卻從來沒有真正完全等同耶穌；以及人類的靈魂只是神聖豐滿的痕跡等。

從最廣義說，諾斯底主義是任何倚重教外人所無法獲得的特殊啟悟和智慧的宗教。諾斯底派自稱擁有為一切使徒所未完全認識的，為一切基督徒所不能獲得的特殊知識，這種主張遭早期教父拒絕。基督教教父及改教者堅決反對任何形式的諾斯底主義，寧可相信神聖啟示的客觀性和普遍性，相信它是可以被人獲得的。當然，部分基督教領袖曾指，有人陷入了某些諾斯底主義而不自知，這似乎是中世紀某些神秘教派及改教時期某些極端教派的情況，他們強調「內在光照」(inner light)，就權威來說，它可與聖經分庭抗禮。和這一切的主張相反，基督教的核心所展現的，是神本身從耶穌基督和聖經所彰顯的，一套公開而客觀和坦蕩的啟示。

有一個現象，在某些方面類似諾斯底主義，但又和它不同，就是孟他努主義（Montanism）。這也是2世紀中期在早期基督教圈子出現的，在羅馬帝國部分地區流行了百多年。它也有現代的形相。孟他努——該運動以他命名——聲稱，聖靈利用他的聲帶作為與人直接溝通的途徑；希伯來先知及基督教使徒如何受靈感，他的預言也是一樣。這個「新預言」(New Prophecy) 運動（在2世紀的名稱）為基督教的穩定性構

2 關於諾斯底主義，Anthony Alcock 翻譯的 Giovanni Filoramo, *A History of Gnosticism* (Oxford: Basil Blackwell, 1991) 是極好的參考資料。

成了嚴重挑戰，在孟他努主義最盛行的地區，領導的主教羣起反對及譴責，因為它聲稱某人的預言與使徒的教訓及著作享有同等地位。不幸的是，教會的官方領袖可能反應過分，他們的反應似乎造成了在基督徒中間聖靈恩賜的減弱以至中止。

在整個教會歷史上出現過眾多類似孟他努主義的運動，各家都揚言自己的預言(不論形式為何)是和聖經同等的，即使預言中有些地方其實是遠遠偏離了聖經，跟基督教教訓的偉大傳統有所抵觸。耶穌基督後期聖徒教會(前稱「耶穌基督末世聖徒教會」，即摩門教)被人看成是一個現代的孟他努運動，因為它一方面自稱是基督教，一方面又把約瑟．史密夫(Joseph Smith)、其他的先知，以及教會會長的著作，認定與最初的神聖啟示和聖經有同等權威。20世紀某些靈恩運動被廣泛批評為孟他努主義的翻版，因為它們從個人領受的預言創造新的教義。

1970年代，美國的耶穌子民運動(Jesus People movement)的外圍出現了一個新的基督教運動，以「聖社」(Holy Order)為名，聲稱擁有像諾斯底派的屬天智慧，兼有孟他努派的先知信息。該教派的傳道員穿上長衣，走遍北美各地，到城鎮的街上四出宣傳他們的福音，其內容有靈魂轉世、超能力及清楚劃分「基督」(每個人的屬靈知覺)及「耶穌」(基督知覺的主宰)等主張。這個變相的秘傳基督教運動又認為，有一位屬靈的先知領袖，他的若干著作和聖經一樣，都是由神默示，具有權威的。筆者有幾次與該教派的人交手，當時他們正要滲入一間由耶穌子民開辦的咖啡館。由於他們既熱情又富同情心，而且聲稱擁有超凡的屬靈知識與智慧，在很多年輕敏感的耶穌子民中間得了人心。幸而，當該教派向地區性的基督教教牧聯會申請為會員時，他們的申請不獲接納，因為連最自由開放的新教教牧，都看出這個福音跟真正的基督教福音大不相同，儘管聖社的年輕傳道員也講耶穌基督、愛、救恩、教會等等。教牧聯會不接受該教派自稱「不過是基督教的新形式」的一個主要原因，在於它採用了新的權威性來源與規範，以判定甚麼是基督徒應該相信的，以及他們應該如何崇拜，如何實踐敬虔的門徒生活。

在18世紀的基督徒知識分子之間出現了一個新運動，後稱自然神論(Deism)或自然宗教(natural religion)。這些已獲「啟蒙」的基督徒主張，一切神聖啟示——包括聖經——特別是基督教教訓與信仰的偉大傳統，都必要經由現代哲學和科學知識去判斷。英國哲學家洛克(John Locke)是自然宗教的先驅，在他的書《基督教的合理性》(*The Reasonableness of Christianity*, 1695)中，以現代求知與知識的標準去判斷神聖啟示本身。洛克的耶穌被簡化為「那個彌賽亞」(The Messiah)——某類倫理先知和屬靈領袖，幫助人性上升到一個更新和更高的層次。(然而，洛克並無否定任何基督教教理，他只是不予理會。)嚴格來說，自然神論及自然宗教實際上是由洛克的門生托蘭德(John Toland)所創，到廷得爾(Matthew Tyndal)才發展成熟；二人皆主張，就連基督教信仰，也必須以啟蒙的理性作為終極來源與規範。其他自認為可算是基督徒的自然神論者及自然宗教擁護者，還有傑克遜(Thomas Jefferson)和富蘭克林(Benjamin Franklin)。在歐洲，有一種自然神論和自然宗教在高級知識分子中間流行，並成了有形的組織神體一位論運動(Unitarian movement)，首先在倫敦開始，到了18世紀最後十年蔓延到美國。偉大的德國哲學家康德(Immanuel Kant)寫了《單純理性限度內的宗教》(*Religion Within the Limits of Reason Alone*, 1793)一書，代表著基督教一條自然神論及自然宗教的進路。[3]

凡是信奉自然神論及自然宗教的——其中大多數認為自己是基督徒——無不同意專欄作家夏理士(Sidney Harris)的這話：「神是不給內幕貼士的。」換句話說，確定正確基督教信仰的真正來源與規範，就跟一切人類研究和思想的來源與規範並無兩樣，都是根據天賦的理性。自然神論者頗樂觀地相信，人類天賦的理性在其功能最佳的時候，將一切講求理性、具反省力的人導向一套有關神、道德責任、死後生命等的核心信仰。耶穌基督佔了甚麼位置？據他們看，耶穌不過是人類歷史上最偉大的先知，講說道德智慧。康德稱，耶穌是

3 關於自然神論和自然宗教的二手出色著作是 James M. Byrne, *Religion and the Enlightenment from Descartes to Kant* (Louisville, Ky.: Westminster John Knox, 1996)。

「神喜悅的理想人」。這很可以表達出這羣啟蒙運動思想家對耶穌的普遍看法。

有關基督教信仰的來源與規範，第四個也是最後一個非正統看法是自由神學 (liberal theology)。大致上，它是出自自然神論和自然宗教 (或受其影響)，同時攙進了理想主義的成分。自由神學相當倚重康德及黑格爾 (19世紀另一位基督教思想家) 的哲學。自由派的基督教思想家雖然沒把基督教的來源與規範降為天賦的理性，或是自然或哲學的一般啟示，但他們傾向把「現代思想及人類經驗的精華」提升到基督教信仰的來源與規範的地位，與聖經中的特殊啟示等量齊觀。現代世界最具代表性的自由神學之中，有德國的教會歷史學家哈納克 (Adolf Harnack)。1900年他在柏林發表了一連串演講，1901年以《基督教要義》(*What is Christianity?*) 一書出版。哈納克把真正基督教看成是一個特別由耶穌基督帶來的、關乎神和神國 (作為在歷史中一個道德性的社會秩序) 的簡單信息，而它跟理性與經驗全然一致。儘管如此，細讀他的書及其他的古典自由神學，則會發現他們用來確定甚麼是基督教不可或缺的信念的真正試金石，其實是人類普遍的理性與經驗，以及特別是在責任召命方面的倫理經驗。基督教公認傳統的許多重要信念輕易被忽略或置之不理，其中有耶穌基督的神性 (特別是祂的先存性) 和三一神觀。20世紀尤其流行的一種自由神學是進程神學 (process theology)，它以一套稱為進程觀的俗世哲學 (主要由哲學家懷德海〔Alfred North Whitehead〕及哈茲霍恩〔Charles Hartshorne〕所創) 作為基督教信仰的來源與規範，無形中與聖經同等。

一個有用，並同時適用於自然神論和自然宗教的「自由派基督教神學」(liberal Christian theology) 的簡單定義是：在建構與重構基督教信念上，「盡量承認現代性的立場」。現代邏輯和現代研究 (包括科學、哲學及社會學) 在自然宗教和自由神學上扮演著決定性的角色，並非只是輔助性，而是舉足輕重的。較傳統的基督教思想家在回應自然神論／自然宗教及自由神學之時，則訴諸於特殊的神聖啟示——神的話語——正如神所默示的聖經所表明的，以之為基督教信仰的終極來源與規範。這決不表示把理性或經驗拋諸腦後，很多時候倒是表示對那偉大傳統加以重新強調，以顯出這類新興的基督教，由於其忽視或拒絕了例如道成肉身或三一神觀的重要教理，實際上削弱了基督教的要義。

基督教對於自然神論及自由神學一個主要的保守回應是，肯定衞斯理四邊形的四項元素是有次序的：第一是聖經，第二是傳統，第三是理性，第四才是經驗。基督教的一些保守派批評家想把經驗從規範之列剔除，並削弱理性所佔的角色。基要主義之興起，正是對自然宗教及自由神學的一種頗極端的回應，它的格言是「惟獨聖經！」基要主義者堅持把聖經分別出來，作為基督教信仰的惟一來源與規範。其他從基督教出發，比較沒那麼極端批評自由神學和自然宗教的人，就提出最好的回應是按著四邊形論最初的目的和用途，回歸到它那裏去。

基督教信仰在來源與規範的不同看法

現在，我們已就正統基督教信仰(結構和重構)的來源與規範描述基督教的共識，以及主要的非正統看法；那麼，在正統基督教之內的詮釋，又有甚麼重要分歧呢？基督教內部在這個基礎議題上的分歧程度有多大呢？自然，說到分歧，部分基督教教派及神學家會感覺不安，他們的反應是：「沒有分歧啊！」或「分歧程度極微！」可是，只要誠實客觀地觀察那偉大傳統，以及廣大普遍被其他基督徒接受為真基督徒的當代基督徒(即使他們在若干基礎和信念上犯錯)，就可知道，分歧的確存在。說到四邊形論的幾個來源與規範的權威，各自所佔的**比重**，即使同樣敬畏神、相信聖經並愛耶穌的基督徒，也可以有分歧，而且事實是有分歧的。

若干基督教思想家高舉**傳統**作為最高的來源與規範(當然是在神之下)。在很多，甚至也許大多數東正教和羅馬天主教神學家而言，基督教的偉大傳統是神在啟示中的作為，而聖經被視為傳統的一部分，它有自己特殊的尊貴地位和權威。羅馬天主教教會在一些會議(例如天特會議、第一次及第二次梵蒂岡會議)相當清楚訂明，聖經與傳統不能分割，並且聖經是教會在神默示下的創造物，因為教會是順著聖靈引導而選出正典各卷。由是，傳統是神的靈向教會並在教會內說話的整個過程——先是透過使徒，其後透過繼承使徒的主教，並透過教會會議、聖經及忠貞子民的禱告、崇拜和見證。[4] 天主教教會區分這個傳統 (Tradition) 及小傳統 (traditions)，後者包括教會法規 (canon laws) 及支配教會生活的常例、某些有關靈修、崇拜及禮儀方面的長期習慣和模式等等。傳統 (Tradition 的字母 T 大寫) 是比它各部分 (小傳統) 的總和要大的總體。據天主教的概念 (東正教除了細節也相去不遠)，神保守基督教 (天主教) 教會常在真理之內，使傳統不可能在根本上犯錯。

天主教教會有時會把部分傳統提升到必須的教理 (作為天主教徒，甚至是基督徒所必須的信仰) 地位，即使看不出該信仰在聖經何處有清楚說明。只有當一眾主教「聯同忠貞子民的一致立場」(或間中由教宗單方面代表神的忠貞子民發言) 裁定，這部分的傳統 (譬如馬利亞無染原罪成胎說) 是自古已有、普遍為人接受，而且毋須爭論、應予全盤接受的，才會有這樣的決定。天主教教會及其神學家在 (據它所理解的) 偉大傳統的脈絡之內，運用聖經、理性 (包括亞里斯多德〔Aristotle〕哲學) 和經驗，編訂教理和教義。

傳統上，新教人士強調**聖經在傳統之上**，並在其他每一個神學來源與規範上，但他們這樣強調有程度上的差異。馬丁·路德當時反對羅馬天主教教會的傳統，在討論有關神學的根本來源與規範上，他強調 *sola scriptura* (「惟獨聖經」或「聖經至上」)。其他新教及激進派的改教者，大半跟隨他這個做法。然而，形勢並非像很多時候想的那麼簡單。路德並非一概拒絕一切權威傳統，他只是拒絕把傳統或小傳統 (字母 T 大寫或小寫) 等同聖經的任何舉動，甚至路德曾以 "*Was Christum treibt*" (高舉基督) 一語，在聖經之內找到了「正典中的正典」。在路德 (及若干程度上其餘大多數改教者) 看來，聖經是一切基督教信仰與實踐的惟一來源與規範，但必須以耶穌基督為詮釋的前提，並以那偉大

4 關於天主教對傳統和聖經的看法，一份近代聲明見於 *The Church's Confession of Faith: A Catholic Catechism for Adults* (San Francisco: Ignatius Press, 1987), pp. 44～48。

傳統(早期教會的公認立場及主要的大公信經)作為詮釋指引。對於路德來說，"*Was Christum treibt*"是正典中的正典，而偉大傳統(例如〈使徒信經〉)對於他來說，則是正典外的正典了。

其他新教改教者以各自的方式，強調聖經是在其餘所有來源與規範之上，有的某程度上接納公認傳統為一個相對權威，有的傾向不理會它，除非當援引教父之時能達到護教的目的。但凡改教者在建構他們的一套基督教信經之時，都慎重運用了傳統、理性和經驗。他們小心翼翼地看待這幾個次要的來源與規範，正是由於它們曾被中世紀的天主教神學家，有時被神秘主義者及宗教狂熱分子所誤用。

理性在神學上的角色，自早期教會時代已有爭議。教父特土良(運用理性！)反駁基督徒據理性決定信念的做法。論到神在耶穌基督身上道成肉身，他說：「我信這個，因為它荒謬！」這差不多肯定是誇張之辭，可是在他以後的其他基督教神學家，也同樣傾向貶低理性的角色。巴斯噶問：「你是憑理性去愛的嗎？」他是在反對自然神論者連宗教範圍也給予啟蒙運動的理性主義一個至尊的角色。

然而，有些基督徒還是很重視理性與邏輯，不但在高舉理性的自由神論者和宗教支持者之間，就連在正統基督教之內也是如此。2世紀的教父殉道者游斯丁(Justin Martyr)在歸信基督教之前是哲學家，歸信以後仍不減其哲學家本色；他和(3世紀)亞歷山太的革利免(Clement of Alexandria)聲稱，基督教是那套真哲學，與希臘最優秀的形而上學是一致的。中世紀時期，天主教思想家阿奎那(Thomas Aquinas)試圖結合亞里斯多德哲學及聖經啟示，在他那部名為《神學總論》(*Summa Theologiae*)的神學鉅著中，經常引述「那哲學家」(亞里斯多德)，彷彿他的權威幾與神的啟示相等。其後的中世紀神學家也經常是哲學家，反過來說，哲學家又經常是神學家。

也許在現代世界，以理性為基督教信仰一個主要來源與規範的基督教思想家中，最佳例子就是德國神學家潘寧博(Wolfhart Pannenberg)。在《神學與科學的哲學》(*Theology and the Philosophy of Science*, 1976)中，潘寧博主張基督教的真確性在於它是在理性方面和諧一致的，並聲稱那是毋須訴諸於與神相遇或「信心」的實存經驗而可被證明的。

無疑，不論是20世紀的潘寧博，或是2世紀的游斯丁，或是中間任何正統基督教思想家都不相信，理性是基督教信仰的惟一或甚至是主要的來源與規範，只是從過去到現在，確實有許多人很倚重理性及哲學，不單用它們來維護基督教的真理主張，也憑藉它們建構和重構教義。

經驗是最模糊的概念之一。甚少基督教神學家強調它過於聖經、傳統或理性的。很多人完全把它略去，不以它作為基督教信仰的來源與規範。畢竟，就如路德語帶譏諷地說到他當年的宗教狂熱份子：「經驗是任人搓揉的蠟鼻子，任何騙子都可以用它來配合自己的面容。」換言之，經驗在確定人應該相信甚麼一事上，不大合用，因為它是那麼主觀。另一方面說，歷史上不斷有一些基督教運動和教派在識別有關神的真理上，極其倚賴神秘經驗或羣體經驗。敬虔主義(pietism)是新教的一個運動，它想要從「頭腦宗教」或純粹「歷史信仰」的枯骨中，恢復一種「心靈基督教」。17和18世紀的敬虔主義者，例如施本爾(Philip Spener)、富朗開(August Francke)及親岑多夫(Count von Zinzendorf)對衛斯理兄弟及被稱為大覺醒的大復興影響深遠。他們強調，在識別及建設真基督教上，人與神的個人相遇和關係，跟教義的知識和認識同樣重要。[5] 在20世紀，眾多正統基督教運動，從五旬宗(Pentecostalism)到很不同的新正統派(neo-orthodoxy)，都各自以其方式強調經驗的重要。就這一切基督教運動而言，與其說**經驗**是傳遞教義資料的媒介，不如說它是一個提供指導和辨別的佐證因子。在他們而言(正如巴斯噶的立場)，「心有一套邏輯，是理性不能知的。」

就來源與規範來說，正統基督教內部的歧異，真正的分水嶺在於兩種不同的看法：其一是強調**傳統**在聖經之上或傳統包括了聖經；另一則強調**聖經**在傳統之上，甚至漠視傳統。分水嶺的兩邊在識別及確定基督教信仰上，多少也用理性和經驗。不過，連這個分水嶺也非絕對的：因為聖經永遠不斷被詮釋，傳統在這過程中，往往在某程度上

---

5 關於敬虔主義的出色作品是 Ted A. Campbell, *The Religion of the Heart: A Study of European Religious Life in the Seventeenth and Eighteenth Centuries* (Columbia: University of South Carolina Press, 1991)。

扮演規範性的角色。與此同時，傳統是那麼的籠統和廣博，以致它需要聖經作為其中的指南。

基督教在神學的來源與規範的綜合觀點

不管部分基督教思想家和領袖所主張的是甚麼，每當一羣基督徒要斷定，正確的基督教信仰確實為何之時，就無可避免地牽涉多個來源與規範。**惟獨聖經**是一條美妙無比的理想原則，它表明了這個正確信念：在一切有關基督教信仰與實踐的事情上，要斷定正確的信念，聖經是規範之上的規範(*norma normans*)，又是最重要的來源。話雖如此，除了徵引經文外，聖經從來都不是沒經詮釋的；即使在徵引經文之時，除非是引自希伯來文、亞蘭文或希臘文，不然的話，譯文無不反映了某程度的詮釋。為了確定基督教信仰，以建構並重構基督教教義，四邊形論是一套必然並要高度重視的準則。然而，四邊形並非四邊相等。傳統、理性和經驗，雖然也是來源與規範，卻並非與聖經處於同一層次上；後者是以調和的方式，向接受基督教傳統的團體表明神的心意。

我們在稍後的一章看見，聖經是經由中介傳遞的直接權威。神的話語本身是以神所默示的、繽紛多采的聖經傳給我們的；這聖經是「神所呼氣」或受靈感的(*theopneustos*)。從實際方面說，這是指在審視及確定正確基督教信仰的過程中，不可以提出任何**反對聖經**的理據。誰要是說：「據聖經教導，如此這般是真實無誤的，可是我不同意，我勸基督徒要相信一些有違聖經的東西」，那麼他是偏離了根本的基督教概念，這樣子無疑有如一位美國法官，偏離美國法制及違反他／她的誓言，揚言道：「憲法規定，基本原則是如此這般，如此這般是對的，可是我不同意，我的裁決要反憲法而行。」那是不可思議的。

聖經是我們為基督教信仰與實踐所擁有的最終權威，因為它是神默示的(這教義我們會在稍後的一章探討)，又因為就信仰來說，它正是那創建基督教身分的原始文本。正如一位20世紀的神學家所言：「這文本〔聖經〕把世界吸進去。」換句話說，**對基督徒來說**，整個聖經故事和聖經的見證，就是我們觀看經驗和實在的濾鏡。說到終極實在——人生最深奧的問題與答案——聖經是不可能有錯的。對基督徒來說，聖經故事和聖經的見證就是那模造我們的世界觀、我們的人生、過去與未來、對與錯，以及歷史意義的文本。然而，聖經必須加以詮釋。而詮釋——尤其是為了在基督教內部及基督教團體建立共同信念的目的——必須以聖經的素材為起點，並在一個不斷反思的過程中，往內往外推進。就聖經內部說，試金石是“*Was Christum treibt*”。意思是說，與基督和祂的使命沒有直接關係的附帶經文及評論，在建立根本的基督教信仰上，並不如那些宣揚基督和祂使命的經文，那麼直截了當的具有適切性。

至於在聖經之外，我們就借助上文說的偉大傳統作為一個受規範的規範(*norma normata*)，在基督教的反思上發揮指導作用，而不是控制反思的過程。或者，我們在聖經之外，也採用基本的邏輯原則，例如互不相衝的原則。凡講道理之人，必不能同時接受兩個絕對互相衝突的命題(這一點不一定容易證明或反證)為真確的，即使只就基督教教義與信仰來說，我們也必不可接受一些不能被理解的荒唐言語——真正的衝突永遠是這樣的。最後，經驗所發揮的角色和理性相若，即是說，不是以它作為左右信仰的主要來源或支配性的規範，而是以它作為考慮上的指引。基督徒的共同經驗在經文意義的反思上，可以並且必然有指導作用，但如果讓它跟傳統與理性分離，或把它提升到傳統與理性之上的話，就相當危險了。

基督教信仰是在眾教會內部的不斷交流和對談之間建立和模造起來的，而這對談首先是訴諸聖經(被認為是為耶穌作的見證)，其次是訴諸於基督教思想的偉大傳統(尤其是教父時期及16世紀改教時期思想)，並且它採用理性的基本原則(最主要是互不相衝的原則)和基督徒的共同經驗，指導所開展的對談。由此可見，一個基督教信仰是出自聖經，並指向耶穌基督的；一般來說，它是與基督教思想的公認傳統立場一致的；從邏輯方面說，它是與其他基督教信念一致的，並為基督徒的共同經驗提供亮光。雖然如此，我們總要時常開放，準備接受一個可能：對經文意思的嶄新詮釋，會對部分傳統帶來變革(修正)。雖然早期的基督教思想和改教時期的信念有可能會出錯，但是就整個偉大傳統而論，就沒有多少可能會像某些「恢復派」(restorationists)或

「原始主義者」(primitivists) 所主張的那樣出錯了。[6]

我們應當乾脆承認，這個採用基督教的來源與規範去確定正確的基督教信仰的過程，無論如何並不科學化。[7] 假如說它算得上一門科學的話，它是一門有關釋經的科學，涉及大量詮釋，在其中把各個「界別」(觀點、經驗叢) 匯聚起來，共冶一爐。它涉及大量決定，因此極需冒險。儘管雖然雜亂紛陳，要建立正確基督教信仰的這項任務，決不是單憑喜好或品味去決定那樣的。這過程有其來源與規範，涉及多個來源與規範之間不斷的對談。

---

6 有些基督教運動——尤其是新教某些激進的小羣教派運動——聲稱基督教教會連同其信仰與實踐，差不多自1世紀之後就馬上落入背道的景況中。這些「恢復派」現致力恢復「原始」或最初的新約信仰與秩序，他們一般來說，傾向漠視二千年來的傳統。

7 這看法與天主教及新教神學的某些「經院哲學家」相反，他們視這過程為科學化的。19世紀的改革宗(加爾文派)經院哲學神學家賀智(Charles Hodge)及他所提出的整個「普林斯頓學派」(Princeton School)的神學，似乎把神學想成是十分客觀和直線的——就如自然科學在人心目中的那樣。賀智認為，聖經之於神學，就如自然之於科學，並認為神學差不多等於研究聖經，而且把其中所含的啟示教義，按正確次序置放在一個系統中。

3

神的啟示

普遍與特殊

前一章實際上把聖經等同了啟示，同時指出有部分基督徒把二者作出區分。在東正教及羅馬天主教的基督教思想家而言，傳統(相對於小傳統)是傳遞神的啟示的媒介之一，而聖經則是較廣的啟示現象的一部分。路德傾向區分聖經與神藉耶穌基督所傳遞的啟示，以聖經為一種次要的、成文的啟示。在20世紀，著名的瑞士新正統神學家巴特(Karl Barth)強烈區分神藉耶穌基督傳遞的啟示作為神的自我披露，以及聖經為這自我披露作的見證。基督徒還以別的方式把啟示與聖經作出關聯和區分。然而，歷史上幾乎所有的基督教思想家——如果現代自由派神學家也算是「基督教思想家」，就當別論——都視聖經為確定正確基督教信仰的惟一來源與規範。另一方面，他們往往同時承認：聖經並非神的啟示的全部，它是啟示的一個形式、一種見證，儘管就確定正確基督教信仰來說，它是惟一相關而具權威的那個形式和見證。

基督教信仰在神的啟示的議題和爭論

神的啟示是甚麼？從最廣義說，它是神用來傳遞神自己或關乎神自己的事情的任何方法。從較狹義說，它是神為受造物的救贖性轉變，對受造物作出的自我披露。我們可以提出許多定義，但一切定義的中心都是：啟示是神用來傳遞信息的任何方法，那是在受造物憑自己所能認知以外。哲學家久已談到「人尋找神」，而哲學性的神學家寫了很多書，嘗試以自主(不靠助力)的理性，去確立神的存在和祂的本性。[1] 巴斯噶為回應這種試圖繞過神的啟示、撇開神的啟示去認識神的努力，就斷言：「哲學家的神不是亞伯拉罕、以撒和雅各的神。」換句話說，在巴斯噶和很多別的基督徒看來，人即或可以憑著不靠助力的理性去發現或建構一種神觀，這樣的一個「神」，也決不等於「聖書人」(基督徒與猶太人)所認識和崇拜的神。就連在基督徒之間，為這議題也有不少爭議，若干基督徒非常強烈地不贊同巴斯噶，雖然他們承認，這種對神的自然知識(撇開神的特殊啟示，不靠助力只憑理性)頂多是籠統和沒有救贖性的。往最好方面說，它可作為從不信到相信之間的一度橋。

神從哪裏啟示、如何啟示祂自己？該啟示就提供關乎神的知識來說，做了些甚麼？基督徒一向(猶太教徒亦如是)假定了神啟示祂自己。神的啟示是基督教的前設之一。這意思不是說，關於神的啟示的信念只是順心的意見而已；許多前設都不只是順心的意見。這意思倒是說，有關聖經和傳統的神的啟示的前設(它是與邏輯、人類和基督徒的共同經驗一致的)，是基督教最基本的。同類的合法前設見於美國獨立宣言：「我們認為這等真理是不證自明的。」前設是「人認為是不證自明」的東西，它卻從持續的經驗得到印證，又是與理性和諧不悖的。「凡受造之人皆平等」是美國傳統不證自明的信念，它是基礎的，是一個用不著證明的基本信念；神的啟示亦如是，基督教假定它是真的，不過大多數基督徒都相信還是可以給它一些好理據；**護教學** (apologetics)就是提供這些理據的過程。在假定神已經啟示祂自己，而這啟示更是可獲得的以外，基督徒還逐漸建立了一個最起碼的公認傳統，以之為一個範圍細小但堅定的一致立場。本章接下去的部分將說明這立場。

在基督教傳統之中出現過很多議題，令人對神的啟示有分歧的信念。基督教神學家及教派往往因鐘擺效應的緣故，來到對立的兩個極端。說到神的啟示，在基督教傳統的主流立場之內有一個爭論點，關

1 這類對神純理性的尋索，其中一個聲稱成功的例子是 Mortimer Adler, *How to Think About God: A Guide for the 20th-Century Pagan* (New York: Collier Books, 1991)。

於**一般(普遍)啟示與特別(特殊)啟示**的。其中涉及一個議題：根據一般啟示和理性，可能獲取有關神的自然知識。另一個爭論點，則是關於那種特別的、超自然的特殊啟示的本質：它**主要是個人化抑或是命題式的**？最後，有的基督徒相信，**啟示已經圓滿，而有的則主張啟示仍在不斷開展**。這些詮釋上的差異，導致基督教內部產生重大分歧，甚至時而有對壘的情況，有時候這顯示了一種「非此即彼」(either-or)的錯誤思維；要探求一種「兼容」(both-and)的進路，實在是刻不容緩的事。

基督教在神的啟示的立場

假如說有一個信念把所有基督徒都聯合起來的話，這信念就是：耶穌基督是神獨一無二和無與倫比的啟示。那位給希伯來人寫信的使徒在希伯來書一章1至2節說得最妥貼：「在古時候，上帝多次用多種方法，藉著先知向我們的祖先說話；但是在這末後的日子，他藉著自己的兒子向我們說話。這兒子，上帝曾藉著他創造宇宙，而且揀選他來承受萬有。」(現代中文譯本)新約聖經外一份最早的基督教文獻是作者不詳的《致丟格那妥書》(*Epistle to Diognetus*)，這位不知名的2世紀基督徒作者在寫及耶穌基督(「神的孩子」、「這道」)時，說得很好：「他到來之前，關於神是甚麼，有誰有一點兒知識？」[2] 其實早期教父文獻清楚表明，他們並沒拒絕在耶穌基督之前的任何或所有關於神的啟示，或關於神的知識，故此這問題無疑有誇張的成分。不過無論如何，教父及改教者總是不厭其煩地強調神在基督身上的啟示是獨一無二和無與倫比的。4世紀偉大教父兼主教亞他那修駁斥有人把耶穌基督降為一個與父不同質的次等神之說，維護神的兒子的完整神性；他的理據部分是基於神在耶穌基督身上的完整啟示。

路德堅決主張，撇開耶穌基督就沒有甚麼關乎神的真知識，而凡在基督之外的神的事，即使是真確的，也不是神要我們知道的。在現

---

2 轉引自 *The Apostolic Fathers*, trans. J. B. Lightfoot and J. R. Harmer, ed. and rev. by Michael W. Holmes, 2nd ed. (Grand Rapids, Mich.: Baker, 1989), p. 301。

代神學的領域，巴特發展出一套徹頭徹尾的基督中心論(即使不是基督一元論〔Christmonistic〕)的神學系統，稱為**教會教義學**(Church Dogmatics)，以耶穌基督是神給人類的獨一無二、無與倫比的自我啟示這個概念為起點，並以此貫通整個系統。改教者加爾文是寫出第一部真正的新教系統神學(信仰綱要)的人，他扼要地表達了這一點，寫道：雖然神從自然秩序中被啟示出來，但由於人類已墮落罪中，「現在再沒有誰經驗到神是父親，或神是救恩的創始人，或以任何方式經驗神的可愛，直到中保基督來使神與我們復和，形勢才得扭轉。」[3] 可見基督教信仰的一致立場是，神以特別的方式藉耶穌基督啟示祂自己，這更超過了其他可能存在的神的啟示。

論到神的啟示，基督徒的第二點共識是，神以某種方式(即使是不完美、非個人的方式)從整個自然界及歷史啟示祂自己。巴特在簡略回應另一位瑞士神學家卜仁納(Emil Brunner)之時，似乎否認這一點。二人在1930年代掀起一場有名(或惡名遠播)的爭論，爭論點是神有沒有從自然界包括從人的天性被啟示出來。有人主張巴特在回答說*Nein!*(不！)的同時，他也拒絕了神一切的普遍啟示，而把神的自我披露僅限於耶穌基督身上。那是值得商榷的。無可爭議的是，二人的爭論[4] 其實主要是為了一點：可否在人類世界中尋見福音的一個「接觸點」。巴特既然這樣否定了，他似乎就是否定了在耶穌基督之外可獲得任何有關神的知識的說法，甚至他可能否定了，在耶穌基督及那為祂作見證的神的話語(即特殊啟示)之外，有任何有關神的啟示。(在他所寫的《教會教義學》的一些後期作品裏〔譯按：整套《教會教義學》共四部13冊，巴特辭世時尚未寫完〕，他似乎也容許若干有關神的自然知識，但他始終反對普遍啟示或自然神學在基督教神學反省上，扮演一個規範性的角色。)

除了巴特以及幾個新正統神學家這些可能的例外，絕大部分基督徒一向相信，神從祂所造的自然秩序包括人類世界被啟示出來，無論

3 John Calvin, *Institutes of the Christian Religion,* 1.2.1, p. 40.

4 有關文章參Karl Barth and Emil Brunner, *Natural Theology*, trans. Peter Fraenkel (London: Geoffrey Bles, Centenary Press, 1946)。

這啟示是如何不清晰。中世紀天主教偉大思想家阿奎那根據世界的存在與秩序和人類的良知，發展出一套「自然神學」來——一種單憑外證與理性所獲得的神的知識。他承認這種對神的知識不足以獲得救恩，不足以認識神是一個充滿愛的位格，但他相信(天主教教會也接受)，神的存在從自然界彰顯出來，而人類的理性是完全有能力(儘管有罪的因素)明白這個道理的。在新教改教者之中，加爾文尤其致力研究這個關乎神普遍啟示的信念；他在其《基督教要義》(*Institutes of the Christian Religion*)論證說，假如不是因為罪叫人類的頭腦變得昏昧的話，神在自然界的啟示就會讓人獲得一套有關神的真知識。路德相信並教導說，一切人類都從自然獲得有關神存在的皮毛知識。早期教父處處假定了有這麼一種神的啟示，但同時也斷定，要獲得救贖，這種啟示是不夠充分的。使徒保羅在羅馬書一章似乎是勾畫了這種自然啟示觀，詩篇作者則讚歎神在諸天所呈現的明證：諸天述說神的榮耀(詩十九篇)。

在每一處及每一代的基督徒都同意(除了極少數如巴特等人可能例外)，神透過自然啟示，可能為人類提供一些皮毛的真知識——這真知識也許僅是神確實存在。不過，基督教信仰在神的啟示方面所給與的高度重視，卻落在神藉耶穌基督所傳遞的更高、更清晰、更完整的啟示上。然而，在耶穌復活升天之後存活的人怎麼能知道關於耶穌的事？那些在耶穌還未在地上開展其人生之前早就活過了的人，又如何呢？基督徒普遍同意，神藉希伯來先知及他們的著作，讓世界準備好接受祂藉基督帶來的獨一無二的自我啟示；神又藉使徒和他們的著作，在基督離世後仍繼續該啟示。可見基督徒已接受了一套與耶穌並列的口頭或成文的啟示，因它是指向耶穌，以耶穌為中心的。耶穌與使徒把希伯來先知的著作看作是神的話語(譬如說，耶穌經常引述摩西，以他為神的代言人)。在使徒著作中分別有多處提及神給與先知，並經由先知及其著作所傳遞的特殊啟示(例如提後三16及彼後一20～21)。大部分早期教父在引述希伯來先知之外也引述使徒著作，似乎它們全都是神特殊啟示的媒介。

自從2世紀的基督徒對一位在羅馬的基督教教師作出回應，就開始了編訂基督教正典(一份齊全的清單)的序曲，這正典涵蓋神默示的所有書卷。這教師名馬吉安(Marcion)，他和別的異端一樣，相信希伯來人的宗教——猶太教——並非基督教的前身，試圖從基督教剔除猶太教的色彩。馬吉安試圖把基督教所認可受靈感的著作，限於他認為是出自非猶太人手筆的使徒作品的部分篇章(例如，路加福音、使徒行傳的部分篇章、十封保羅書信的部分篇章)。教會的反應是，確認希伯來正典自成一部經典(後稱舊約聖經)，並開始在馬吉安那殘缺不全的清單之外，補上同樣是由默示寫成的使徒著作(後稱新約聖經)，只因大家對幾卷書有稍微不同的看法，到4世紀後期才出現一份統一的基督教正典清單。然而可以知道的是，在2世紀末至3世紀初之間，愛任紐、特土良及俄利根幾位教父，對正被考慮納入基督徒「約書」(Testament)的作品，都表示贊同。於是，聖經逐漸被所有基督徒視為一種特殊的神聖啟示——在自然啟示之上，又在耶穌基督之下。

20世紀偉大神學家巴特在其《教會教義學》，就有關神的啟示的基督教立場提供了相當中肯的概論。在這一共13冊的基督教思想總論的第一冊，巴特闡述一種有三重結構、層次分別的啟示觀，以及它的主要形式。[5] 肯定地說，歷世歷代或20世紀的基督教思想家，不一定都同意巴特對神的啟示的闡釋。大多數教會喜歡補充一些有關**神在自然界的普遍啟示**的看法——巴特幾乎完全忽略它——不過，它在基督教信仰上倒從沒扮演過一個重要的角色，而一直以來，有關神的啟示的基督教反思也大都集中在**神的特殊啟示**之上。神在自然界——包括受造世界、人類的良知，以及或許整體的歷史(普世歷史)——被啟示出來，這一點很少人否認，差不多總是假定了它。但至於神這普遍啟示有甚麼**益處**，則常常受人質疑。巴特就神的啟示作三重結構的闡釋，正確地把焦點放在指向救贖的特殊啟示上。

據巴特的看法，特殊啟示以三種互相有關的形式出現：**神的話被啟示**(神藉耶穌基督作出個人化的自我披露)、**神的話被寫下**(受靈

5 Karl Barth, *Church Dogmatics* 1/1: *The Doctrine of the Word of God,* part 1, ed. G. W. Bromiley and T. F. Torrance, trans. G. W. Bromiley (Edinburgh: T&T Clark, 1975), chap 1, part 4, "The Word of God in Its Threefold Form," pp. 88～124.

感的聖經正典)、**神的話被宣講**(歷代教會宣揚的福音)。雖然，關於這幾種啟示的確實性質與範圍，在基督徒之間有辯論的餘地，不會全都贊同巴特的描述，但是教會已普遍接納並贊同這一點：從耶穌基督身上(啟示本身)、從聖經(在聖靈感動下為啟示作的見證)和從神忠貞子民的宣講與見證中，**神被特別地啟示出來**。東正教教會想要強調，它的崇拜(禮儀)傳統是屬於第三種形式的啟示，決不低於聖經本身。保守的新教徒則傾向強調聖經作為神話語的角色，甚至經常因此忽略第三種啟示。大多數五旬宗及靈恩派人士，則想要把第三種啟示看成是聖靈的工作，它不斷延續為耶穌基督而作的見證，並引導神的子民進入一切的真理。無論如何，這個有關神話語(神的啟示)的三重結構的看法，為歷代以至今天的基督徒，提供了重要的共識。

對神的啟示的非正統立場

我們已經看過，某些自稱為基督徒者，曾就基督教的一致立場提出質疑，甚至因此促進了這立場的發展及形成，羅馬的馬吉安就是這樣的一個人。在整個基督教歷史上，某些處於教會邊緣的其他人，曾提出為一般基督徒所拒絕的、有關啟示的見解。東正教、羅馬天主教及大部分新教徒會拒絕甚麼非正統的看法(異端)，將之看成是不入基督教信仰之列的呢？

就神的啟示這方面的基督教信仰來說，其中一個非正統看法是：**神的啟示可以在耶穌基督和聖經之上**，因為有足可淩駕並替代二者的新啟示。這也許看來奇怪，但有些基督徒還是接受了這等新穎而被視為更高的啟示，同時卻沒有拒絕他們稱之為次等的較古老啟示——即神藉耶穌及使徒所傳遞的啟示——看它們為全然無關重要的。這就是為甚麼在一般論基督教神學的保守派作品中，巴特所說的第三種啟示往往被淡化甚至被略過了。保守派神學家經常有這個顧慮：要是把耶穌基督及使徒以後的教會的言行一併收入其內，恐怕此門一開，禍患無窮，將出現無數可能有的新啟示，淩駕於最初的啟示之上。在1930年代的德國國家社會黨(納粹黨)高舉日耳曼文化，甚至揚言：希特勒和納粹黨是從神而來的一種更高啟示的傳人，而有部分德國基督徒接受了這種主張。較傳統、較虔誠的基督徒就以認信教會運動 (Confessing Church movement) 的《巴冕宣言》(Barmen Declaration) 來回應，它宣稱耶穌基督是惟一的主，拒絕承認任何新的救主和主、或在文化中一種替代性的神的啟示。韓國統一教 (the Unification Chuch) 的文鮮明 (Sun Myung Moon) 牧師相信，會有一位「再臨的主」在亞洲出現，他帶來的啟示和救恩會比耶穌的更圓滿。很多統一教徒相信，《原理講論》(*The Divine Principle*) 一書是比聖經還要圓滿高超的啟示。有很多處於基督教邊緣地帶的小教派和異端，創造或製訂一些新的啟示，這些新啟示是跟神藉耶穌以及藉先知使徒所傳遞的原本啟示相反的。

此外，跟傳統基督教信仰的一致立場不一樣的另一個非正統看法是：**一般性的普遍啟示——因為它是可以通過理性而毋須通過信心獲得的——比神特殊的啟示更重要**。這異端的表現形式通常是，主張從耶穌基督、聖經及教會的宣講所傳遞的啟示，不過是再次呈現那人人都可以憑理性獲得的普遍啟示而已。這種啟示觀為若干哲學神學家所支持，其中最突出的有德國理想主義哲學家黑格爾，他相信最優秀的哲學 (人類的思想與文化) 是神的啟示，而理性本身——毋須任何超自然的特殊助力或信心——足以發現，藉特殊啟示的符號所傳遞的一切重要事情。在他而言，耶穌基督不過再次在歷史上呈現了一種永恆而普遍的、合乎理性的真理，就是神 (絕對的靈) 與人的聯合。耶穌在十字架上的死亡，再次呈現一個「辯證的受難日」(speculative Good Friday)，把神在創造的「十字架」上永恆的自我疏離 (self-alienation) 及自我實現 (self-actualization)，以具體的、歷史的方式呈現出來。[6] 很多具有哲學思維的基督教思想家，則以較不激進或較溫和的方式重複黑格爾對神的啟示所持的基本看法。有自稱是宗教多元主義者的人主張，無論哪裏都有「那真實者」的啟示，而每個宗教都有它本身的啟示形式，耶穌基督和聖經，不過是基督教對那 (超感官的) 實體，

---

6 關於黑格爾的哲學神學與基督教的關係，最詳盡的説明參他的：*Lectures on the Philosophy of Religion*, trans. E. B. Speirs and J. Burden Sanderson, ed. E. B. Speirs (New York: Humanities Press, 1962)。

對那理想的、超越的「真實者」——上帝或神明——的理解而已。所有主要宗教都有一套同樣說得通的、它們自己的理解。

有關神的啟示的基督教信仰，第三個也是最後一個非正統的看法是：**最高和最優越的啟示完全是內在和神秘的**。有基督徒拒絕以客觀的外在啟示作為最終權威，而接受一種藉「內在的光照」或「存在的覺醒」而來的，個人化的啟示，認為它較之神藉耶穌和聖經所賜的歷史性的啟示更重要。此等基督徒並不拒絕耶穌或聖經，但他們傾向尋求基督在內心的聲音，讀聖經是為聽見神藉聖經親自向他們說話。就較自由派的神學圈子來說，這種啟示觀強調「信心的基督」在「歷史的耶穌」之上，20世紀德國神學家兼新約學者布特曼(Rudolf Bultmann)傾向把神的啟示，降為透過十字架的信息，在與基督的相遇中，得著新的自我了解。他教導人說，就基督徒的存在而言，憑信心從內心認識的那位信心的基督，比歷史的耶穌更重要。當然，連布特曼也不會把二者作出過分的區分。對他來說，信心的基督是跟教會中就歷史的耶穌的自我犧牲所傳講的十字架信息有關聯的。無論如何，以主觀的相遇經驗為啟示的焦點，這在比較傳統的基督徒看來，普遍認為是降低了那在個人的信心之外客觀啟示的重要性。

對較保守的神學圈子來說，這種啟示觀強調在每個人裏頭「基督內在的光照」，鼓勵基督徒聽從它過於聽從書本(聖經)的「死字句」。要為這種神秘的啟示觀找一些歷史例子，總是不大容易的，因為抱持這啟示觀的人大多並無將之化成文字，倒是有一個可能作為例子的，就是早期的貴格會(Quaker或Friends，即公誼會)運動。弗克斯(George Fox)和其他17世紀的貴格派人士傾向相信，啟示是在每個人的內心的，而這有關基督「內在之光」的信念，就成了貴格派的一項獨特教導。20世紀許多貴格派人士接受一個比較傳統的啟示觀，同時卻沒放棄基督以特別的方式，光照基督徒的思想和內心的這個主張。

基督教教會以及教會的領袖和神學家拒絕以上的三種啟示觀，認為它們離開基督教的核心太遠，不可當為正統。這三種啟示觀各有其危機，每一種都否認了某些為大多數基督徒所相信的、在耶穌基督的福音及基督教身分的本質上不可或缺的東西。

有人相信，甚至有可以取代耶穌基督並凌駕於聖經之上的新啟示，這個想法否認了耶穌基督是神親自臨在的自我啟示的獨特性，開了一度大門，把各式各樣的新彌賽亞和基督托世之說引進來，只要稍微容許這類主張和想望，就再也不可能保持一個穩妥的基督教身分，或一個堅定的福音信息了。哪裏要是認真看待這種對新啟示的開放性(相信新啟示凌駕耶穌基督與聖經)，基督教就在那裏淪為異端了。

有人認為，憑理性去認識的普遍啟示比特殊啟示更重要，而且在某程度上支配著特殊啟示或判別它，這個想法並未認真考慮到罪對智力的影響(人類的理智已經墮落)，削弱了耶穌基督和聖經的必須性。如果普遍啟示真的比特殊啟示更重要，那就很難明白為何需要特殊啟示了。這一啟示觀又傾向把注意力更多聚焦在一般的宗教修為，以及一種越過了基督福音的屬靈觀，過於基督福音本身，使基督教陷於一個危機，使它變成了僅僅是哲學的一種象徵性再現，正如黑格爾所信的。

有人相信，最高的啟示是個人的和內在的，這個想法極嚴重削弱了在神的啟示中神話語的客觀性。假如在個人的內在經驗或內在光照之上，並沒有更高、更清晰、更有權威的啟示，那麼每個人都有自由去按他／她內在的屬靈感覺或信息，去建立一套切合自己的基督教信念了。如此一來，就免不了落入民間宗教的窠臼，並沒有用以判別內在啟示的外在測試，這種啟示觀的後果是危險而幾近無可避免的相對主義。這並非要貶低在人內心或思想中有關神和耶穌基督的經驗。事實上，這項真理並沒偏離一個事實——神在內心向人說話。它只是說，這些有關神的經驗和信息，不能被當作是正確基督教信仰的最高來源與規範。除非有超過了內在經驗的東西，不然的話，內在經驗就成了終極權威，如此一來，人人都有自由去相信他／她心中認為是對的事情，後果必定是一片混亂。

基督教信仰在神的啟示的不同看法

基督教在神的啟示方面所取得的最起碼一致立場，給我們留下不少空間，足可容納詮釋和意見的差異；事實上，在此課題上，在正統基督教之內有不少信仰上的歧異。值得在此提出的有三方面討論、分歧，甚至爭議。第一，對神的啟示的核心教義表示贊同的基督徒，經常對**有關神的自然知識**有重大分歧。第二，就今天的基督教神學來說，對以下問題有重大爭議：**特殊啟示的性質，主要是個人化抑或主要是命題式的**。第三，**有關延續啟示的不同觀點——特別是「說預言的恩賜」**——導致分化，有時候產生爭論。

若干基督徒和教會十分相信，毋須憑特殊啟示或信心，單靠神從自然界及理性所顯的證據，可以獲得一套**合乎理性的、哲學性的神的知識**。羅馬天主教教會正式奉為教義，認為人可循此途徑認識神是創造主。然而，教會也肯定，如果要認識神是救贖主，則必須擁有特殊啟示，並對它有信心。中世紀偉大人物坎特伯雷主教安瑟倫 (Anselm) 為多項基督教教義發展出純理性的論證，他聲言神的存在和本性是可以從邏輯去證明的。他發展出後來所謂的「本體論證」(ontological argument)，證明神的存在，並從神必然存在的這一點，推斷神多種必然的屬性。安瑟倫主張，聖經說「愚頑人心裏說『沒有神』」(詩十四1)，因為否認神的存在本身，就是邏輯上的一個謬誤。關於神的定義是「再沒有設想中較之更大的那個存有」，並且由於在思想以外的現實中存在，比單單在思想中的存在更大，所以誰要是說：「再沒有設想中較之更大的那個存有並不存在，它只是我自己思想中的一個概念而已」，就是自相矛盾了。[7] 故此，神的存在已包含在 (並且只包含在) 有關神的定義裏，只要某人能在其思想中對神有正確的概念，要向他／她證明神的存在就很簡單了。

二百年後，天主教思想家多馬．阿奎那為神的存在發展出別的論證，較少倚賴邏輯，更多倚賴自然證據。多馬主張，有五種方法可以證明神的存在，全都是以對世界或對人類的存在之觀察為起點的，其中最有名的是「宇宙論證」(cosmological argument)，從宇宙的偶發 (非必然) 存在推斷神必然存在。它也廣稱為「第一因論證」(first cause

7 Anselm. "Proslogium," in *Saint Anselm: Basic Writings,* trans. S. N. Deane (La Salle, Ill.: Open Court, 1962).

argument)，因為它嘗試證明：假如要有這個有限、以因果相連的偶發世界存在，就必須有一個無因的第一因作為它的起源。

自從2世紀一羣稱為護教者的教父用證據、理性及哲學去說明基督教的合理性以後，在基督徒中間陸續出現不同形式的自然神學。在基督教歷史上，安瑟倫和多馬只是倚重以一般啟示和理性去建構自然神學的其中二位最有名和最具影響力的神學家。二人都不相信，一般啟示和不靠助力的理性，能夠給人帶來有關神的救贖性知識；他們都相信，神的啟示是為應付由罪而產生對神的無知的惟一良方。可是，正如其餘大多數講求理性、強調自然神學的神學家那樣，他們把它視為一度玄關——通過它，可逐漸把思想開放的尋道者，引到神藉基督和聖經所傳遞的更高啟示那裏。現代神學界有若干新教神學家例如潘寧博，曾以人類學(廣義而具哲學意義的、有關人類存在的研究)為研究自然神學或「基要」神學的工具。20世紀神學家田立克(Paul Tillich)則倚賴並運用存在主義哲學作為工具，引導人意識到特殊啟示。

很多基督教神學家因為有人過分看重一般啟示和自然神學而頗感不安。譬如，巴特就不承認，在耶穌基督之外還有甚麼有關神的正面的、真正的知識，而且斷言，要從別處尋找神的啟示，即是走向偶像崇拜。很多新教神學家認定，通過一般啟示可獲得有關神的皮毛知識，不過他們否認單單通過自然，可以獲得甚麼「有關神的自然知識」，那是有關**神是誰**，和**神是怎樣子**的真知識。路德及加爾文都表示，對一般啟示或自然神學有任何積極角色這一點很有保留，而加爾文更斷言，雖然神從自然界被啟示出來，但因墮落的人已被罪蒙蔽到一個地步，他們若不透過基督和聖經與神相遇，就只會從該啟示造出偶像來。這是說，從自然界得不到有關神的真知識，而自然神學也不應該在建構或重構基督教信仰上佔規範性的角色。簡言之，一方面，天主教神學及部分新教神學家以十分正面的觀點去看神在自然界的普遍啟示，而另一方面，很多新教改教者及神學家把普遍啟示擱諸一旁，視之為幾無或全無價值，反把一切注意力都集中在神藉耶穌基督、聖經及(可能)教會所宣講的聖言而傳遞的特殊啟示上。

在基督徒圈子中，有關神的啟示的第二大爭論點兼導致分歧的因素，關乎**啟示的性質主要是個人化抑或主要是命題式**。此一爭論雖有古老的淵源，但它主要還是現代性的。不少20世紀的基督教神學家主張，神的啟示是**神的自我披露**，而不是**披露一些關乎神的資料**。蘇格蘭新教神學家貝利 (John Baillie) 在《再思啟示觀》(*The Idea of Revelation in Recent Thought*) 一書中 (此書相當倚重巴特及卜仁納的神學進路)，把啟示解釋為「神在歷史上的大能作為」。貝利主張：「聖經所談的啟示，永遠如同是在一種關係中佔一位置的，它不是一個客體給一個主體的啟示，而是主體給主體的啟示，心靈給心靈的啟示。」[8] 這啟示作為自我披露的方式或形態，是事件而非命題。貝利亦如巴特與卜仁納一樣，承認有從神的啟示正確推斷出來的命題式句子；那是有適用於神的啟示的命題，但並無「被啟示的命題」。在此一啟示觀背後是毫無保留地相信，神的超越性是在一切人類語言之上，又在一切人類語言之外；背後是要肯定，神的本質是有位格的，並且啟示的目的是為救贖。說到底，視啟示為個人化 (即視其性質為關係之內的事件) 的神學家，是想提取一種他們所假定的聖經的**關係本體論** (relational ontology；有關存有的哲學，把最高價值放在人和人際關係上)。某些評論家把這看成是存在主義哲學在神學界的影響。

上述的啟示觀是全然個人化的或事件式的，而相反的是**把啟示看成是主要是命題式的**。換句話說，許多保守派的新教神學家認為，神藉啟示用實在的句子——或用語言，而語言所含的意思可以用實在的句子表達——披露有關自己的事實。提倡此說的人之中，最有名的是20世紀保守的福音派思想家卡爾．亨利 (Carl F. H. Henry)。他批評巴特、卜仁納和貝利的啟示觀必然導致教義的萎縮。怎麼能從非命題式的啟示引出教義來呢？或者，最貫徹始終的命題式啟示觀是由英國福音派神學兼哲學家希爾曼 (Paul Helm) 在《神的啟示》(*The Divine Revelation*) 所提出的。希爾曼的一個主要論點是：「沒有命題的行動是

8 John Baillie, *The Idea of Revelation in Recent Thought* (New York: Columbia University Press, 1956), p. 24.

啞的」。[9] 換句話說，假如神的自我披露或啟示全然是個人化、事件式的，並沒有傳遞一點資料的話，就沒有途徑可以客觀地得知任何有關神的真相。啟示是傳遞意思，不然的話，它就沒有真正啟示甚麼，而意思又是與實在的真理主張(命題)互相關連的。

希爾曼和亨利都不否認神有作為，或神的作為是和神的啟示有某程度的關係，但二人都同意，若撇開了神所啟示的詮釋，該等作為將無助於獲取有關神的知識。如此說來，「啟示」就是作為加上詮釋的一個模式，而該詮釋必定是從神那裏來的，否則我們就沒有理由相信它的真確性。雖然希爾曼和亨利二人在啟示觀內包括了「事件」和「行動」，他們卻似乎把最大的重要性放在神所傳遞的啟示的命題式部分。如此看來，啟示的主要目的是傳遞正確的教義，讓作為人類的我們對神有正確的想法。

有關神的啟示，在正統基督教徒之間，還有第三個也是最後一個主要的分歧，關乎**神的啟示的性質是完成了抑或是正在延續**。不論啟示主要是個人的事件抑或是資料的傳遞，還是會出現這個問題：到底還有沒有更多的啟示，抑或它已在過去的某個時間終止了。我們已經看過，所有正統基督徒都同意，在耶穌基督身上及在聖經裏的啟示有一種圓滿和無與倫比的特質。但是，巴特的第三種啟示——教會的宣講——又如何呢？神會否藉著預言傳遞新的真理呢？所有正統基督教徒都同意，要是這樣的延續性啟示存在的話，必定要從耶穌基督和聖經去判斷它。可是，耶穌基督和聖經都沒提過的那些真理又如何呢？今天教會有沒有預言存在？如果有的話，預言信息是否算是神的啟示？有些基督徒相信，一切真正的神的啟示都總括在耶穌基督、聖經以及教會所忠心宣講的耶穌基督福音裏。這些「終止派」(cessationists) 相信，聖經正典既已編訂妥，保羅在哥林多前書十二章所提的「有關發話的聖靈恩賜」，例如說預言、說方言、翻方言、智慧的言語和知識的言語等，從此終止，預言信息只是為早期教會的幼嫩階段而設的，因為當時還沒有在聖靈默示下具權威的一套基督教經典。

9 Paul Helm, *The Divine Revelation* (Westchester, Ill.: Crossway, 1982), p. 4.

另一方面，大部分五旬宗及靈恩派基督徒相信，神可能而且有時的確藉著教會內的預言信息繼續傳遞一些非教義的真理。五旬宗的靈恩派醫治佈道家兼教育家羅拔士 (Oral Roberts) 在20世紀下半葉，提倡對神的新啟示持這種開放的態度，許多別的同類佈道家和傳道者也是一樣。福音派神學家格倫登 (Wayne A. Grudem) 在名為《在新約聖經和今天的預言恩賜》(*The Gift of Prophecy in the New Testament and Today*, Crossway, 2000) 一書又再討論這個課題。較保守的新教徒一向害怕，一旦相信從神而來的延續啟示或實踐這方面的教導，就會導致崇拜脱離正軌，正如在基督教邊緣某些小教派的情況；這些小教派抱有不尋常的信念，大體上建基於從傳統基督教主流脱離出來的現代宗教領袖所傳講的「新預言」。

以上三個有關神的啟示的爭論點，為基督教內部增添不少姿采。某些特別偏狹的基督教領袖和思想家，反對把在這些題目上意見與自己相反的人納入正統基督教之內。然而，就有關神、基督、救恩等基督教信仰及教導來説，接受那偉大傳統的基督徒，分別站在以上爭論的兩邊。瑞士神學家巴特和卜仁納在可否獲取有關神的自然知識這一點上，甚至也許在一般啟示上爭持不下，但就基督教的主要教義例如基督的神人二性，以及單憑恩典得救這一點來説，彼此一致。二人在普遍啟示上意見分歧，卻同是改革宗的福音派神學家。貝利及今天許多別的新教徒雖然拒絕命題式的啟示，但就公認傳統的偉大信念來説，他們是與諸教父、改教者、保守派的福音派及天主教的基督教思想家一致的。格倫登雖倡言有藉當代預言帶來的延續啟示，與終止派的看法不同，但他和終止派一樣，都是堅決擁護傳統基督教教義的。

基督教在神的啟示的綜合觀點

或許，在同樣是恪守傳統的基督徒之間因神的啟示而有的分歧，是錯誤的二極化——不必要的非此即彼的思想——的例子。正如經常的情況，那些過分強調一面以至否定另一面的，是對危機反應過敏，惟恐該種看法去到極端，就會發生甚麼。譬如説，巴特很憂慮，假如對神的自然知識抱開放態度——即使只是一點——的話，就會導致「文化基督教」(culture Christianity)，那是一種不能算是基督教的宗教，因為它其實只是支持某種文化價值觀的傀儡。1930年代德國教會被納粹化的處境，催使他的神學得到成熟發展。就連以後他寫的《教會教義學》，也受到他認為自己在該時該地所觀察到的事情影響，就是：主張利用人對耶穌基督及聖經以外的神的啟示所持的開放態度，去支持一種披著「德國基督教」外衣的假宗教。巴特對此作出反應時，把一般啟示和神存在的自然知識這個嬰兒，連「文化基督教」這盆洗澡水一同倒掉。另一方面，部分擁護自然神學(有時候稱為「基礎神學」："foundational"或"fundamental theology")者傾向耗費那麼多時間和精力去探討基督教與非基督教哲學之間的共通點，以致(雖是出於好意)凡俗的來源和論證逐漸在基督教反省上佔有規範性的角色。

如果我們假定，神的啟示是兼容而不是非此即彼的，那又如何呢？即是說，如果我們假定，有一種從神來的普遍、一般啟示存在，那是在各時各地的人都可獲得的(正如保羅在羅馬書一章似乎所說的意思)，而支配著基督教信仰的來源與規範的，則有神藉著耶穌基督、聖經及教會的宣講顯明的特殊啟示、特別啟示嗎？例如，雖然不能單憑自然界和理性，推斷出有關神的正確信念的正面內涵(就如保羅在羅馬書一章似乎主張的)，就這方面說，並沒有關於神的自然知識，但我們或可以說，對自然界有一種合理的審視，難免會引發一些**關乎超越性的問題**——關於神和死後的生命諸如此類——它們最令人滿意的答案，可從特殊啟示發現。實在有一些永遠解決不了的、超越文化的議題和關注——我們可以稱之為生命的終極問題。我們的人生意義是甚麼？甚麼是「美好人生」？身體在死後還有生命嗎？宇宙是從哪裏來的？它為甚麼存在？基督徒會把這些和別的許多問題看成是由普遍啟示引發的，並視它們為指向神的特殊啟示。

基督徒說，答案可以在神的道所在的位格(耶穌基督)及蒙啟示的聖經中找到。教會的宣講找出了上述問題的答案，使之與問題相配。這樣的「配對法」所隱含的危機，自然是讓問題支配答案。這似乎正是田立克的做法。不過，另一個危機是，把問題連詢問者一同摒除，把全部注意力放在答案上。可是，沒有問題的答案是甚麼呢？對某些批評者來說，那正是巴特的錯誤所在。那麼，就神的啟示來說，兼容的觀點是把普遍啟示看作一系列有關存在的問題(從神親手造的自然界自然引發的)，把特殊啟示看作是神特別的信息表達，在其中回答該等問題。當然，我們的基督教信仰較大程度是由答案，而非由問題所模造的。

我們也可以把類似的調和過程，應用到啟示是個人化抑或命題式的問題上。我們至少可以說，兩種主張的極端形式是錯誤的抉擇。就連那些因提倡全然個人化的啟示觀(即其行動或事件的性質是在於神自我披露這關係中)或全然命題式的啟示觀(即其性質是傳遞實在的資料)而聞名的基督教思想家，也差不多總是必定在口頭上承認另一方面的必要性。再次，兩個極端必定是看出了過分強調相反的看法所隱含的危機而有的過敏反應。物極必反。如果我們以一種較平衡的眼光，把神的啟示看成**既是**個人化，**又是**命題式的，那又如何？福音派新教神學家蘭姆(Bernard Ramm)在例如《特殊啟示與神的道》(*Special Revelation and the Word of God*)等著作中提出這項建議，指出：「今天的神學那麼經常地表現的，啟示要不是『資料』就是『相遇』的二分法，那是錯的……特殊啟示的構成，少不得要有一件實在的事件，和一番實在的詮釋之言。」[10] 換句話說，假如沒有藉語言啟示的詮釋，那麼包含啟示的事件，就不會啟示甚麼了。

最後，錯誤的非此即彼，也出現在完結的啟示和延續的啟示之間的分歧上。其實，只要我們把首要和規範的地位給予藉耶穌基督及聖經而來的最原初啟示，那麼，要承認某種延續啟示，危險就不大了(雖然有可能需要冒險，可也並非壞事)。儘管說到對救恩或甚至對健全的門徒生活所必需的、有教義性質的真理，神現在已不再啟示了，但神還是可以而且很可能在今天仍然說話的。既然我們相信，神在未來以一種全新的方式(並非化作另一個人)來啟示祂自己，那麼，要是主張神現在並不藉著譬如先知或預言之類(不管現時的名稱是甚麼)說話，

10 Bernard Ramm, *Special Revelation and the Word of God* (Grand Rapids, Mich.: Eerdmans, 1961), p. 158.

又可會合理呢？換句話說，就連終止派也都相信，當基督回來的時候，神要在歷史的終局以一種新的面貌顯現。神要以現時所無的方式去「說話」和「顯現」。既然如此，有甚麼理由禁止人相信，神現在會藉著特別的發話、信息及神蹟，去說話和（象徵性地）顯現呢？似乎沒有甚麼理由足以支持「這類事情不能發生」的說法。從另一方面說，我們有很好的理由，去拒絕任何與救恩的真理相違或凌駕它的新啟示，這些有關救恩的真理，早已藉著原初的啟示充分向人啟示了。

4

聖經

神的話與人的話

有些基督徒把聖經看作是「那從天上來的古卷」，有些則視之為獨一無二、發人深省的文學作品——是神的想法藉人間的作品傳遞。它可能同是兩者嗎？我們已指出，聖經在決定基督教信仰的權威架構中所佔的特殊角色。自很早期的教會歷史開始，**教父** (fathers，重要的思想家和監督) 已經引述**先知**及**使徒**，以他們為特殊權威，到最後這導致基督教正典的形成。就如許多希伯來學者和神學家把先知及其著作看成是特別受聖靈感動甚至是逐字默示的，早期教會的許多教父，也把使徒的著作看成是有聖靈獨特的感動，甚而是逐字默示的作品。

基督教信仰對聖經的議題和爭論

某些著作很早已被人承認是有神特別的靈感的，不過，說到這些著作所涵蓋的範圍 (正典清單)，當時還沒有一致的看法。猶太學者和拉比傾向把聖經限於22卷靈感作品 (基督教聖經大多數將之分作39卷)。然而，七十士譯本 (Septuagint) 的希臘文譯本把後來被新教徒定為次經的13卷歷史書和智慧書也收入其中。東正教和羅馬天主教傳統已經把它們納入舊約聖經。直到4世紀中葉之前，羅馬帝國境內的基督教教會對基督教正典 (新約聖經) 的細節不斷爭議。有些早期基督徒幾乎不用約翰三書或啟示錄，有些則似乎不認識希伯來書，或質疑其作者的身分，因而質疑其正典性。由此可見，聖經顯然並不如某本論聖經的著作封面描述的那樣，是從天上掉下來的，稱其為**那從天上來的古卷**(That Manuscript from Heaven)。人類在寫作聖經、選定並結束正典清單，以及在聖經的詮釋上，扮演了一個角色。另一方面，我們將會看見，基督教思想和教訓的公認傳統，一向把聖經視為有神獨特的靈感，是具權威的作品，它足以判定基督徒該相信甚麼和如何生活。對聖經抱著一種是神聖**或**人為的想法是錯誤的，這種態度為有關聖經的信仰帶來不必要和不幸的爭論。

基督教在聖經的立場

從表面看，在聖經這一點上，基督徒之間好像並無一致立場。在《基督徒相信聖經的甚麼》(*What Christians Believe About the Bible*) 一書內，詳述了對聖經本質古今共12種主要的基督教詮釋，從羅書天主教到女性主義神學 (feminist theology，或譯「婦女神學」) 都有。[1] 像《聖經之戰》(*The Battle for the Bible*)、《基督徒為何因聖經相爭》(*Why Christians Fight over the Bible*) 等書，環視基督教教派之間以至內部的角力場。[2] 近數十年來，人們的注意力大都趨向有關聖經的爭論，實在太少注意為大部分基督徒所抱的一致立場：其實他們都相信，聖經是獨一無二以文字表達的神之道。

新約聖經提到希伯來聖經是神的話 (神之道)，即使在早期的基督教教會之中，這些經卷已被視為具有特殊地位和權威的。提摩太後書三章16節及彼得後書一章20至21節都給聖經一個崇高的地位，兩處經文差不多肯定是指那批後來被基督徒稱為舊約聖經的著作。希伯來先知及其著作被早期基督徒視為「神諭」(oracles of God)，儘管他們感到有必要從不同於1世紀猶太領袖的詮釋方式去解釋它們。當羅馬的基督教教師馬吉安企圖辱沒希伯來經卷在基督徒之間的名聲，並貶低那

1 Donald K. McKim, *What Christians Believe About the Bible* (Nashville: Thomas Nelson, 1985).〔編按：該書已改寫為 *The Bible in Theology and Preaching: a Theological Guide for Preaching* (Nashville: Abingdon Press, 1994)。〕

2 Harold Lindsell, *The Battle for the Bible* (Grand Rapids, Mich.: Zondervan, 1976); John P. Newport and William Cannon, *Why Christians Fight over the Bible* (Nashville: Thomas Nelson, 1974).

些猶太色彩較濃的使徒著作(例如馬太福音、雅各書)時，2世紀的基督教領袖羣起鞭韃，更肯定這類著作對基督徒是有權威的。當教父特土良在五卷《反馬吉安》(*The Five Books Against Marcion*，或簡稱*Against Marcion*)斥責馬吉安把正典弄得殘缺不全的做法，他是代表著2世紀末大多數領袖以及3世紀初基督教教會發言的。特土良根據希伯來經卷及使徒著作全集(福音書和書信)源出於神，自古已受人尊崇，以及它們的和諧一致這三點，論證它們的權威。許多早期教父指先知與使徒的著作是「神論」，用它們來反駁他們眼中的異端邪說。偉大教父俄利根在大約公元200年寫了《論第一原理》(*On First Principles*)，此書被很多人認為是基督教思想家第一次對基督教信理進行真正有系統的整理，書中差不多一開始就指出聖經的神聖源頭及權威。俄利根在該處斷言，希伯來先知及基督教使徒都是受同一位聖靈所感，又確認「聖經是由神的靈撰寫的」。[3]

羅馬天主教教會歷代一直確認聖經正典各卷的神聖源頭及權威，它們最先是由教宗(羅馬主教)達瑪蘇一世(Damasus I)在382年羅馬的一個主教會議中，並由亞歷山太主教兼教父亞他那修在367年的復活節書函中予以決定確認的。後來在北非的希坡(Hippo)和迦太基(Carthage)舉行的主教會議，在393及397年確認這正典。在15世紀的佛羅倫斯(Florence)會議及16世紀的天特(Trent)會議中，天主教教會主教聯同教宗再次宣認神是聖經各卷的作者。梵蒂岡第一次會議(the First Vatican Council, 1870)頒佈，聖經是神聖、有神的靈感，具權威並且無誤的。教宗利奧十三世(Leo XIII)在1893年解釋教會對聖經之神性的信念，並以「聖靈默寫」(dictation of the Holy Spirit)一語定義聖經的靈感說。然而，梵蒂岡第二次會議(the Second Vatican Council, 1962～1965)連人性的一面也顧及了，淡化了19世紀側重聖經的神性一面：「神為寫成聖經各卷選了一些人，在他們從事是項任務的整個過程中，他們發揮自身的才能和頭腦，故此，雖然神是通過他們、利用他們去行事，但他們仍是真實的作者，無論神想要甚麼作品，他們就全心去

3 Origen, *On First Principles (De Principiis)*, Preface, para.4 and 5, *ANF* 4:240.

寫，並不增添甚麼。」[4] 當然，羅馬天主教教會在確認聖經為有神的靈感與權威的同時，也相應地提升了傳統的地位，以之為天主教教訓及信仰所根據的一個權威來源。梵二清楚說明，在兩個來源之中(二者並無衝突)，聖經佔優。

天主教以傳統作為正確基督教信仰的一個權威來源，將之與聖經並列，16世紀的新教改教者對是項教導並不接受，反而提高聖經的地位，超過其他一切來源與規範，並在一切來源與規範之上，用它來確定正確的基督教信理與實踐。他們又拒絕所謂次經，把聖經正典限於猶太宗教領袖所承認為有神的靈感的書卷(創世記至瑪拉基書)，以及新約聖經(馬太福音至啟示錄)。路德視聖經為「盛載基督的搖籃」，確認它源出於神，不過他承認在聖經之內，經文對讀者的相關甚至權威，也有程度高低之別。他經常稱聖經為「聖靈的書」，不厭其煩地肯定，它的來源與權威完全是出於神。有時候，這位德國改教者甚至到一個地步，聲稱整部聖經都是聖靈藉人間的作者默寫的，就連聖經中的文法錯誤、細節和無關重要的史料，也是來自聖靈的。可是，與此同時，路德鼓勵基督徒要從基督(特別是基督的十字架)的角度去看整部聖經。他戲言，雅各書有可能是由於錯誤而被編入正典之內，但他從沒提出過要將它從新教聖經內剔除。不過，他倒是奉勸尋求他指教的新教傳道人要避免傳講某些書卷，特別是啟示錄，因為根本沒有人知道它的意思。

在新教改革派中的加爾文及其追隨者也相信聖經雖是人手所寫，卻是源出於神的。加爾文在《基督教要義》談及聖靈與聖經所載的神道之間的微妙關係，力議當使徒受聖靈指示寫出屬天奧秘的時候，有聖靈降在他們身上，這一點只有牲畜才否認。[5] 加爾文不曾在他著作的任何一處，解釋聖靈的感動在聖經的產生過程中如何運作，他連嘗試也沒有，但他明顯把經文的意念甚至字句歸因於神。改革宗的認信文強調聖經有神聖的一面，以及由此引申出來的無誤論，並在一切有關

---

4 McKim, *What Christians Believe*, p.17.

5 John Calvin, *Institutes of the Christian Religion*, 1.8.11, p. 91.

基督教信仰與實踐的事上聖經的權威。約翰．衛斯理給聖經一個崇高地位，以它為測試一切信念，指導一切信仰與實踐的準繩。據他看來，「聖經是基督徒賴以審查一切（真正或所謂的）啟示的試金石」[6]，因為「全部聖經都是出於神的靈感——神的靈不但一度感動寫聖經之人，也繼續以超自然的方式幫助、感動那些以熱切的禱告閱讀聖經之人。」[7] 衛斯理承認，聖經有譬如文法和寫作風格的人性成分，但某些於改教後、現代初出現的較保守的改革宗及信義宗正統神學家，則主張連舊約聖經中的希伯來音標也有神的靈感。

基督教傳統的偉大思想家鮮有否定聖經的人性成分。然而，就總體教會歷史來說，大部分的比重還是放在聖經神性的一面。正如我們已經看過的，天主教教會和路德（甚至別的新教徒）曾經有些時候，去到一個地步，提出聖經的靈感是聖靈向人逐字默示。現代基督教思想有了重大轉變。即使在正統的基督教思想家之中，也開始意識到聖經的人性一面。（我們暫且不提那些自然神論者和自由派神學家，他們傾向把聖經的神性一面降為人類作者的心思所經驗到的、非超自然的啟悟。）華菲德（Benjamin Breckinridge Warfield）是19世紀至20世紀初一位受人敬重的保守改革宗神學家，在普林斯頓神學院教授神學多年。他雖然極之尊重聖經，強調它出於神的「字句靈感」（verbal inspiration，即那稱為靈感〔*theopneustos*〕的過程，其對象是字句而非作者），但也承認聖經的人性成分，否認「默寫」（dictation）靈感說。[8]

20世紀的基督教思想家絕大部分（不論天主教或新教）都已轉離一種默寫靈感說，趨向更公平地對待聖經的現象本身。現代聖經學者已經指出，各作者是真實的作者。保羅書信展現的個性和風格，跟約翰和彼得的頗不一樣。此外，關於新舊約各卷撰寫的問題，許多保守派

6 Thomas Oden, *John Wesley's Scriptural Christianity* (Grand Rapids, Mich.: Zondervan, 1994), p. 58.

7 轉引自上書，頁56～57。

8 Benjamin Breckinridge Warfield, *The Inspiration and Authority of the Bible* (Philadelphia: Presbyterian and Reformed, 1948), pp. 152～153.

學者相信，以賽亞書其實是出自兩位(甚至三位)不同作者的手筆，而哥林多後書則實際上是把兩封或更多的保羅書信合成一封。由於受到聖經鑑別學(biblical criticism)一些「不爭的結論」所影響，在主流基督教之中，把對聖經的看法降低的學者不只幾位，他們認為，聖經僅僅勝過一部偉大的基督教經典，它不是由神撰寫的，而是由深具宗教灼見與智慧的人(其中可能包括女人)撰寫的。

這類基督教思想家把有關聖經的教義焦點，從神性轉移到人性，並嘗試發現一些方法，讓聖經因著作為被神選中、使用的一部著作——不是出於神、完全是人為的一部著作——而可享有獨特的權威。較保守的基督教學者則嘗試平衡聖經的神性與人性，發展出**非默寫的字句靈感說**，以及**互動的、共同進行的靈感說**。這些在本章稍後部分(基督教信仰在聖經方面的歧異)詳談，在此單說這一點就足夠了：聖經源出於神，因其獨特的靈感，擁有神聖的權威；此一公認立場要繼續把許多傳統和宗派的忠信基督徒聯結起來。

對聖經的非正統立場

很多時候，要認識基督教公認立場的最好方法是，檢視一下相關的另類看法——那些嚴重偏離及反對已普遍為人接受的偉大傳統立場的看法。甚麼有關聖經的看法是離開基督教的核心太遠，必須將之定為異端的(因為它們與真正的基督教格格不入)？在此我們不得不承認，必須以絕對謙卑的心來作出這類決定，還須認識，在一個講求宗教自由、政教分離的場景下，這類裁決沒有它們過去所含的高壓意味。那是為了大家的好處。某些基督教派別或會認為，筆者對聖經的看法並不合乎基督教的立場，或是並非基督教的主流觀點。一些自稱是真基督徒的朋友，卻持守著某些筆者定為異端的看法。我絕對無意在鑑別某項信仰為異端時，對某人在神面前的屬靈狀況作出裁決(惟有神判定此事)，或對他／她作為一個人、一個公民、社會成員的價值作出裁決。在此描述的異端或非正統看法，不過是某些時候曾被基督徒稱為基督教的信念，而它們在筆者和別的基督徒看來是有嚴重缺陷的，到一個地步，是與福音的精神、與真基督教的要義相違的。換句話說，要是接受它們的話，他們就會改變基督教的身分，把它扭曲得面目全非。

就聖經來說，這樣的一個非正統看法是，相信它**不外乎是一部(或那部)基督教經典，完全談不上是有神的超自然靈感**。要從現代之前的基督教歷史找到這個異端，是一項挑戰。在教會歷史的大部分時間，要站出來反對已為人接受的聖經教義，公開宣佈這種立場，那是非法的行為。即或有零星的幾個懷疑論者提出這樣的意見，他們通常也不是基督徒。17世紀的法國作家伏爾泰(Voltaire)有時貶斥天主教的官方教義，連教會對聖經的傳統看法也不例外，不過更多時候，他是把茅頭指向教會的官方教理、以及無學問的神職人員與鄉下的民間宗教，而不是聖經本身。無疑，傑佛遜及其他自然神論者把自已算入基督徒之列，他們固然談不上視聖經為有超自然的靈感或絕對權威的，不過，他們也沒有當聖經是不含靈感而拒絕它。傑佛遜重視聖經的道德教訓，而且造出一本刪減了的新約聖經，一般稱之為「傑佛遜聖經」(Jefferson's Bible)，其中略去了大部分超自然事蹟及天啟文學部分，耶穌與使徒的道德教訓則佔了多數篇幅。

啟蒙時代的懷疑論者和自然神論者是自由神學及其分支的前身。19世紀近代神學之父士來馬赫(Friedrich Schleiermacher)，也是對基督教信仰採取純自由進路的第一人。他是影響深遠的德國學者、傳道人，又是一位有教養之人，嘗試為「有教養又蔑視宗教的人」(cultured despisers)重構基督教神學。[9] 士來馬赫及其後出於新教內部的基督教教會及組織的自由派神學家，把聖經的權威相對化，在確定正確的基督教信仰上，他們把人類的普遍經驗(一種「先驗宗教」)和理性(常常是某種哲學)提升到與聖經同等的地位。

20世紀一位名為狄魯夫(Harold DeWolf)的自由派新教思想家最能道出自由派對聖經的看法：「整部聖經之完成在於一羣人，他們的才華得著不尋常的激發和提升，他們虔誠地讓自己降服在神的意願之下，

9 士來馬赫被譯成英文的著作之中，最為人知的大概是 *On Religion: Speeches to Its Cultured Despisers,* trans. John Oman (New York: Harper, 1958)。

務求(往往是無人能成功做到了)傳遞有利於世人和國家的真理。」[10] 據自由派神學家主張，聖經作者是徹底與聖靈(或神的自我披露行動)合作的宗教天才，因此他們的著作有啟迪人心的質素和效果，在別處是絕少(甚至從沒)見到的。可是，在這羣思想家看來，聖經一點也不超自然、並不是完全獨特的，沒有絕對權威可言。他們寧可說，聖經是啟迪人心的，因此是有靈感的。它的獨特性，在於它的效用。對於歷代以及許多別的基督徒來說，聖經是那部基督教經典，即使其中有瑕疵、滿是錯誤，模造基督教身分的還是它。自由派神學家考夫曼(Gordon Kaufman)說聖經之所以特別，只因它「收錄了輝煌的文學、重要的歷史文獻、高尚的道德教訓」。[11]

自由派的聖經進路是屬於異端的，因為它從根本上否認或完全破壞了聖經的獨特權威。問題不在於自由派思想家想要公平對待聖經的人性成分，而在於他們的聖經靈感說不能公平地對待聖經的神性成分。聖經在他們手中變成了一部歷史小說或犀利的虛構作品，創造了一個可供棲身的世界，由此模造人們的生活方式及道德倫理。在許多自由派思想家眼中，聖經的客觀真理是否和現實配合，相對來說是無關重要的，真正重要的是，它使人們的生命產生轉化，趨向更美好的人生。與其說焦點是誰寫的聖經——出於神或出於人——不如說是聖經編寫讀者的人生及其反應。[12]

然而，問題自然出現了：既然神並非以某種特殊或甚至是超自然的形式作為聖經的最終作者，那麼為何還相信聖經是獨特或特殊的呢？為甚麼不能有別的書，同樣有效地造成屬靈和個人的轉化？事實上，許多自由派神學家會直言，有別的論世界宗教的偉大經典，以同樣的方式對讀者產生作用，正如聖經對基督徒讀者那樣。自由派神學矮化了聖經的超自然源頭和權威，這有違基督教思想那偉大傳統為聖

---

10 L. Harold DeWolf, *A Theology of the Living Church*, rev. ed. (New York: Harper & Row, 1960), p. 76.

11 Gordon Kaufman, "What Shall We Do with the Bible?" *Interpretation*, 25 no. 1 (1971): 96.

12 關於這種自由派以至保守派及溫和派的聖經觀，第一手的討論見於 *Conservative, Moderate, Liberal: The Biblical Authority Debate,* ed. Charles R. Blaisdell (St. Louis: CBP Press, 1900)。

經所提供的有力見證，以及它對聖經的服從態度。這無可避免地導致，在確定正確的基督教信仰上，採用別的某些權威，因為在各教派之內，沒有信仰是瞞得過人的。即使一間拒絕一切教理和教義的教會，也至少肯定一項信仰：不要教理或教義。有人會問一個合法的問題：為甚麼？一個基督教教派若不承認聖經那獨特而至高的權威，就好比是沒有憲法的美國。再說，耶穌和使徒所領導的早期教會，也是訴諸聖經，以聖經為具有神的權威。

如果說，自由神學對聖經的靈感採取一種「光照論」(illumination theory，正如上文引述的狄魯夫所表明的)，並由此否認了聖經有獨特的客觀真理和權威，因而它在有關聖經的基督教信仰上是一種非正統看法，那麼跟它相反的是基要主義所默認的聖經崇拜 (bibliolatry)，或崇拜聖經，把其當作是不知怎地分享了神本身的神性和權威之物。此刻，我們遇見一種幾乎沒有神學家為之著書立說的異端。要找到一個公開承認這異端的基督教神學家或教師是很難的。說得確切一點，它是一種經常出現於民間基督教的聖經觀，有時見於雜誌文章及暢銷書中，當然也在講章中隱約透露。偉大的瑞士神學家卜仁納抱怨說，很多保守的新教徒把聖經當成是「紙教宗」(paper pope)。當然，從某種意義說，教會的整個偉大傳統(特別是新教改教者)把聖經提升到一個位置，其權威比任何主教包括教宗在內都要高。然而，卜仁納所指的正是在此思考的立場——聖經不但是神所默示的，是基督教信仰與實踐所依據的權威，在傳遞神對救恩的旨意和方法上無誤，從字面和技術上說，它更是在一切所提及的事情(包括歷史和宇宙論的事情)全無謬誤。

在大部分情況下，這種非正統的聖經觀也包括了相信神的靈感是機械式默寫，在其中，人間作者所扮演的角色不過是聖經的書記。於是，聖經對於許多基要主義者來說，變成了相當於回教徒的可蘭經。回教徒相信，這可蘭經是存在天上，由真神阿拉寫的，經穆罕默德及若干人默寫出來，那是無法翻譯的。(正統回教徒視可蘭經譯本為評註本，而不是真正的可蘭經。)雖然這或許是正統回教的看法，但如果對聖經持有相同的見解，就否認了它人性的一面，而有趨向偶像崇拜的危機。基督教作者之中，幾乎無人表達類似的立場，其中的罕有者是基要派的佈道家兼出版人萊斯 (John R. Rice)，他主張聖經的靈感是「默寫式」(dictation)，把人間作者看成不過是聖靈的代筆人。[13]

把基要派的聖經觀稱為異端一類，這或許似乎嚴厲了些，但讀者必須記得，這項判斷並不反映某人得救與否，它只是要說一點：**在討論中的信仰是在公認的基督教信仰與教訓的範圍之外**，不應該在基督徒之間教導或相信它，因為它有損耶穌基督所傳揚的、經由教會的偉大傳統所傳下來的神的福音。不過，我們也見過，若干基督教教父及改教者，也採用一種近乎默寫式的聖經靈感說。真的。我們有時必須以神的啟示及公認傳統的原則來反對那偉大傳統的部分內容。任何教父或改教者要是實際上相信並教導一種機械式的聖經默寫論，認為先知和使徒並沒有充分意識到自己有份於其寫作過程的，那麼他就沒做到高舉神那絕對而獨特的權威和聖經的人性，而有落入聖經崇拜之嫌了。

即使強調聖經是出於神的手筆的加爾文也坦白承認，聖經中的人性和歷史成分，絕對無損它從神所領受的、在教會之上的權威。加爾文教導，聖經是由聖靈默示的，但也遷就人的理解能力，暗示神只把源自天上的意念而非實際的字句，注入人間作者的心中，那是與默寫式的靈感說不一樣。[14]一位近代福音派神學家提醒那些陷入「極端保守主義」(maximal conservatism) 的基要派人士：「不論向右向左，犯罪的可能是一樣的。」換言之，過分強調聖經的神性，其錯誤程度可以不下於過分強調聖經的人性。聖經是一種**居間的**權威，因為神在聖經之上，而聖經是在文化條件下出來的——因應作者的個性和讀者的能力作出遷就。它本來就不是神直接的說話，而是文獻的集成，充分表現人類文化、語言和寫作的痕跡，**同時也**展現神的影響和權威。

---

13 參 McKim, *What Christians Believe*, p. 57。

14 參 Calvin, *Institutes*, 1.6。

基督教信仰在聖經的不同看法

在基督教的偉大傳統——正統基督教的範圍之內——對聖經的靈感、權威和無誤性，有廣泛分歧的意見。所有忠信的基督徒都看聖經是**既有**神性(就來源和靈感而言)**又有**人性(就形式和風格而言)的，在確定正確的基督教信仰上具有權威。然而，他們在有關聖經的兩大點上有所分歧：**聖經與傳統有甚麼關係？**和**靈感的確實性質是甚麼？**第二點也包括了聖經**無謬誤**(infallibility 或 inerrancy)的問題。神的靈感是否必然引出一點：神必保守它全無錯誤？聖經會否有超自然的靈感，在救恩的事情上有權威，卻並非全無瑕疵？關於這些議題和問題的爭辯，(也許不必要地)把基督徒分化了。

東正教及羅馬天主教的基督徒普遍肯定，聖經與傳統之間有一種互相依賴的微妙關係，要在兩者之間作出取捨，不但不必要，更是危險的。相反，新教徒普遍把聖經提升到在大小傳統之上，以改教的**惟獨聖經**作為金科玉律——單以聖經作為確定正確教義與實踐的神的權威之言。對於新教徒，聖經是終審法庭，又或(換個比喻說)在遇到要斷定正確信念並排除錯誤信念之時，它好比是教會的憲章。東正教及天主教的思想家辯稱，那是不可能的。在神之下不可能只有惟一權威，因為聖經永遠需要詮釋。當聖經的意思不清晰的時候，由誰來判斷它的意思？基督徒該信甚麼，應如何生活？怎麼辦呢？可以把關係門徒生活和教會生活的一切重要事情，濃縮在一本書或一套叢書之內嗎？有些新教徒部分認同東正教和羅馬天主教的信念，主張早期教會的偉大傳統，在正確詮釋聖經及(有關聖經並無清晰說明的某些事情)認信文上，也是權威。[15] 然而，大部分新教徒回應說，早期教會教訓的偉大傳統固然重要，但當壓力來到，不得不在聖經和傳統之間作出取捨時，每一次都是聖經勝出的，因為聖經獨一無二、有神的靈感的神之道，是見證耶穌和福音的特使。東正教與羅馬天主教回應說，只要正確識別教會教訓的偉大傳統，這類因壓力而來的危

---

15 一個新教的例子見於 D. H. Williams, *Retrieving the Tradition & Renewing Evangelicalism* (Grand Rapids, Mich.: Eerdmans, 1999)。

機根本不會出現。[16]

按照羅馬天主教的基督教傳統，儘管聖經是獨一無二地有神的靈感，甚至是無誤的，它還是得依賴教會和教會的傳統，因為在先知使徒寫作的時候感動他們的同一位聖靈，也在早期教會選定聖經書目、編訂正典之時感動教會。跟許多新教徒想的相反，天主教教會並非把傳統提升到聖經之上，而是把二者視為密不可分的一體。天主教時下一份成年人教理問答中列明一條：「聖經包含全部信仰的內涵，但只有從傳統的角度看，才能全面徹底地理解這信仰。」[17] 梵蒂岡第二次會議對於修補天主教與新教之間最嚴重的裂痕，取得重大進展，在其中確認一點：「有關對一切已啟示的真理的確實立場，教會不是單從聖經引出結論的。」[18] 可見，就基督教的信仰與實踐來說，聖經並不擁有百份百或至高無上的權威。雖然沒有在它之上或反對它的權威，但如果缺少了基督教教訓及信仰的偉大傳統——按照教會的施教權威(即代表神忠貞子民的主教們) 所定的——聖經的立場經常是不清晰的，而聖經沒提及的許多真理，也會隨之失傳。馬利亞無染原罪成胎說和馬利亞升天說，就是屬於這類聖經以外的教理。

一般來說，認同施教權威的新教徒 (magisterial Protestants，承認信經及認信文的主流新教教派，例如信義宗、聖公會和長老宗) 相信，那偉大傳統有助基督徒持守早已為人接受的基督教信仰，只要它們與聖經一致，但一切傳統仍要服在聖經的權威之下。一份由路德親撰的信義宗早期信仰聲明宣稱：「信仰條款應該由神的話，而非由任何人所編訂，那怕是天使」(Smalcaldian Articles, article 2 [The Mass]) 。那是說，基督徒應該遵守信仰條款 (教理、教義) ，但它們必須是從聖經明確推斷的，不可以由某些聖經以外的傳統創造、「製訂」(決定) 它們。

16 當然，東正教教派對偉大傳統的看法跟羅馬天主教不一樣。前者視頭七次教會大公會議為已經圓滿了的傳統法規。後者則相信，一切有關救恩及基督徒門徒生活的重要真理，都包含在神子民的傳統中。可是，有些部分還要徹底界定，並將之表述為在基督教信仰上具權威的。二者對極重要的〈尼西亞信經〉(381年) 的行文，看法也有分歧。

17 *The Church's Confession of Faith: A Catholic Catechism for Adults* (San Francisco: Ignatius Press, 1987), p. 47.

18 同上。

由此可見，當遇到要決定正確的基督教信仰為何之時，東正教與羅馬天主教教會及新教徒之間的議題，與其說是在於那偉大傳統是否可被重視並肯定，不如說是在於聖經是否**充分自足**和**至高無上**。新教徒同意這一點，雖然他們用別的來源與權威作為詮釋的輔助，又以它們作為工具去建構被認為是合乎聖經的基督教信仰。東正教及天主教教會贊成聖經並不是自足的，雖然他們聲稱，傳統(不同於小傳統)從來沒有抵觸聖經。

有關聖經在基督徒之間造成分歧的第二個爭論點，關乎**聖經的靈感**、**權威**和**無謬誤**(infallibility 或 inerrancy)。正如我們已經看過，基督教公認傳統確認新舊約聖經正典是獨一無二地具有超自然的靈感和特殊的權威，在一切有關信仰與實踐的事情上可信可靠。大多數人按照傳統簡單地說：聖經是由人間作者以人間的文字寫成神的話語。神學家為聖經中神話語的準確性質提出臆測和辯論。如果**靈感**不等於**默寫**或**光照**，那麼它是甚麼？聖經在哪方面有權威？它的可信可靠，涵蓋了哪些它所關注的範圍？它是否在它所肯定的一切事情，包括歷史事件、人物說話、年代等報導上無誤？以上問題也許好像並不重要，但是很多基督教思想家認為，它們對於聖經在確定正確的基督教信仰上的角色，事關重大。舉個例子，如果聖經在報導歷史事件上有錯誤，那麼說到救恩的事情，人又怎能肯定它的準確性呢？

關於以上事情，雖有廣泛不同的意見，但我們必須把討論限於幾個主要的看法。有些保守派的神學家認定他們稱之為「全面字句靈感說」(plenary verbal inspiration，*plenary* 的意思是「完整、圓滿、全面」)的聖經觀，主張在提摩太後書三章16節的希臘文 *theopneustos*(「神呼氣」)是指聖經的字句，不只是或主要指人間作者。他們又相信，聖經的一切字句(即聖經的一切命題)都是由神感動的。有些保守派神學家相信並教導，**靈感**指的不是字句或命題，而是作者，當作者們寫作之時，他們是受聖靈感動的。關鍵經文中的希臘文措詞並不清晰，兩種解釋都可以。認為神感動的是作者而非聖經的字句或命題的人，同時也傾向視靈感的過程是間接的，而聖經的字句較多出自作者過於聖靈。這個看法有時候稱為「動力靈感說」(dynamic inspiration)。大多數持這看法的人，也相信聖靈的感動是「全面」的——適用於聖經的全部經文，而不只是一部分。

全面字句靈感說意味著人間作者不只是聖靈的書記，神藉他們寫作的過程也並非機械式的，相反，作者是在聖靈引導之下，自由選用最適切的字句。保守派的福音派神學家艾利克森 (Millard Erickson) 充分說明這種靈感論，其主張與之前提倡此說的華菲德及卡爾．亨利如出一轍：

> 我們在此提出的看法是：聖靈會做的是引導聖經作者的想法。不過，聖靈引導的方向是頗確切的。神既是全知的，就有理由相信，祂的想法是確切的，比我們要確切。既然如此，那麼在作者的詞彙之中，就會有一個最妥善表達神要傳遞想法的字詞 (儘管那字詞本身或許還嫌不夠貼切)。藉著激發聖經作者的想法和理解，聖靈會引導他至終使用一某個字詞，而不用其他。[19]

艾利克森否認這種字句式和全面式的靈感說，即等於默寫說。雖然聖經作者不能 (或不會) 選用任何在聖靈的選擇、聖靈冷靜引導之外的字詞，但他們在過程中並不是受壓制或無力反抗的。他們個人的全部意識和意志，都在發揮作用。艾利克森用兩個例子說明這過程，一是學生與導師的類比，另一是秘書與僱主的類比。他認為在兩種情況下，學生和秘書都可以毋須默寫，也寫得出導師和僱主想要的東西。那只是因為他們久已在二人之下共事，對其認識甚深。換言之，按此看法，人間作者是那麼服從神的引導管理、順服聖靈，所以自由選用了神想要的字詞。全面字句靈感說的支持者認為，其他一切看法根本無法公平對待聖經的雙重 (神和人) 作者身分，結果無可避免地結束於機械式默寫說——一種聖經崇拜——或光照論，把聖經相對化。除非最初那份手稿的字句既是經神挑選的，又是人間作者以其自由選用的，

19 Millard J. Erickson, *Christian Theology* (Grand Rapids, Mich.: Baker, 1983), 1:215.

否則聖經就不是以人間字句寫成具權威的神之道。

聖經靈感的另一個主要正統看法是「動力靈感說」，它取得了若干保守派新教思想家的支持，譬如19世紀末到20世紀初的俄爾 (James Orr，華菲德的朋友，但在此點上跟他背道而馳) 及馬歇爾 (I. Howard Marshall)。當代福音派神學家潘嘉樂 (Clark Pinnock) 也在他那本重要的著作《聖經原理》(*The Scripture Principle*) 中倡議此說。據此看法，**靈感**主要是指作者，並非主要地 (而是次要地) 指作品。靈感的對象不大在字句本身。擁護此說者，以彼得後書一章20至21節為根據，該處雖然不用 *theopneustos* 一字，但看上去它是指與提摩太後書三章16節相同的過程。從彼得前書的經文看來，受神感動的、代替神傳話的是人。動力靈感說看人間作者是領受了神的意念的人，他們以自己的風格和表達方式，用自己的字句傳遞這些意念。這不是「一次性的」(punctilinear) 事件 (以皮諾克的措詞說)，反倒是一個過程，神的靈在其中預備作者，引導他們直到一個時候，用自己的字句自由地寫出神想要傳遞的真理。[20] 持這看法的神學家相信，只有這個看法是公平對待聖經的神性與人性，任何其他看法 (包括全面字句靈感說) 不是太強調聖經出於神的創作，以致排除了人的真正努力，就是太強調人的寫作活動，以致把神的權威相對化。這些神學家根本看不出全面字句靈感說跟默寫說有何不同。動力靈感說的一個優點是，它能夠解釋作者之間不同的風格，以及聖經許多習慣語、方言及無關重要的離題話。很難明白全面字句靈感說怎麼能解釋保羅的差勁文法，包括說了沒有下文的句子！

支持全面字句靈感說的基督教思想家也傾向支持聖經的完全無誤，這一點對大部分讀者來說不會奇怪，或在意料之中。那就是說，由於聖經是神成文的話語，在其製作過程中，一切字句是經聖靈選用的 (雖然人間作者某程度也作出選擇)，因此聖經的每一段報導、每一個命題，都必定在各方面盡可能無誤。這當然不是說，必須從字面意義去

---

20 有關動力靈感說的詳情，參 Clark Pinnock, *The Scripture Principle* (San Francisco: Harper & Row, 1984), pp. 63～64; 及 I. Howard Marshall, *Biblical Inspiration* (Grand Rapids, Mich.: Eerdmans, 1982), pp. 31～47。

理解全部聖經。字句靈感説的擁護者坦言，聖經包含各種文學，部分是用象徵手法的。譬如説，比喻不該從字面意義去解釋，儘管它是按字句默示的。聖靈是偉大的講故事家。可是，當遇到有關事實的聖經命題時——不論是關於歷史、宇由論或形上學(關乎終極實有)的——字句靈感説者通常堅持，它們是完全準確的。任何錯誤都不過是表面的，要不就只是在原稿(最初的手稿)寫成之後，由於手民之誤才攙進了抄本之中。卡爾．亨利是大力提倡聖經無誤論的一位人士。他在多卷《神、啟示、權威》(*God , Revelation, and Authority*, Waco, Tex,: Word, 1976～1983) 中力議，聖經無誤是聖經靈感説的直接推論，也是聖經權威的必要前提。

其他傳統的基督徒，尤其是些比較接近動力靈感説的，主張聖經可以毋須無誤而無損它的靈感與權威。彼高 (Dewey Beegle) 是這樣的一個思想家。他在《聖經、傳統與無謬》(*Scripture, Tradition and Infallibility*, Grand Rapids, Mich.: Eerdmans, 1973) 中力言，即使聖經並非無誤，它也可以真正是神的話，有全然的靈感和權威。他檢視了很多聲稱是聖經的矛盾或資料誤差，得出一個結論：若干確實是錯誤——至少以今天的標準去衡量——而且訴諸那不復存在的原稿，以它為惟一無誤的手稿這個做法是錯的。不過，彼高主張，即使聖經有輕微錯誤，它無論如何也是神的話，有全然的靈感，在一切基督教信仰與實踐上具有權威。他根據常識區分聖經見證之內必須與非必須的部分，主張前者(大部分是對救恩和門徒生活有屬靈意義的事情)必定無誤，而且事實上也是無誤的，而後者則並非也不須無誤。彼高在保守派的新教神學家中間掀起了一番舌劍唇槍，引起了一場完全不必而且耗費精力的「聖經之戰」，延續到21世紀。

基督教在聖經的綜合觀點

如果説，有一個人能夠就當代正統基督教之內有關聖經的某些爭論指示出路，那是相當不可能的。然而，根據我們的大前提，有很多關於信仰的爭論點其實並不必要，因為它們代表著錯誤的二取其一，以及出於過敏反應的極端立場，故此以下提出一些有關聖經的概念，或者可以作為第一步，把若干有關聖經的爭議正反兩面的主要真理結合起來。關於**聖經以及它與傳統的關係**，一個有用的類比會是把偉大傳統(並非所有傳統)想成是相當於最高法院的案例史，把聖經想成是相當於美國憲法。關於**靈感以及聖經的可信性**，一個有用的類比是從**聖禮**的角度看聖經(作為聖言的聖禮)，以及從**功能**的角度看聖經(無誤地把讀者導向神和救恩)。由於篇幅所限，這方面在此只略為交代幾句，類似的聖經觀更詳盡的處理可見於貝庫維(G. C. Berkouwer)及布洛殊(Donald G. Bloesch)的著作。[21]

福音派神學家布洛殊沒有糾纏於聖經的細節及有關其細微準確性的辯論，嘗試採用一個更高的視角來解決有關聖經本質的一些爭議，把聖經視為「具權威的，因為其滲透和充滿著聖靈。」[22]換句話說，不論聖經靈感的確實形式為何，不論它是否完全無誤，聖經也是神向人傳遞恩典的媒介，神的靈住在其內，神的靈使用它來轉化生命。聖經是聖言的聖禮，因為雖然一方面說，它是以人間語言字句寫成的人間之書，但它也是一種傳遞神恩典的有形媒介，把人引進具轉化力的與神相遇之中，充實並改變他們。因為聖經成為聖言，所以它已經永遠是聖言。因為聖經已經永遠是聖言，所以它成為聖言。聖靈是在這「成為」(becoming)過程中的改變動力。

撇開聖靈——正如加爾文所承認的——聖經之於罪人，就如一本死的書。然而，在神的靈之「手」中，聖經一次又一次成為塑造神子民身分，轉化其生命的獨特工具。由於神選用它作為這件獨特的工具和見證，它自從面世以來，就一直是獨特的權威，基督徒從它那裏尋求指示和校正，也用它來衡量一切有關神和救恩的真理主張。聖經是教會之書，它之所以如此，在於它構成了教會信仰及生活的至高規範，

---

21 參G. C. Berkouwer, *Holy Scripture*, trans. Jack B. Rogers (Grand Rapids, Mich.: Eerdmans, 1975)。布洛殊的著述是筆者以及本書觀點的一個主要靈感來源。關於布洛殊在基督教神學方面的新作，參其寫作中的 Christian Foundations 叢書 (Downers Grove, Ill.: InterVarsity Press)；該叢書一共七冊，預期在21世紀的頭幾年完成。

22 Donald G. Bloesch, *Holy Scripture: Revelation, Inspiration & Interpretation,* Christian Foundations 2 (Downers Grove, Ill.: InterVarsity Press, 1994), p. 129.

也在於它構成了教會的身分。耶穌基督的教會是從聖經獲取生命和按照聖經而活的，並不是把它當作一本死的法律書或純粹的資料冊。聖經不像一本電話簿或科學教本。它是為神作的見證，也是神臨在的媒介。它是一本活的書。

應該如何從早期教會及改教時期詮釋聖經的偉大傳統，理解聖經作為權威見證的這種特性呢？傳統慫生了正典，使之成為只收錄有限數目的神默示之作的文集，而聖經又慫生了傳統。有一個觀念認為，聖經是先於傳統的，即使最後定準的正典範圍構成了偉大傳統的一部分。先知和使徒及他們為神作的見證，早就在那裏。傳統不過對它們予以承認，在聖靈帶動下，把它們集合起來並終止蒐集。可是，這其中意義重大。把聖經與教會傳統(即偉大傳統)連結起來的是聖靈，祂是在二者背後推動，在二者中間運行的神聖動力。沒有人可以不理會傳統，當它是不重要或毫無權威的，因為聖經正典是在傳統之內奠定的。

我們也必須避免高舉傳統，使之與聖經看齊或在聖經之上，因為聖靈透過傳統引導教會編製正典，把先知和使徒受靈感的著作奉為對教會的信仰與實踐有獨特權威——不然的話，單有傳統就夠了。假如傳統的權威與聖經相同或在聖經之上，那麼教會為何還要一部聖經正典呢？從以上所有問題和它們指向的答案，可以得出一個結論：聖靈是授權設立聖經的作用者，而聖經的特殊性質是作為使人與神相遇並認識神的工具。可見聖經是在傳統(包括偉大傳統)之上，卻非獨立於傳統之外。今天，當基督徒前往聖經尋找有關神和救恩的真信念之時，我們必不可漠視那慫生聖經正典的偉大傳統，這傳統幫助我們從神子民之書來認識聖經。可是，如果遇到一些時候，必須在聖經的主張與傳統的主張之間作出選擇的話，聖經是較高的權威。無論聖經或傳統，二者的權威全是出於聖靈。

布洛殊把聖經的靈感定義為**既是**字句式(verbal)的，**又是**互動兼個人式(dynamic-personal)的：「〔聖經〕作者是得到聖靈的幫助和引導，而不是聖靈的代筆人，惟有祂是聖經的真正作者……靈感是神揀選並監管某些作者和作品，以確保一個可靠有力的、為真理而作的見證。」[23] 布洛殊主張，神的靈感終究是奧秘，沒有理論能充分說明它。我們能說的頂多是，在這過程中，「借用人類的字句去達到神的目的」。[24] 由此看來，說受靈感的**既是**字句，**又是**人間的作者(即使方式不同)，也無不可。連結二者的是聖靈的意向和能力，由祂發動、指導、監管並確保過程的有效性。既然聖靈在聖經中佔這一角色，聖經對於教會及個別讀者來說，就是神臨在的一個聖禮。

若要形容聖經的準確性及可信性，在 infallibility 與 inerrancy 二詞之中(編按：兩者均可譯成「無誤」)，我們寧取前者。後者必然傾向意味著技術上、信仰上、科學方面的準確性，這卻是與聖經不少文體及它寫成之時所屬的社會文化不相干的。對於聖經要求這些方面的完美，就是把今天的標準加諸古代文獻之上。後者又無視或扭曲了聖經的這個平常現象——如果按技術上的完美標準衡量的話，聖經確實有許多小瑕疵、不一致、不準確的地方。譬如，在哥林多前書十章，保羅警告讀者要避免像希伯來人在曠野那樣的作惡和行淫，說當年「一天就倒斃了二萬三千人」(林前十8)，但按舊約聖經的平行經文(民數記二十五9)所記，是次事件中死的有二萬四千人。哪一個才正確？要是堅稱這種無關重要的不一致在原稿(民數記或哥林多前書)裏並不存在，根本不必要。聖經的權威不在乎有否這類無關重要的出入——從當日的社會文化、所用的文體及作者的本意看來，是不應該謂之錯誤的；相反，聖經的權威在於它是聖靈的傑作，它有聖靈的臨在和力量，聖靈藉它傳遞屬靈的生命和真理。布洛殊寫道：「如果聖經無誤(scriptural inerrancy)的意思是指所寫的一切，都是依從聖靈在神的意願和目的方面的指令，那麼它就可被確認。不過如果它的意思是指所寫的一切，依從世界歷史和科學方面的資料的話，那麼它就不能成立。」[25]

無疑，infallibility 是一個比 inerrancy 貼切的字眼，因為聖經永不會在它主要目的上失敗，那是指教導人有關神的事，並使人在與神的

23 同上，頁119。

24 同上，頁120。

25 同上，頁107。

相遇之中被轉化過來。瑞士神學家卜仁納以一個樸實例子說明聖經這種神而人的特質：在一切有關信仰與實踐的事情上，聖經是無謬的權威，它有神的靈感，與此同時，它在非屬靈的事情上卻非完美。維特羅拉(RCA Victrola)電唱機(若干RCA的產品還在用它)的古老標誌，是一頭狗兒在傾聽一個78轉的古老電唱機上巨型蓮花喇叭筒，永遠伴隨這標誌出現的口號是：「他主人的聲音」。卜仁納說，基督徒與聖經就是這樣子，儘管唱針和擴音器有因唱片磨損有跳線、失實的情況，那狗兒還是認得主人從唱機發出的聲音，留心聽著。基督徒聽見神藉聖經所記人間的字句發聲，即使經文受各樣文化條件所限，有各樣無關重要的瑕疵。布洛殊完全贊同卜仁納，有此正確結論：「至緊要的問題，並非聖經是否真確，意思是，在它所報導的每一件事上完全準確，反倒是，聖經是否引導我們進入真理，把真理傳給我們。但是，除非聖經的主要主張是真確的、除非它的總體見證信實可靠，不然的話，它就無法引導我們進入真理。」[26]

26 同上，頁299。

5

神

偉大與良善

基督徒相信，神藉著耶穌基督被獨特地啟示出來，而且聖經是為耶穌基督而作的(因此是為神作的)，有神獨特靈感的見證。我們從聖經找到關乎神觀的提示，並視耶穌基督為此事的中心。歷代教會的忠心宣講、教導和崇拜，是對耶穌基督的第三種具啟示性的見證，而且其中的神觀——正如從歷代以來各個社會中神子民的虔誠禮拜所表現的——更加強了人們從聖經所得的那強烈無比和無可否認的印象：以色列、耶穌基督、先知使徒的神既偉大又良善。從主禱文的頭一句(「我們在天上的父」)，到孩子禱告的頭一句(「神偉大，又良善」)，到成熟基督徒唱的各種聖詩、在聖經和基督教禮拜中的一切，都不約而同地指向這種雙重性：我們的神是**榮耀的，超過我們的理解**(超越)，而且是**完全良善的，超過一切受造物**。

基督教信仰在神觀的議題和爭論

在整個關於神的本性(nature)與屬性(attributes)的基督教思想史上，鐘擺在偏重神的**偉大**與神的**良善**之間來回擺動。一切信奉那偉大傳統的基督徒，都承認神的這兩方面，並且力求同樣公平地看待二者。但是，在許多情況下，某些神學家及基督徒羣體過分側重了神所啟示的本性其中一面，以至忽略甚而是乾脆否認了另一面。事實上，神學家和眾多基督教傳統差不多總是傾向以兩極之中的其中一極出發，從這角度把另一極當成是相對之物處理，這並不是誇張的說法。這並非有意的衝動或努力，而是出於對以往或當代某些往相反方面走得太遠的基督教神學或屬靈觀的一種憂慮。假如說基督教信仰在任何方面有可見的二極化，就是在這一方面了。它甚至出現在擁抱偉大傳統的個別神學家的著作中，路德就是一個好例子。這位德國改教者認為，中世紀後期大公教會的思想和屬靈觀(例如伊拉斯姆的神學，肯定人的自由)削弱了神的偉大，加以大力反對，甚至提出神隱藏的本性，以求維護推崇神的威榮。神在這隱藏的一面有絕對的自由、權力和意志，可以隨意做任何事，表現祂的本性。隱藏的神完全獨立於受造物之外，只要祂願意，可以把受造物打入地獄而毋須理由。祂不這樣做而選擇救些人，對路德來說是個大奧秘，正如神可以把一切受造物連祂所造的世界毀滅掉，而自己絲毫無損一樣奧秘難測。當路德面對一羣傾向過分側重神的偉大，致令真正的道成肉身變得不可能的哲學家時，他的回應是肯定神在耶穌基督身上的良善。這位神可以在祂的承諾之外施行審判、使出怒氣、毀滅一切人和物，也是從耶穌基督和祂的十字架所表彰出來，有慈愛、憐憫和恩惠的神。路德提醒基督徒，不要猜想那位隱藏的幽暗之神，倒要從耶穌身上觀看神，只要相信祂會按照自己的意願，信守承諾。

許多基督教神學家和教派並不像路德那麼樂於接受吊詭說。他們嘗試為神的本性提供一個更理性、更可被理解的解釋，並且發掘方法，要把神無限的偉大與祂無限的良善結合起來。20世紀改革宗神學家巴特在《教會教義學》(*Church Dogmatics* 2/1)中，把神定義為「那在自由中的愛者」。在巴特看來，神的偉大最能表現在其絕對的自由上。神不受任何東西所限，除了祂自己的話以外。然而，與此同時，神的良善最能表現在祂的完美之愛上，這愛相對於受造物來說是自由的，但它按著神自己的話語把神限制著。巴特嘗試把有關神之偉大與神之良善的問題重新定位，主張**如果**我們放下一切投射的思想(即把我們人類把偉大良善的經驗投射到神身上)，而從基督身上的神領會二者的意義，那麼二者之間根本並無衝突或張力。

基督教傳統的某些神學家似乎那麼執著於神的絕對偉大，因而在公平看待神真正的良善上有很大困難。對於坎特伯雷的安瑟倫等思想家來說，神的良善在於祂的偉大；神是那麼的偉大，所以無論祂想甚麼、做甚麼，自然是良善的，而人類慣常以為是好的東西——即使是最好的——在神看來也不是真的好，只要它是意味著受苦或感受性 (passibility，即神可被自己以外的事物所左右)。安瑟倫寫道，即使同情 (compassion) 其實也不是神的屬性，只是當我們思想神的大憐憫時，人類有的一種感覺。當然，神的憐憫也決不是由受造物或受造物的遭遇所引發的，而純粹是神為自己的緣故決定的。安瑟倫這樣壓倒性地強調神的偉大，其基督教根源可上溯至教父奧古斯丁的思想——奧古斯丁把神描繪成是 (新) 柏拉圖思想的「大一」(the One)，也是宇宙之王。然而，不只基督教神學家，連普通信徒也常常喜歡唱些讚揚神的威榮和絕對治權的聖詩，並以服從的態度，把一切發生的事歸因於神的旨意。

在正統基督教內，有其他神學家和平信徒似乎最為著重神的愛與良善——即在神位格化的一面和祂與外物的關係性上。從中世紀的神秘主義者至改教後的敬虔主義者，到近代的「自由派有神論者」，都以耶穌基督及聖經所啟示的神作為起點，以祂為「我們的父」、「阿爸」——一位擁有完美的愛與仁慈的至高存有——而且從這角度把神的偉大相對處理。他們固然樂於唱頌「永生神就是靈，智慧廣無邊」，但他們更喜愛讚詠「神聖主愛，超乎萬愛」的聖詩，以至民間的福音詩歌例如「禱告良辰」(Sweet Hour of Prayer) 或「在花園裏」(In the Garden)。

約翰．衛斯理是擁護偉大傳統的神學家之一，相當著重神位格化的本性和神的良善。雖然他從沒否認或故意忽略神的偉大，可是他似乎相信，那方面的神觀在新教教會中早已獲得足夠的重視了。由他所創立的循道運動 (Methodist movement)，深受德國浪漫的敬虔主義者親岑多夫伯爵影響。親岑多夫與其他接近神秘主義的新教敬虔主義者一樣，經常在談論和寫作之間，把神當成是人一般，特別把神當作是基督徒的戀人和朋友。尤其是對於這羣神學家來說 (其次，對於伊拉斯姆及其他屬大公傳統的人士來說)，耶穌基督為神的本性提供了最完美的提示。當然，神有的不只是耶穌 (耶穌是披戴人性的神)，但他們相信，耶穌是充分完備的提示，顯示神的性情是真正的愛與關懷、同情和忍耐。神捨己的愛表現在耶穌的比喻中(例如浪子與慈父的比喻)以及耶穌為罪人死一事上，這愛較之神的絕對超越及深不可測的統治權更重要。

我期望這段長篇的引言，可以讓讀者略知基督教信仰在這方面的困難。不錯，基督徒固然可以簡單地接受一種徹底的吊詭說，聲稱神**既是**全然超越的(偉大無限)，擁有無可測度、無可理解的權力、榮耀、威榮，祂**又是**接近人類、捨己、參與人羣之中，是仁慈、關愛、有同情心的戀人兼朋友。可是，對於一切愛尋根究底，要謀求**發現一套可從理性去理解的基督教信仰**的人而言，問題仍是：我們的神——祂是一個神(不是一個像賈奴斯〔Janus〕的兩面神)——怎麼是至**偉大**，又是至**良善**的？關係中的良善**似乎**意味著需要，至少禮尚往來，甚或是互相倚賴。偉大**似乎**意味著獨立自足。神怎可能**既是**自足而權力無限，決定一切而非由任何人或事所決定的存有，而同時**又是**世人的救主，有耐性、同情心、恆忍和仁慈的？

基督教在神觀的立場

也許沒有一套有關基督教信仰的議題，是像**神的本性與屬性**那樣，在基督教神學家之間耗費了那麼多時間、注意和精力。在來到神觀的問題時，教會感到有需要把它處理得當。毫無疑問，它是和聖經中拜偶像的警告有關的。它也可能與聖經中顯示模棱兩可的神觀有關。根據在聖經正典中的希伯來先知及基督教使徒的著作，神是一位**聖潔**(holy)的神。就聖經的神來說，與其說聖潔是一種道德質素(雖然此語也用來形容神的公義和祂對公義的要求)，不如說它是在各方面超凡出眾的特質。表達這個特質的一個較形上學的用詞是**超越**(transcendent)。從早期教父到近代神學，基督教各大流派的基督教神學家都強調一點：聖經的神是超越或「全然他者」(wholly other)——聖潔——的。這個主題滲透聖經，使徒行傳十七章22至33節記載了保羅向雅典人講道，其中他談到基督徒的神，聲言這位神並不需要甚麼外物，不像人手雕刻出來，許多人所崇拜的石像或木像(徒十七24～26)。

神有屬天的威榮，祂創造萬物，是至高的主宰，完全不需外物，這一切特性從聖經明顯可見，也為基督教思想的偉大傳統所包括。在神學的歷史上，神的這一面普遍稱為神的超越性或「無可分享的本性或屬性」(incommunicable nature and attributes)。即是說，神的這一面代表著祂在受造世界及受造物之上的獨立自主，以及祂榮耀的圓滿無缺和權能。與這方面有關的屬性或特質，是聖經中所說的那些為神所獨有，不能傳給人或與人共享的特性，儘管人類有神的形象，也擁有能微弱反映神某些榮耀屬性的特質。

在聖經和傳統中，與這一面同樣重要的是神的另一面：祂位格化的臨在，有關係性，參與在受造世界和歷史中。這是神的**內蘊性**(immanence)，跟神的超越性一樣，聖經一直都有說明。據使徒行傳十七章所記，保羅不單強調神獨一無二、自主自由，毋須倚賴外物，他也強調「我們生活、動作、存留都在乎他」(徒十七28)。聖經描述神的靈是親切臨在、承托萬有的，而神對歷史的指導牽引，就指向祂的同在與臨近。先知使徒的神從來不會離得遠，總是和祂的子民分不開的。詩人斷定，自己不可能逃避神的同在，因為神是無所不在的(詩一三九7～12)。雖然這段經文或許並經常被人認為是對神之偉大的其中一種特質(無所不在)予以承認，但它也同樣可以被解釋為對神的讚美，為祂的慈愛與關懷、無處不在而發出的讚美。神的遍在性不只是祂存在於每一處，或只是存在於萬有之中、作為承托一切的那一位，而是比這要多。祂慈愛的臨在圍繞萬有，吸引和誘導一切走向祂為它們所定的目標。

神為受造世界及受造物而有的親切臨在、關懷、照料，在聖經中是與神的聖潔、超越同等重要的一個主題。耶穌稱呼神的方式——「父」、「阿爸」——暗示了神的這一面。基督教神學頗傳統的做法，是把神的這一面跟祂聖潔超越(無可分享)的一面分開——不是把它視為神的另一種本性，而把它視為神的存有在與受造物的關係之中的另一面：神的良善。**神既良善又偉大；既偉大又良善**。神以臨近、親切、仁慈的一面，參與人羣中，又是聖潔——超越——完全自由和自足的。這兩方面似乎有某程度的張力。在人類的思想之中，它們肯定是不一樣的東西。我們在擁抱二者的同時，必須對二者作出區分。

在整個基督教教義史上，神這兩方面的本性都為基督徒承認。只要否認其中一面，就會成為異端。然而，因忽略其中的一面而偏重另一面的情況，在正統基督教之內倒很常見，由此也產生了各種問題。在此我們的方向是，先從偉大傳統去闡述基督徒在神這兩方面的共同信念，繼而説明這共同立場之外的另類看法，接著是在共同立場之內的多元與歧異，最後為基督徒傾向偏重一面以致忽略另一面的毛病，提出一些改進的建議。

大多數早期教父之所以討論有關神的教義，是因為需要區分基督徒所信奉和崇拜的神，以及異教諸神和各家哲學所主張的神。這類反思辯論，大都是在羅馬帝國及希羅文化的處境，而不是在巴勒斯坦或希伯來思想的處境下開展的。大體上，早期基督徒認為他們所信的神即希伯來先知的神，不過更圓滿地向人啟示。他們有時大量借用希羅哲學來描述神。保羅在對雅典人的演説中就示範了先例，他在講道中從正面引述希臘詩人及哲人(徒十七28)。根據早期基督教的希臘教父及拉丁教父的教訓，神是**偉大超越**，又是**良善遍在**的。這種對神的矛盾描述，也為中世紀東正教及天主教神學家，並為16世紀的改教者所確認。

2世紀教父兼基督教護教士雅典那哥拉(Athenagoras)在大約177年撰寫《為基督徒答辯》(*A Plea for the Christians*)，在其中駁斥基督徒是無神論者的普遍傳言(因為他們不信諸神)，寫道：

> 所以我們不是無神論者，可見我們承認一位神，祂並非受造，是不可見、不改變、不可明白、無限的神，人只能以心思和頭腦去理解祂；祂住在光明、美麗、靈，以及不能言喻的能力之內，祂的道創造了宇宙，賦之與秩序並維繫萬有。[1]

其後，雅典那哥拉在《為基督徒答辯》中，為這宣認神之偉大的強烈聲明中作出補充，確認神的良善，與反覆無常、恣意專橫、偶

---

1 Athenagoras, *A Plea for the Christians*, 10, *ANF* 2:133.

爾邪惡的諸神大有分別：「但神，既是完美良善的，就永遠地在做著美善的事。」[2] 大約同一時間，稱為愛任紐的另一位希臘教父兼主教（生於希臘的小亞細亞，住在說拉丁語的高盧）寫到神的良善與偉大，駁斥諾斯底主義的異端人士。他在其五卷《反異端》(*Five Books Against Heresies*) 中，論證神是「恆久忍耐」、充滿「仁慈和超越的能力」的。[3]

4至5世紀的教父奧古斯丁，被認為是基督教偉大傳統的最偉大和最具影響力的思想家之一，他也常常將神的偉大與良善相提並論。這位北非主教兼教父在《信望愛手冊》(*Enchiridion (Faith, Hope and Charity)*)——一本教導基督教信理的小書——中寫道：

> 對於基督徒來說，相信這一點就夠了：一切被造之物——天上的和地上的，能見的不能見的——的因，不外乎是造物主的良善，祂是獨一的真神；除了神自己及從祂所出的之外，沒有一個存有或甚麼的……就連不信神的人也承認，這全能的神，世界原始的能力，自己既是至善的，就不能在祂的作為上容許任何邪惡的東西——除非祂不是那麼全能和良善，甚至能夠從惡事帶出善事來。[4]

偉大的中世紀天主教神學家阿奎那把神的偉大（因祂是無限，是形而上的完美）等同神的良善。對他來說，圓滿的存有——只屬於神的特質——也必定是最高的善。神本身既是存有，一切存有的源頭，又是完美的善。在阿奎那看來，這意味著神也是無所不能和不能改變的，而且是完全仁愛和慈悲的。

新教改教者也承認神偉大而良善的雙重性。瑞士改教家慈運理寫了《論信心》(*An Exposition of the Christian Faith*, 1531) 一書，在其中表

---

2 同上，chap. 26, p. 143。

3 Irenaeus, *Against Heresies*, 3.20, *ANF*, 1:449～450.

4 Augustine, *Faith, Hope and Charity (Enchiridion),* trans. Louis A. Arand (Westminster, Md.: Newman, 1955), pp. 17～18.

達了他與所有新教徒共信的這一件事，即神具有至高無上的能力，又是至良善的。他說及神是「那永恆、無限、非受造的善」(第一章)，又斷言那位「萬有的源頭及創造主」的神，本身也是良善，因為祂有公平、憐憫、公義和溫柔。他問：「誰能配得上稱揚神良善仁慈的這份偉大？」[5] 徹底的改教者(重浸派)及改教後的敬虔主義者和奮興家(衞斯理與愛德華滋〔Jonathan Edwards〕)，同樣承認神的偉大威榮——神的超越性，以及神的良善慈愛、祂的親切同在或遍在性。

很多現代人之所以認識偉大的講道家兼神學家愛德華滋，是通過他的講章〈在憤怒之神手中的罪人〉("Sinners in the Hands of an Angry God")，他們以為，這位18世紀的講道家不信一位良善的神，只信一位易怒的神。無疑，愛德華滋高舉神的超越性，因為神無限地超過了一切受造物，並在一切受造物之上，他也強調神的聖潔、人類的倚賴性及罪性，但愛德華滋也承認神良善的本性，與那偉大傳統一致。他在〈神從人類的倚賴性得榮耀〉("God Glorified in Man's Dependence")一文，談到神是那個萬物賴以生存的存有和能力，也是良善本身。愛德華滋在《真美德的性質》(*The Nature of True Virtue*)一書解釋，神的良善在於祂的「德性」，祂「對存有物的仁慈」，即是愛。在(三一)神之內湧流的愛是一切美德的源頭，因此受造物的仁愛是起源自神完美的善。與愛德華滋同期的衞斯理也高舉神的良善，不厭其煩地宣講並寫到神的愛，同時從沒限制神超越的能力。

20世紀的神學家巴特嘗試以新的方式，進一步說明偉大傳統中有關神本性的教訓及反思，他把兩方面稱為「自由的完美無缺」和「愛的完美無缺」(因此神被稱為「那位在自由中愛者」)。巴特主張，神的超越性是祂的自由，不只是無限制的；神的超越性本於神的自有永有，神是自己作主，自己推動自己的。[6] 神的遍在性或位格化的臨在是祂

5 Ulrich Zwingli, "Exposition of the Christian Faith," chap. 1 in *On Providence and Other Essays*, edited for Samuel Macauley Jackson by William John Hinke (Durham, N. C.: Labyrinth, 1983), p. 243.

6 Karl Barth, *Church Dogmatics*, 2/1: *The Doctrine of God* (first half volume), ed. G. W. Bromiley and T. F. Torrance, trans. T. H. L. Parker et al. (Edinburgh: T & T Clark, 1957), p. 301.

的愛，那比同情的感覺要多；它是謀求並發展情誼；它是恩慈。[7] 巴特斷言，神是兩者——祂是完全的自由，又是完全的愛。神在自由之中站得遠遠的；神在愛中來臨親近。神不是一陣子這樣、一陣子那樣，祂永遠同是兩者。

總言之，基督教信仰在神方面的一致立場一向這樣：神**既是**超越的，意即祂擁有一種超越的存在特性，萬有皆依賴祂而存在；神**又是**遍在的，意即祂有恩慈、在愛中與祂所造的世界同在。在整個歷史上，基督教思想家嘗試從聖經提煉那些說明神與別不同的超越性，以及祂遍在的良善及親切臨在的基本屬性。在神的屬性之中，有關超越性的一般有：**充分自足**、**永恆**(eternality)、**無所不在**、**無所不能**和**無所不知**。某些神學家加上**不變性**(immutability)和**不動性**(impassibility；下文詳述)。肯定地說，這份清單可以很長，但我們在此嘗試列出那些在偉大傳統中最常被提到的屬性，並且只包括那些不能約化為其他東西的屬性。關於神的遍在性或位格化臨在的屬性有**愛**、**信實**、**憐憫**、**公義**和**智慧**。同樣地，我們可以列出更多屬性。若干系統神學書籍及教義聲明提到一大串神的屬性，但以上似乎足以表達基督教的一致立場之內，那些一般而基本的屬性。

神的充分自足正是祂自有永有的特性。雖然聖經沒有在哪裏明言，從書中見證神是萬物創造者的這一點，可以推斷出來(賽四十四24)。也許關於神之偉大的這一面，最清晰的見證莫如保羅對雅典人的講論，宣稱神「不用人手服事，好像缺少甚麼；自己倒將生命、氣息、萬物，賜給萬人」(徒十七25)。神的永恆即祂的無始無終，不受時間所限的特性(詩九十2)。神的無所不在即祂不受空間所限，在受造世界的各個角落真實臨在(詩一三九7～10)。神的無所不能即祂有能力做出任何符合祂本性的事(可十27)，而神的無所不知即祂知道一切真實發生或可能生的事情(來四13)。許多擁護偉大傳統的基督教神學家再加上一項：神的不變(unchangeableness)(詩一〇二27；瑪三6)。同一屬性通常也包括了不動性；意思是神不可能因外物而遭受痛苦，或受外物

---

7 同上，頁353。

左右。不動性通常被認為是充分自足及不變性的必然推論。(以上選用的經文，不過是作為代表；每一種屬性都是根據聖經多處經文綜合而得的。)

神在上述各方面是偉大的，就每一方面來說，神在質量上比任何受造物以至整個受造世界都要超越。每一種屬性都必須經過詮釋，它們確切的意思是甚麼，經常惹來激烈的辯論。某些神學家認為，神之無所不能，意思是祂能夠做任何一件在邏輯上並無衝突的事情。路德對神的全能所抱持的，似乎是這種強硬的觀點。有別的神學家(例如巴特)則主張，神之無所不能，意思是指神能夠做任何與其本性一致的事情。無論如何，神學家都同意，神有大能力，過於人所能明白的，祂的能力不受任何軟弱或無能所限。

神的位格化臨在，作為遍在的良善，表現在諸如愛等屬性上，愛是指神是仁愛、恩慈和深情的，為大家謀求好處(約壹四)。神也是信實的，因為祂不反覆、一貫和可靠(雅一17)。在某些神學家看來，神之信實充分表現了神的不能改變。以信實來指神的不變性是恰當的，因為神是位格而非一項永恆真理或一件永不改變的物件。神的憐憫是祂的同情和忍耐(尼九17；詩一〇三8)。祂的公平是祂所行的一切完全公道正義(申三十二4)，而祂的智慧是祂完全參透事情正確美好的發展(羅十一33)。

神的以上屬性，突出了祂位格化的本性；而祂偉大及超越的兩種屬性，則突出了一點：祂不是**人類**。在神的啟示和基督教的公認傳統中，神之位格化在於祂是關係性的、能知道、能思想和有意志。神不是一件物件或一股力量，而是有位格的存有。與此同時，神卻非受造物，不屬人類(雖然祂藉耶穌基督披戴人性)，而是全能的存有，超過一切定限。

對神觀的非正統立場

在二千年的基督教歷史上，在基督教教會之內及其邊緣地帶，出現過不少關於神和神與世界之關係的概念。在此，我們的關注並非基督教以外的神觀(無論一神或多神)，我們只會細察那些在基督教之內被冠以真基督教之名，卻為大多數來自各方的基督教領袖及思想家判定為不屬正統的神觀。換句話說，我們在此對譬如說穆斯林的神觀不感興趣——儘管從某種意義說，他們全都或大都是在基督教的公認立場之外的另類立場——而只關注那些曾經認真自稱是基督教，為若干基督徒所採納，但不符合神的啟示以及基督教公認傳統的。為了讓事情簡單一點，使之維持在可應付的範圍內，我們會把注意力集中在兩種主要的非正統神觀上：**自然神論** (Deism)，過分著重神的超越性以致貶低神遍在的臨在；以及**萬有在神論** (Panentheism)，過分著重神的遍在性以致貶低了神的超越性。

自然神論一詞可以專指在啟蒙時期知識分子間的一個宗教運動 (特別是18世紀)，或指在該運動中往往佔一重要角色而與該運動分開的神觀。自然神論的第二個意思是我們在此的關注；大體說來，即是任何把神描繪成是宇宙的創造者，而祂在關係上卻是抽離於宇宙之外，甚至把宇宙撇下不顧的神觀。根據自然神論，神是宇宙的建築師和道德總監，並無密切地牽涉在宇宙的日常操作之中。有些愛打趣的人形容，自然神論的神是一位缺席的地主。在這看法中，神是至高全能的存有，祂創造了一套支配萬事的自然律，讓一切順其運作，藉此管理一切，但正常來說，祂是不干預 (以公開或隱秘的方式) 事件的發展或事件背後那套規律的。就此一意義說，徹頭徹尾的自然神論者是罕見的，就連「理性時代」啟蒙時期偉大的宗教思想家，也不容易一致地抱持這種神觀。

有一位接近自然神論，影響深遠的人，就是18世紀的法國思想家伏爾泰。伏爾泰強烈反對羅馬天主教的聖統制度，但自認是思想自由的基督徒。他採納一種理性而科學的神觀，簡單地稱為「有神論」(theism)。伏爾泰所謂的有神論者「深信有一位至高存有存在，這存有既良善又有大能，祂創造了一切從祂伸展出來的，包括植物的、有知覺的和有反思能力的存有；並使各物種生生不息，刑罰罪惡不至冷酷無情，而且以仁慈報償德行。」[8] 然而，伏爾泰的神只藉著祂造的自

8 轉引自 James Collins, *God in Modern Philosophy* (Chicago: Henry Regnery, 1959), p. 150。

然律施行一種普遍護理，一般來説祂不施行特殊護理。(護理這概念是指神對一切發生之事的仁慈管理，將在第八章詳述。普遍護理指導著一切有關歷史及自然界的事，而特殊護理是神為個別國家及國民施行的特殊介入。) 在自然界及在歷史上發生的這事或那事，並不是神的作為，由神造成，除非這是指神是創造那引發事件的自然律者。伏爾泰和其他自然神論者傾向忽略有關神蹟或神回應禱告的特殊行動等議題，讓人覺得這類信念流於迷信，甚至是對神的侮慢。自然神論透過所謂美國的開國功臣 (其中有很多自然神論者)，進入了美國的民間宗教。徹頭徹尾的自然神論是異端，因為賜啟示的神是有遍在性的參與，對人們的禱告有回應，並且至少有時候施行神蹟。賜啟示的神施行特殊護理，也施行普遍護理，祂不只是一股遙不可及的能力、一條創造律，祂更是歷史的主體和編者，是人類的救贖主和立約伙伴。

萬有在神論是任何過分強調神的遍在性 (或世界在神裏面的遍在性) 而忽略神的超越性的神觀。此語本身是**泛神論** (pantheism) 的變體，基督徒從未以具影響力的方式採納過泛神論。泛神論把神等同宇宙，其典型的神觀見於印度教 (特別是吠檀多派〔Vedanta〕) 及西方某些形式的理性主義 (例如啟蒙時期的思想家斯賓諾沙〔B. Spinoza〕)。萬有在神論較泛神論或自然神論含有較強的辯證成分，因為它意味著神和宇宙 (天地萬有、世界、自然) 是互相倚賴但又不相同的。以19世紀的哲學家黑格爾 (萬有在神論其中一位最有名的倡導者) 之言，萬有在神論意味著「沒有世界，神就不是神」。許多近代基督教思想家發展並宣傳萬有在神論的神觀，在其中的神某程度上是依賴世界的，而世界又是依賴神的。

20世紀進程神學是自由派基督教的一門思想，它認為神是永恆地和宇宙共同進化的。建構進程神學的其中一位重要哲學家懷德海如此説：「若説世界創造了神，跟説神創造了世界同樣真確。」進程神學以眾多面貌及風格出現，但有同一個信念：聖經啟示的神雖然永恆存在，卻並非自足，祂依賴世界為祂提供生命經驗的內涵。世界遍存於神的生命之內，神又遍存於世界的生命之內，但對於世界的進程，神並不擁有「先存的實現性」(prior actuality)。許多20世紀的自由神學家採納萬有在神論，因為它可免除神為殺戮世紀的駭人歷史負上責任。在萬有在神論者看來，神並非無所不能，並不擁有絕對的統治權，因為世界對神之為神構成限制。神是那位「明白人的同受苦難者」[9]，卻不是自由自主、有大能力和能夠支配祂所造世界的聖潔和超越的神。

各家各派的傳統基督徒拒絕接受自然神論及萬有在神論，認為兩者都越過了正統神觀，因為它們否定了先知和使徒所宣揚的聖經見證及福音的若干要義。自然神論否定了神位格化的臨在及祂在受造世界和歷史中的緊密參與，把神約化為一位原始的創造者兼道德總監，那是人無法循宗教途徑接觸的。很難看出，這樣一位神——或許祂正在遠遠地注視著我們——怎麼與人建立盟約的關係，或以慈悲回應他們的需要。正如康德所言，這樣一位神，即使有可能是必須的邏輯假設，也跟聖經所啟示的那位位格化的神有天淵之別。萬有在神論否定神的聖潔超越性，把神約化為創作過程中一股誘導性的力量，沒得到受造物的同意和合作，祂就不能在世界造成重大改變。很難看出，這樣一位與受苦之人一同受苦的神，怎麼拯救他們，帶來最終邪不能勝正的歷史終局。這樣的一位神或許會滿足人的理性需要或道德願望，但跟聖經所啟示的全能的神有天淵之別。

基督教信仰在神觀的不同看法

基督教神觀內部的多元與分歧，是由於神既偉大又良善的雙重性。在正統的基督教思想中，這雙重性在概念甚至現實上總是被保存著。即是說，那忠於聖經與偉大傳統的正確基督教信仰，確認神的完全良善，以及祂的無比偉大。雖然如此，若干神學家及基督徒羣體，還是建構了一些他們認為是忠於啟示以及教父時期和改教時期的基督教思想共識的神觀。他們只是以特別的方式強調神的超越性，或強調神位格化的臨在。他們之所以提出這些神觀，往往是由於對先前提出某種被認為是偏頗的神觀有所顧慮。物極自然必反。

9 Alfred North Whitehead, *Process and Reality: An Essay in Cosmology* (New York: Free Press, 1929), p. 532.

某些基督教神學家為了公平對待神的偉大，提出「神之隱藏性」(hiddenness of God)，主張神是不受任何東西約束的——包括祂的本性。路德尤其訴諸於這種思想，他無疑是受了一股稱為**唯名論**(nominalism)的中世紀哲學思潮影響。唯名論否認共相(universals)——例如「人性」——有對應的客觀性實體，相信只有殊相(particulars)——例如真實的人——存在。與唯名論相對(就共相來說)的主要哲學是**唯實論**(realism)，主張共相不只是(正如唯名論者聲稱的)名稱，實際上也有本體的意義。即是說，除了個別的人以外(他們是人性的具體例證)，人性也以某種意義存在。唯名論者看神是絕對的、無限制的、自主的意志，除了由邏輯本身加諸我們思想上的限制以外(因為我們不用邏輯定律，就不能有可被理解的思想或談話)，就不受任何限制。唯名論者相信神是完全自由的，甚至其良善的屬性也沒約束其意志。一個行動是善，因為神宣告它之為善；祂沒有這樣宣告，因為行動本來就是善的。當路德在16世紀嘗試高舉神的偉大，以抗衡他認為對神造成束縛的中世紀天主教教會神學理論及教會制度(例如經院哲學及聖禮主義)之時，他找著唯名論這位戰友。然而，聖經所啟示的神的愛與良善又如何？路德提出，在啟示的神那副面孔背後有一位「隱藏的神」，不過，他提醒基督徒，不要對這位隱藏的神作出臆測，猜想祂是怎樣子的。他勸勉基督徒要從耶穌基督身上觀看神，神從那裏被啟示為完美的善，同時要記住，神可以有任何祂選擇去做的角色，而且可以做任何祂想要做的事。從路德這個 *deus absconditus*(隱藏之神)的概念，慫生出其餘許多種新教神學，於是在眾多新教傳統中的信義宗及改革宗神學家，開始經常談到神是那位全然自主的實有，祂的良善超過我們的理解，而當蹚上有關惡的問題時，神的道路是隱藏的。

20世紀新教神學家巴特反對這隱藏之神的說法，主張基督教的神就是耶穌基督的神，此外無他。在那位在自由中愛，並在道成肉身與十字架的事上降下自己而沒有喪失自己，從中顯示在偉大的神背後，並無隱藏的神。巴特所謂的「基督一元論」(Christomonism，惟獨基督)是對任何在基督背後有隱藏之神的想法的一種反動。在巴特之前二百年，約翰．衛斯理早就拒絕了隱藏之神的想法，而寧取一位藉耶穌基督被忠實啟示出來的完美之愛的神。信義宗及改革宗傳統內的某些人士為了維護保全神的偉大，就確認神隱藏的一面。衛斯理及循道宗(及其眾多分枝)大部分人士以及巴特(屬改革宗)為了維護和保全神的良善，就肯定了神非隱藏的一面，以及神藉耶穌基督帶來的真正自我啟示。

在正統基督教之內，關於神的本性還有另一個辯論及爭議的範圍，關乎那個與神的偉大有關，稱為**不變性**(immutability)的屬性。問題最簡單是指出：神能不能改變？[10] 傳統的基督教有神論者通常以「不」來回答這個問題，但同時提出一些條件限制，例如：「除了在道成肉身一事上——基督的人性」。換言之，基督教思想的偉大傳統在很大程度上確認神基本的不變性，因此神的本性不能也沒有經歷任何改變，除了當祂在道成肉身時與人性結合之際。即使那時，道成肉身也並沒有改變了神，只是在神的生命上加上耶穌基督的人性。關於神基本的不變性的這項教義，真是很難掌握的，也超過了本章的範圍。然而，通達的基督徒以及追求認識基督教信仰之人都應該知道，儘管所有正統基督徒一向確認，神是不受任何有違祂本性或意志的力量所改變的，但說到神可否改變與受造世界相關的旨意，以及祂對待受造世界的方式，在這一點上，基督徒之間的看法就不盡相同了。

關於神能否改變，至少有兩種看法：「強不變說」(strong immutability，包括不動性，即神不能受苦)和「弱不變說」(weak immutability，不包括不動性，並且確認神能受苦)。中世紀基督教主教兼神學家安瑟倫確認強不變說。在他以及大多數中世紀經院哲學派的天主教思想家看來，神從形而上及道德方面來說都是完美的，假若神有任何改變，那就會讓神變成不夠完美的東西。這麼說來，無論何時，神都沒有改變的可能，神永遠是完美的實現性——那「想像之中沒有較之更大的存有」。神是最圓滿的存有。任何會改變的存有，從形而上和道德方面來說都

10 欲一覽這議題上的各種基督教觀點，參天主教神學家 Thomas G. Weinandy, *Does God Change?* (Still River, Mass.: St. Bede's Publications, 1985)。

不能是已經完美的。由是，安瑟倫否認神會為受造世界任何反應有「感覺」。在他看來，神的憐愛其實不是神對我們可憐狀況所生的感覺和反應，只不過當我們思想祂的偉大與憐憫時，我們把自身的感覺投射到神的身上。在大多數傳統的基督教有神論者看來（包括改革宗傳統的很多新教徒），神是偉大得不能改變的；任何改變諸如此類——包括反應的感覺——都必定表示不完美，因此對神來說是無法成立的。如果神有任何改變，都只是因我們的理解力有限而將之判斷為改變而已。

其他基督教有神論者因不滿基督教經院哲學以完美為論據，就確認一種弱不變說，主張神能夠由於對受造物產生反應而有改變，並且也確實有這樣的改變，但祂在本性與性情上還是始終如一。19世紀德國中庸神學家杜納（I. A. Dorner）及20世紀的巴特確認這弱不變說——雖然他們不認為這觀點比那較傳統的經院哲學的觀點「更弱」些。[11]巴特相當倚重杜納，指出早前對神的不變性的看法，沒有公平看待神的自由、愛和生命。事實上，這位瑞士神學家寧可用**一貫性**（constancy）一語而不用**不變性**（immutability），形容神的不改變。在他看來，神從耶穌基督及神的話被啟示出來，顯明祂是活神，祂始終保持著是祂自己，即使祂從自己那裏出去，跟祂造的世界共同擁有一段真實的歷史。[12]神是生命和運動，並非亞里斯多德那個「不動的動因」及「思想著自己的思維」。神固然不為祂與世界的歷史所轉變或改變，不過祂也並非沒有活動或靜止的。

巴特本人對於神把自己的生命開放到甚麼程度，讓自己在祂與受造物所擁有的歷史中受其影響，並無明確說明，但巴特有些門人及詮釋者，從巴特的不變說引出貫徹歷史的一貫性（constancy-through-history）。荷蘭神學家亨德高斯．伯克富（Hendrikus Berkhof）稱神的不

---

11 有關杜納如何處理不變性，參 Claude Welch 的闡釋：*Protestant Thought in the Nineteenth Century* (New Haven, Conn.: Yale University Press, 1972), 1: 278～282。巴特寫道：「認識〔杜納〕其文者，當他們讀著〔巴特〕這一篇時，就會看出我從杜納的靈感得益不淺。」*Church Dogmatics*, 2/1: *The Doctrine of God,* ed. G. W. Bromiley and T. F. Torrance, trans. T. H. L. Parker, et al. (Edinburgh: T & T Clark, 1957), p. 493。

12 Barth, *CD* 2/1, pp. 503ff.

變性為祂「可改變的信實」(changeable faithfulness)，並強調神與人的盟約關係。德國神學家莫特曼(Jürgen Moltmann)強調從神與世界的關係去看神的未來性，以及從神的自限(*kenosis*)去看神的受苦。以上幾位神學家都確認，神不受自己以外的任何物所改變，而且祂是一貫的和信實的。不過，他們既然繼承了杜納和巴特的主張，就比經院哲學派的天主教及新教神學家走得前多了，因為他們看見神位格化的一面，從而推斷神是對某些改變開放的。

說到神這方面的教義，正統基督教之內的分歧點以及導致歧異的原因之多，足可與神的屬性相比。每種屬性都要詮釋。若說神是永恆的，意思是指甚麼？自從5世紀的奧古斯丁及6世紀的波伊丟斯(Boethius)以來，許多基督徒堅稱神的永恆性，即祂不受時間的長短及發展所限——意思是祂超越時間(timelessness)。「永恆現在」(eternal now)是有關神的永恆性的觀點之一。然而，某些神學家主張，神的永恆性不應理解為超越時間或與一切時間共存的，而應理解為長存性(everlastingness)。[13]那就是說，神沒有起點和沒有終點，但祂經歷時間和經驗時間的進展。於是，對持這個想法的人來說，神的永恆性與時間性並無衝突。在基督教神學著作中，可就神的每一種屬性，發現類似的看法及詮釋的差異。

基督教對神的本性的綜合建議

若是論到神，如果有甚麼(除了神的存在以外)是全體基督徒一致同意的，那是神**既**偉大**又**良善。至於神的偉大與良善的確切本質，我們已經看過，基督徒之間的看法不盡相同。我們在這事情上，不過僅僅沾著論爭的外圍，因為歸根結底，這爭論是關乎存在於這個問題中的矛盾：**神怎麼可能偉大得超過受造物的偉大，同時又可從人類之良善的意義被理解為良善的？**

沒有一個正統基督徒期望神只是一個偉人在天上的投影。根據聖

13 參 Nicholas Wolterstorff, "God Everlasting," in *God and the Good,* ed. Clifton J. Orlebeke and Lewis S. Smedes (Grand Rapids, Mich.: Eerdmans, 1975), pp. 181～203。

經見證及公認傳統，以及也許神之為神的邏輯本身，神必須是無出其右地偉大——超越、聖潔、威嚴。這似乎是在以賽亞書六章中，以賽亞所見的異象及該書多處經文的要旨。丹麥哲學家兼神學家祈克果描述神是「全然超越的他者」，把神提高到一個位置，超過德國哲學家兼神學家黑格爾所主張的遍在世界之靈 (immanent World-Spirit)。從早期教父到改教者到近代的基督教思想家，基督教發展出一個立場，借安瑟倫的話說是：神是「那想像中沒有較之更大的存有」。即使新教自由神學的鼻祖士來馬赫，也把神看成是一切受造物最終所依賴的存有，神自己卻不依賴任何外物。另一方面——有時候跟對神之偉大的側重形成強烈對比——在另一端有神遍在的位格化的臨在與良善。這兩項真理之間的張力，有時大得要把二者撕開。路德提出隱藏而顯明的神的概念，正是這一點的最佳例證。

也許對於這股張力，最聰明的處理手法是任隨它。即是說，對於那些接納吊詭說、有辯證思維的人，我們可以簡單地說，基督教的神是全然超越，又是以一種慈愛而關係性的方式親切地臨在的，而拒絕進一步猜測，兩者怎能同時真確呢。可是，愛尋根究底的人就想知道，在強烈的矛盾中有沒有一條出路。只要基督徒表面上安於吊詭說，也不試圖著手處理明顯矛盾的部分——盡可能化解矛盾——基督教內外的有識之士就會懷疑，基督教信仰是否非得犧牲理性不行。若要讓基督教信仰可被理解的話，這任務就包括了盡可能化解矛盾。這任務的危機，在於犧牲一面的真理以遷就另一面，在基督教歷史上這也屢見不鮮。若要從某些基督教教義系統中找到和神的良善有關的詳情，就會令人大失所望，而要從別的教義系統中找到和神的偉大有關的詳情，也會白費工夫。在這方面的教義，有沒有一條邁向合一的出路呢？在確認神超越的偉大之餘，能否同時確認神親切而良善的臨在呢？反過來說，在確認神親切而良善的臨在之時，可否同時確認祂超越的偉大呢？

以下提出的是筆者試驗性的方案。我無意以它為適用於各地基督徒的一個教條式回答。然而，它代表著處理基督教神觀的一條進路，筆者認為是有效的。這條進路的核心有兩個重要觀念。第一，**我們應**

該盡可能避免對那個與受造世界無關的神的內在生命作出臆測。只有當神向我們啟示祂自己之時，我們才認識神，而幾時我們開始在神的自我啟示及祂與世界的關係之外對神作出臆測，我們就會陷入迷思。路德及其副手墨蘭頓強調，在神學上避免臆測是多麼的重要。墨蘭頓堅稱，我們只從神的影響（即其作為）認識祂，根本不是「按祂的真體」認識祂。當然，有人可以把這種說法理解為矯枉過正，因為神的啟示實在是要告訴我們一些關乎祂永恆本性及位格的事情。然而，對創造之前及創造以外神在自身之內的生命作出臆測，經常導致一種哲學化的有神論，以致要確認神與受造世界之間有任何真正的愛的關係，就極其困難了。

第二個重要觀念是：**神能夠在其偉大之內自限**。這對基督教神學的初學者來說，似乎顯然得很，可是這在基督教神學家之間其實頗有爭議。基督教思想家無不承認，即使神是偉大的（又或正因神是偉大的），祂總有一些事情做不得。神不能背乎自己。所有基督徒都確認這一點（雖然在1960年代有幾個激進的神學家）。很多持傳統有神論的基督徒也確認，神是不能限制自己的。既然神是那個想像之中沒有較之更大的存有，祂就不可能不是絕對無限、超越時間地永恆、完全自主和完全實現、毫無改變可能的。在上文談到有關神的不變性時，我們已經約略提及這一點。問題是，這樣的一種神觀，為確認神位格化的臨近，以及祂與所造世界的關係性，造成了極嚴重的問題。這麼一個從形而上的角度來說是絕對的神——一個從各種意義來說常常、永遠是完全實現了的，不能開放自己去接受任何改變的神——怎能真正地跟祂以外的任何人或物發生關係呢？這樣的一位神說到底，倒是很像希臘哲學家亞里斯多德那個「思想著自己的思維」，祂創造了世界卻不認識世界。若說神不能限制自己——即讓自己開放，與受造物發生相互作用，致令後者對其產生影響——似乎不但有違神的啟示（因為聖經的神不斷與外物發生相互作用，甚至感到「憂愁」），更是不合邏輯的。一位偉大得無論如何都不能限制自己的神，畢竟也不是那麼偉大吧，結果，祂像一條超時間的原則，而不是一個有關係性的位格。

由此可見，有兩個概念或會給我們指出邁向一個統一的基督教神觀的出路，其中的神是既超越，也是真實地位格化、親切和良善的。第一，我們只透過神的自我啟示，從祂與世界的關係去認識祂；第二，神能夠以不違背其固有永恆本性的方式來限制自己。在偉大傳統的神學家之中，確認神的自限的有蘇格蘭的多倫斯 (Thomas F. Torrance)，他是一位有名的正統新教思想家，以促進教會合一及其中庸的取向，在20世紀的偉大神學家之中建立了聲譽。這就是說，他一貫地訴諸於基督教思想的偉大傳統，以求把東正教、羅馬天主教及新教基督徒帶到議事桌上。他也是一位中間人，在看來彼此相衝的基督教信仰的門派之間架設橋樑。他在其《空間、時間與道成肉身》(*Space, Time and Incarnation*) 一書內，談到神與世界的關係：

> 故此，神與世界在這條創造一道成肉身的線軸上有一相交點。世界因此向神開放，它的時空結構是在與神的關係之中聯絡而成的，所以身處其中的我們可以在時空之內並透過時空，思考到二者那建基於神本身的超越性基礎。耶穌基督是時空的真正中心，我們可在那裏作出思考。可是，反過來看這同一種關係——看**神**對祂所造的世界所持**的開放性**，又如何呢？祂這實在，與我們在耶穌內的今世實在之間的相交點，對神來說有沒有意味甚麼呢？……它意味著，由於神與我們之關係的實現性，時間與空間對神來說就被肯定為真實的，這關係把我們跟時空緊扣起來，這樣，無論我們或神，都不能從二者退出來。這不是意味著，神已經向我們的世界開放祂自己，以致我們今世的經驗對祂有重要意義，譬如說，我們得把祂想成是擔當我們的傷害與痛苦的一位嗎？……假如神只是不動的 (impassible)，祂就沒有在我們苦惱的存在之中給自己留下空間，又假如祂只是不變的 (immutable)，祂在其不改變的存在之中，沒有地方或時間給轉瞬即逝的受造物了。然而，那位藉耶穌基督顯明為與我們一同承受命運的神，是真正自由地讓自己成為貧窮，好讓我們藉著祂的貧窮

變得富有；祂是在愛方面不變，卻並非不動的神，是一貫地信實但並非不改變的。[14]

多倫斯或筆者絕對無意鼓勵基督徒相信，神在祂與世界的關係中有所改變，以致祂不再是神。在1960年代，若干激進的神學家提出「基督教無神論」(Christian atheism) 及「神死」(death of God) 等語，把神自限的理論冠以惡名。其實，多倫斯不過確認，由於神的偉大和良善，神自由地選擇了以一種讓自己受世界影響的方式，來作為世界的神。

有一個類比有助解釋並說明我在此提出的方案。已婚的人在生孩子的事上，面對著一個美妙但有時可怕的決定。有可能為人父母者並不比沒有孩子的他或她低微。很多還年輕的已婚人士選擇永遠不要孩子，情願維持原來的自己，那是一向以來的自己。可是如果他們選擇要孩子的話，他們也是維持一向以來的自己，只是同時也經歷一種可以說是自限和自我實現的改變。凡體驗過為人父母滋味的，都曉得這其中的意思。一旦為人父母，就少了不做父母的自由，生命中多了某程度出於責任與愛的限制。要開放自己有被傷害的可能。可能而且無可避免地有一種前所未有的痛苦——就是被自己的兒女拒絕的痛苦，以及當所愛的孩子逐漸成長之時，看著他或她犯下大錯而無能為力的痛苦。要是以類似的眼光看那位與我們發生關係的神，又有何不當呢？把神想成是祂自願經歷這種改變，而不影響其存在或本質的，這對神的偉大造成了任何減損嗎？無論多倫斯或筆者都不是這麼相信的。神一方面始終維持自亙古以來的祂，一方面在創造及道成肉身的過程中經歷一種存在模式的改變，最好將之形容為神的**虛己** (*kenosis*，源自希臘文的「自我倒空」)。神以祂至高無上的權能，讓祂無限制的、完全自決的權力及其三一的福樂受到限制，而冒險承受被拒絕、損失及死在十字架上的痛苦。

14 Thomas F. Torrance, *Space, Time and Incarnation* (New York: Oxford University Press, 1969), pp. 74～75. 欲細察其觀點的聖經根據，參 Joseph M. Hallman, *The Descent of God: Divine Suffering in History and Theology* (Minneapolis: Fortress, 1991)。

6

神

三與一

即使是基督徒，也經常把基督教對三位一體 (Trinity) 的信仰——神有三個位格，仍是一位神——當作只是一個奧秘，一笑置之。或許基督徒經常訴諸於吊詭 (paradox)，以此支持他們認為是理應相信的東西。當說到**三位一體**是甚麼意思時，很多人會說：「神是一而三，三而一的。」

基督教信仰對三位一體的議題及爭論

那麼，三**甚麼**、一**甚麼**呢？其中有否矛盾？愛尋根究底之人 (不論是否基督徒) 這樣問，本是無可厚非的。那麼問題是，在聖經裏找不到**三位一體** (Trinity) 和**三一性** (triunity) 這兩個用詞，而且聖經也看不見對三位一體的完整概念有明確詳細的說明。再者，讓問題更複雜的是，三位一體的教義 (trinitarian doctrine，對照於相信神是三一者〔triune〕) 花了好幾十年 (差不多一個世紀) 才逐漸建立起來，而且也許從來沒有完全解決這個問題。不幸，有些基督徒因三位一體的教義——神是一位神，但永恆地以三個可區分的位格存在——的表面混亂而感到苦惱，以致實際上放棄了它。他們所屬教會的名稱可能有三位一體的字眼；他們當被問到時，可能口中會說相信三位一體；他們可能在崇拜中偶爾唱一首有關神的三一性的聖詩。然而，實際上接受基督教歷史上所信的**三位一體**的基督徒是愈來愈少了。正如一位近代天主教思想家所說，今天的基督徒實際上傾向採納神體一位論(functionally unitarian)。

不過，與此同時，三位一體的教義在20世紀末至21世紀初的基督教神學中有一次復甦，大量學術性及大眾化的作品湧現，探討這個似乎不可思議的觀念，由具反省力而深入鑽研基督教典籍的基督徒提出三位一體的問題。這次對於基督教身分的探索，往往領人回到確認這個獨特的基督教概念。我們在此的目的，只是淺探這項重要的基督教教義，先陳述它的實際內容，以及基督教信仰在此課題上有張力的原因。然後，我們將探討基督教信仰的一貫立場，以及一些另類觀點，繼而檢視正統基督教信仰關於三位一體的分歧要點，最後粗略提出一個當代的統一觀點。

正如我們在本章稍後部分看見的，這項教義在未分裂前的早期教會中，差不多是獨一無二的，為此製訂了一份統一的信經，作為一個決定性卻非鉅細無遺的聲明。這份信經稱為〈尼西亞信經〉(Nicene Creed)，從技術上正確點說，它是稱為〈尼西亞－君士坦丁堡信經〉(Nicene-Constantinopolitan Creed)。它是經兩次普世會議制訂的，參與者有羅馬帝國的基督教教會全體領袖：尼西亞會議(Council of Nicea，325年)和君士坦丁堡會議(Council of Constantinople，381年)。如果想知道基督教的一致立場——大傳統(the Great Tradition)——如何論述**神是誰**這問題，那麼這信經是合宜和正確的參考資料。基督教的三大流派——東正教、羅馬天主教及新教——都確認尼西亞的信仰，即是說，他們都確認三位一體。有些新教教會正式確認〈尼西亞信經〉，有些則間接地確認它，因為他們實際上支持尼西亞信仰。換言之，許多沒有採用信經的新教教會，例如浸信會及其他自由教會，雖然沒有以〈尼西亞信經〉作為驗證正統的試金石，但還是相信三位一體教義的本質。

雖然在基督徒中間有這一個重要共識——神在是三(位格)而一(神聖存有)的——在基督教內部，還是有因張力和對立的看法而出現的辯論和爭議。有些於大傳統的正統基督徒，在這方面的信仰是重三輕一的。即是說，偶然有傾向把三一神想成是一種神聖的聯盟，或甚至是一種有階級結構的家族。另一方面，有些屬大傳統的基督徒則重一輕三，把三位一體神想成是一個位格的三個表現向度或顯現形式(角色、面孔)。儘管在大傳統內有一種壓倒性的共識，認為神是三位一體的，但在其他要點上還是有張力和爭論的。其中一點——所謂**和子**論爭 (*filioque* controversy) ——在相當程度上導致東西方教會的長久分裂。

基督教對神是三位一體的信仰，並非始自4世紀的羅馬皇帝君士坦丁及其臣下的基督教主教。有人相信它是始自那時，以它為基督教的一種含糊異教化或希臘化過程之一，這種說法是反對三位一體的異端或教派常用的諷刺手法。只要看看2至3世紀的教父，例如雅典那哥拉、特土良、愛任紐、俄利根或居普良的作品，就可以馬上知道，早在君士坦丁召齊基督教主教參與325年在尼西亞舉行的第一次大公會議之前，基督徒已經相信三位一體了。在4世紀之前，他們這信念或許尚未發展成熟，到了有人否認三位一體時，就不得不訂出一套統一的教義。然而，統一的教義一經定立和頒佈，就反映了歷代以來幾近所有基督徒一直抱持的信念。我們在此的進路是，首先解釋尼西亞的三位一體教義，在大部分基督教歷史中，這是正統基督教信仰的官方宣言。從多方面看，這份——以信經表述的——宣言作為識別真確的、正統的基督教身分的教義，已有許多個世紀了。然後，我們會從那裏回來查看它的聖經根據。當時的基督教領袖為何認為他們確認這教義是有理據的？那是出於臆測，抑或神在耶穌基督裏啟示的表述和維護？最後，我們會看看在新約時代以後，教父和改教者之間對三位一體的共識。在此務求精簡地說明基督教對這項十分重要，也是基督教所獨有的教義的一貫立場。

基督教在三位一體的立場

早期基督教的信仰準則 (Rule of Faith) 所圍繞的中心是耶穌基督的位格：祂是神的兒子，永恆而神性，為拯救人類道成肉身。基本基督教信仰的類似聲明——信經 (creeds)，可從2至3世紀教會的教師，例如殉道者游斯丁、愛任紐、特土良、俄利根及居普良等人的著作中發現。主教愛任紐為反駁諾斯底主義者及其他假教師，撰文闡述那承傳自使徒的統一教訓與信仰。愛任紐是士每拿主教坡旅甲 (Polycarp) 的門生，坡旅甲是耶穌的門徒約翰的門生。關於教會的共同信仰，愛任紐在約公元177年寫道：

> 教會雖散居全世界各地，甚至遠至地極，卻都從使徒及他們的門徒領受了這個信仰：〔她相信〕獨一的神，就是全能的父，創造天地、海和其中萬物的；相信獨一的耶穌基督，祂是神的兒子，為拯救我們道成肉身；相信聖靈，祂藉先知宣告神的旨意、神的兒子的來臨、從童女而生、受難、從死人中復活、升天及〔將來〕要從天上、在父的榮耀中顯現，「使萬物同歸於一」，並使全人類一切肉身復活過來，為要按那位看不見的父之旨意，讓「天上、地上、地底下的物，每一個膝蓋要跪下，每一個舌頭要承認」，向祂——耶穌基督我們的主、我們的神、救主和君王，並為要讓祂向一切人施行公義的審判。[1]

基督教信仰發現，論及神和耶穌基督的類似說法，可以在2至3世紀大部分教父的文獻中見到。有時甚至發現，某位教父宣稱耶穌基督是神。俄利根是3世紀初羅馬帝國東部最偉大的一位基督教教師，他宣稱，父神與道成肉身的神子是同等的：「所以，任何肉體的特性，都不能作為父或子的屬性；惟有本質是神性的東西，才是父和子所共有的。」[2] 他說到聖靈時，繼續循著同一思路，確認三者是同等的：「再者，在三一中沒有可稱為較重要或較次要的，因為惟有那神性的泉源用祂的話語與邏輯包涵一切，並用祂口中的靈，把一切配得聖化的東西聖化了。」[3] 大約同時，有一個來自羅馬名為克理索 (Celsus) 的批評者，證實 (以防有人疑惑) 基督徒把耶穌當作神來崇拜。克理索撰文時是在公元177年左右——大約與愛任紐同時，但在俄利根之前——克理索嘲笑基督教，指出基督徒既崇拜獨一神，又把耶穌當

1 Irenaeus, *Against Heresies*, 1.10, *ANF* 1:330～331.

2 Origen, *De Principiis (On First Principles)*, 1.1.8, *ANF* 4:245.

3 同上，1.3.7，頁255。

作神來崇拜。[4]

在4世紀上半葉，有一股強大的挑戰在埃及的亞歷山太出現，質疑基督教在神、耶穌和聖靈方面的共識。一個名叫亞流 (Arius) 的基督教領袖兼神學家主張，道 (*Logos*, Word) ——神的兒子——並非與神同等，而是一個偉大的受造物。他的用意是要維護一神論 (monotheism，相信一位神)，以及神的永恆不變性 (immutability) 的信念。亞流把三位一體的神觀 (當時教會整體還不曾以任何正式方式詳述) 當作是民間神學。他想要矯正在基督教內外的普遍印象，免得讓人覺得基督徒是相信三位神或三個不同的神聖位格。由此而來的震蕩，造成了往後60年為定義三位一體教義而來的爭論。那場爭論所涉及的各家各派，無法在此詳述。許多作品已經記述了這場亞流派重要爭論的詳情，以及它成為教會全體公認的三位一體教義的成果。[5] 在此提一點：第一位自稱是基督徒的皇帝君士坦丁，在否認三位一體的亞流派神學與亞他那修派神學 (其名稱來自擁護三位一體教義的亞歷山太主教亞他那修) 之間搖擺不定。基督教的主教先後在325年 (尼西亞會議) 及381年 (君士坦丁堡會議) 聚集，舉行兩次大公會議，為各地全體基督徒製訂一份統一性的信經。它就是〈尼西亞信經〉：

> 我們信獨一上帝，掌管一切的父，創造天地並有形無形萬物的主。我們信獨一主耶穌基督，上帝的獨生子，在萬世之前為父所生，從光出來的光，從真神出來的真神，受生的，不是被造的，與父一體的〔*homoousion tō patri*〕；萬物都是藉著祂受造的。主為要拯救我們世人，從天降臨，由聖靈感孕童貞女馬利亞，取著肉身，並成為人，在本丟彼拉多手下，為我們釘十字架；被害，埋葬；照聖經第三日復活，升天，坐在

4 Celsus, *On the True Doctrine: A Discourse Against the Christians,* trans. R. Joseph Hoffmann (New York: Oxford University Press, 1987), p. 116.

5 其中一本說明這論爭的書是由 William G. Rusch 翻譯及編訂的 *The Trinitarian Controversy*, Sources of Early Christian Thought (Philadelphia: Fortress, 1980)，書中收錄了重要的一手資料。

> 父的右邊；將來必有大榮耀，再降臨，審判活人死人。祂的國無窮無盡。我們信聖靈，為主，並賜生命的根源，從父出來的，與父子同受敬拜，同受尊榮，[6] 曾藉著先知傳言。我們信惟一聖而公之教會，眾使徒所傳者。我們承認為赦罪設立的獨一洗體。我們指望死人復活，並來世的生命。阿們。[7]

在4世紀舉行的兩次會議，以及它們為一切基督徒頒佈的〈尼西亞信經〉的主旨，一直是基督徒之間的實際共識：他們崇拜的神有三個位格 (three persons, *hypostaseis*) 和一個實體 (one substance, *ousia*) 或存有。神是一 (一神論)，因為有相同的本質 (essence) 或實體 (substance)；神也是三，因為在這位神裏面，有三個不同的位格。

到了4世紀以後，基督徒皇帝、主教及神學家普遍同意，雖然三位一體的教義在根本上是奧秘，但它仍是真正的基督教信仰所不可或缺的教理。不論是說希臘語的東方教會或是說拉丁語的西方教會都同樣確認它，即使在細節上有所爭論。中世紀的神學家雖對它作出諸多臆測，到底也還是接受它。新教改教者大多並不反對它，而且通常熱情地接受並宣揚。惟有幾個徹底的改教者採取反三位一體論的立場，他們普遍被路德、加爾文以及其他主流和徹底的改教者定為假改教者。新教各主要流派的認信文都確認三位一體的教義，而新教教會大部分崇拜手冊都把尼西亞信經收進去。即使是出自徹底的改教運動而不用信經的教會，例如重浸派及自由教會，也極少反對三位一體論。在18世紀下半葉及19世紀上半葉，有幾間浸信會及公理宗的 (Congregational) 教會脫離了三位一體的教義，促成反三位一體的神體一位論運動 (Unitarian movement)。到了20世紀上半葉，若干五旬宗教會組成「一體運動」(Oneness movement)，否認三一神之內的三個位格有任何實際

6 「(從父) 和子 (出來的)」一語的拉丁文是 *filioque*，是後來由西方教會插入的，在羅馬天主教及大部分新教傳統中，成了信經的傳統部分。東正教教會拒絕它，因為原來的信經 (公元381年) 並無此語。

7 所引信經 (英文版) 取自 John H. Leith, ed., *Creeds of the Churches: A Reader in Christian Doctrine from the Bible to the Present,* rev. ed. (Richmond, Va.,: John Knox, 1973), p. 33。

的分別。某些處於基督教邊緣地帶的教派及異端也否認三位一體論，只是大體說來，三位一體的教義在二千年來始終在基督教信仰的偉大傳統中佔著不可或缺的獨特位置。全然否認這教義的宗派或組織(有別於給它一種異常的詮釋)，一般被其他基督徒列為異端。為甚麼？這教義有甚麼重要性呢？

三位一體的基本教義——正如早期教父、〈尼西亞信經〉及其後大部分基督教領袖與神學家所表達的——到底為何那麼具決定性呢？答案在於基督徒一種基本的直覺知識，根自神的啟示及基督徒的經驗：**耶穌是神，但不是神的全部**。就聖靈來說也是一樣：**聖靈是神，但不是神的全部**。這基本的基督徒直覺知識，還包含一個元素：**「以色列啊，你要聽！耶和華我們神是獨一的主！」**(申六4)。換句話說，三位一體教理的產生，是要作為一個奧秘的最佳保護，這奧秘正是基督教身分的核心所在：**這奧秘是一神論(即神是一個存有)，並把三個可區分的單元同樣當作是神來崇拜**。聖經在約翰福音第一章、歌羅西書第一章、希伯來書第一章和約翰福音十四至十七章(以及許多別的經文)，間接說出了這奧秘的真理。誠然，沒有一段經文清楚列明三位一體的教義，不過，整部聖經對神是誰、耶穌基督和聖靈是誰的見證，若是撇開了三位一體的教義，就毫無意義，而其他一切可能的理論，最終只會歪曲了聖經某些重要的真理或基督徒的經驗，更可能歪曲了理性本身。[8]

基督教對三位一體的一致立場，可以用幾個精簡的短語來總括嗎？我們已經看過，這正是早期教父們在4世紀製訂〈尼西亞信經〉的兩次會議中嘗試做的事。總括三位一體教義的另一個方式是藉著以下的離合詩句，由基督教神學家史特朗(Augustus Hopkins Strong，1923年卒)所述六句有關三位一體的聲明：三一者(TRIUNE)。[9]

---

8 到底神可否是絕對的一位，沒有羣體而仍可是完全的神？對此問題的哲學反思有一古老傳統：既然神是位格化和愛，祂豈不需要世界作為祂自我實現的對象嗎？世界對於神來說，豈不是成了必須的嗎？這條進路從哲學來維護三位一體的教義，採取它的人之中有英國的宗教哲學家斯溫伯恩(Richard Swinburne)。

9 這六句聲明的發揮見 Strong, *Systematic Theology: A Compendium* (Valley Forge, Penn.: Judson Press, 1907), pp. 304～352。至於筆者，則是從他在北美浸信會神學院(North America Baptist Seminary)的神學教授鮑維爾(Ralph Powell)博士學到此詩的。

三位同被承認為神；	Three recognized as God;
被視為三個不同的位格；	Regarded as three distinct person;
內在而永恆的，不只是	Immanent and eternal, not merely
救恩秩序上或暫時的；	economical or temporal;
具相同的實體；	United in essence;
全然平等；	No inequality;
解釋其他一切教義，	Explain all other doctrines yet
本身卻不可明瞭。	itself inscrutable.

史特朗說得不錯，基督教繼使徒之後，自始就承認在神裏面有三的性質：父、子及聖靈。馬太福音二十八章19節有為基督教洗禮所採用的三一公式，《十二使徒遺訓》(*Didache* 或 *Teaching of the Twelve Apostles*) 的作者曾引述它——這遺訓大概是新約聖經之外，現存的基督教文獻最早的。使徒保羅在他寫的若干書信將近結束的部分，在祝福中也用三一的公式。2世紀的主教兼教父安提阿的伊格那丟 (Ignatius of Antioch，112年卒) 在他給以弗所人的信上用了絢麗的三一措詞：「你們是聖殿的石頭，早被準備好用來建造神的華宇，被耶穌基督的起重機——即十字架——舉起，以聖靈作繩索；把你們提起的是你們的信心，而愛是把你們引到神那裏去的路。」[10]

4世紀後期的幾位教父巴西流、拿先斯的貴格利、呂撒的貴格利，用希臘語 *hypostaseis* (subsistences) 表示三個位格的分別，全賴這幾位教父及亞歷山太主教亞他那修，整體教會才得以接受尼西亞信仰。這個希臘字並不像現代所用的 *person* 一樣，經常有濃厚的自我意味，不過它的確表示了關係中的獨立性。早期基督徒及中世紀的神學家強調，神的三一性——在合一中的三 (threeness in unity) ——不但是就世界與神的關係來說，即使是就亙古以來神自身的內部來說，也是真確的。不然，人不會承認耶穌基督是神，又是與父及聖靈有別的一位。

10 Ignatius, "To the Ephesians" (第9段), 載於 *The Apostolic Fathers,* trans. J. B. Lightfoot and J. R. Harmer, ed. and rev. by Michael W. Holmes, 2nd ed. (Grand Rapids, Mich.: Baker, 1989), p. 89。

「內在的三位一體」(immanent Trinity) 一語是指神自身內部永恆的三一性，而「經世的三位一體」(economic Trinity) 則指神在救恩歷史上及在其啟示方面的三一性。把三位一體教義與一神論 (動力一神論〔dynamic monotheism〕) 結合起來的是這一點認信：三個位格共同擁有屬於神的一切特性——全然同等。史特朗正確指出，三位一體的教義對於了解其他基督教教義是很重要的，若少了它的話，其他教義也就面目全非了。

儘管並非全無爭論，三位一體的教理已成了歷代以來統一及識別基督教的教義。每一位重要的基督教教父及改教者差不多總是支持並確認某個版本的三位一體論 (在正統的三一信念之內，可以容納多元化的空間)，基督教各大傳統宗派也是一樣。若是沒有或離開了三位一體論，基督教就變成只是另一個一神論的宗教。它會失去福音的獨特身分——因為道成肉身的信念與神的三一性是雙胞胎。據20世紀神學家拉庫娜 (Catherine LaCugna) 所言，三位一體是「救恩之奧秘」，[11] 它不是臆測，也不是宇宙命理或純粹教義，它表達了「神為我們」。誰要是認真看待神為拯救世界藉耶穌基督道成肉身的事實，**以及**神在一切之內並在一切之上有至高治權——即相信神是「那位在自由中愛者」[12]——他就要認識並承認三位一體的奧秘。歷代以來，分散在各種文化、各個宗派之內的真教會，從來都是這樣做的。

對三位一體的非正統立場

在世界宗教及哲理神學中，當然有許多非三一性的神觀。然而，在此我們的焦點是在那些存在於基督教內部、有別於尼西亞信仰的另類神觀。即是說，在此考慮的，只包括那些非三位一體或甚至反三位一體，而為自稱是基督徒的人或教派所接受和所傳揚的。以下三個例子就是這類異端，曾經挑戰三位一體的神觀和信念：一、**形態論**

---

11 Catherine Mowry LaCugna, *God For Us: The Trinity and Christian Life* (San Francisco: HarperSanFrancisco, 1991).

12 Karl Barth, *The Doctrine of God, Church Dogmatics,* 2/1, trans. T. H. L. Parker et al. (Edinburgh: T & T Clark, 1957), pp. 257～321.

(modalism),又名**撒伯流主義**(Sabellianism);二、**次位論**(subordinationism),分為**亞流主義**(Arianism)及**嗣子論**(adoptionism);三、**三神論**(tritheism)。它們以與教會的正統立場(尼西亞的三位一體論)大相逕庭的方式,闡釋神是三而一和一而三的神聖啟示。它們曾經以某種面貌在繼使徒以後的早期教會存在,由於它們在基督徒中間的勢力漸大,相當盛行,教會不得不頒佈並執行(至少在主教中)〈尼西亞信經〉。所有三種異端(或四種——因為次位論分兩種)都不時在基督教界反複出現,不但出現在基督教的民間神學中,有時候也出現在受過訓練的神學家及教會領袖之間。三者都扭曲了基督教的身分,雖然它們之中有部分比別的更危險。

就三位一體神觀來說,第一種主要的非正統看法是**形態論**。它有時候也稱為**撒伯流主義**,源自撒伯流(Sabellius)——提倡此說的早期基督教教師之一。形態論主張,父、子、聖靈不是三個不同的位格(*hypostaseis*),而只是一個位格(就是神)的三種啟示形態或顯現形態。據此說法,神在本質上是一個單一的存有,並無內部的區分。形態論是以一神論的真理為起點,再試圖把父子聖靈的真理套進去,並沒認真對傳統的一神論作出調整。按此看法,父、子及聖靈的幾個「位格」,不過是神所戴的面具,就如希臘舞台上,同一位演員在劇中飾演多個角色,戴上不同的面具登場那樣。可見,形態論否認神有內在的三位——內在的三位一體(神自身內部的)——只接受一種經世的三一性(神與受造物之間的相互作用)。神有時是父,有時是子,有時是聖靈,但在永恆的神裏,祂本身是一個存有和一個位格,並不等於三種顯現形態的任何一種。

對於懂得聖經並相信神是要藉著祂的啟示顯示祂是誰,而不是要顯示祂不是誰的人來說,形態論的問題顯而易見。形態論的神觀根本與新約聖經記載的幾件事格格不入:耶穌受洗時聽見父的聲音,又有聖靈以鴿子的形狀降落在祂身上;耶穌在約翰福音十七章的禱告,在其中祂祈求父使祂的門徒合而為一,正如祂與父合而為一一樣(約十七20~23);耶穌在客西馬利園懇求父把苦杯撤去,最後還說:「不要成就我的意思,只要成就你的意思」(路二十二42)。明顯,耶穌與父是兩個不同的位格和身分，不只是一個位格的不同的形態或面貌而已。就聖靈與形態論說，同樣的道理也說得通。耶穌稱聖靈是「父要差來」或「要從父那裏差來」的「另一位保惠師」或「另一位訓慰師」(*paraklētos*)(約十四14、26)。顯然，聖靈不只是父和子的另一種形態或面貌。再者，假如形態論是正確的話，那就無可避免地暗示：神藉啟示隱藏祂自己，而不是顯示祂自己。這個問題必然出現：在父、子、聖靈的面具背後的神是誰？或者，這三者之中，哪一副才是神的真面孔？無論哪一個情況，都使我們懷疑：到底神是誰呢？五旬宗幾個宗派的一些成員相信類似形態論的神觀，這些教會合稱為「只有耶穌」(Jesus Only)(因為他們相信，耶穌是神的全部，他們只奉耶穌的名施洗)及「一體五旬宗人」(Oneness Pentecostals)(因他們持守神在基本上的一體性，否認有任何內在的三位)。

在自稱是基督徒的人中，第二種主要的非正統神觀是**次位論**，表現為兩個形式：**嗣子論**及**亞流主義**。次位論同樣以嚴格、無區分的一神論為起點，然後試圖解釋三者怎麼可能是「一位神」。兩種形式都是把神等同父，把子和聖靈置於僅次父的位置。後二者是次要的存有，但不知怎地也具有神性。嗣子論最先是由2世紀一個敍利亞主教撒摩撒他的保羅(Paul of Samosata)所教導的，後來在大約3世紀中葉舉行的一個基督教主教大會把他免職。他的教訓是這樣：耶穌基督是父神興起的一個偉大先知和彌賽亞，被父神「收納」(adopted)為其特別的兒子。不過，這位敍利亞主教否認神本身是一而三的，他把神的兒子降為人類的一個先知，而且實際上不理會聖靈，認為聖靈不外乎是世界上一股神聖力量和神的臨在。神體一位論運動(Unitarian movement，18世紀後期由一羣理性主義的基督徒所發起)所宣揚的是一種嗣子論，有違三位一體教義。若干近代自由神學家所教導的神觀，也是嗣子論的一種形式，主張耶穌基督不外是一個「完全意識到神的人」，是「神的人性面貌」或「神在人類中的代表」。

第二種次位論的形式是亞流主義——得名自4世紀上半葉的亞歷山太基督教領袖亞流。此人引發了重大的三位一體論爭，〈尼西亞信經〉由此而生。亞流主張神的兒子——道——先存於耶穌這人，後來藉耶穌取了肉身。所以，耶穌不只是一個從人間來的先知或彌賽亞。但亞流否認這位屬天的神子是神，並否認祂是與神同等的；他認為，耶穌基督是神最先和最大的受造物的化身，這受造物是一個次等的神，與父並不同等。亞流的次位論從4世紀以來多番出現，在20世紀則以「守望台聖經書社」(Watchtower Bible and Tract Society，即「耶和華見證人」)以及和這緊密相關的幾個教派的官方教義出現(並無引述或提說亞流之名)。守望台組織的官方教義指出，耶穌不是神，或不是與神同等的，而是天使長米迦勒(神最先創造和最大的受造物)的化身。亞流雖然不曾為化成肉身之前的道(神的兒子)提出這樣一個身分，但就著耶穌基督是誰和是甚麼這一點來說，二者的基本概念是相同的。

任何人要是認真看待聖經為耶穌基督和聖靈所作的見證、以及道成肉身的救恩觀，上述兩種次位論的問題對他是顯而易見的。正如早期教父不厭其煩地強調，**我們只是靠神得救，如果耶穌基督不是神，我們還沒得救**。4世紀的亞歷山太主教亞他那修是反對亞流主義的重要人物，他寫下其經典之作《論道成肉身》(*De Incarnatione*)，宣揚這個基本信念——人之得救全在乎一項真理：成就救恩的耶穌基督是真正的神和真正的人。路德在16世紀重申同一論點。亞他那修和路德都奮力壓倒次位論者，後者把耶穌基督約化為一個先知或崇高的受造物，把救恩約化為追隨耶穌的榜樣，因而摧毀福音本身。根據早期教父及16世紀改教者、以及基督教教訓的整個偉大傳統，耶穌基督是滲透了肉身的神，祂在其本身的位格及命運中(死而復活)結合神性與人性，藉此成就救恩。次位論無可避免地把救恩約化為道德主義，甚至律法主義。

在基督徒中間出現的第三種主要的非正統神觀是三**神論**，即暗示(差不多從沒明言)父、子及聖靈是三個獨立的神性存有或神明。雖然有多位神學家曾被指為宣揚三神論，卻幾乎沒有一個實際上承認自己是相信三個神的。三神論最常見於基督教民間宗教及民間神學，正是一些蒙昧而有待教化的基督徒把三位一體描述成彷彿是三一神是一個委員會。某些用來教導兒童的類比是接近三神論，因為它們以一個水果或一隻雞蛋來比喻神：一個由三部分組成的物件。不論是委員會的類比(「三一神的永恆會議」)或食物的類比(蘋果、雞蛋)，都有損基督教三位一體論的一神論成分。三位一體的教義不是說，神是一個由三個不同部分組成的物體；它是說，神是一個完全統一的存有，由三個不可分割又是完全同等的位格組成——正如某些神學家所言——三者是永恆彼此滲透的(*perichoresis*)。某些神學家那麼著重三位一體中團契的一面，以致雖然避過了明言的三神論，或民間神學那種不明言的三神論，還是免不了在父、子、聖靈之間造成太大的差別和距離。中世紀神秘主義神學家費奧尼的約雅斤(Joachim of Fiore，1202年卒)在他寫及歷史各時期時，將之與三一神的三個位格拉上關聯，其中的概念接近三神論，儘管他無意宣揚三神論的教訓。

除了上述三種看法以外，惟一可取的神觀，就似乎是三位一體的正統教義了。如果形態論是錯的(它必定是錯的)，那麼在次位論、三神論或三位一體論之中，就必定有一個是正確的。如果次位論是錯的(它必定是錯的)，那麼在形態論或三神論或三位一體論之中就必定有一個是正確的。如此類推。在四種神觀之中，就啟示、理性、傳統及經驗來說，三位一體論有的問題最少——儘管它是那麼奧妙難明。一個存有怎麼能是三個位格，三個位格又怎能是一個存有，實在超過人的理解。偉大的英國基督徒作家魯益師在《返璞歸真》一書中，承認並歌頌這一點。他引用「平地人」(Flatlanders)的故事為例，說明當面對三位一體的奧秘時，我們人類的處境。「平地人」住在一個二維世界，看見線與平面，看不見深度或立方體。我們看不見一個單一、完全統一的存有，也可能是三個不同的位格，卻不意味這理論是不合邏輯或不可能的。一定有一個我們遺漏了的向度，而毫無疑問，一旦我們來到人生最終目的地，這個向度就會向我們顯示，那時，我們就能夠明白三位一體的教義了。

三位一體的教義有多重要？5世紀的北非教父奧古斯丁說：「凡否認三位一體的，有失去救恩之虞；凡要設法明白三位一體教義的，就有失去理性之虞。」他這話正確嗎？今天在普羅大眾的心目中——包括在大眾基督徒的心目中——經常對救恩與教義之間有任何關係的說法，有一種反感。我們寧可說，神真正看重的是誠心誠意。可是，那是真的嗎？神真的不在乎我們怎麼想祂？從基督徒的觀點看，神是否在乎成熟而盡責的基督徒信不信耶穌基督是道成肉身的神呢？這羣人若是相信耶穌基督不過是先知或天使，「對於神來說是沒問題」的嗎？要是相信，耶穌等於父和子和聖靈，有甚麼問題嗎？承認神是三個存有——三個神——那又如何？

不錯，神主要不是根據人們所持的神觀，而是根據人們對祂的信賴來作出審判的，但以下說法會否也對：要以成熟而有效的方式信靠神，至少部分在於認識神是誰、對神有正確的想法，而對神持錯誤的信念，並不利於建立與神之間一種成熟而具轉化力量的關係？至今為止，基督教的一致立場一向是：**相信甚麼確實事關重大**。有些基督教教派比其他的更強調這一點，但從東正教到羅馬天主教到新教的基督徒，差不多無不把**耶穌基督和神是三位一體的正確信念和認信**，看成是有活力的、成熟而榮耀神的基督徒生命所絕不可少的。那些自稱是基督徒但同時拒絕耶穌基督有真實的人性和神性，又拒絕神是父、子、聖靈三位一體的人，理所當然地遭到來自基督教領袖及思想家的頑強抵抗，至少從教義來說，這一項是界定基督教，將基督教從純粹的宗教、屬靈觀及哲學分別出來的教義。耶穌基督作為神而人，並神作為吸引人類來與祂相交的永恆團體，正是救恩的縮影。無疑，救恩本身不在乎一個人信的是甚麼，而是神在耶穌基督裏的恩典，以及個人對於悔改相信的反應如何，可是，如果對於神、耶穌和救恩抱著錯誤的想法，人就可能被帶離恩典和正確的反應，而進入靠己得救的假福音裏去。

基督教信仰在三位一體的不同看法

在本章的上文我們已經看過，就三位一體來說，基督徒之間有一套粗略和基本的共識，並且該共識的基本輪廓可見於〈尼西亞信經〉，及後來附加的幾句聲明。譬如，〈尼西亞信經〉沒有一處說神是有「三個位格」(*hypostaseis*) 的，但是每一個歷史神學家都知道，被稱為加帕多家教父的巴西流和兩位貴格利，提出區分實體 (*ousia*) 和位格

(*hypostasis*)，即在神來說實體是一，位格是三，由此促成318年君士坦丁堡會議通過〈尼西亞信經〉的最後面貌。故此，尼西亞的信仰常被總括為這項教義：**神是一個實體，三個位格**。或以非正式的說法而言，**神是一個「甚麼」(what)，和三個「誰」(whos)**。

在這正統教義之內，有否空間容納多元的詮釋和意見呢？事實上是有的。同樣是正統的基督教神學家以尼西亞的三位一體神觀為基礎，建構出相當不同的理論來。要研究基督教偉大傳統之內在三位一體神觀方面的歧異，可借助兩個主要類比：**心理性類比** (psychological analogy)，和**社羣性類比** (social analogy)。有些神學家把三位一體比作一個時常有多面個性的人，而有些較喜歡把三位一體比作一個時常由某股力量統合起來的人間團體；前者是心理性類比，後者是社會學的類比(儘管在一些情況下沒有明確用了這些術語)。

奧古斯丁毫無疑問是心理性類比的真正創始人。這位北非教父在《三位一體論》一書中，為神的三一性提出多個取自受造世界的類比。但在他最喜歡用的類比之中，有一個現在稱為心理性類比的，他在其中指出，在人類的個性或思維之內，統一與多元是可以共容的。據他說，人是按著神的形象樣式造的，表明在人的天性之中應該有三位一體的痕跡。他從人類的思維結構發現這種相似：人類的思維雖然是一，同時也是三——記憶力、理解力和意志。[13] 思維的這三方面或三種力量，合起來是一個思維，但它們仍是可區分的思維力量。奧古斯丁及西方的三位一體論思想家，傾向覺得這個心理性類比在解說三一神觀的意義上最為有用。

繼奧古斯丁之後持三位一體論的思想家(來自天主教及新教傳統的)以各種方式進一步發揚它。20世紀的一位新教神學家把三位一體比作羅斯福 (Theodore Roosevelt) 總統，他是一個完整的人，但他這個人是由三個不同的角色構成的：他是父親，為有家室之人；他是總統，為政治家；他又是馴馬人、戶外的能手。於是該神學家論證：每個人都是由不同層面、不同角色的他——公開或私下的——所構成的。這

13 Augustine, *On the Trinity*, 10 vols, *NPNF*, 1st ser., 3:134～143.

只是神的三一性的一個不大準確之類比，不外乎是以實例說明，一個個人的現象怎麼可能真的是一而三的。

巴特及持相同論調的羅馬天主教神學家拉納(Karl Rahner，1983年卒)雖然沒採納心理性類比，但他們對三位一體的闡釋，還是很倚重奧古斯丁及整個西方傳統所側重的神的一體性。巴特從神的啟示這一現實本身，得出三位一體的結論。在他看來，啟示是自我披露，啟示的結構直接引出三位一體的結論。如果神實在藉著啟示把自己啟示出來，那麼，正如啟示是三重性的(啟示者、被啟示者，以及啟示本身)，神也必定是三重性的——父、子及聖靈：神這個存有的三個不同存在風格，神**就是**自我啟示的行動。[14] 巴特較喜歡用「存有的模式」(modes of being)一語，而不用「位格」，表示神在自我啟示及其本身之內的三重性。在他看來，「位格」有太強的個別獨立的意味，而「存有的模式」(*Seinsweisen*)則意味著各有特色，而非彼此不同。很多評論家認為，巴特提出的三位一體教義是深受奧古斯丁影響的，因此和心理性類比有關，可是巴特實際上並無把神的三位一體跟人類的個性或思維作出比照，他只是把三一神的幾個「位格」當作是神內部為自我啟示所必須的條件。較可取的說法是把巴特的看法稱為「啟示性類比」(revelational analogy)，不過無可否認，到最後，他的看法還是傾向於心理性類比，因為其偏重神的一體性。拉納同樣避免使用**位格**一詞來表示神內部的區分，並在他那本小書《三位一體神》(*The Trinity*)中提出寧可用「不同的存在方式」(distinct manner of subsisting)[15] 一語。一如巴特，拉納較喜歡強調神的一體性過於祂的三重性，**位格**在他聽來太個人主義了。這二位歐洲近代的偉大神學家都害怕三神論過於形態論。

另一個在歷史上用來描述三位一體論的主要類比，是社會性類比。它以神的三重性為起點，把三位一體比作一個人類社會或團體，由此推向神的一體性。這個進路大多是東正教傳統的典型進路，雖然有些

---

14 Karl Barth, *Church Dogmatics*, 1/ 1: *The Doctrine of the Word of God*, part 1, ed. G. W. Bromiley and T. F. Torrance, trans. G. W. Bromiley (Edinburgh: T & T Clark, 1975), pp. 295ff. 11章整章處理神的啟示的三重結構，以及它與三位一體的關係。

15 Karl Rahner, *The Trinity,* trans. Joseph Donceel (New York: Seabury Press, 1974), pp. 109～115.

西方神學家也採納某些形式的社會性類比。「社會性類比」是新興的語詞，最常用來指20世紀英國神學家霍奇森(Leonard Hodgson)所提出的三位一體神學理論，不過，正如心理性類比一樣，社會性類比其實有古老的淵源，並且有中世紀的學說對應。

三位加帕多家教父在4世紀寫了不少論三位一體的文字，經常從人類的社會生活取材，借喻神的三一性。呂撒的貴格利以耶穌的三個門徒彼得、雅各、約翰作為類比，提出他們雖是三個身分，但有一樣的人性，以此對比三一神：祂有三個身分，卻有同一種神性或存有。這位加帕多家教父在其文〈致阿伯拉比亞——我們不應說「三個神」〉(*On "Not Three Gods": To Ablabius*)中強調父子聖靈的合一——那超過了任何三個人的合一。例如，他聲稱三位一體的三個位格在一切事上都是一致行動的，但以任何三個人來說，至少有些時間是彼此分開行動的。可見，貴格利的看法是，在人類的組合(從最好方面看)與合成永恆三一神的三個位格的相交團契之間，有著一種類比，無論這類比是多麼不明確和不完美。在中世紀時代，神秘主義神學家聖維克多的理查(Richard of St. Victor，1173年卒)在一本題為《論三位一體》(*De Trinitate*)的專書裏，重提社會性類比。他從愛的本質論證，神必定是三個可區分的位格，因為若不然的話，既然從本質上說神是愛，那麼祂的愛就是愛自己，這比愛其他物要低一等。理查在西方的三一思潮中逆流而上，他及其追隨者——人稱維克多派(Victorines)——備受批評，指稱他們太接近三神論了。

20世紀新教思想家霍奇森之所以有名，主要是由於1943年他在愛丁堡的連串演講(Croall Lectures)中重提社會學的類比，出版成《三位一體的教義》(*The Doctrine of the Trinity* (New York: Charles Scribner's Sons, 1944))。這位牛津教授論證，合一與某些種類的多樣性並非相衝的，事實上，有機的合一總是包含多樣性在內。他為神的合一以及為受造世界中有機的合一所創的語詞是「內在構造的合一」(internally constitutive unity)。他認為這種合一是真正的結合，不下於一眼可見的數學單一性，甚至比後者還要強。霍奇森主張，啟示要求我們承認三個位格——各自都是完整的位格——同樣是神，而理性與科學也告訴我們，在可區分的各個部分之間，可以並實在有真正的合一。

20世紀兩位德國的新教神學家莫特曼及潘寧博也以類似的方式建構他們的三位一體觀，雖然二人沒將它們稱為「社會性類比」。二人都強調神的三個位格，力言三者之合成一神，不在於背後的某些實體或主觀性，而在於愛——即團契 (community)。莫特曼在《三位一體與神的國度》(*The Trinity and the Kingdom*) 一書，陳說一種團契式的三位一體論，其中聖父、聖子與聖靈的聯合，是人類社會生活的模範。那是一種「互滲互存的合一」(perichoretic unity) ——具相互性而彼此依賴的合一——不是一種本質的合一；在本質合一中的幾個位格，只是單一的本質或背後的一個神的幾個顯現形式或向度。莫特曼稱，三位一體決不是「在天上的圍內一羣」，而是一個向受造物開放的動感團契：「讓循環不息的神性之光與神性的關係往外開展，把男男女女連同整個受造世界引進三一神的生命之河：這是創造、復和及顯出榮耀的意思。」[16]

莫特曼曾一度受業於巴特，後來他因西方基督教思想的神觀壓倒性地偏重心理性類比，而且以之作為神內部之合一的起點，逐漸感到強烈的不同意。巴特的若干門生批評莫特曼和他的社會性類比 (或「國度的類比」) 是瀕臨三神論的邊緣。雖然如此，提倡心理性類比與提倡社會性類比的兩方，依然毫無保留地支持尼西亞的三位一體論為正統神觀。所有人都會說，神是一 (一神論)，又是三 (動力一神論)：**一個存有永恆地顯現為三個位格**。不過，說到最好如何描述並解釋這個本質奧秘的現實，雙方就有分歧。

此外，三位一體在同樣擁護基督教公認傳統的基督教思想家之中，還有別的分歧。(這公認傳統指4世紀尼西亞的議決及之前的早期教父。) 1054年，操希臘語的東方主教及操拉丁語的西方主教彼此將對方以及對方的教會革除教藉 (以致教會分裂為東正教教會及羅馬天主教教會)，其中一個導致雙方決裂的議題是三位一體，更確切地說，是把「和

16 Jürgen Moltmann, *The Trinity and the Kingdom*, trans. Margaret Kohl (San Francisco: Harper & Row, 1981), p. 178.

子」(*filioque*) 一語插入拉丁文版本〈尼西亞信經〉的舉動。東方的主教及神學家認為，此舉不但是非法擅改這有統一作用的基督教信經，更反映了西方三一神觀的偏差(決非完全正統)。假如聖靈永恆地從父**和子**而出——不但是在時間之內，而是從亙古到永遠——那麼，聖靈就是屈居於子之下，而破壞了三位一體的一體性。西方教會反駁說，東方教會分不清子與聖靈，因為東方教會——一如奧古斯丁——拒絕承認聖靈是從父和子而出的。

大部分承認〈尼西亞信經〉的新教徒採用有 *filioque* 一語的西方版本，然而，不時(尤其在20世紀)有新教神學家(例如莫特曼)退出爭論，勸所有基督徒把三位一體的三個位格看成是從彼此而出的。那就是說，既然三個位格是永恆地互賴互存，那就沒有必要把三位一體的內在關係看成是有階級之分的。聖靈是「從父通過子」「出來」的。愈來愈多的新教人士提出以這個方案作為惹人反感(對東方教會來說)的 *filioque* 之外的另一選擇。自由教會的新教人士例如浸信會等，一般來說並不誦念〈尼西亞信經〉，他們傾向作為這個爭論的旁觀者。

基督教在神的三一性的綜合觀點

無疑，既然神是神，不是受造物，那麼祂的內在生命及其運作對於有限的頭腦來說，必定無可理解。另一方面，我們必須避免利用神的無可理解為藉口，拒絕盡力從聖經尋找線索並從中多認識神。懶得去思考神，不能叫神得榮耀、得尊崇。祂向人啟示自己，是要讓祂所造的人認識祂，又藉著認識祂而得著更新。

另一方面，我們要知道，要探視神那奧秘的內在本體，界線應在哪裏。太多時候，神學家越過了界線，在神的自我啟示所容許的範圍以外，對永恆而內蘊的三位一體之內的相互關係作出臆測。那把中世紀教會一分為二的**和子**論爭，無疑是例子之一。聖經的啟示顯示，聖靈是有別於聖父及聖子的一個位格，其本質是神，父藉子差遣聖靈進入世界。可是，聖經沒有一處顯示，聖靈在三一神的內部永恆地出來——不論是從父一位出來，或是從父和子出來，都沒有提及。很多有關三位一體的爭論——正如許多別的神學課題的爭論——都是由缺乏理據甚至是有害的臆測所引起的。一個針眼上可以有多少個天使在跳舞？中世紀的一些經院哲學派神學家為此問題辯論，因為他們想法子要回答每一條可想到的問題，而這條問題其實是：天使是甚麼？雖然為天使是否佔空間的問題進行討論，或許對我們有若干益處，但我們很難看見，一個細小的空間可容納多少天使的問題，究竟有甚麼意義。說到有關三位一體的某些辯論，情況是一樣的。

20世紀神學家如巴特、拉納、莫特曼及拉庫娜都嘗試說明，三位一體並不是說，在天上一羣具神性的位格自成一家，也不是說，一個具神性的主體以不同的形式顯現。相反，三位一體是「救恩的奧秘」(mystery of salvation)。任何與救恩沒有關係的事情，都是不相干的臆測。這意味著，重新把焦點放在經世的三位一體上，同時沒有摒棄內在的三位一體的全部意義。這也意味著，重新把焦點放在三位一體論的實際、屬靈及教會性(與教會有關)的意義上。

看來，心理性模式的支持者和社會性模式的支持者，彼此都需要對方來取得一個平衡的看法。假如過分強調和側重心理性類比——或西方傳統的奧古斯丁三位一體神觀——就無形中落入一種形態論。只要採用心理性類比的人，同時承認神是永恆地有三個可區分的單位——不論有否用位格(persons)一詞——他們就屬於那偉大傳統之內。不過，說到今天有關三位一體的討論，還是有很好的理由對 *person* 一詞提高警覺。現代人及後現代的人——特別活在西歐及北美文化中——傾向想到 *person* 是「壓倒他人的個別自我」，這不是4四世紀訂立尼西亞決議案的教父心中所想的 *hypostasis* 的原意，也不是 *person* 在世界上眾多文化中的意思。作為一個 *person*，是指團體的一份子。一個人反對團體而肯定自我，不一定因此變得更有個性；一個人可以藉著促進團體之內彼此間的情誼，而變得更有個性。不過，在20世紀歐洲及北美的大部分人，可不是這麼想。

鑑於諸如此類的理由，巴特和拉納皆拒絕以 *person* 作為三位一體內部區分的最佳用詞。然而，二人的做法就如奧古斯丁及西方大多數的基督教思想家那樣，近乎把嬰兒連洗澡水一同倒掉，由於可能有三神論的危機，放棄了神內部的多樣性。心理性模式永遠有一個危機，就是過分強調神的一體性，以至於貶低神的三重性——父、子、聖靈具有完整位格的現實。奧古斯丁的「智力、記憶力和意志合成一個思維」根本不足以描述三位一體。巴特的「啟示者、啟示及被啟示者」重申一個單一的神——「神是主」——並非一語中的，而巴特本人在他事業的較後期似乎認識到這一點。心理性模式及西方一元論式的三位一體論，需要以社會性模式作為修正、平衡和補充。

至於社會性模式，也需要以心理性模式作為修正、平衡和補充。它永遠有落入三神論的危機。呂撒的貴格利以彼得、雅各和約翰幾個門徒比作父、子和聖靈，無可避免地暗示了有三個神，儘管他在寫給身分不明的阿伯拉比亞的信上反駁這種論調。貴格利又借用金子和幾個硬幣為喻，表示同一種物質及一種物質的三個具體形象。中世紀的理查及其門派的三位一體論，有把三一神降為在天上同住的三人的危機；毫無疑問，費奧尼的約雅斤受理查影響，相當接近三神論。20世紀採社會性類比的神學家一直努力避免任何三神論的微痕。霍奇森將心理性模式與其社會性模式並用，但強調後者，他以「有機的合一」(organic unity) 這理念說明三一神的合一，較之以金子與硬幣，或以彼得、雅各和約翰三門徒為喻，是一大進步。雖然如此，霍奇森、莫特曼及其他採社會性模式者都極力掙扎，以防落入三神論的謬誤之中，而他們也只是僅僅成功而已。

既然神根本上是無可理解的，那麼，我們需要從受造世界借用一個以上的類比來說明祂的內在生命如何，也自然毫不奇怪了。從人類生活借來的類比，從本質上說，要比從無生命之物或從非人類的受造物借來的更貼切，因為只有人類是照著神的形象造的，而且神是位格化的——一個**你** (Thou) 而非一個**它** (It)。維護一神論，對於基督教的身分和完整性來說固然具關鍵性。然而，在一神論 (monotheism) 與**神格惟一論** (monarchianism) 之間是有分別的。後者跟前者不一樣，後者是由一個單一的、支配性的主體統治一切。可以論證，三位一體論是沒有矛盾的一神論，但神格惟一論跟三位一體論和一神論都有矛盾。假如神是單一支配性的主體 (即或有三種顯現形式)，那麼在祂創造世界之前，祂愛的是誰呢？祂創造了世界，是否要在世界中、藉世界來實現自己？(一個人總需要另一人或眾人來實現自我。) 只用心理性模式，有落入神格惟一論的危機。凡拒絕內在的多樣性，以及各部分有機合一的一神論，也有落入神格惟一論的危機。至於社會性模式，必須以心理性模式作為補充，以防落入三神論——其實三神論只是多神論 (相信一個以上的神) 的一個形式。這是典型例子，正好說明兼容的神學比非此即彼的神學要優勝。我們不能只取其中一種模式而放棄另一種，儘管二者之間確實存在張力。怎能把一個存有忠實而相當準確地描述成**既是**一個有多向度的單一神，**又是**一組以愛結連、彼此聯絡的位格，實在無法完全理解。雖然如此，神的啟示要求我們必須從兩方面來描述神。

7

受造世界

美好與墮落

只要有人說出**創造論**(creationism)一詞，很多聽見的人就自動想到宇宙起源的某種理論，和基要派基督教有關的。不幸地，人們把創造論當作是進化論的相反，甚至可能以為它是與科學本身對立的。其實，基督教創造觀的基本輪廓(不只關乎起源，也關乎大自然)比所謂創造與進化的爭論足足早了多個世紀。遠在達爾文(Darwin)提出他的天擇說，又在某些基要派的進化論反對者提出後來的所謂「科學創造論」(scientific creationism)或「年輕地球創造論」(young earth creationism)之前，基督教信仰與教訓的偉大傳統已經對創造的主要議題有了定論，而且它們與地球的年齡，與神把物種是否引進地球的過程無關。

基督教信仰在創造的議題和爭論

早期基督徒發展有關創造(宇宙)的教義，是為了回應其文化環境中的宗教、哲學及世界觀。羅馬帝國充斥著種種有關宇宙的本質與起源的神話及信念，其中大部分與現代人所想的科學無關，它們的性質反倒是形而上的和靈性的，通常涉及諸神或神的權勢與能力的一些觀念或故事。早期基督教的護教者及教父在發展創造的信念時，很倚重希伯來人的來源。他們也尋找並運用希臘文化中有關神和世界的概念。不過，最終來說，早期基督徒之所以渴望有一套具基督教特色的創造觀，是由於他們對聖經中藉先知使徒所傳的，又從耶穌身上所顯示的神的啟示有所反思。

基督教思想經過了多個世紀，就宇宙的某些基本信念達致了一個不明文的共識。這共識最重要的層面，跟神在**何時**創造宇宙或其中的生命，或神**如何**創造差不多完全無關。有些教父及改教家從非常字面的方式去解釋創世記的記述，有些則採用比較寓意的方式去解釋。然而，他們在幾個重大原則上是一致的(在下一段中有述)，這些原則成了基督教世界觀的骨幹。

可是在基督教內部，時常有由於宇宙的本質和宇宙中的生命等問題而產生的張力。我已提及近代有關進化論與地球年齡的爭論，但更基本的是基督教思想家在物質的、自然的宇宙——包括身軀、自然過程、疾病、死亡、腐朽和邪惡——的**形而上狀況**及**道德狀況**上的分歧。有些基督教思想家傾向強調世界是**美好**的，因為它是神創造的；有些基督教思想家則傾向強調世界是**墮落**的，因為罪的入侵敗壞了它。這種對立從基督教的流行詩歌得到證實。有些基督徒愛唱「這世界非我家(我停留如客旅)」，有些較喜歡「這是天父世界」。有些基督徒看世界差不多等於連串考驗——幾近煉獄——若要體會天堂的福樂，就先得熬過它。有些則看世界是神的恩賜——是人類的家，那是神計劃要救贖的。前者把焦點放在大自然所受的咒詛上(這咒詛因人類背叛神而來)，後者把焦點放在最初的祝福上，神與大自然的每一個分子和每一件事情同在。

從初期教會至20世紀，大多數基督教神學家都嘗試維持一種平衡的看法，即視受造世界為**既**蒙祝福**又**受咒詛的，但這樣的平衡只有在刻意的努力下才得以保持。在此，我們主要的論點將是：基督教在創造方面的教義，跟某些論及地球年齡和導致生命出現的自然過程的科學理論無關。它是對宇宙在其與神的關係之內的狀況，採納**形而上的**看法，並確認一種對宇宙的**道德**評價。具體來說，基督教在創造方面的教義看宇宙是**美好的，但不是神**，而且宇宙是**美好的，但墮落在咒詛之下**。

基督教在創造的立場

20世紀的新教神學家吉爾凱(Langdon Gilkey)在題為《創造天地的主》(*Maker of Heaven and Earth*, Garden City, N. Y.: Doubleday, 1959)的傑出作品中，專論創造方面的基督教教義，以三句含義豐富的句子，概括了基督教在創造方面的共識：**神是現有一切的源頭；受造物是倚賴外在的，卻是真實美好的；神在自由中創造，而這創造帶有目的**。雖然這幾個句子已簡潔地說出了基督教在創造方面的大部分基本教義，但我認為還須加上第四項：**受造世界墮落在咒詛之下，需要超自然的醫治(即救贖)**。這四句陳述概括了聖經所說有關自然世界的一切，以及歷史的基督教立場所教導有關自然世界的一切。當然，這每一句陳述都需要加以補充。照原來的樣子看，它們是頗不明確的。神是現有一切的源頭，那是從甚麼意義來說？神為甚麼創造宇宙？受造物是倚賴外在的，那是甚麼意思？受造物墮落了是甚麼意義？它落在其下的咒詛，又是甚麼？在此我們的方向是，就這幾句陳述以及與它們相關的問題，把基督教的公認立場作一個簡短的摘要，最後，我們也會深究那些在遵從基督教思想偉大傳統的基督徒之間容易造成分歧的議題。

就這宇宙——受造世界——來說，基督徒最基本的認信是，全能的父是「創造天地的主」。這是〈使徒信經〉的頭一句，也是〈尼西亞信經〉的精意：「我信上帝，全能的父，創造天地的主。」吉爾凱以「神是現有一切的源頭」，說出了這個信念。聖經的見證處處印證了這種對宇宙源頭的看法。聖經一開頭宣告神創造了天地(創一1)，聖經頭兩章以詩意的方式，描述神的靈怎樣在最初的受造世界上加工，使之成形，讓生命出現。希伯來先知以賽亞為神傳話，說到神的創造大工：「我耶和華是創造萬物的，是獨自鋪張諸天、鋪開大地的」(賽四十四24)。新約使徒行傳記載，使徒保羅在對雅典的哲士演說時，肯定神是創造萬物的源頭：「創造宇宙和其中萬物的神，既是天地的主，就不住人手所造的殿，也不用人手服事，好像缺少甚麼；自己倒將生命、氣息、萬物，賜給萬人。」(徒十七24～25)再者，按照猶太傳統及最早的基督徒宣言，主神耶和華(神的希伯來名字)是主。假如有甚麼東西是與祂共存，為祂不曾使之存在，又不在祂的支配之內的，祂就不是那東西的主。神是主，必然意味著祂是自己以外的萬物創造主，惟有祂自己是永恆的。

早期教父面對著形形式式的宗教和哲學(其中有自稱是基督教的)，它們把神或諸神的創造解釋成是從永恆的物質或(以神話方式表達)從被殺的一個怪獸身體塑造出宇宙來。希臘世界及羅馬帝國中有很多具屬靈思維和哲學思維的人，都能確認一個萬物是由神(或諸神)造的觀念，但除了猶太人和基督徒之外，鮮有相信獨一而惟一永恆的神。

被稱為諾斯底主義的基督教教派，試圖以異教宗教及希臘哲學混合了希伯來—基督教思想。他們採納一套稱為發散論(emanationism)的創造的普遍信念，建構他們那種神秘的基督教。那概念是神用祂自己的神性物質，從自己創造出宇宙來。他們又相信，神用作為創造萬物的這種神性物質，有一部分不知怎地降為物質的形狀，或是被墮落了的靈體偷去，用來造成物質。由是，諾斯底主義者把三個概念混合在他們的創造觀之中：發散論、二元論和聖經的創造論。他們教導說，存在於萬物背後的真正實體是神性的。據他們看，就人類的靈魂來說，這話更是真確。他們又教導說，在創造中的神性物質，有部分降為以物質狀態存在，那就是邪惡的來源。這是二元論：相信善與惡是互相對立的兩種實體。最後，他們借用聖經的教導，說神是一切的源頭。

基督教教父為反駁諾斯底主義及其他受希臘文化影響的哲學及屬靈觀，發展出**從無造有**(*creatio ex nihilo*)的教義。這教義沒有在聖經中列明，可是，就如三位一體的教義，它是神作為天地萬物的創造者這個清晰啟示的必然含義。假如神是從「神的物質」(God stuff)造出世界來，那麼宇宙就會是配受人崇拜的。那麼，崇拜「大自然」(Mother Nature)也是無可厚非的了。但是，先知和使徒禁止人崇拜在神之外的任何東西。為了驅趕主張宇宙(甚至靈魂)的神性的眾多教訓和哲學，教父以及改教者異口同聲地力倡**從無造有**的教義。據2世紀教父、主教和教師的愛任紐說：

所以，正確的做法是，我應該從最先和最重要的頭——就是創造天地及其中萬物的造物主神——開始……要說明沒有甚麼在祂之上或在祂之後；而且祂也不受任何人左右，祂創造萬物只是出於自己的自由意志，因為祂是獨一的神，獨一的主，獨一的創造主，獨一的父，惟有祂包涵一切，並且是祂自己吩咐萬物存在。[1]

3世紀教父，也是相當具影響力的神學家特土良也確認**從無造有**：

神是一位，也是獨一的神這個事實，肯定了這條原則；因祂之所以是一位和獨一的神，只能因為祂是惟一的一個神。祂是惟一的一個神，只因為當初除了祂之外，並沒有與祂共存的。因此，祂一定也是第一個存有，因為萬物都是在祂之後出現的；萬物是在祂之後出現，因為萬物都是從祂來的；萬物是從祂來的，因為它們是從無有而來……因為當時沒有權勢，沒有物質，沒有由另一種實體造成的自然輔助祂。[2]

16世紀的新教改教者對於神是從無造出萬有的信念，也是同樣堅定。舉例說，加爾文在他的《基督教教義》中宣稱：

因為（正如我已在別處指出）這雖然不是第一條原則，但在自然的秩序中是信心的第一課：要記得，不論我們的眼睛轉向何處，我們看見的一切都是神的作為……從此我們曉得，神憑著祂的話語和祂的靈，從無有造出天地，又從天地造出萬物，有生命的和無生命的。[3]

---

1 Irenaeus, *Against Heresies*, 2.1.1, 轉引自 Langdon Gilkey, *Maker of Heaven and Earth* (Garden City, N.Y.: Doubleday, 1959), p. 43。

2 Tertullian, *The Treatise Against Hermogenes*, chap. 17，轉引自 Gilkey, *Maker of Heaven,* p.50。

3 John Calvin, *Institutes of the Christian Religion*, 1.24.20，轉引自 Gilkey, *Maker of Heaven,* p.43。

可見，明顯地，**從無造有**是最基本和最普遍的基督教信仰之一——即使有很多基督徒對於它是甚麼意思，其實一無所知，也沒有人教他們。它是用最清晰明確的方式，說出「神是現有一切的源頭」的全義，又是「惟有神是萬有之主！」的另一種說法。它意思**不是**說——某些人誤以為——神是從一個叫**無**(Nothing)的實在中塑造宇宙。古希臘哲學有把**無**當作實在的概念，那是極其抽象的，希臘哲學家為此辯論不休，然而在此交代一點：教父和改教者不相信或教導說，宇宙實際上是無有，或宇宙是由一種稱為**無**(*mē on*)的實質造出來的。後一種想法抵觸了**從無造有**的整個概念，**從無造有**是要說明並維護一個奧秘：神發話或發出命令，使宇宙連其中的一切——包括物質的和屬靈的——存在。整個天地以及天地所包含的、在神以外存在的一切，是由於神的命令而有的。這不是說，受造世界之存在**至今的樣子**，純粹是由於神的命令而已，而是說，它在神的靈運行的動力及能力下所建設的最初形狀，開始時是一頓免費午餐。那全然是恩賜。

有人以為，受造世界多少是不真實的，因為神是從「無」中生有；這個想法也肯定不是教父或改教者的想法。相反，正如吉爾凱所確認的，基督教的創造觀指出「受造物是有倚賴性的，但又是真實美好的」。**倚賴性**這個推論，是**從無造有**的必然引申。根據聖經所記的啟示，以及基督教信仰和教訓的偉大傳統，整個「天地」宇宙是存在於「神之下」，並且完全倚賴祂。先知以賽亞尤其喜愛強調神創造的這一面，譬如在第四十五章，他代表神說：「我造光又造暗，我施平安，又降災禍，造作這一切的是我耶和華」(賽四十五7)。有關神對受造世界的統治大權和受造世界對神的完全倚賴這個主題，貫穿了聖經的啟示。不過，即使聖經並無在任何地方明白列出這個主題，它也無情地暗示在從無造有的根本概念中。有些宗教、哲學和屬靈觀假設了凡是有限、倚賴性之物，都必然是不好的。說到底，只有神是美善的。可是，根據創世記的創造記述，神不但創造了萬物，更看它們是美好的(創一9、12、18、21、25、31)。

既然神是美善，更是一切美善的源頭，那麼，祂怎麼能造出任何本質上是惡的、有缺陷的或邪惡的東西？正如20世紀一位基督教哲學家說得相當通俗的：「神決不造出垃圾來！」就連這世界——一個極惡與極苦的舞臺——也是從神的手和神的話來的，它是美好，因為神有意叫它成為原來的樣子。另一點有關創造的真理，被很多基督徒所忽略或輕視。為了某些理由，他們相信，世界既然有邪惡、苦難和腐敗，它本來必定是邪惡的或有缺陷的。可是，偉大良善的神怎能創造一些邪惡或有缺陷的東西呢？我們不久就會看見，基督教信仰在創造方面的偉大傳統，連那進入受造世界的缺陷、甚至邪惡和腐敗都考慮到了。不過，這不等於承認，受造世界本身是邪惡或有缺陷的。跟希臘世界與羅馬帝國的許多哲學和宗教相反，早期教父堅持一個信念：神創造的宇宙起源和本質也是好的，不過與此同時，它**卻不是神**。偉大教父奧古斯丁把「大善與小善」的存在理論化了，並已為基督教思想所吸納，以助支持並解釋有關受造世界的實在；受造世界是既倚賴外物——因此它不是神——又是美好的，所以不應藐視它，更不應逃離世界。奧古斯丁的概念是，惟有神是完美的善——是善的本身。任何受造物都必定比神的善遜色。可是，這遜色而不完美的善仍可以是善而非惡。可是，比神遜色的善卻有腐敗的可能，可以轉離它在神裏面的源頭及本來的美善，從原來所在善的層次，下降到惡的層次。[4]

基督教在創造方面的第三個基本信念是，**神是在自由中和有目的去創造的**。神是在自由中創造的這個信念，是惟一一個與神的超越性(偉大)和諧一致的信念；而神是有目的去創造的這個信念，則是惟一一個與神的位格化臨在(良善)和諧一致的信念。事實上，可以論證說，這些信念不外乎是在討論對受造世界看法的語境下，重申基督教的神觀。假如神確實是偉大的，那麼受造世界就不能對祂施加限制。假如世界不是在自由中創造出來的，而是出於必需的話，它就會對神的存有構成了限制。再者，假如世界對神的存在從任何方面說是必要的，那麼創造和救贖的意義對於神來說，就會相當於它們對世界的意義，並且它們也不全是恩典了。既然神是良善的，祂的創造就帶有目的，

4 參 Augustine, *Faith, Hope and Charity (Enchiridion)*, trans. Louis A. Arand (Westminster, Md.: Newman Press, 1955), chap. 4。

一個隨興之所至和率性造成的世界，不會是良善之神的傑作。身兼教父及主教的奧古斯丁在論創造與歷史的偉大專文裏，表明了全體教會的觀點：「從『神看著是好的』一語，足可推想神造了所造之物，並不是出於任何必需，也不是為了填補任何缺乏，而是全然出於它本身的善，即是說，因為它是善的。」[5]

基督教信仰在創造方面的第四句，也是最後一句概括性的陳述是，**受造世界墮落在咒詛之下，需要超自然的醫治(救贖)**。有兩段經文特別清晰肯定了這一點：創世記三章及羅馬書八章。創世記的經文引述主神的話，祂告知亞當與夏娃，因為他們的不順服，有一個咒詛已臨到大地，基督教教會一向將之解釋為受造秩序的美善遭受扭曲，這扭曲從伊甸園外的生命自墮落以後一直受死亡所左右，並且在世界存在的重大苦難與悲劇得到了證實。使徒保羅在羅馬書八章18至24節證實了這一點；他寫到受造之物(世界)服在「虛空」及「敗壞的轄制」之下——等到基督再來的時候，才會在榮耀中脫離咒詛的力量。這是基督教對於所謂惡的問題的部分回答。(我說「所謂」，因為事實上是可以論證的，並且有人提出了論證，證明不信神對於解決惡的問題，較之相信神更為困難：若沒有美善的最終標準，那麼何謂**惡**呢？)

雖然神是萬有的創造主，祂卻不是惡的創造者。正如幾位加帕多家教父和奧古斯丁都指出，惡不是一件甚麼東西，而是善的虧損。4和5世紀的教父說明了，而基督教信仰也普遍同意，惡不是實質。它沒有本體的地位。它之於善，就如黑暗之於光明：匱乏、缺乏。那臨到受造世界的咒詛，不是一個物件、一種實質，而是某種東西的缺欠——就如病患不是一種實質，而是健康的虧損。(當然，病患是可以由實質引起的，但該實質本身卻不是惡，而是它的位置不對。病患是健康生物的良好系統失調了。) 神沒有創造惡，即使祂創造了萬有，因為惡不是一件東西。神是創造了有發生惡的可能性。祂創造了一個宇宙，在其中惡是可以發生的，但是惡在一個全然美善的世界中出現，卻不是必然的，也不是無可避免的。

5 Augustine, *The City of God*, 11.24, 轉引自 Gilkey, *Maker of Heaven*, p. 78。

對創造的非正統立場

很多人誤以為，在基督教的創造觀之外，在受造世界方面主要的非正統看法是進化論。自從19世紀中葉，達爾文發表論物競天擇的專文以後，有很多甚至大部分圍繞著受造世界的爭論，都離不開進化論的挑戰，涉及達爾文的「適者生存」，物競天擇的信念。即使到了19世紀末，還是有保守的基督教神學家，嘗試把關乎物種生物發展的進化理論，跟創世記的創造記錄作出調和。還有別人——一個半世紀以來——專注於說明二者的不能比較。每隔數年，就爆發新的一場創造與進化之爭。最廣為人知的(或惡名遠播的)一次是1925年在田納西州的戴通(Dayton)所謂「史高柏猴子案」(Scopes monkey trial)，它後來成了一齣戲劇的主要題材，稱為〈雄才怪傑〉(*Inherit the Wind*)。

可是，仔細研究基督教思想史，顯示在受造世界方面，在基督教信仰之外的其他看法主要沒有包括進化論。到底應否把它加進清單去，在基督教神學家、傳道人、護教者之間，仍是眾說紛紜，有時更是備受爭議。在基督教的創造觀以外主要的另類看法，是**二元論**(dualism)、**一元論**(monism)和**自然論**(naturalism)。有些從基督教立場去批評進化論的人，指出它是自然論無疑。換言之，他們把從物種到物種之間的進化演變，看作本質上是與一種機械式，甚或物質化的世界觀相連的。他們力言，所有基督徒都應該拒絕它，因為它約化為自然論——自然論相信一切實在是由自然律支配，這些定律原則上可循科學的途徑發現，並以數學公式說明。至於到底是不是所有物種生物發展的進化理論都屬自然論，就在本書的範圍以外了。在此只要指出的是：在基督教信仰之外這三種主要、常見的另類創造觀是甚麼，以及它們為何在過去(在以後也必定)被視為是與基督教的世界觀相違的。

再一次，神學家吉爾凱把有關創造的三種另類看法作出了歸納，最能幫助我們。這位芝加哥大學神學院的神學家把三大類創造觀(實際上，三者都否認任何傳統的基督教創造觀！)列為哲學。它們也可以被列為宗教性的世界觀，往往和宗教及屬靈的團體有關。有時候，它們之中的這個或那個創造觀被奉為某個「基督教」團體的信仰中心，在那情況下，該團體的基督教身分就成了問題。三者跟本章前面所說的基督教立場，即基督教在有關大自然、宇宙及其起源方面的一致共識相違背。

二元論是任何相信兩個永恆存在而對立的實在的信念。可是，那怎麼能是異端呢？有人會問，基督教不是教導說，有兩個對立的實在——神和撒但——嗎？要在二元論和基督教之間作出分辨，其關鍵字眼是**永恆**。二元論中兩個對立的實在是無始無終的，是終極性的——二者權力相等，同等真實。在歷史的基督教信仰中，神是惟一永恆的、終極的存有。撒但只是受造物之一。有些批評傳統基督教信仰的人指出，基督教之相信有撒但，正是中東一種二元論的宗教世界觀的遺痕。然而，早期基督教教父（特別是奧古斯丁）強烈反對基督教教會及其教訓中有任何二元論的趨向。無論早期教父或中世紀的神學家及改教者，都把撒但視為一個受造物，根本不能與神同等。[6]

二元論出現於早期基督教，是由一種以其創辦人命名的宗教所宣揚的神學。當奧古斯丁在北非擔任主教時（4世紀末到5世紀初），摩尼派（Manicheans）在那裏蓬勃發展。他們相信雙重的二元論：有兩個神，一善一惡，以及兩條由這兩個神所定的終極的存在原則——屬靈的和屬物質的。摩尼派以屬靈為善，以物質為一切惡之所在。奧古斯丁及其他早期基督教領袖反對這種說法，以及其他一切二元論，因為它們無形中否定了神作為創天造地者的神性。二元論引進一個在神以外的神，雖然它表面上是要藉著一個懷有惡意的神並它創造物質的理論來解說罪與惡的來源，實際上卻剝奪了神作為主的終極性。它也貶低了受造世界的美善，使最終惡為善所勝的希望成為泡影。由始至終，從早期教父以至歷代的基督教思想家，無一不是堅決拒絕二元論的。凡真正屬於二元論的世界觀，差不多在每一點上都完全背離了基督徒的生活和世界觀。

關於受造世界的第二個另類看法是**一元論**。一元論以許多種形式出現，都有一個共同特徵，就是把全部實在約化為一種物質——通常

6 Jeffrey Burton Russell, *Satan: The Early Christian Tradition* (Ithaca, N. Y.: Cornell University Press, 1987).

是一種等同神或神明的屬靈物質。泛神論(pantheism)是一元論的一種：它把受造世界徹底等同神。在西方有一種較常見、在基督教歷史中經常困擾的一元論，就是發散論：它跟正統的**從無造有**的信念相違，相信獨一的神性物質(神、靈、精神)放出光線或發散物(emanations)，進入空虛之中。發散論的一元論者主張，全部實在是由神的某種形相所構成的，而這些出自「太陽物質」或「光與愛之海洋」(這些用詞是指一切發散物的獨一、中心而永恆的源頭)的發散物，有部分變得「剛硬」，「忘了」它們在神裏面的真正源頭。那是我們稱為物質的東西之所以存在的由來，也是罪和惡的開始。

諾斯底主義就其創造觀而論，基本上是發散論。有很多信奉諾斯底主義的教派，對1至3世紀(特別是在羅馬帝國)的基督教構成嚴重的威脅和挑戰。發散論在基督教歷史上周而復始地出現，與正統基督教如影隨形。即使有許多諾斯底主義的教師及教派早已為君士坦丁的教會所撲滅，或被趕入地下，諾斯底主義的世界觀繼後還是出現於中世紀的歐洲小羣教派，例如迦他利派(Cathari)及亞爾比根派(Albigenses)。在文藝復興以至改教時期，來自猶太教及基督教的各式神秘主義教師，再次把它恢復過來，而在近代諸如薔薇十字會士(Rosicrucians)及神智學者(Theosophists)等神秘宗教或秘傳宗教又使它復生。也許在20世紀末到21世紀初的歐洲及北美文化中，最盛行又最具影響力的發散論，就是所謂新紀元運動(New Age movement)及其屬靈哲學。英國新紀元運動之父特里維廉(George Trevelyan)爵士在兩本書中描畫古代諾斯底主義的這個現代版本：《寶瓶座時代的願景：興起中的屬靈世界觀》(*A Vision of the Aquarian Age: The Emerging Spiritual World View*, Stillpoint, 1984)，及《救贖行動：混亂時代中希望的一個願景》(*Operation Redemption: A Vision of Hope in an Age of Turmoil*, Stillpoint, 1985)。特里維廉主張，「每一件東西最終都是靈，密度狀況各有不同」，而人類是「神性的一小滴，寓居於身體的殿中」。[7]

---

7 George Trevelyan, *A Vision of the Aquarian Age: The Emerging Spiritual World View* (Walpole, N. H.: Stillpoint, 1984), pp. 1～2, 11.

教父拒絕了諾斯底主義，而重要的基督教思想家也都拒絕它，因為任何形式的一元論(包括發散論)，都不免減損了神的超越性，犯下拜偶像的罪，叫人有可能甚至必定崇拜服事受造之物，而不是創造之主(羅一25)。世界(包括人類在內)之所以美善，因為神造它是出於愛並帶著目的，而非因為它是神或神的延伸。基督教**從無造有**的教義，是早期基督教為回應二元論及一元論所作反省的神學產物。它在當今基督教界的重要性，正如它在2和3世紀被建構起來之時。假如沒有這項教義，就連在基督教會內部，也會自然出現二元論和一元論的看法，否認神在受造世界之上有終極主權，並趨向把受造世界當作是鬼魔化的東西，或把它當成偶像。

關於受造世界的第三個另類看法是一個近代的觀點：**自然論**。二元論和一元論都有古老的根源，而自然論即或有古老的先例(例如某些希臘的唯物論哲學)，大體來說，它還是近代西方文化的啟蒙運動及科學革命下的產物。甚少宗教(如果有的話)是自然論的。近代自由派新教神學的某些形式曾試圖建構一種宗教的自然論，可是即使是那種自然論，也只是一個站不住腳的中間立場，沒有被宗教信徒或大部分科學家所接受。也許在當今西方世界最具影響力的自然論者，就是物理學兼宇宙學家薩根(Carl Sagan)，他的書本及紀錄片系列《宇宙》(*Cosmos*)甚至叫學校的孩子有一個觀念：現代科學再沒空間讓人相信物質宇宙以外的任何東西。宇宙是受著一套可從科學途徑去發現、可以數學方式說明的自然律所支配的。自然論的世界觀基於偶然性。宇宙是終極的意外事件。如果宇宙是以「大爆炸」開始，它就是純粹偶發的，根本不是神智慧的產物，也不是出於一個全能之神的手。(在此得指出：「大爆炸論」的信念不一定與基督教的創造教義無法共容的，只是自然論者——包括很多研究宇宙起源的物理學家——傾向把「大爆炸論」說成是對宇宙起源的宗教解釋之外的惟一出路，例如**從無造有**。自然論者和反對現代科學的宗教人士為甚麼經常把二者對立，仍是一個謎。)

許多哲學其實都是以自然論為其基礎的世界觀，舉例說，凡俗的人文主義者是自然論者，認為人類是大自然最高的產物——人類是從物質演化成有自覺和思辨能力的動物。[8] 很多主張動物權益哲學和熱衷於生態保護的人士，跟凡俗的人文主義者有著相同的基本世界觀(即大自然就是全部的存有)，但拒絕把人類提升到自然的巔峯，認為那是**物種主義**(speciesism)——那是一種偏見。當然，自然論與一切以它為基礎的哲學，都是與基督教不相容的。儘管自然論不常被宣傳為無神論，它的骨子裏就是。一種怪異的、不合邏輯的推理，已經令許多人(包括受過高深教育和理智的人)把現代科學等同自然論，或把後者視為前者的基礎。這使科學與宗教之爭的雙方中一些容易受騙的人，以為他們必定要受困於水火不容的悶局中。然而，我們一旦看出自然論是一種哲學，科學並不倚賴自然論來履行它的工作，我們眼前就有新的遠景，向我們展示出基督教信仰與科學研究及發現的結合。從基督徒的觀點看，進化論的問題，不在於它必定與基督教之相信神是造物主的信念互相牴觸。進化論的問題反倒是，它在那些倡導它的人的思想中，以及在那些拒絕它的人的思想(和著述)中，是經常地和自然論拉上關係。

基督教信仰在創造的不同看法

在基督徒中間，在受造世界方面的重大歧異和決定性的辯論，差不多全是圍繞地球的年齡和物種起源的棘手議題。基督教衞道之士就此課題所撰寫的書本文章、製作的錄像帶、舉辦的公開講座，跟此課題在整個基督教信仰系統中的重要性，完全不成比例。基督教書室擺放的這類書籍，經常比任何一個課題的要多。在年輕的福音派基督徒所成長的教會、參加的基督教令會、就讀的基督教學校，或參加的基督教會議，幾乎無可避免地要面對有關「起源之爭」的宣傳攻勢。這在很多基督徒心目中造成了一個印象：基督教在創造方面的教義，關乎地球和地球上的生命，涉及**如何**和**何時**創造出來的。可是，大體說來，基督教在創造方面的一致信念，絕少提到神是**何時**或**如何**創造的。諷刺的是，在這方面的基督教教義及反省上，許多徹頭徹尾的創造論者

8 Paul Kurtz, *In Defense of Secular Humanism* (Buffalo, N.Y.: Prometheus, 1983).

教條式地堅持年輕地球說，以及物種是在一時之間造出來的說法，而排除任何進化的過程，卻意想不到地落入一些諸如把有限等同罪惡或神性物質的異端之中。他們把蠓蟲濾過了，卻把駱駝吞下去。

在同樣是正統的基督徒之中，關於何時及如何創造這等較不重要的議題上，有三種主要的看法：**有神進化論** (theistic evolution)、**年輕地球創造論** (young earth creationism) 及**漸進創造論** (progressive creationism)。幾乎所有就這些議題作出臆測的基督教神學家及護教士，都是採取這三種普遍進路的一種，對待現代科學和聖經啟示之間的關係。

在17世紀，愛爾蘭的聖公會主教烏舍爾 (James Ussher) 出版了一本書，在其中提出了創造的年份。烏舍爾認為——他的作品是基於對聖經年代表及族譜的研究——神是在公元前4004年創造宇宙的。於是，英語世界有很多基督徒就假定了聖經告訴我們，受造世界的年齡不過六千年。這成為很多基督徒對世界起源的標準看法，而且經常把那位主教的推算和臆測跟聖經本身的權威混淆。結果，要是有人質疑那個創造年份，就似乎是質疑聖經本身了。烏舍爾主教發表了他的結論不久，一些地質學家開始根據他們的發現(在斷崖及河床的岩層中找到的化石)，提出反駁。遠在達爾文就生物進化發表他那些富爭議性的觀點以前，在按字面解釋聖經的人與地質學家之間，已經醞釀著一場鬥爭。賴爾 (Charles Lyell) 等地質學家力言，地球的年齡必定是以百萬年計。支持烏舍爾主教的年輕地球說的人，就以挪亞洪水，或以第一次創造和第二次創造(或一個被浩劫摧毀的受造世界的翻新)之間存在一個假設性的間隙為理據，解釋新近發現的化石紀錄、地殼上遠古劇變的證據，以及經千萬年的侵蝕才產生的峽谷。可是，地質學家以及很多讀過他們發現的人，通常不為這以浩劫為理據的論證所折服。最終，烏舍爾主教對創造年份的推論，被廣泛視為難以置信了。

在19世紀，一位也是地質學家的英國基督徒宣稱，他為近代基於地質學的宇宙觀及按字面解釋的聖經創造記述之間的衝突，有了答案。這位敬虔的基督徒兼地質學家戈斯 (Philip Gosse) 提出，神是在**相對較近期的時代**創造了**看似遠古風貌的宇宙**。換句話說，根據這個解釋，世界的年齡真的不過是六千年左右，但「在理想中」(看似) 是以百萬年計。在科學家與拘泥聖經字句主義者分歧愈來愈嚴重的兩邊，幾乎沒有講究思考的人對此說心悅誠服。到今天，以及毫無疑問在未來一段相當長的時間，有些保守的基督徒 (特別是基要派的新教徒) 仍主張，挪亞時代禍及全地的洪水災劫，正確解釋了指向一個古老地球的一切證據，而聖經必須這樣解釋：它告訴人，神是在字面的一周之內 (六天，每天24小時) 創造了世界及其中的一切生命。「創世研究所」(Creation Research Institute) 等機構為試圖說明這一點，出版書籍及紀錄片。甚少有大學訓練的科學家被打動。基要派基督徒為年輕地球說和否認物種 (特別是人類) 的演化付上沉重代價。對他們許多人來說，那是關乎教理——神的話所啟示的絕對真理——的事，在地球的年齡以及在創造人類的始祖 (亞當與夏娃) 上，任何以聖經解釋來遷就現代科學理論的做法，都被詛咒。

從17世紀到18世紀的科學革命 (以哥白尼及伽利略開始，特別由達爾文延續)，為在創造方面的傳統基督教教義構成了危機。伽利略提出有力的論證，指羅馬天主教教會在太陽系方面的立場是錯的。後來證實，他是正確的。牛頓——一個敬虔的基督徒——提出一套可用數理解說的自然律，似乎足以說明，宇宙是一個由自然的因果交織而成的封閉網絡。啟蒙時期的偉大文人兼詩人波普 (Alexander Pope) 以詩句來歌頌牛頓：「自然和自然法則隱藏在黑夜之中；神說：『讓牛頓來吧！』於是一切就有了光。」(「給牛頓的墓誌銘」) 達爾文為物種 (包括人類) 的自然發展提出一個可能的解釋，對很多基督教思想家而言，在有關創造 (包括創造人類) 的基督教信仰上，似乎要有一次範式轉移。

早在19世紀晚期，某些基督教思想家開始建構一個後來稱為有神進化論的方案——即主張達爾文物競天擇的理論 (包括相信一個普遍由自然律所支配、經過歷代形成的世界的脈絡) 是對的，它與真基督教並無衝突。有神進化論者相信，聖經的創世故事應予嚴肅看待，但不應按字面解釋。換句話說，它們是通過隱喻、詩歌、神話和史傳，表達神是造物主等神學真理。有神進化論有多種形式，但一切形式都有共通點，就是在**如何**及**何時**創造上，完全以基督教信仰遷就自然科學，並且傾向把神看成是大自然力量背後的聰明設計師，在大自然力量之內的遍在能力。歷經數百萬年的時間，使宇宙和地球上的生命發生的，正是大自然的力量。有神進化論者認為，基督教——包括尊重聖經為神話語的——與新達爾文主義之間並無衝突，**只要**後者不設定自然論為前題，而前者也不要求把創世記的頭幾章作字面解釋就行。

在整個20世紀，堅信年輕地球創造論（有時候被倡議者稱為「科學創造論」〔scientific creationism〕）的基督徒與相信**有神進化論**的基督徒之間的張力，發展成公開的神學論戰，有時更導致政治衝突。吉爾凱等若干自由派新教神學家為物種演化的科學提出了「專家的見證」，以之對抗基要主義者，後者希望他們所謂科學創造論要在公立學校的科學課本及課堂上佔有同等的時間。傳媒頗為誇大了這個對立的局面，普遍漠視了大多數人所持的中間立場，包括了許多在基督教大學及普通大學任教的基督教神學家和科學家。這少為人知的中間立場，後來被倡議者稱為**漸進創造論**。支持此說者——其中有首屈一指的福音派神學家蘭姆——相信，年輕地球創造論和有神進化論的方案，都不適用於現代基督徒。蘭姆在其經典之作《科學與聖經：一個基督教的觀點》(*A Christian View of Science and Scripture*) 中指出這兩個觀點的漏洞，主張一種結合的信念，即相信世界是在遠古之時被造的、生物是經演化形成的，並相信神在創造的歷史上的某些關鍵時刻，採取了特別的行動。蘭姆主張，漸進創造論認為：

> 大自然是遍滿了神的作為，卻不是從泛神論的意義而論。次序是由空白到秩序和宇宙、從種子到長成為穗、從宇宙到有機、從簡單到複雜、從感知到理性。完成了的作品是在過程的結果，而非在其開端。
>
> 把圖畫拼合起來，我們大概有如下的結論：全能的神是創造主、世界的基石和承托萬有的全能主。整個創世計劃在祂意念中形成，並以人類為高峯。經過數以百萬年的地質學歷史，地球已經被準備好作為人類的居所，或正如某些人的說法，人類已在宇宙中孕育著。大片的林木長起來，然後枯

萎，變成煤炭，好讓煤炭看上去是大自然的產物，而非人工地插進大自然的物件。數以百萬計的海洋生物誕生又死去，變成石油。地球的表面經歷風化，變化出山林低谷，偉大的創作活動時而發生，動物的種類愈來愈複雜。最後，當每一條河流都按造物的原意各循其道，每一座大山按其已定的位置安放，每一種動物按著造物的藍圖存在於大地，萬物企盼著的人類才被造成——神的氣息只存在於他。[9]

關於**如何**及**何時**創造的以上三種看法，都沒與歷史的基督教信仰相違，因為它們都承認**神是創造主，祂從無造出祂以外的一切實在**，以及**受造世界是美好的，但不是神**，而且它們避免了任何指向自然論、二元論或一元論的暗示。基督教的批評者（更不用說教外的批評者！）傾向視年輕地球創造論為反啟蒙主義的。對於他們來說，這種創造論是建基於對現代科學證據的客觀事實加以拒絕，以及對創世記中的創世故事有一種不必要的字面性甚至僵化的詮釋。不過，即使他們說的不錯，而且很可能是正確的，也不至於使年輕地球創造論變成異端。觀念錯誤，不一定等於淪為異端。

基要派那些堅持年輕地球創造論為基督教創造觀所必須者經常說，有神進化論和漸進創造論相當於否認聖經的權威和神是創造主。其實兩項指控都不真確。有神進化論和漸進創造論都嚴肅看待聖經和科學，並嘗試以創意和忠實的方式結合二者。漸進創造論者傾向把年輕地球創造論及有神進化論視為極端，這種理解有一定的根據。年輕地球創造論漠視一個事實，那就是連偉大的早期教父奧古斯丁也建議，不要把創世過程中的「日」字作字面理解，而應將之看成是神的創造活動的各個時期。年輕地球創造論對聖經的家譜（烏舍爾主教的推算不容許有間隙存在）和對支持地球及人類有久遠歷史的科學證據，作出怪異的詮釋，並把這種詮釋提升到教理的地位，成為基督教要義的一部分。

---

9 Bernard Ramm, *The Christian View of Science and Scripture* (Grand Rapids, Mich.: Eerdmans, 1954), p. 155.

另一方面，有神進化論者則傾向轉移得太快和太肯定，匆匆接受新達爾文主義的科學家所提出的、有關地球生物發展的任何理論。他們經常掉進一個陷阱，沒把創造的教義與最先進的現代科學作出適當的結合。漸進創造論雖然是一件未完的工程，但它在著手處理現代科學與基本的基督教真理之間的表面衝突上，比其他兩種理論都要優勝。

關於神**如何**及**何時**創造的問題，變成主導了基督教在創造方面的教義討論，這是很不幸的。與此同時，當三種主要看法的支持者在吵得面紅耳熱和彼此對罵的時候，教會中大部分基督徒卻未曉得在創造的問題上，歷史的基督教教義的輪廓。若問他們大多數的人有關**從無造有**的概念，他們就要困惑起來。雖然地球年齡和生物進化等辯論所涉及的問題和議題，迷住了那麼多的基督徒，但圍繞著創造教義的，其實還有其他一些有趣的問題和議題。譬如說，新教思想家為看來屬臆測性的這個問題，討論了好幾百年：**神創造宇宙的目的**。人人都同意，神是**從無造有**，而且是**自由地帶著目的**創造的，但說到神**為甚麼**創造宇宙，就不一定所有人都時常意見一致。為甚麼創造世界？神的目的是甚麼？總的來說，新教神學家——那些屬瑞士新教的改教家慈運理及加爾文，以及他們的追隨者蘇格蘭的諾克斯 (John Knox) ——認為受造世界為「表現神之榮耀的舞臺」。清教徒講道家兼神學家愛德華滋——一位傑出而敬虔的加爾文主義思想家——主張，神創造宇宙和人類，以及祂作的一切，其目的都是為了榮耀自己。

20世紀的改革宗神學家巴特修訂了傳統的改革宗觀點，他說受造世界是「盟約的外在基礎」，而耶穌基督是受造世界的「內在基礎」。他這話的意思是，神創造任何東西的全部以及惟一目的，就是藉耶穌基督施行救贖。當然，在巴特而言，神從祂藉耶穌基督跟人類建立盟約的關係上得著榮耀。20世紀下半葉的德國神學家莫特曼進一步修訂改革宗在神創世目的上的觀點，提出神創造是出於愛——三一團契之湧溢的愛——而神的榮耀與神的愛是不免彼此相連的，不可抬高這個過於那個。神從其愛的行動得榮耀。別的基督教思想家提出，神創造宇宙是要快快樂樂地擁有宇宙。他們認為，神創造世界的最終目的是為愛美的緣故，神只是享受創作，而宇宙好比一件藝術作品，神從中表現其藝術才華與能力，因此享受它。

就神創造世界之目的而言，以上觀點是出於謙恭的臆測，均是可取的。只有當它們意味著，神**需要**創造世界，**以此實現自己**的時候，才會越過基督教的範圍。這樣的觀點，曾經見於某些哲學家及追隨他們的神學家。18世紀理想主義哲學家黑格爾在他的臆測性宗教哲學中，主張神創造宇宙是要實現祂自己，因為「沒有世界，神就不是神」。於是，世界在他而言，就是與神配合的另一方，對於神的存在本身是必須的。這正是所謂**萬有在神論**的哲學精義。萬有在神論是20世紀稱為進程神學的自由神學運動所創的，那是一種論神與世界的關係的哲學，與黑格爾的論調如出一轍，把受造世界視為必須，與神永恆共存。當然，任何這類觀點的結果，都是把限制加諸神，犧牲了神超越的能力和神性；保羅在向雅典哲學家發表的演說中(徒十七章)，明顯反駁這樣的說法，保羅在其中宣稱，神根本不需要任何外物。在創造世界中，不論神確實的目的是甚麼(誰知道神的心呢？)，它必須是一個出於自由自主的決定，而不是基於任何必須性。

基督教在創造的綜合觀點

重要的是，基督徒要略過那些經常為他們造成分歧的、不必要且無關重要的辯論，而應該注意那些經得起時間考驗、紮根於耶穌基督及聖經之神聖啟示的核心教義。從這些意義說，關於受造世界，有沒有真正屬於基督教的一個合時觀點——根源於啟示，又跟基督教信仰與教訓的偉大傳統一致——可以把來自各宗派各傳統的基督徒聯合起來？為甚麼這是重要的？除了因為在這愈來愈後現代兼多元化的文化中，真正基督徒必須有合一的精神以外，還有迫切的環保危機。基督教為人類的團結，為終局臨近之際挽救自然免受污染、免讓人類剝削摧毀，有沒有可貢獻的一份？重新發現並重新肯定這個重要的基督教觀念——受造世界是美善的，因為神是帶著意義和目的創造了它——就會大大促進這種合一和醫治。如果世界是神美好的創作，正如忠於啟示的基督教的一向立場，那麼大自然就是值得我們去保護和整頓的。當然，最終來說，只有神才能把大自然更新過來，祂藉使徒保羅在羅馬書八章19至23節承諾有此行動。不過與此同時，基督徒可以期盼神的復興行動，並藉著愛護大自然的花園，對神最初的創造行動及祂的宣告(大自然的產物是美好的)，予以尊重。可是，只有當基督徒堅信受造世界是美善的，他們才可能這麼做。常見的是，基督徒從「這世界非我家」及「美好的未來」等敬虔話，以為物質的受造世界——這個地球——並不值得愛護。

同樣地，關於受造世界一個統一的基督教信念，應該與這個古老而重要的基督教信念相應和：受造世界不是神，而是在神主宰之下的實在。這個時代有許多關心受造世界的人，無形中把它當作是神的延伸來崇拜(一元論、發散論)，基督徒要齊心堅守這項真理：自然世界跟神是全然不同的——它是在神之下另一層次的實在，並不是與神同質。

不論他們較喜歡的是年輕地球創造論、有神進化論，或是漸進創造論，不論他們全心相信世界之被造是為神的榮耀或救贖之約，或是出於神對美的感受性，基督徒都可以站在同一邊，與其他神化了自然、崇拜自然或把自然約化為一件偶發之事的世界觀、宗教和哲學形成對比。基督徒承受了同一種世界觀，極其尊重自然世界，但又把它看成是比不上神的。世界與神有別，那是在神以下的。可是與此同時，它並不是與神相離、孤獨存在或被遺棄了。正如神把耶穌基督的身體從死亡的墳墓復活過來，給其榮耀，使之有新的存在形態，基督教也說，神要把世界從必然腐朽，從它的枷鎖——它所墮落的咒詛——中使之復甦，給它一個新的、榮耀的存在形態，與祂有新的和諧合一(羅八21)。這種世界觀給世界一個價值和盼望，就是它的最終得贖；被這世界觀所折服的人從它得到推動力，努力讓世界脫離一切敗壞它的東西，讓世界得著醫治，同時承認，世界在本體上(不是空間上)是與神有著一段距離的。

8

神的護理

有限與精微

基督徒一向相信，創造天地的獨一真神，也是祂所造世界之主。大自然和歷史都是屬祂的，祂管治護理它們。正如一首受歡迎的聖詩「天父世界」("This Is My Father's World") 所言：「罪惡雖然好像得勝，天父卻仍掌管」。若要表達神的護理 (providence) 這個基督教信念，還有另一個方式，就是確認神是**至高無上** (sovereign) 的。即是說，神在統治管理萬物，沒有一個存有和一件事物逃得過祂的監察與控制。聖經多處見證神的護理或主權 (sovereignty)。在舊約聖經中，神對先知以賽亞說話，並藉他傳話給以色列人：「我造光又造暗，我施平安又降災禍；造作這一切的是我耶和華」(賽四十五7)。詩篇經常見證神對大自然和歷史至高無上的掌管：「國權是耶和華的，他是管理萬國的」(詩二十二28)。在新約聖經中，耶穌強調神的管治：「兩個麻雀不是賣一分銀子麼？若是你們的父不許，一個也不能掉在地上。就是你們的頭髮也都被數過了」(太十29～30)。使徒保羅在向雅典人演說時，肯定了神的權柄和掌管：「〔神〕也不用人手服事，好像缺少甚麼；自己倒將生命、氣息、萬物，賜給萬人。他從一本造出萬族的人……並且預先定準他們的年限和所住的疆界」(徒十七25～26)。

以上經文，連同本書所闡釋有關神的偉大性及創造性的信念，無可否認地指向一件事，就是基督教信仰在自然和歷史方面的這個公認立場：**神在主宰著，並且有目的、有權能地引導著自然和歷史，叫祂**

的旨意永遠在二者之內並藉著二者(有時是不管二者而)最終勝出。我們將看見，從早期教父到中世紀時期及宗教改革，以至近代及目前的教會，基督教領袖和思想家都一致贊同：沒有神的准許，就沒有事情發生或可以發生，而神的終極旨意永遠不能受挫；到最後神必定隨祂的意思而行。在受造世界正在發生的一切，無論是甚麼，皆在神至高無上的監察範圍內，甚至由神所命定、所支配、所掀動。而且，我們還要看見，許多基督徒就這個立場作出進一步澄清，把神的旨意分成兩類，即神**理想或完美的旨意** (ideal or perfect will) 與神**允准的旨意** (permissive will)。對於他們來說，神的旨意永遠最終勝出，即使那或許免不了要容讓祂理想的旨意因著受造物的反叛和拒絕而受挫。然而，他們確認最後神必勝出：無論發生的是甚麼，至少也是神所容許(允准)的，沒有受造物能把神壓倒。

基督教信仰在神的護理的議題和爭論

雖然神的護理是眾人所公認的教義，問題卻在教義的細節。**神是主宰自然和歷史的**：這個基督教立場是必須被認同和強調的。可是，關於罪惡和無端的苦痛又如何？神護理的主權——祂的計劃、權能和管理——是否延伸至罪惡、不道德、非人道及殘暴的行徑、侵略性的戰爭、種族清洗、虐待、酷刑、兒童所受的慘痛、疫症和饑荒等範圍？這一切是「神的作為」嗎？假如是的話，「神是善的」又是甚麼意思？如果這一切在某些更高的層次上是「善」的，因此神之命定它們並導致它們的發生(包括只是間接地促成它們的發生)是合理的，那麼它們是不是邪惡？如果它們不是真的邪惡，那為何要對付它們呢？真令人費解。那麼自由意志呢？人類(更不要說天使！)是不是有自由道德的人，故此我們真的要為我們的決定與行動負責？希特勒是不是神的工具，故此他的種族清洗暴行是暗中為神所首肯，被神掀動？又或，希特勒(以及其他跟他一樣罪大惡極的人)是不是一個有自由和義務的道德之人，所以他攻擊任何美善與敬虔之事，是使神理想的旨意暫時受挫？

基督徒一致贊同神是至高無上的，任何發生在自然界和歷史上的事，都是得到神允准才發生，而且神的允准永遠都帶著目的；但是，說到歷史上罪惡昭彰的事以及諸多自然災禍，神與它們之間有何牽連，基督徒之間就沒有必然一致的信念了。在這些議題上，基督徒之間有嚴重的分歧，甚至尖銳的辯論。一位有名的基督教平信徒(也是顯赫的政府官員)在向一羣大學生演說時，提到他的兒子在一次攀山行動中意外身亡，他這樣說：「神殺了我的兒子，這是使我能夠接受兒子死亡的事實。」另一位來自同一新教傳統的講員向一羣神學生說：「到我失去了孩子，我就不再對悲傷的父母說，那是神把他們的孩子取去了；我不再相信，神是使壞事發生的。」可是這二人同是知名人士，都是具影響力的基督教講員，同樣獻身於神和祂的教會，同樣相信神的主權和祂的護理，相信祂主宰著自然和歷史。

重要的是，就著神在自然和歷史中的角色來說，基督徒把焦點放在廣泛的共識——神的主權與護理——上，而容許一定程度的詮釋分歧。共識與分歧，在耶穌基督的大公教會內已並存了二千多年。當然，間中有某羣基督徒決定要把有關神的主權及護理的某種詮釋，提升到**認信文** (*status confessionis*) 的地位，當作是必須的教義。然而，這樣的宗派或教會甚少以為，其他不贊同的基督徒必然是背道者。有些宗派及教會網絡只堅持相信神的護理這基本教義，在其網絡之內，容許非常多元的詮釋。不過，很多時候(甚至通常)的情況是，張力隨著時間產生，當人們對神之主宰大自然與歷史這個課題，要求有更具體、更具教義權威的信念時，分歧就出現了。這課題在新教圈子裏，成了歧異最多的議題之一。即使在羅馬天主教神學的內部，在教會的官方、一致的教導(神以其至高無上的統治權掌管一切)之外，還存在某程度的意見分歧。

基督教在神的護理的立場

神以其至高無上的統治權，護理、管治並支配著自然和歷史的一切事情，我們已約略提過這項基督教教義所根據的基礎。按照整部聖經的啟示，這位創造天地、全然偉大又全然良善的獨一神，也是以其主權承托萬有的，離開了祂的權能或允准，就根本無事發生。這項真理似乎是聖經某些書卷所見證的最主要神學關注。譬如，約伯記敘述義人約伯在喪失健康、財產、家庭的恐怖遭遇中有神奇妙的參與，結局確認一件事：重要的是，我們要相信神的良善和祂奇妙的行徑。新約啟示錄從頭到尾描述神藉著自己的介入帶來新天新地，完成祂的計劃，由此指向一點：神以其至高無上的統治權，使歷史圓滿實現。

有一件感覺很真的事：整部聖經是一齣「以神為主角的戲」(theo-drama)，講述神以其主權把自然和歷史導向祂早已設定的終局——完整和完美的神國。然而，這戲劇性的故事是藉著神的介入，用自由的人為工具，以奇妙而複雜的方式開展。神始終是關係中佔優的一方，祂從不受挫，但人在歷史如何開展上卻扮演著一個重要的角色。創世記中的約瑟故事十分直接地顯示了是神編寫約瑟的一生(連約瑟的兄弟合謀把他賣到埃及作奴隸的事，也不例外)，然而，與此同時，這卻從沒減損人在故事的情節發展和各場演出中所扮演的角色。同樣的說法，也適用於新約有關耶穌命運的故事，包括耶穌被釘十字架一事。神早計劃了讓它發生，不知怎地、奇妙地作鋪排，但經文一點也沒暗示，那些出賣、背棄或處死祂的人，並不是完全自由的，可免負部分責任。

聖經指向歷史上神人合作的這一吊詭：神既獻議又執行，人也是既獻議又執行，然而每件事的結果都掌握在神的手中，永不會最終地或決定性地落到別人手裏。人雖然左右神，卻永不會讓神受挫。神掌管著人，卻永不會奪去他們的自由和責任。再沒有別的經文，比保羅的這個命令更清晰而微妙地表達了這一種吊詭，他說：「當恐懼戰競，作成你們得救的工夫，因為你們立志行事，都是神在你們心裏運行，為要成就他的美意。」(腓二12～13)

基於這類聖經主題，以及從神偉大而良善的本性所推出清晰合理的結論，早期教父和中世紀的思想家、新教改教者以至宗教改革後的基督教學者與神學家，異口同聲地表達了這項公認的基督教教義：**神以其主權護理並主宰著自然和歷史，沒有神的允准就沒有事情發生或可以發生**。神對自然和歷史的運轉有至高無上的統治權，不少人把這個看法與新教改教者加爾文拉上關聯。無疑，加爾文以特別的方式強調它，可是他的前輩——瑞士改教者慈運理——早已就神的護理這個課題寫了整整的一本書，在其中他重複地強調神的護理和掌管——甚至是神使罪惡發生。加爾文就神的護理這教義的闡釋，比慈運理的要謹慎含蓄，雖然到最後，二者達致相同的觀點，它後來被稱為「精微護理說」(meticulous providence)，即相信神主宰著一切細節。不過，要是把這項教義(神的主權、神在護理和主宰著受造世界的一切)單單或特別歸因於改革宗的新教神學家，那就不對了。早期教父也曾大力宣揚這些信念，認為它們對基督教來說是不可少的。

早期教父身處的社會、寫作的環境，對甚麼是主宰人類生活、自然事件和歷史的力量，眾說紛紜。在解釋諸事何以發生的這一點上，希臘人和羅馬人所依從的是一籃子令人昏亂的教訓，而在早期基督教教會中，有很多人也是如此。二元論(前章已談過了)是其中一個選擇，它既有力又通行，吸引了不少人，似乎是這樣回答惡的問題的：視之為一個邪惡的神或瘋狂的神的作為，又是物質的副產品。諾斯底主義者聲稱，自然和歷史不是由神主宰的，而是屬於無意義的領域，那裏是墮落了的實在，從神的實體出來的一些火花墮落了；很多諾斯底主義者否認神參與在這些領域裏。參拜眾神廟的，就把諸事的成因歸因於眾神。其餘的人，例如斯多亞主義者(Stoics)則相信，一切都是注定的，只要順其自然；他們傾向把神性等同大自然本身。神的護理在他們來說，不過是這神性自然漫無目的的運作。

早期教父在這些另類信念的氛圍下獨豎一幟，他們肯定這個基督教觀點：神在掌控著，祂為了自己美好的目的，對自然和歷史作出吩咐與安排。愛任紐在一共五卷的《反異端》(*Against Heresies*)中——公道地說，他可被視為基督教第一個真正的神學家——在確認人有自由意志的同時，也確認神對一切事情皆有其命定與安排。一方面，他寫道：「因此神預先命定了一切」；另一方面，他又寫道：「神對人、對天使……沒有壓制，祂給予選擇的能力」。[1] 愛任紐以及其他早期的東方教會沒有任何地方嘗試消除這兩個主張之間的表面衝突，他們只

1 Irenaeus, *Against Heresies*, 1.520, 518，轉引自Benjamin Wirt Farley, *The Providence of God* (Grand Rapids, Mich.: Baker, 1988), p.82。

是讓二者保留作為彼此之間存在張力、卻無可否認是真確的真理。

第一位嘗試要就神的主權與護理建構一套較理性、較全面和有系統的解說的教父兼神學家，是來自北非的奧古斯丁。在他之前，公認的立場是比較簡單的，在其中神的主權和人類有限的自由佔著同樣比重。同樣出自北非的偉大教父特土良，就神的主權與護理所作的教義詳解，比任何一位神學家都要多，直到差不多二百年後奧古斯丁出現，情況才改觀。特土良跟隨愛任紐等東方教父的一般路線；他強調，若沒有神的預知和允准，就絕對沒有事情發生或可以發生，並且在許多情況下，神是直接介入使某些事發生的。同時，根據特土良的教導，神的主權從沒免去人的道德自由和責任：

> 若是人人說「沒有祂允准就無事可成」，以致我們不認識到一點——我們本身的力量有一種甚麼東西在其中……那樣把一切都歸結於神的旨意，並不是信仰良好穩固的表現。[2]

特土良強調神「絕對的旨意」(absolute will) 與「允准的旨意」(permissive will) 之間合一中的區分 (unity-in-distinction)，主張基督徒相信神對某些事情有完美而絕對的旨意，並使之發生，但神只被動地允許其他事情，例如罪和惡。然而，據這位善於辯道的神學家所言，它們並非對立的兩種旨意，而是神至高無上的旨意和權力的兩面。

二百年後，奧古斯丁在他就神的主權與護理所寫的後期著作中，幾乎要打破這個吊詭。這位希坡主教把神的護理解釋為對一切事情絕對的、嚴密的鋪排與控制，其程度超過他之前的任何一個基督教思想家。當羅馬開始因外族入侵而陷落，很多基督徒就想：神的旨意有沒有受挫呢？由於他們已逐漸把羅馬等同神的國，所以當它一旦落入所謂外人之手，很多有關神的主權的問題就產生了。奧古斯丁就神的護理寫了長長的一本專論，題為《上帝之城》(*The City of God*)，他在其中認為，沒有一個人類社會跟神國等同，神以其至高無上的統治權及

2 Tertullian, *On Exhortation to Chastity*, 4. 50～51，轉引自Farley, p.97。

祂自己的理由，使人間的帝國興起敗亡。據他看來，神的計劃和目的是永不受挫、永無偏差的，即使在有限的頭腦看來，情況好像是那樣；神預先定下的計劃，永遠圓滿地實現在一切的事情上。奧古斯丁雖然無意否認人有自由意志，而且反對宿命論，但他幾乎沒留下空間給歷史上的偶然性。基督徒只要簡單地相信，無論發生的是甚麼，總之都是在實現神至高無上的計劃，就連表面上看來是惡的東西，也在神的大計之內。雖然神不是惡的因，但是神在計劃掌管著它，就連撒但也是神的工具。由此看來，奧古斯丁是「精微護理說」這教義的真正創始人。

在整個中世紀，天主教教會的哲學家和神學家就神的主權和人的自由意志作出了無休止的臆測。不過，他們都同意，神是在掌管一切人間事務以至大自然的事情，因此神若不允准，就沒有事情發生或可以發生。阿奎那這位幾乎可以肯定是影響最深遠的中世紀神學家力言，神是全部事件包括人類一切決定與行動的因，但他也認為，神雖然是一切事件的因，卻不包括神直接使罪和惡發生。這怎麼可能？這位教會博士 (Angelic Doctor) 在一共多冊的鉅著《神學總論》中解釋說，神使自然和歷史中的事件發生，過程複雜，所以雖然神是全部事件的因，也是各部分 (例如人類某些決定和行動) 的終極之因，但最後 (終極地) 神之使全部發生，卻是藉賴人的意志等「次要之因」去實現其中的細節。如此，阿奎那嘗試將奧古斯丁的預定論與修道主義之相信人有自由和責任的信念，作出調和，至於他成功與否，仍是備受爭議的。無論如何，阿奎那及所有中世紀天主教神學家都相信並大力宣揚這個信念：神對自然和歷史擁有至高無上的管治權，因此沒有一事逃得過神的計劃、預備和管理。

新教改教者對於早期及中世紀基督教在神的主權與護理方面的教義共識，並無提出質疑。馬丁路德及慈運理這兩位最早的新教改教者，就基督在主餐中臨在的性質來說，彼此的看法有所分歧，但就神的護理來說，卻是完全一致的。慈運理寫了一篇題為《論神的護理》(*On Providence*) 的專文，在其中斷言：「假如說有甚麼在神的權限之外存在、生活、活動的話，那麼人也同樣可以說是在神的權限之外的……

因而根本就沒有神。」[3] 換句話說，慈運理論證，假如在自然和歷史中有真正的隨機、偶發或不確定的話，神就不是神了。故此在精微護理之外的惟一選擇，就是無神主義。如此說來，神是罪和惡的編寫者嗎？慈運理倒沒有迴避這個問題。跟後來追隨他的很多人不一樣，他引出一個合理的結論並肯定它，即神是一切的因 (divine omnicausality) 這個強硬立場：「並沒有加諸神身上，正如並沒有加諸一家之主身上的規條。所以，當祂在人間做出一些在人來說是罪，在祂來說卻不然時，祂不是犯罪。」[4]

加爾文受路德和慈運理二人影響，但他想要就神的主權與護理表達一個某程度來說是比較複雜的教義，見於他的《基督教教義》：神早預定了在自然和人類歷史中所發生的一切，可是神並非惡的因，因為罪和惡是在人的意欲之中。神雖然預定並掌管著一切行動和一切事件，卻不是祂使人的心和思想產生惡念的。「沒有一陣風颳起或增強，除非是因神的吩咐」[5] (而且加爾文清楚表明，他對神的管理作出全面肯定，包括了人的一切決定和行動)，但神卻不因為在人心中所懷的罪和惡而被牽連犯罪。然而到了最後，加爾文還是免不了受到這個指控，認為他支持精微護理的強硬立場，實在使神作了罪和惡的編寫者：

> 總結上文，既然說神的旨意是萬事的因，我就以神的護理作為人一切計劃與活動的決定性原則，不單是為了顯出它在選民中的力量(他們是受聖靈管理的)，也是為了催促墮落之人順從。[6]

從上下文可清楚知道，在加爾文看來，神催促墮落之人「順從」的意思是，神掌管著他們的決定和行動，所以他們不能另有所為，除非

---

3 Ulrich Zwingli, *On Providence and Other Essays*, edited for Samuel Macauley Jackson by William John Hinke (Durham, N.C.: Labyrinth, 1983), p. 158.

4 同上，頁177。

5 John Calvin, *Institutes of the Christian Religion*, 1.16.7, p. 206.

6 同上，1.18.2，頁232。

他們不順從。就著神對自然和歷史至高無上的管治來說，改革宗神學一直普遍(按著奧古斯丁、慈運理和加爾文的主張)確認這個高階的、涵蓋細節的觀點，而當被問及神怎麼不是罪和惡的編寫者時，就常常滿足於訴諸奧秘和悖論。

過了16世紀新教宗教改革的早期階段，許多新教的基督教神學家為求淡化(奧古斯丁就神的主權而作的)改革宗的詮釋，就肯定在神的預定與神的允准之間，有特土良所主張的區分。17世紀的荷蘭新教神學家亞米紐斯(Jacob Arminius)強烈認定神的護理——到一個程度他堅持若沒有「神的同意」，自然和歷史就絕對不能發生甚麼——但他同時又主張神的自限，好容許人類有真正的自由意志，也解釋了神如何至高無上卻又不必為罪和惡負責。久而久之，新教徒就分兩批，一批是確認神絕對的主權、精微的護理，另一批像亞米紐斯及其追隨者那樣，確認神對事情實行有限度的支配，神只是容許而非預定了犯罪、邪惡的行徑或無端的苦痛，或使這些事情發生。

就神在自然和歷史中的角色來說，細察基督教思想的偉大傳統，叫我們看見，來自各大傳統的東正教、天主教及新教的思想家，絕大部分已經並且一直肯定，神是以其至高無上的統治權掌管著全部自然和歷史的，因此儘管有罪和惡的存在，神終極的旨意與目的(這有別於祂完美或理想的旨意，那是祂所期望發生的事)仍然不可能受挫。我們可以用三個籠統的信念去概括基督教的一致立場：(一)神是自然和歷史的統治者，祂良善公義，不但創造了萬物，也承托、引導、供給和判斷一切；(二)在自然或歷史上，壓根兒沒有一件神不容許的事情發生；(三)神對自然和歷史至高無上的統治，兼具「普遍性」(藉各個階段中的自然律)和「特殊性」(延伸至人們的生活細節)。在此籠統的共識之內，關於神對自然事件和人間事務的參與，在細節上有充足空間容許真正的多元甚至意見不合。

對神的護理的非正統立場

就著神在自然和歷史中的參與來說，我們若從另類觀點的語境來看，基督教這個不一樣的立場就更為顯著突出了。間中有人(甚至是基督教思想家）就神的管治提出一些信念，它們無形中或甚至是明明否認了這個公認立場，更是否認了神的啟示所見證的、神本身的偉大與良善。若非帶著恐懼戰慄以至眼淚，我們就無人可以把同屬基督徒的人排擠於真基督教之外，但不幸的是，這種事間中也得發生。在神的護理方面，在基督教教義之外有三個主要的另類觀點，為所啟示的神的本性與品格，以及為基督教在神與自然和歷史的關係上的一致立場，提出了嚴厲挑戰，因此必須判定它們是有違基督教的，即使抱持並宣揚這些觀點的人，誠心相信自己是基督徒。這三個另類觀點是**宿命論**(fatalism)、**自然神論**(Deism)，和**進程神學的萬有在神論**(process panentheism)。它們不是宗派或組織；它們是就著神對自然世界及人類社會的參與所表達的觀點，在教會的平信徒中間並在講臺上流行。通常來說，持有這些觀點的人不會標榜這些名稱，但這些名稱多少說出了在基督教圈子中出現，並帶來傷害性影響的三大看法。

宿命論跟預定論不盡相同。奧古斯丁在《上帝之城》建構並確認一種神決定萬事的預定論。路德至少在部分著作中，就如慈運理和加爾文那樣是個預定論者。很多基督徒相信，神的預定就是精微護理。預定論和真正宿命論之間的不同是在於以下議題：**個人化、有目的的鋪排**。那是說，真正的宿命論否認在歷史之內、在歷史背後有一套充滿智慧的設計（鋪排、目的、參與）。在宿命論者眼中，自然和歷史（不論二者被視為分開或相連）是為盲目的力量所支配，這不但排除了有偶發性的可能，也否定了意義和目的。1980年代，在汽車保險杠的招貼之中，有一個廣為人知的口號：「混賬事經常發生！」（它事實上用了一個更粗俗的名詞）。一種常用的咖啡杯子寫著：「糊塗一生，快活一場！」這些是通俗的語句，表達了世界各地許多人常有的一個信念，這些語句甚至間中出現在基督教教會和組織之內。它們是以通俗的說法表達這個世界觀：自然事件與社會政治事件不過只是發生而已，並沒有背後的鋪排或目的，因此也沒有終極意義。自然為一個純粹鐘表製造者所管治；歷史只不過是無意義的連串事件，沒有目的或方向。宿命論在這個虛無主義的世界觀上，加上「要發生的總會發生」，所以我們人類需要尋找方法來適應（即使不是享受）那無可避免的一切。

基督徒怎麼能抱持上述所說的宿命論呢？說到全然擁護宿命論的個人或團體，真基督教是沒有的，但毫無疑問，基督教教會有很多成員是抱著宿命論的世界觀，而非相信神的護理。筆者聽過基督徒無可奈何地歎道：「歷史無意義」、「這世界非我家〔因為它是由命運支配，所以是無意義的〕，我不過是客旅」。宿命論經常披著超級屬靈的外衣出現，支持它的人把它跟一種他世的關注結合起來。自然和歷史是由盲目的力量所支配，在自然和歷史之內沒有意義存在，但有一個純然屬靈的天堂，可在那裏找到意義。某些存在主義神學家似乎接受了這種類似諾斯底的二元論。德國存在主義者布特曼是新約學者兼神學家，他嚴格區分**歷史**(*Historie*，普通世界歷史發生的事情) 與**史事**(*Geschichte*，個人歷史、自我了解、心理精神歷史的範圍)，把意義和目的限於後者之內。宿命論以眾多面貌出現，有些似乎很屬靈，然而看仔細些，所有宿命論都是跟聖經的見證和歷史的基督教共識對立的。如果神是在掌管著(不論是不是絕對控制)，那麼自然和歷史就不可能毫無意義地被盲目力量、純粹偶然或機械性的因果律所支配著。

另一個有關神的護理的基督教信仰另類觀點是**自然神論**。自然神論是一個籠統的類目。在此它是指在18世紀的歐洲及北美，與啟蒙運動及科學革命一同發展起來、逐漸變得重要的一種世界觀，傾向把神的護理推到一個一般性的範疇。那是說，自然神論看「神的護理」(自然神論者常以此語代替**神**) 是神所制定的一套管理自然和歷史的自然律。在大多數自然神論者眼中，自然和歷史充滿著意義和目的，但是神卻非遍在(親切臨在、直接參與)，也不介入。在一幅經常與自然神論拉上關係的圖畫中，神被描畫成是宇宙的一位鐘表製造者，祂創造了宇宙，讓它按著存在其機械中的自然律不斷操作，然後置之不理，也許除了作為一個旁觀者外。到底這一幅圖畫是不是18世紀所有自然論者(例如托蘭德及廷得爾) 的忠實寫照，固然有辯論餘地，但一般的自然神論傾向以這樣的方式來看自然和歷史。(其實自然和歷史不是被盲目的偶然或命運，而是被神所設定的自然律所支配著。) 它為何不符合基督教的教義？原因很簡單，因為它給予世界太多自主，傾向把神推向宇宙的一個不置可否的、缺席的地主位置。流行曲〈遙不可及〉(“From a Distance”，1990年初播) 正好描畫了神與世界之間這樣的一種關係。那麼，在自然神論中，神是存在的，並且在世界起頭時祂是參與的，可是從現在以至不能確定的將來 (也許永遠)，祂都是不參與的。

這麼一個神，可以有惟一的真正價值是，祂可以作為世界起源的解釋 (這是自然論——即或借助大爆炸論——所不能提供的)，並且作為道德律的授與者。偉大的德國啟蒙哲學家康德 (1804年卒) 可算為自然論者。對他來說，神這概念的主要作用是保證道德的客觀性。如果沒有神，是非對錯就難有客觀意義。然而，這麼一個「神」，頂多也只是聖經那位緊密地參與世界、既超越又遍在的神的影子；聖經的神的創造和管治活動是繼續不斷的，祂以恩典、憐憫和力量介入自然和歷史。在自然神論的世界觀裏，禱告祈求是無意義的。自然神論今天存在嗎？毫無疑問它是存在的。本地一份報章在一篇描畫社會領袖的個人信仰的文章裏，提及一位科學教授，任教於一所著名的基督教大學。他承認自己是自然神論者，卻又是循道會會友。

在神的護理的基督教信仰之外，第三個主要的另類觀點是**進程神學的萬有在神論**。萬有在神論有很多種，全都相信神和受造世界是永恆共存、互相依賴的兩個實體。進程神學是20世紀的一種哲理神學，滲進並破壞了屬於所謂主流新教的大片土地。它取材於懷德海及哈茲霍恩二位哲學家在形而上學方面的臆測，並嘗試將之與本於聖經的信仰結合起來。可是到了最後，進程神學卻為前者而犧牲了後者。據進程神學的萬有在神論主張，罪惡和無辜受苦——諸如20世紀的屠殺猶太人事件——都不是神使之發生的，甚至也不是神容許的。進程神學的萬有在神論全然拒絕任何有關神的主權與護理的傳統解釋，以求解除神要為種族屠殺負上的責任。他們聲言，假如神能夠阻止奧斯威茲 (Auschwitz，譯按：位於今波蘭的納粹集中營) 事件，祂應該早就那麼做了。既然祂沒有出手阻止 (但祂能夠)，那麼祂就不是完美的善。假如祂早已預定了它的發生 (精微護理)，那麼祂就是邪惡的。

進程神學家例如撰寫《神與世界》(*God and the World*) 的柯布 (John Cobb) 提出，神在面對一個頑固不馴的世界時，祂惟一採用的解救方法，是**勸人從善**(divine persuasion toward the good)。神並非全能，也不能介入以防止或中止惡事。世界不是神的工程，神不是它的主管，祂不是掌控世界的。但是，雖然如此，柯布及其他進程神學家卻自言相信神的護理。那怎麼可能？據柯布所見：「它再不是指神實行一種霸權，促使一切按現時的樣子發生。它反倒是指祂對無論有何相關的人事，實行一種最有效的勸說能力。」[7] 故此，除了說神是能夠誘使世界看見祂之最高的善的願景之外，神毋須為世界負責。然而，神完美的旨意是永不會達到，永不會成就的。進程神學主張，神的國是時刻在來臨之中，卻永不會來到的。這個有關神與世界的關係的看法，即或可解開神與罪和惡之間的牽連，卻為此犧牲了神最終得勝的一切希望，就是祂勝過自然和歷史因人類墮落罪中而有的敗壞。而且，它削弱了代禱的功效，無可避免地把神描繪成是可憐的無能者。進程神學把「謀事在人、成事在神」的格言反過來，告訴我們：「謀事在神、成事在人」。那可不是基督教。

基督教信仰在神的護理的不同看法

關於神對自然和歷史的護理、預備及管治，基督徒中間已有相當程度的一致共識(本章上文已交代過了)，但是他們就神的主權—特別在人的自由和罪惡的問題方面——所建構出來的，是不同的理論和看法。所有基督徒都同意，神是至高無上的(即使有些基督徒特別有很重的改革宗傳統，主張至高無上的統治權的意思，必然是指精微護理，基於神是一切的因)。可是，至高無上是甚麼意思呢？相信神至高無上的統治權和護理，是不是必然包括了相信例如神預定了人類之墮落及其一切惡果之類？相信神的護理，是不是必然包括了相信神早已命定了、不知怎樣神秘地定意讓患病和被虐待的兒童遭受痛苦？基督徒是不是必須相信，神早定意有屠殺猶太人的事件並使之必然發生(即或只是藉著各種次因)？經過多個世紀，以上問題和答案，導致基督徒對神的護理的詳情有各種不同的見解。我們已經看見，最低限度，

7 John B. Cobb Jr., *God and the World* (Philadelphia: Westminster Press, 1969), p. 90.

基督教教義確認神是掌管著自然和歷史的，沒有一件事可以沒得其允准而發生，一切發生的事都是有意義和目的的。神把每一件事都納入了一個計劃之內。可是，神會冒險嗎？抑或，每一件事發生都是暗中被神首肯，由祂編定？

基督教思想家對神的護理產生了三種主要的詮釋，全都有神的啟示、基督教歷史、基督徒經驗和理性作為根據，因此足可成立。換句話說，即使三種詮釋不可能同樣真確可靠，每一種卻是可能成立的觀點，應該容許三者並存於基督教羣體之內——即使有某些宗派選擇只接受其中的一種觀點，而排除其餘二者。這三種觀點就是**精微護理**(meticulous providence)、**有限護理**(limited providence)和**開放有神論**(open theism)。新教特別把第一種跟慈運理和加爾文所奠定的改革宗傳統拉上關係，但是它其實至少可追溯至5世紀初的奧古斯丁。第二種觀點特別與亞米紐斯和自稱亞米紐斯派的有關，不過有許多從沒聽聞此名或以此為名的，也抱著類似的觀點。第三種是比較新興的觀點，可以視之為對第二種觀點的修正。在此我會簡介和逐一檢視它們，並說明為甚麼每一種都能和那正統的、公認的基督教信仰共容。

我說過，**精微護理**是奧古斯丁、慈運理和加爾文的觀點。他們雖然各自增補意見，但理論的精意是相同的：神有絕對而精密的計劃、旨意和操控，故此自然界沒有「游離份子」(偶然、混沌)，而歷史也沒有「神的冒險行動」。無論自然和歷史發生的是甚麼，總是完全地、百份之百是神的旨意，不只是被神所允准的。

這個觀點裏，在神的預定和神的允准之間的區分是有問題的。[8] 若干支持此說者當說到神跟罪和惡的關係時採用「允准」之類的措詞，但他們表明，神的這個「允准」從來都不是被動的，而是主動的，因為神定意要讓它發生，雖然不是實際上直接使之發生。有人以「使之必然發生」(rendering certain)一語去談論自然和歷史的細節，他們會說，神甚至使罪和惡「必然發生」，但祂使之發生的方式，是不須為此擔負

---

8 有關神的護理的這個看法，用了一本書的篇幅作靈巧闡釋並推薦它的有 Paul Helm, *The Providence of God* (Downers Grove, Ill.: InterVarsity Press, 1994)。

罪責的。據此看法，神對自然和歷史的主權包括了神是一切的因，但使事情發生的方式則有直接的、無媒介的和某些間接的——藉次要的因或更次要的因。據基督教哲學家兼神學家希爾曼所見，這個觀點(他認為它不僅是一個可能的選擇)是相信：神永不冒險。世界的一切都是在神意料之內，完全跟神想望的一樣。不過雖然如此，支持此說者還是不得不提出進一步的微妙區分：神對萬事的「想望」(want) 或「定意」(will)，方式不盡相同。神雖然可以**憧憬** (wish) 祂最終的善 (例如祂的榮耀) 能夠不藉著例如屠殺猶太人等惡事達成，但祂還是**定意**大屠殺的發生，因為為了那最高的善，它無論如何總是必要的。

精微護理的觀點尤其盛行於保守派新教(特別是根源於改革宗傳統的) 的學者和牧者中間。它從一些表現神統管自然和歷史的經文，特別是羅馬書九至十一章得著支持，在該處使徒保羅把一切歸因於神奧妙、至高無上的旨意與行徑，禁止人從世界現象出發，反對神的神性。精微護理為很多一心探求悲劇意義的人帶來極大的盼望與安慰。相信每一件慘事無論如何都是為了一個更大的目的，又是為神所管理的，對很多基督徒來說是極大的安慰。

再者，理性似乎是支持精微護理的。既然神是神，按常理而言，那怎麼能有任何事情——即使是至最瑣屑的事——逃得過祂的掌控呢？這麼一個神——祂要處理一些因冒險而有的意外後果——真的會是神嗎？這麼一個存有是「想像之中沒有較之更大的存有」嗎？深具影響力的改革宗神學家及護教士史普爾 (R. C. Sproul) 在其著作及廣播節目中，暗示精微護理之外的惟一選擇是無神論。那不是說，凡拒絕精微護理的人實際上都是無神論者，反倒是說，史普爾及其他持類似立場的人只是相信，凡拒絕精微護理的真基督徒，思想並不清晰。[9]

另一方面，批評精微護理的基督徒之所以拒絕它，是因為他們看不見它有甚麼法子可避免叫神成為罪與惡的編寫者——連支持該說的許多基督徒也希望避免這個。一位倒轉矛頭反對精微護理的改革宗神

9 參 R. C. Sproul, *Not a Chance: The Myth of Chance in Modern Science and Cosmology* (Grand Rapids, Mich.: Baker, 1999)，以及*Almighty Over All: Understanding the Sovereignty of God* (Grand Rapids, Mich.: Baker, 1999)。

學家，在南非的種族隔離政策下頗有力地表達了以下見解：

> 叫人苦惱的是，世界上發生的事情，有很多不是神的旨意(路七30及聖經所記的每一項罪)、跟神的旨意相反，是出於我們生在其中的、不可理解、荒謬的罪：大部分人都活在其中，以色列沉溺其中，就連「聖人」(大衛、彼得)……也一生為此掙扎。神對此只有一個行動方案，就是把它與基督全釘在十字架上，一同埋葬了，藉此作出補贖。要是嘗試以神的計劃這概念來詮釋那一切東西，就會造成無可忍受的困難，而因此產生的例外情況，倒要比合乎常規的多。然而，最重要的反對理由是，神是有一個計劃的這個想法是跟聖經的信息相反，因為如果神以能力來對抗並為之犧牲祂的獨生子，竟然不知怎地是祂永恆計劃的重要部分，神自己就變得不可思議了。[10]

另一個基督教解釋的主要選擇是：**有限護理說**。在此**有限**是指**自限**而言，因此說相信，神**本來可以**在各個細節上支配著自然和歷史的，但祂選擇不那樣做。相反，在這個觀點中，神限制自己，為使自然和人得著有限的、某程度的自主。有限護理把神看作是當前**有權**(*de jure*)統管自然和歷史，但**實際**(*de facto*)沒有實行至高無上的統治；惟有到了將來，祂的國度完全來到之時，神才是既**有權**又是**實際**掌管一切。這個觀點意味著必須相信神有冒險的可能，即使神早已知道受造世界(自然和歷史)將會發生的一切細節(包括罪和惡)，祂之決定創造這麼一個世界而實際創造了它，還是一個冒險，因為世界之內發生了不少事情是在神理想旨意之外的——包括祂藉耶穌基督在十字架上受苦至死。這觀點肯定了神有支配一切的能力，並肯定了正在發生的無論是甚麼，都是經祂允准的。只是據它的描繪，神在護理過程中使事情發

---

10 Adrio König, *Here Am I: A Believer's Reflection on God* (Grand Rapids, Mich.: Eerdmans, 1982), pp. 198～199.

生的方式是較一般、不是那麼特殊或仔細的。上文引述那位來自南非的修正主義改革宗神學家明確表達了這個觀點：

> 較恰當的是從這個觀念出發：神的意念中有某個目標(約、神國或新的大地——全是從不同角度看同一件事)，祂會與我們同工、不要我們同工，或甚至違反我們的意願而達到它。譬如以下例子：祂與我們同工引領世人相信祂；祂不要我們同工而給我們新的大地；以及祂跟我們的意願相反，在真理之內使教會合而為一。[11]

偉大的基督教講員和作家陶恕(A. W. Tozer)在其名著《認識至聖者》(*The Knowledge of the Holy: The Attributes of God: Their Meaning in the Christian Life*)的〈論神的主權〉("The Sovereignty of God")一章裏，表達了一種有限護理的觀點。他用一個日常例子，說明在祂的護理之內神與世界的關係。神就如遠洋輪船的船長，要把船從紐約越過大西洋駛到英國的利物浦去。途中船上發生了許多與船長意願相違的事情，但他仍容許它們發生。然而船上發生的一切，無一會阻止它到達目的地，那正是船長以其足可勝任的本領，堅定地駛向的目的地。神對待自然和歷史也是如此，實行有限度的護理。人類之墮落以及其一切後果都不是神的旨意，猶太人大屠殺和垂死孩童的痛苦，當然也不是神的旨意。祂允准它們。為甚麼？基督教哲學家彼得森(Michael W. Peterson)在《邪惡與基督教的神》(*Evil and the Christian God*)中提出，神允准一些無故的惡(在達致更大的善上不必要的惡)，好保全世界的自由和道德責任。假如神插手去制止每次所發生的無故的惡，世界就會是一個全然不一樣的地方了——一個缺少了明顯的道德自由所必需的風險的地方。[12]

有限護理說的批評者(例如史普爾及其他堅決相信奧古斯丁／改

11 同上，頁199。

12 Michael Peterson, *Evil and the Christian God* (Grand Rapids, Mich.: Baker, 1982).

革宗的精微護理說者）看它是不合理性、不乎合神的啟示。很多最嚴厲的批評者認為，有限護理說——尤其為非改革宗基督徒廣泛接受的一個觀點——過於尊重人類的自由和行動，對於神的權能、神的主權則過少著重，並要求人相信無因之果。即是說，假如連神都不是人類罪行的終極之因，那麼，甚麼才是它們的因呢？批評者議論說，不可能是意志，因為意志本身是依賴意欲推動的。人類主要的意欲從那裏來？支持精微護理說及有限護理說的雙方之間的爭論，只要基督徒一天還在「對著鏡子觀看模糊不清」、還未「面對面」的時候，必然仍會繼續下去。雖然如此，雙方都應該接納大家同是屬於神那獨一不可見的大公教會基督徒，曉得這場論戰何時及何處停止，並且不計較細節上的明顯差異，彼此攜手合作、同心敬拜。

第三個觀點是在正統基督教之內最備受爭議的，若干傳統的基督教思想家（特別是全心擁護精微護理的）會把它歸類為「在基督教共識之外的另類觀點」，即異端一類。它被賦與不同的名稱：**開放有神論**（open theism）及**神的神學的開放性**（openness of God theology）。它先是由一本書的五位作者介紹給基督教教會作為考慮對象的，該書名《神的開放性——對傳統神觀一個基於聖經的挑戰》〔*The Openness of God: A Biblical Challenge to the Traditional Understanding of God* (Downers Grove, Ill.: InterVarsity Press, 1994)〕。尤其與開放有神論相關的這個看法，也在《冒險的神——護理神學》〔*The God Who Risks: A Theology of Providence* (Downers Grove, Ill.: InterVarsity Press, 1998)〕一書中經作者桑德斯（John Sanders）詳細闡釋。差不多所有開放有神論者之前，都是相信有限護理說的。他們的轉變，始於研究該理論的一些困難，例如，既然神以其絕對、確實的預知能力知道了要發生的一切，祂怎麼能冒險呢；又例如，既然神毫無差錯而且及於微末地知道人要做的一切（他們不可能有別的行動），那麼人怎能有真正的自由意志（跟預定論不相容的自由意志，這自由意志容許人可以有別的行動）呢。開放有神論者以新的眼光探索聖經，發現有大量故事說到神為回應人的祈求改變主意，他們下了一個結論：有關神的護理的兩個傳統看法都錯了。他們重新定義神的護理，把它解釋為是神在自然和歷史的框架內對人類豐富而具權能的回應。據開放有神論的看法，神並不是絕對肯定知道未來要發生的一切，但祂能夠預測事件並作出回應，好叫祂對未來的終極旨意永不受挫。

開放有神論是一種較新興的觀點，只可作為有限護理說的修正案。那麼，它是一項重要的修正，但它在神的主權方面，仍保留著基督教觀點的要素。據開放有神論的觀點，神是全能、又是與人有相互作用的，祂確保祂對歷史的旨意必定成就。進程神學否認神的主權與能力，開放有神論則沒有這方面暗示。它也沒有任何暗示宿命論的意思。開放有神論傾向認為精微護理說太接近宿命論，認為有限護理說是有矛盾而不穩定的中間立場，又認為進程神學為遷就懷德海的有機哲學，無可救藥地過於自由。他們試圖要建構一個新的觀點，回到聖經的神去：祂一方面與人類有全面而個人化的相互作用，一方面始終仍是在主管甚至在主宰著的那一位。桑德斯把開放有神論或神的旨意的冒險觀點說得最妥貼：

> 綜觀聖經的內容，我們看見神和人類進入真正的付出與接受的關係；神想要的不常發生。人們形容神的本性是關愛、智慧、信實、全能，這就促使我們想到，神至高無上的統治權(神的主權)是一般的統治權，在其中神選擇在宏觀的層面上調控大部分事情，而對某些事情，祂則選擇進行或不進行微觀調控。這是出於神的主權。憑著恩典，神讓人類擔任一個角色，在人類歷史的發展上與祂同工。神給我們提供操作「空間」，如此一來，若干祂喜歡看見達成的目標，就有不發生的可能性了。雖然如此，神還是滿有恩典地與我們同工，豐豐富富、充滿創意，為使祂的整體計劃得以成就，與重要的他者建立愛的關係。神依然與我們同工，為未來開發種種新的可能。神始終如一地向著祂的遠大目標努力，而在怎樣實現這一切上則保持靈活。[13]

13 John Sanders, *The God Who Risks: A Theology of Providence* (Downers Grove, Ill.: InterVarsity Press, 1998), pp.235～236.

開放有神論的批評者經常把它視為一個稻草人，並沒有先公平地描述它，然後才指出它真正的弱點。許多最苛刻的批評者是來自改革宗的神學家，他們反對開放有神論的理據是反對一切有限護理說(譬如一般的亞米紐斯主義)的舊調。有批評者試圖把它與進程神學的萬有在神論混為一談，那明顯是個錯誤，因為開放有神論確認**從無造有**的教義，並肯定神的全能，以及神會採取超自然的介入，在祂的國度裏實現祂心中歷史的終極結局。比較謹慎公道的批評者認為開放有神論靠不住，因為它跟基督教教義的偉大傳統中有關神的絕對全知(包括祂的預知教義)並不協調，而且它很難解釋一點：神怎麼能夠預言那些視乎人的決定和行動而定的未來事件，而這些決定和行動從道德來說人似乎是有自由和責任的？無疑，開放有神論必有其弱點，到底它會否被批評者擊敗，從此消失或離開真基督教的範圍，還有待觀看。不過，至今還沒有充足理由把它定為異端；有關神的主權與護理方面的詮釋及看法，開放有神論應當被視為合法選擇之一。

基督教在神的護理的綜合觀點

就神對自然和歷史的主權來說，雖然基督徒之間在細節上有重大差異，但整體還是需要重新發現一個獨特的基督教觀點，並同心擁護。不論所選擇的觀點是奧古斯丁－改革宗所主張的精微護理的強硬立場，或是東正教－亞米紐斯主義的有限護理說，或是當代的開放有神論，都可以跟那偉大傳統和應，與各處的真基督徒異口同聲說：「罪惡雖然好像得勝，天父卻仍掌管」。在神的主權和護理方面的統一觀點，必定力求忠於神藉耶穌基督及聖經見證所傳的啟示，並忠於基督教思想偉大傳統的輪廓。它必定避免那些否認神對歷史懷有目的和結局的世界觀，諸如宿命論、自然神論和進程神學的萬有在神論等。它必定力求避免落入兩個極端：使神成為罪和惡的編寫者，由是淡化了罪之為罪、惡之為惡，而讓神的本性受到質疑；又或把神隔離，使祂不能在世界中有緊密而具權能的參與。

依筆者及許多別的新教基督徒所見，就神的主權和護理來說，統一觀點的基礎在於或大約在於本章所稱為有限護理的觀點之內。隨你叫它甚麼都行，它是世界各地大多數基督徒所持的觀點，又是在5世紀奧古斯丁之前為所有早期教父所確認的惟一觀點。它結合了一些某程度上互相對立而重要的基督教教義，例如神親切地關顧自然和歷史，以權能參與在自然和歷史中，以及人類的道德自由和責任。它看神是肯定在掌管世界的，卻沒把祂描繪成是調動每個人和每件事的偶戲師傅。它解釋了聖經啟示所存在的分歧，例如聖經記載，耶穌教導祂的門徒禱告說：「願你的國降臨在地如若在天」(假如神的旨意像精微護理所聲稱的總是得到實現的話，這樣禱告有甚麼意思呢？)，又教導他們說，神「看顧麻雀」。

9

人

從本質來說是美好的與從存在來說是疏離的

自從17和18世紀的啟蒙運動開始，西方思想家——包括了凡俗的及宗教的思想家——把很大的注意力集中在人類的本性上。英國作家波普借一首小詩表現理性時代精神的其中一面：「所以要認識自己；別要追求去研讀上帝；人類應該研究的，是人」(*Essay on Man*)。在那稱為啟蒙運動的文化革命還未出現的時候，大多數人以為他們知道人是甚麼。至少他們普遍同意，人是神按著其形象樣式所造的、一種特別的受造物，由身體和靈魂所組成，雖然墮落了，還是可以被救贖過來。

基督教信仰在人觀的議題和爭論

啟蒙運動的浪潮就有關人類本性的這個一致立場，提出了一些嚴肅的問題。整個19世紀以至20世紀自然主義的興起，似乎把現代科學及以人類為萬物之靈的信念，放在互相對抗的形勢上。理想主義的哲學家及形形式式的神秘主義，在進化論的新發現和理論的挑戰下，試圖指出人類的自覺力和超越自我的能力，以保住人類獨特的本性。總而言之，人性這個問題在20世紀以前所未有的方式及特殊的迫切性，登上了哲學、科學與神學舞臺的中心。

然而，早期的基督教思想家和教父在他們那多元的希羅文化下，曾就人類的本性與人類的光景的問題，費煞思量。在他們周遭有許多不同的人觀，他們不得不發展出一套籠統的基督教信念，抗衡其中的一些觀點，特別是當它們已滲進了教會之時。人類是大小神明的手下嗎？諾斯底主義者提倡，人類(或部分人類)有內在的神性，這為承傳自使徒的基督教構成了最重大的挑戰。面對這一切古今的挑戰，基督徒從聖經素材建構出一套有關人類的本性與存在的大致共識。這一套共識很少，甚至從來不曾像在耶穌基督和三位一體方面的基督教立場那樣，被列為教理——不可或缺的教義。甚少基督教教會的教條或官方認信文詳列這課題的必要信念。不過，仔細研讀教父以至中世紀的基督教思想家、新教改教者及近代基督徒的思想，就會為我們揭示一套令人驚訝的信仰共識，足以使基督教從一切凡俗哲學及異教哲學中脫穎而出。

可惜的是，時下許多基督徒，除了略懂皮毛之外，對基督教人觀這個公認的傳統立場幾乎毫無認識。他們或會曉得，基督教相信人有物質和靈性兩方面(身體、靈魂)；他們或會曉得，基督教教導，人是按著神的形象樣式造的，不過他們已墮落在罪中。可是他們倒是經常沒為意，這些關於人的概念，到底是指甚麼和不包括甚麼。譬如說，許多基督徒把相信人有靈性的一面，當作是一種和諾斯底主義相若的信念，即相信人有內在的神性。他們又經常傾向循此方向解釋「神的形象」(*imago Dei*)，或以為神的形象是指人神之間一種形體上的相似。最後，關乎原罪(墮落)的教義，對時下大部分基督徒來說，都是莫名奇妙的，而且很快就給忘了。當許多非基督教的人觀正在滲進教會時，基督徒才重新發現在人類的本性和存在，真正的基督教立場的確很重要。

關於基督教人觀，有哪些主要的議題呢？尤其突出而重要的議題有三個：一、人的二重性：既是自然—物質，又是超越—靈性的；二、人的地位：作為按神的形象樣式而造的受造物；三、人的光景：既是墮落、帶著罪性、與神疏離了，也是有其自身真實的存在。這三個議題可以用表面上二選其一的問題去表達，問題的答案全都是一個理直氣壯的**是**。人類是大自然的一部分，抑或是在大自然之上？(這問題的另一提問方式是：人類是必朽的，抑或是不朽的？) 人類的本性是善良或是邪惡？人類由於犯罪所以成為罪人，抑或人類因是罪人所以犯罪？這些都不是故弄玄虛的問題，而是指向基督教信仰務求要保存的，一些有關人類的本性和存在的正反面信念。

根據基督教的一致立場 (這與其他大多數人觀形成對比)，人**既是**動物 (必朽的自然界生物)，**又是**超越自然的存有 (靈性的、擁有超自然的特質、不朽的)。根據基督教，人在本質上**既是**美善的，從實存的角度來説人**又是**與神疏離的。根據基督教，人**既是**因犯罪所以成為罪人，人**又是**無時無刻不背負著罪人的身分。可是，這些雙重信念引起了不少混淆、衝突和爭論。我們會在本章探討基督教在這些事情上的基本信念，繼而按此基督教人觀 (人類的本性和存在的觀點) 對一些另類看法進行檢視。然後我們接下去，就基督教內部在人觀方面幾種稍微不同的信念，作出説明及嚴格的評審，最後就一個既忠於信仰，又切合時下文化處境的統一性的基督教人觀，提出幾點建議。

基督教在人觀的立場

基督教在人類的本性和存在這個議題上，有三大方面跟其他大多數的人觀形成強烈對比。第一，**人既是動物** (大自然裏的物體) 和**靈／精神的** (spiritual；在自然和物質的存在之上的存有)。第二，**人是神特別的創造物，擁有神的恩賜，即神自己的形象樣式**。第三，**人生下來是「損壞了的善」，因為他承襲了一種靈性上的腐敗，這腐敗之害侵入了人的每一方面，無可避免地導致個人對神的違逆之舉** (即是説，即使在他們「犯罪」以前，他們早是罪人)。第三個信念在基督教神學稱為「原罪」(original sin) 和「遺傳的敗壞」(inherited depravity)。

正如本書討論過有關基督教教義的其他情況，在每個情況下，無論基督徒或非基督徒都有一個傾向，要以某一種理解來定義該項教義。這做法是我們在這裏要避免的。例如，基督徒一向相信，人是由身體和靈魂組成的，既有自然的部分 (他們出於泥土)，又有超自然的部分 (他們有一份超自然的額外恩賜，使他們不朽，並使他們與神有必然的關係)。有人把這個公認的基督教人觀，當作是對這人觀的一些具體理解，譬如「三分法」(trichotomy)，那是說，人由三個不同甚至可分割的面或質所組成的：靈、魂、體。並非所有基督徒都相信三分法，不信三分法也不意味著否認人不只是動物這個信念。我們要分清主次，辨清哪些是在多個世紀把基督徒連結起來的**基本**信念，哪些是**細節**，為部分基督徒就基本信念的意思及其含義而有的臆測。基督徒一向相信，人是按著神的形象樣式而造的，因此人是在其他受造物之上，擁有特別尊貴的地位和價值。若干基督徒把這信念等同於對神的形象的某種理解。這是要避免的事。

基督徒一向相信人是有罪性的，需要藉聖靈以及神在基督裏的恩典獲得救贖。可惜若干基督徒卻把這個基本而重要的信念(人有原罪，有從遺傳而來的全然敗壞)等同於對這信念的某種神學理解。譬如，某些基督徒簡單地假設了「原罪」是指人一生下來就擔負著亞當和夏娃的罪；某些基督徒以為，如果不信遺傳的罪咎或共有的罪咎(federal guilt，指與亞當聯合成一)，就是否認原罪了。那根本不是真實的情況。

在此我們的工作和方向是，盡量簡潔地闡述基督教在這些事情上的大致共識。若要做到這一點，我們面對一個困難，就是有關人類的本性和存在的這些基督教觀點，很少在權威的書籍或認信文中明確表述。它們主要是停留在背後假設的層面。整體教會很少高舉它們作為基督教信仰必要的信仰，就像高舉基督的神性或三位一體教義那樣。雖然如此，當我們細看聖經、教父、改教者，以至歷代多個具影響力的基督徒作者的著作，我們就會看見，這些基本信念一直以來早已為人所接受了，即使在教義辯論中不會經常提到它們。

基督教看人是**動物，而且更多**。那是說，人是動物。我們是以「地上的塵土」(創二7)造成的受造物，是短暫、有限、物質的存有，結局是肉身的死亡。聖經的啟示到處假設了人是動物(會傳宗接代的生物)，並且從聖經對人類的諸多限制、疾病、肉身的脆弱與死亡所抱的現實觀點，反映了這個信念。尤其舊約聖經，特別有許多經文提到人是「塵土」，指出了人的有限、物質的存有、肉身的軟弱和最終必死等事實。若干基督徒曾被誘惑，把「塵土」和「肉身」視為邪惡的載體或器皿，或視之為不過是真人性的器皿，他們相信，真正的人性本質上是非物質的、靈／精神的、甚至可能是神性的。這個看法與其說是接近希伯來聖經的人觀，不如說是接近古希臘的人觀。在希伯來人和早期基督徒看來，人的肉身部分是神美好的創造之一——是一份恩賜——即使是一個由於罪而墮落、陷於敗壞的肉身，也改變不了這個事實。畢竟，正如一位基督徒作者大聲疾呼地說：「神決不造出垃圾來。」創世記宣告了一項真理，聖經各處也支持它：甚至我們的肉身——雖由塵土造成（有限、軟弱、現已墮落）——也是神的創造物，如同神所造的其餘每一樣東西，被神稱為**美好**的！

基督教在人觀方面的這個首要信念，還有另一面，即我們雖是塵土，卻也是靈。再次，這個有關人性的基本基督教觀點惹來了不少誤會。很多人自然地假設，**靈**(spirit)是「神性物質」或「神的一點火花」。「神是靈、靈是神」是一個錯誤的等式。聖經以及基督教傳統都強烈區分人的靈和神的靈。人是心靈(soul，此字常在聖經以及基督教思想中被用來等同於在神面前的人；編按：或譯「魂」)；心靈是由身體與靈合成的。這當然只是對這些詞語在聖經中一般的粗略、概括的說法。有時候，**心靈**被用來指一個人靈性的一面，以及在經歷肉身死亡後仍然存在到復活一刻的非物質一面。可是，為了說法既統一和有系統，我們最好用**心靈**來指個別的人，而**身體**和**靈**則指心靈的兩方面。[1]故此，在聖經的啟示及大部分的基督教人觀中，人是「活著的心靈」(無可避免地與神有必然關係的位格)，由身體(自然的存在)和靈(超自然的存在)組成。有別於某些民間神學，兩者並不相當於低等和高等的人性。相反地，基督教人觀**既**重視身體，**又**重視靈性，視之為一個人類靈魂的美好創造的兩面。

捍衛三位一體教義的重要教父亞他那修在其經典之作《論道成肉身》中，確認人的雙重性——人是本質上必朽的，又是超越自然和必朽的(transcending nature and mortality)。該書沒有一樣新鮮的東西；

---

1 關於此語的這個用法，學者的支持理據見 Dale Moody, *The Word of Truth: A Summary of Christian Doctrine Based on Biblical Revelation* (Grand Rapids, Mich.: Eerdmans, 1981), pp. 170～187。

亞他那修不過是在一個眾說紛紜的場景下，把他當前的基督教共識概括起來，而由於他的聲望與權威，他所寫的無論是甚麼，都被印證為具有特殊價值。這位4世紀的埃及主教兼神學家在該書中肯定，人(包括耶穌基督)從本性來說是必朽的，「本質上非永恆」，可是人也擁有一些來自神的額外恩賜，例如不朽與不腐敗。[2] 西方教會兩位偉大的教父特土良和奧古斯丁，也教導人的雙重性，他們以後所有重要的基督教思想家亦然。在基督教人觀這第一方面的主要分歧(顯出了那更基本的一致性)，是在教導**三分法**(trichotomy，每個人由可區分的三方面或三個構件所組成——靈、魂、體三種可分割的實體)和教導**二分法**(dichotomy，人有可區分的兩方面)的神學家之間。這種爭論很少導致被逐出教會或定罪，大致上是屬於意見分歧一類的爭論。20世紀的中國基督徒作家倪柝聲大力提倡三分法的人觀，以致許多平信徒和牧者以為，那是聖經的**惟**一觀點，但歷史上絕大多數的基督徒(包括大部分教父及改教者，以及大部分近代的新教學者)都是持二分法的。[3]

有關基督教人觀的第二個重要信念是：人在**本質上是美善的**。也許這種基督教人文主義的一個較貼切、較不誤導的表述方式是：人性本質上是美善的，**因為它是神的形象和樣式**。如果問大部分基督徒，到底人性本善或本惡，答案往往會肯定了人性本質上是惡的。然而，神在耶穌基督身上的啟示、聖經的見證以及基督教的公認傳統，都肯定了人性的本質是善的。那麼，人的**本性**是甚麼？人性是由神所造的，是神依然視之為屬於祂的、創新的、特別的創造物。根據聖經的見證，神宣稱祂所造的一切都是「美好」的(創一31)。按照所有早期教父所見，在神起初的創造之中並沒有瑕疵。

奧古斯丁經常被人誤會為視創造物(包括人性)為邪惡的，他尤其主張一切物質以至受造世界本身都是美善的。據他看來，惡只是善的扭曲，每一件受造物從本質上說都是美好的，因為神創造了它。那麼惡從何來？「惟一的惡事是一個邪惡的意志」。奧古斯丁提出，只有當

2 參 H. D. McDonald, *The Christian View of Man* (Westchester, Ill.: Crossway, 1981), p. 54。

3 關於這場論爭的概略，可參 H. D. McDonald, *The Christian View of Man* (Westchester, Ill.: Crossway, 1981), part 2, pp. 47～100。

自由意志這份美好的恩賜遭人誤用時，邪惡才侵進了這幅圖畫，並不是在人性中早藏著一顆種子或一個胚芽，導致了罪和惡的出現。這個看法把人性視為本質上是美善的，但在實存上，人由於誤用了自由而變得與神疏離。這個看法成了基督教的標準觀點，經歷新教改教運動後仍屹立不倒。改教期間有一個名叫弗喇秋 (Matthisa Flacius) 的信義宗神學家教導，人性是屬撒但的，他的觀點於是受到16世紀信義宗教會的譴責。跟在教堂裏聚會的許多平信徒，甚至——不幸地——跟許多站講壇之人的錯誤觀念相反，基督教的一致立場一直是：人性是善而非惡的。

人性之善從耶穌基督身上清楚顯示出來，基督徒相信，耶穌基督真的是人，卻是無罪之人。既然神的兒子藉著道成肉身成為了人，而祂始終無罪，那麼罪就不可能是人性的必要部分。路加福音告訴我們，耶穌的「智慧和身量，並神和人喜愛他的心，都一齊增長」(路二52)。約翰二書則責備每一個 (大概特別指那些自稱是基督徒的) 否認耶穌基督是成了肉身來的人 (約貳7)。希伯來書就清楚說明，耶穌基督曾被試探，「只是沒有犯罪」(來四15)。總之，新約聖經所啟示的耶穌基督，見證著祂真正、真實的人性，以及祂在道德和屬靈上完美的人生。

詩篇 (以及別的舊約書卷) 也見證著人性的美善。詩篇第八篇是讚頌歌，為人作為神的一份恩賜，為人之美善讚美神：「你叫他比天使微小一點，並賜他榮耀尊貴為冠冕」(詩八5)。聖經也有幾次提到，神照著自己的形象樣式造人，它從沒暗示，這形象樣式已經完全從人性中失落了。相反地，雅各書不准咒詛人類同伴，因為他們是「照著神形象被造的」(雅三9)。創世記的創造記述提到神照著自己的形象樣式造人 (造男造女！)。例如里昂的愛任紐等教父以這有關人性的概念，駁斥諾斯底主義；諾斯底主義者全都貶低人性，而高舉他們所謂在人裏頭的神性火花。愛任紐是為人類身上的神的形象提供一個比較詳盡解釋的首位基督教思想家，在他以後寫及人性的基督徒作者，無不是在愛任紐已經開始建構的解釋上，加上自己的補充。

愛任紐抓住創世記一章26節**形象**和**樣式**二詞的用法，加以發揮。許多近代希伯來學者相信，那不過是希伯來平行體的一個例子，並不指向神的形象的兩個不同向度，但愛任紐及其他早期教父則經常假設，「神的形象」是指可以因罪而受虧損卻不能失落的、人性不可或缺的一面，而「神的樣式」則指人性的命途，一旦圓滿實現，就會使神人關係得以圓滿，可以因著受到阻撓而暫時失落，卻不會因此使人變為不是真正的和完整的人。[4] 這種區分與其說是植根於啟示本身，不如說是臆測居多；但重點是愛任紐及其他教父，以至中世紀的神學家、新教改教者及近代基督教思想家，全把人類視為受造世界之中特別的一員，我們身上有神獨特的印記；從我們自身反映了神的模樣。神的形象確實是指甚麼？人們對這個問題有許多分歧的意見和爭論，導致在基督教共識之內產生歧異，然而基督教全體一致的聲音一直是：人性本身是美好的，因為它是神自己的形象——即使只是一個殘缺。

加爾文由於強調人的全然敗壞，經常被視為基督教史上對人性最悲觀者之一，可就連他也讚美人性，或說他是為著神創造了美好的人性而讚美祂。在這方面，加爾文(與古今全體教會一致)不知不覺地是一個「基督教人文主義者」。這位出自日內瓦的改教家在其《基督教教義》中確認，人性本質上是美善的，只是從實存來說，人是與神疏離了，而且他把人性本質上的美善，與神起初照著自己的形象樣式造人(他並無區分二者)，以及在天堂裏要被恢復過來的這一點，拉上不可分的關聯。加爾文認為：

> 神的形象是在未受虧損的亞當身上發散出來的、完美優秀的人性，可是它後來給損壞了，幾乎被抹掉，以致災劫之後一無所有，除了雜亂無章的、殘缺的、受病患折騰的餘下部分。所以，雖然它現在從選民身上片面地顯出來(因為他們已在靈裏重生)，但還要留待在天堂裏才會達致完全的榮美。[5]

神的形象因著人的墮落受了多少影響，也是一個在基督教內部，

4 有關愛任紐及其他教父對神的形象和樣式的看法，良好的討論可見 David Cairns, *The Image of God in Man* (London: Collins, 1973), pp. 79～107。

5 John Calvin, *Institutes of the Christian Religion*, 1.15.4, p. 190.

並在基督教神學家之中備受爭議的課題，但所有人——包括加爾文在內——都同意，起初的人性、真正的人性、根本的人性是美善的，因為人之被造是按著神自己的形象和樣式。

基督教人觀的第三個大點，正好和第二點相對應：基督教教導和基督徒相信，**人類之存在是疏離的、墮落的、腐敗的**。換句話說，儘管人性本身是美好的，但所有人類除了耶穌基督之外，所過的實際生活都是與神疏離，並且與按著神形象所造的人疏離。這個是原罪或遺傳的敗壞的教義。不幸地，很多人以為它是否認了人類根本的善。這種錯誤的詮釋，甚至得到若干基督教神學家在大眾基督教文字作品中發揚，他們似乎不明白基督教在人類的本性和存在方面的傳統觀點。20世紀最重要的自由派新教神學家田立克相當明白，獨創了「本質上是美善但實存來說是疏離的」(“essentially good but existentially estranged”)一語，以求消除這種誤解，並且表達在啟示及在基督教所累積的反省中蘊藏的吊詭。當然，關於對實存性的疏離的一些詮釋——對原罪和因遺傳而來的全然敗壞——或會真的無形中意味著自從人類墮落以來，人性**現在**本質上是敗壞邪惡的，可是這對於原罪的基本概念來說卻全無必要。

對比根本的人性，基督教在人類實況的共識是，我們實際上的日常生活，自出生以來就徹底地被罪所滲透，有驕狂(崇拜自己)、自私、不順從神的習慣。我們的光景是，我們在屬靈上、心理上、情感上、身體上時常是破碎了的。以傳統基督教的話來說是，即使在我們自覺地、有意犯過之前，我們已經是罪人了。我們一生下來就是殘缺不全的。可是，這並不是我們的真實人性，而是我們病了的人性，它總不是我們的真本性，即或它已經成為我們的第二本性。不過，在我們人生的開頭，它早就在那裏。雖然它在我們屬靈生命中只像一個遺傳的定時炸彈，無可避免地讓我們趨向於——在我們逐漸成熟、對是非有了自覺的道德意識時——背叛神，叫我們不得不尋求神的寬赦、與神和好。

基督教有關原罪、人類遺傳的罪性這項教義，是有神的啟示為穩妥根據的。耶穌基督是為所有人——為全世界的人死嗎？是不是所有人一概都是罪人，無一例外？新約聖經及教父著作對這些問題的答案都是**是**的。中世紀的神學家及新教改教者也都同意。這不是說，在新約聖經中關於原罪的教訓，或在講説教會之偉大傳統的經典中，有關罪的教義是簡單不過的；其中的細節其實有不少含混與歧異。雖然如此，無人可以誠實地閱讀新約聖經，而對聖經之強調全人類都是敗壞的這個現實，視而不見。羅馬書特別強調這項真理，在第一和第五章尤其突出。在羅馬書五章18節，保羅寫道：「因一次的過犯，眾人都被定罪」，在接下去的一節，他寫道：「因一人的悖逆，眾人成為罪人」(羅五19)。仔細研讀新約聖經的任何一卷，就會發現其中背後有著同一假設，雖然它可能只是在字裏行間透露出來。那是基督來的原因：所有人都墮落了，需要救贖。我們全是「天生的罪人」。

這個信念——至少它的輪廓——是所有早期教父都承認的，而他們根本不覺得有需要以表述教義的方式去説明，或覺得有需要詳細交代，直到有某個具影響力之人否認它，才改變了這個情況。最先發生這樣的事是在5世紀初期，在羅馬的基督徒之間，其時有一個來自英國名叫伯拉糾 (Pelagius) 的修士來到羅馬，並且開始教導人，所有人生下來都是善良而純潔、沒有腐敗的，而且**只要他們願意的話**，他們是完全有能力按著神所啟示的旨意，過一個完全順服神的人生，毋須寬赦或得著復和的特殊恩典。伯拉糾並沒否認有很多甚至是大部分的人落在罪中，他只是斷言，那並不是必然的，而所有人都有不犯罪的能力，就如亞當夏娃在墮落之前有能力犯罪或不犯罪的那樣。伯拉糾為免惹來主教大會的攻擊，不時轉換立場，但他在奧古斯丁的巨大壓力下，終於離開羅馬，逃到耶路撒冷及東羅馬帝國的其他地區，在那裏得到了若干東正教主教及神學家較和善的接待。然而，當他的觀點顯明為異端之後，他的觀點就在431年的以弗所會議中被全體基督教領袖否定。

在伯拉糾之爭中，奧古斯丁發表了多篇專文，討論原罪和從遺傳而來的完全墮落。他力言在墮落之前，人類的光景是**可以不犯罪** (*posse non peccare*) 的，但在墮落之後，我們全人類的光景就變成了**不可以不犯罪** (*non posse non peccare*) 了。他更進一步説，所有嬰兒都是在罪中成孕的，所以他們生下來就擔負著亞當和夏娃的罪。聖經沒有經文清楚明晰地支持這種說法，而全體的東正教及許多新教人士，也不贊同此說。幸好，這一項細節雖然為羅馬天主教和部分新教宗派所接受，卻不是基督教人觀的必須信念。

以弗所會議(431年)之後的基督教共識是：所有人都是在我們稱為**有罪**(sinfulness)的光景下出生的，並且自出生的一刻起，這個光景就緊隨著他，故此全人類都承受了罪(敗壞以至罪咎)，所有人都需要藉著耶穌基督在十字架上成就的工，悔改、相信並與神和好。換言之，全人類都需要恩典。神的恩典不可能只為一些人甚至是很多人的；因著歷史開頭人類的墮落，它現在已是人類的一個基本需要。我們差不多可以引述教會歷史上任何一個重要的基督教思想家在此課題上的言論，他們無不承認人有原罪，承認在耶穌基督，在神的特殊恩典以外，人是沒有能力行義的。不過既然至少有些人相信約翰．衛斯理是否認原罪的，那麼提一下衛斯理，看看他的言論，也是一件有益的事。如果連衛斯理也確認原罪這項教義，那就表示這教義是基督教全體所公認的了。衛斯理看自己是個福音派大公主義者(evangelical catholic)，他一方面熱衷於改革基督教，一方面仍忠於早期基督教教父及16世紀改教者的教導。在1756至1757年，衛斯理寫了一篇題為〈原罪教義〉(*The Doctrine of Original Sin*)的專文。[6] 在其中他聲稱以下是重要的基督教教義：

> 原罪……決非想像出來的東西，而是明明白白的事實，每天耳聞目睹。外邦人、土耳其人、猶太人、基督徒、來自各國的，能說出來的各種各樣的人。那是英國的貴族、紳士、牧師，以及商人和低下平民的作風。沒有一個清醒的人可以否認它；若不是根據原罪作為前提，就沒有人能解釋它。[7]

6　該文一個很好的摘要，見 Thomas Oden, *John Wesley's Scriptural Christianity* (Grand Rapids, Mich.: Zondervan, 1994), pp. 155～176。

7　同上，頁175。

在此文及相應的講章中，這位偉大的新教復興者和改革家確認教會一直以來的教導：因著人類歷史開頭所發生的事，每個人都是已經敗壞了的，全都需要特殊恩典以獲得救恩。衛斯理甚至進一步確認全人類都有罪咎(guilt)，不過與此同時，他確認基督代贖之死及它消除罪咎的好處，也是為全人類的，如此使得語調緩和了些。換言之，衛斯理及許多別的新教徒逐漸相信，兒童既有罪咎(guilty)又是無罪(innocent)。他們「在亞當裏」是有罪的，但「在基督裏」是無罪(或蒙救贖)的，直到他們長大成熟，有意識地故意貪戀罪惡的情慾(今天稱之為「表現出來」，“acting out”)，拒絕神和祂的兒子之時。神為基督的緣故，基於基督為人類的代贖之死，就大發憐憫，不把原罪歸咎於嬰兒。

相信原罪、相信從遺傳而來的敗壞這項教義，是不是基督教歷史的過時遺痕？一點也不是。20世紀見證了一件叫人驚奇的事，在甚至是自由派新教人士中間，也重新相信原罪這項傳統的基督教教義。賴荷．尼布爾是20世紀其中一位最重要的基督教思想家，他的肖像為《時代》雜誌(*Time*) 25週年的刊號增添光采。尼布爾普遍被視為主流新教一位溫和的自由派神學家，在其紜紜著作中，提倡復興原罪的教義，卻摒除字面的解釋，不接受在人類歷史的開頭始祖在樂園的墮落是一歷史事件。尼布爾主張並提倡一種吊詭說，後來成了他的「基督教現實主義」(Christian realism)的要義。此說是：人類是美善的，又無不是徹底地邪惡的，這邪惡是在於驕傲，無可避免地導致戰爭、不公義、自私及各樣大小暴行的產生。他的季富得演講(Gifford Lectures)以《人的本性與命運》(*The Nature and Destiny of Man*)為題結集出版(New York: Charles Scribner's Sons, 1941～1949)，雖然受到若干自由派思想家所輕蔑、叫他們失望了，但其整體影響是要認定一點，並且要說服大多數連溫和自由派在內的基督徒去接受它：人類生性(即或非經由遺傳而來)敗壞這項有關原罪的古舊教義，對今天的教會及社會來說依然適切。

以上三個普遍的基督教信念——人有雙重本性，人性在本質上是美善，因為是照著神形像造的，所有人都墮落在罪中——合起來成了所謂基督教人文主義的核心。那是一種現實的人文主義，包括了其他宗教及哲學所認識和偏重的，有關人性的真理。它認為人是有著無限的價值和尊嚴，比任何別的受造物都要尊貴的，可是同時，若離開了來自神的特殊恩典，人都是敗壞兼無助的。可是，這人文主義所宣揚的是盼望和不信任：盼望藉著神的幫助，使人性上升，不信任人的動機，連我們自己的在內。基督教人文主義跟三種主要的非正統人觀是互不相容的。我們就這三種非正統人觀來個檢視，將有助我們更清晰看見基督教的人觀，並有助說明，在現代以至後現代社會中，侵佔人們思維與心靈的種種人觀之中，基督教人觀是何等獨特。

對人觀的非正統立場

有三大種普遍為人接受的人觀，跟基督教的截然不同，它們有時候為後者帶來挑戰，就是在基督教圈子中間也不例外。這些人觀跟基督教是不能調和或共容的；它們是非基督教，甚至反基督教，一旦在教會的思想中發現它們，就應當將之揭露並加以拒絕。第一種植根並建基於自然主義，特別屬於近代的西方觀點，一般稱為**凡俗人文主義**(secular humanism)，儘管它大部分的表現形式沒有公然用這個名稱。第二種是基督教的宿敵，基督教二千年來沒脱離過它的陰影。它建基於發散論的一元世界觀，可以算是**諾斯底主義**，儘管在它出現並發揮影響時，很少用上這個名稱。第三種是在奧古斯丁的年代，由一位來自英國的修士在羅馬城及羅馬帝國的其他地區所教導的人觀，在基督教內部也不時重複出現。很少人以其專門術語——**伯拉糾主義**——來叫它，但它是一種很有力和很能打動人的人觀，在民間的屬靈觀和神學中，大概比傳統的基督教人觀還要流行。

凡俗人文主義是頗為人濫用的類目名稱——特別在某些基要派的陣營中，更是如此。在1970年代及1980年代，有幾位直言不諱的基要派傳道人及作者發起運動，要反對他們認為是在大部分公立學校裏所教導的「凡俗人文主義的宗教」。對是次就學校教育所作的宗教攻擊(一如很多教師所領會和體會的)，很多人的反應是憤慨和不屑。甚至連許多好心的基督徒也被引誘要作出因噎廢食的行動，即因少數極端分子為自己的宗教政治目的濫用了該名字，就否認凡俗人文主義可作為一種哲學而存在。毫無疑問，有一種近代哲學存在，其中心是自然論的人觀，這哲學發揮著一種強大而具滲透的影響力，而「凡俗人文主義」不過是其中一個可用的名稱。即使連提倡它的重要人物，也接受以這來指稱他們的哲學。[8]

凡俗人文主義是甚麼？庫爾茨(Paul Kurtz)以四條「基本原則」說明答案：(一)主張反對超自然〔因此有自然主義為基礎〕；(二)以人為本〔非以神為本〕的倫理；(三)堅持運用批判性思考〔跟相信神的啟示成為對比〕，以及(四)人文主義方面的關注〔跟注重神的事或屬靈的事成為對比〕。[9] 庫爾茨說，消極地說，凡俗主義把人當作是：

> 大自然的一部分，雖然人有他本身獨特的層面，例如自由。在人的思維或意識與人的身體之間並無間斷，人的個性或「靈魂」並不擁有特殊的地位，特別是人的存在在整個宇宙中，並沒有一個享有特權或特殊的位置。故此，一切有關人類不朽的主張或有關歷史終局的理論，都被認為是一廂情願的說法，對人類的盼望和幻想的本質一種虛無的理解。[10]

然而，據庫爾茨與其他重要的凡俗人文主義者的看法，它也不純粹是一套消極的哲學(只是對一向以來所信的加以否認)，更重要的是，它是積極的哲學，是一套以人為本的倫理。故此，

> 人文主義者對人充滿信心，他們相信，人類的經驗和人類的需要，是道德的惟一基礎。人文主義者反對一切超自然的、獨裁的宗教。很多人文主義者相信，科學頭腦和批判性思考可有助重建我們的道德價值。[11]

8 紐約州立大學(State University of New York)的退休教授庫爾茨(Paul Kurtz)大力維護凡俗人文主義，而且發起個人運動，以維護它作為現代科學世界中最具說服力和最有用的哲學。Prometheus Press 是他創立的出版社，出版很多表達凡俗人文主義觀點的書籍。

9 Paul Kurtz, *In Defense of Secular Humanism* (Buffalo, N.Y.: Prometheus, 1983), p. 64.

10 同上，頁65。

11 同上，頁33。

在凡俗人文主義者眼中，一切價值都是相對於人性而言；人性是衡量好壞對錯的標準。促進大眾好處的東西，就是促進每個人的幸福和自我實現，因此人的幸福和自我實現若能與全體人類的共同好處相配合，就是**最高的善**(*summum bonum*)了。不用說，這自然引起許多問題，例如：由誰來決定，甚麼才是人類最大的幸福？要是那「對於最多人來說是最高的善」要求清除一個少數派，那將如何？凡俗人文主義者對於一個不受迷信與無知(他們傾向把這些跟宗教的影響拉上關聯)所牢籠的人類社會，抱著樂觀的想法，認為它大體上是厚道的。在此我們的重點是在凡俗人文主義的人觀。凡俗人文主義看人性本質上是善的，卻不是照神的形象而造或從實存來說是疏離的；認為人是物質而非屬靈的；有諸如生物性的自我中心等問題，卻不是墮落的。凡俗人文主義者不一定是無神論者，不過就著對神、對神性或超自然事物的認識而言，他們絕大多數都是不可知論者。許多哲學家甚至美國最高法院都承認，它是一種擬宗教(quasi-religion)，因為它為許多追隨者提供了一種另類的世界觀，甚至為他們的行動主義(若非崇拜的話)提供了一個委身的羣體。

大部分基督徒可以輕易看出，凡俗人文主義跟基督教是完全迴異的。當它以有規模、公開的姿態(例如人文主義的組織或機構)出現時，要拒絕它是不難的。可是，凡俗人文主義的人觀會不會有若干影響，進佔了基督徒的思想及羣體中？有一份教會通訊勸人提防基督教人文主義的影響，把它說成是凡俗人文主義和基督教的混合體，人們因為它而留在家中不上教會，觀看電視佈道家的節目！那跟我們在此所提出來的一類問題不完全一樣。差不多可以肯定，凡俗人文主義給基督教帶來的最明顯威脅，是生活二分化的危機，促使人有可能把生活分割成各自獨立、密不透風的間隔，在某些場景下(家庭、教會、宗教團體)按照基督徒的世界觀和人觀去過活，而在別的場景下(公開場合、公司、課室)則按照一種非基督教的世界觀與人觀去過活。

然而，凡俗人文主義在基督教圈子中另一個可能影響是，採納一種完全是效益主義的(utilitarian；以生產力為本或以快樂為本的)倫理。諷刺的是，很多喊著要打倒凡俗人文主義的基要派基督徒，一方面把凡俗人文主義跟有神進化論，甚至是漸進創造論相提並論，一方面卻循著凡俗人文主義、效益主義的路線，去建設他們的基督教機構。凡俗人文主義已經那麼具滲透力地、深入地進入了社會文化的許多方面，以致基督徒不能不受它影響；惟有重新振興那嚴肅地看待人類的墮落，並以神為本和以人為本的基督教人觀，才能使基督徒和教會對它加倍提防。

在基督教公認的人觀以外，第二種主要的另類人觀是**新諾斯底主義**(neognosticism)。新的意思是「舊酒新瓶」。諾斯底主義早被解說為是早期基督教的一種發散論，其根本是一元論的世界觀，相信物質(惡)與靈魂(善)之間有一種二元論的關係。近代及時興的諾斯底主義以形形式式的面貌出現，與所謂新紀元運動有直接或間接的牽連——新紀元運動是混雜的屬靈教訓與實踐、有玄秘成分、主張以靈制物(mind-over-matter)。不幸地，許多新紀元擁護者也自視是基督徒，嘗試把他們的新諾斯底的信仰與實踐，跟他們的基督教結合起來。

新諾斯底主義／新紀元哲學趨向否認那歷史的、傳統基督教的每一項重要教義，將之作一番新的詮釋，以致面目全非。譬如，大多數新紀元信徒都相信，人是照著神的形像造的，又標榜人性本善，但他們把這項教義重新詮釋，說人裏頭有「神的火花」，構成了每個人的「更高自我」。他們經常又把轉世投胎之說混進其中。[12] 新紀元的人觀把罪降為一種屬靈上的無知——對自身的「內在神性」或「與神的連結」無知，而把**靈**或**魂**解釋成是神性物質的發散物。總括來說，新諾斯底主義、新紀元哲學及新紀元屬靈觀之所以叫人防不勝防，是在於很多基督徒以及基督教以外的人士都不能分辨，基督教之相信神的形像以及人有屬靈的一面(內在的人)，是不同於相信「人有一個神－自我」的。類似的是，很多人把禱告跟魔法混為一談。整體來說，新紀元世界觀徹頭徹尾是跟基督教不能共容的，即使兩者有一些共同點，同樣對屬靈事物抱著開放性，都是確認人類的靈性。

---

12 有關新紀元哲學的出色概覽與嚴謹檢視，參 John P. Newport, *The New Age Movement and the Biblical Worldview* (Grand Rapids, Mich.: Eerdmans, 1998)。

在基督教人觀以外的第三個非正統看法是**伯拉糾主義**，早前在談論奧古斯丁與英國修士伯拉糾之爭時已經提過。伯拉糾主義至今仍然相當活躍，就是在基督教羣體中亦如是。無論哪裏，只要人們相信，人類生下來是無瑕無疵、否認所有人都是生而陷在罪中，那裏就有伯拉糾主義。無論哪裏，只要人們默認，毋須從神而來一份超自然特殊恩典，出於人意的一個簡單行動，也可以成就一件從屬靈說是真正美好的事，那裏就有伯拉糾主義。無論哪裏，有人不過是在含蓄地宣揚一個觀點：人可以憑藉自己主動建立一種與神的正確關係(例如天助自助的說法)，那裏就有伯拉糾主義。就連一個表面看來是天真積極的運動，好比是穿上袖口印有 W.W.J.D. (What Would Jesus Do?：耶穌會怎麼做？) 的上衣，也可以表現出對基督教所抱的伯拉糾主義態度——似乎人們只要選擇去採取像基督的行動，毋須先被神的恩典所改變，也都能夠做出耶穌會做的事來。基督教道德主義以多種裝扮出現——有保守派的，有自由派的——但就著對人類行動的看法來說，它們底下全是一種基本上是伯拉糾的觀點，賦予了人性太過多的權力，叫人太少倚賴來自神的超自然恩典 (supernatural grace)。

基督教在人類的本性與存在的不同解釋

在基督教人觀的公認立場之內，有許多空間讓人作出不同的詮釋。然而，基督教各宗派一直避免在這些小事上有激烈的爭論和分化。各種詮釋大多出於個別的基督教學者、神學家所作的臆測。不過，還是有幾項詮釋，成為考驗某些基督教傳統教會之內部團結的事。由於篇幅所限，在此只能就這些分歧觀點作出最粗淺的交代。我只會提出其中的部分觀點，有許多我會略過。我將按著本章先前所述有關基督教人觀的三大信念，依次說明並作出檢視。

雖然所有基督徒都同意，人是由自然－物質的部分，和超自然－靈性的部分所組成，但對於作為一個人，這些部分一共數目多少，關係如何，基督教學者之中有嚴重的分歧。偉大的中世紀經院派神學家阿奎那從聖經及哲學論證一點，就構成一個完整的人的，有兩種可區分的甚至是可分開的實體：身體和靈魂。(在阿奎那及許多別的基督教神學家而言，**靈魂**〔soul〕一詞是指著那在肉身死後依然存在的、人靈性的一面；它也可以稱之為**靈**〔spirit〕）。就人的構造來說，阿奎那是**二分法者** (dichotomist) 和**二元論者** (dualist) 。羅馬天主教一般是依從他的觀點。故此，人在肉身死亡以後，人性的非物質部分是不死的，它依然存在和有意識的，等候復活來到，與身體再次聯合。很多新教徒都贊同這個二分法，把靈魂 (soul) 等同靈 (spirit) ，二詞間中在新約聖經中交替使用，指人那非物質而有意識的一面，特別是能夠與神相交，在身體死後依然存留的部分。

在二分法的二元論人觀之外，就是**三分法** (trichotomy) 和**整全論** (holism) 。有深受柏拉圖哲學影響的早期教父如愛任紐及亞歷山太神學家相信，人的本質有三種可區分的實體或三個層面，就是身體 (body) 、魂 (soul) 和靈 (spirit) 。柏拉圖及其希臘哲學學派所教導的人觀，跟基督教的三分人觀很相似，有若干學者認為，三分法是取材於希臘哲學，而不是神的啟示。三分法主張，魂是人類一個中介機關；它優於單純的物質身體，但在肉身死亡後不能存留。有些主張三分法的，把魂等同意識和生命能力。據此看法，靈是一個人較優秀的部分或一面，它完全超越了物質的部分和生命能力的部分，無論在肉身之內或死後在肉身之外，都能夠與神相交。

整全論是較新興的人觀，主張人是完整的一個單元，不能被切割成可分開的多種實體；魂 (soul) 和靈 (spirit) 二詞，不過用來指整個人——他雖然也是肉身，但不只是物質。[13] 整全論者認為，人是有靈魂的身體，又是有身體的靈魂，二者是不可分的。大多數整全論者必定否認死了的人任何有意識的居間的存在，反而承認人死後馬上轉到復活之境，若不然，就是轉到一個「靈魂睡了」的狀態，在其中死人是真正的死了，沒有知覺——若不說他不存在的話——直到復活來到。

以上三個看法之中，最充分考慮到整部聖經，並得到多個世紀以來大多數基督教思想家所支持的，那是二分法，但這傳統的二分法可

13 有關人類之組成，這個觀點及其他的基督教和哲學的觀點，一個出色概覽見 John W. Cooper, *Body, Soul & Life Everlasting: Biblical Anthropology and the Monism-Dualism Debate* (Grand Rapids, Mich.: Eerdmans, 1989)。

從整全論的影響受益。基督教神學家古普爾 (John W. Cooper) 稱此為「整全二元論」(holistic dualism)，在其中任何非物質的靈魂跟物質的身體之間的分離，永遠頂多是暫時的、並不是理想的；在復活來到之前，即或死人有意識，他也不是在一個理想的狀態。身體是人的身分一部分，但人在死後居間的、非肉體的狀態中，是可以而實在有意識的，「被神掌管」，直到復活之時。

神的形象的具體意思，在基督教神學家中間一直備受爭議。愛任紐相信，神的形象是指人論理的能力，以及人的靈或魂，而神的樣式則是指人因蒙救贖變得像基督的命運。在多個世紀的基督教思想史上，提出很多模式與觀點，其中有些把神的形象界定為思考能力、不朽、良知、對神話語的回應能力、自由，以及對大地的治權。沒有一個重要的基督教思想家，把**神的形象**界定為一種與神形體的相似或容貌的相似。這種種定義的問題是，它們之中大部分太狹窄和太侷限。為甚麼把在人身上神的形象界定為某一方面或功能呢？為甚麼不乾脆看它是**人格** (personhood)——是心理和靈性方面的能力與功能，超越了純粹的自然和肉體，在於其論理能力、在社交文化活動方面的需要和能力、語言和溝通方面的發展、崇拜與自我超越、自由與責任？

從來甚少基督教宗派宣佈，他們的成員 (遑論所有基督徒) 對於**神的形象**的確切定義必須抱持甚麼信念。神學家經常發展並宣揚這方面的理論，而且由於這類理論多得很，就是要在此稍作交代，也難於全部兼顧。我們的看法是，它們之中大都有真理的成分，而就每一個理論而言，它的問題是試圖以人類本性及存在的某一面，壟斷了按**神的形象**所造之人的全部意義。我們相信，最好從多個理論甚或所有理論導出真理，而把神的形象視為一個多面立體的、是人與神相似之特質的一個多姿多采的匯合，把這些特質集合起來加以整理，就可稱之為人格。

在基督徒之中產生嚴重分歧的最後一點，是關於原罪與從遺傳而來全然敗壞的細節。固然，所有基督徒相信，人類已墮落，是需要被救贖的，但其中有些基督徒相信並教導，每個嬰兒生下來都是背負著亞當的罪咎，而有些則表明不相信這個，反而主張原罪是人到了可履行責任之年，自己所犯的罪。人有從遺傳而來的罪及全然敗壞(例如，人的意志是受拘束的)，這是奧古斯丁－信義宗－改革宗傳統的基督教人觀之中，有關原罪的最有理據和最普遍的看法。奧古斯丁及他的跟隨者在對抗伯拉糾主義及半伯拉糾主義之時斷言，全人類都在亞當裏墮落了。「在亞當的墮落中，我們全都犯了罪」，這是17和18世紀教導清教徒學童的語句。這個看法説，人類是「沉淪的大眾」，無一不需要從神來的恩典(藉洗禮或歸信基督)，而能免去被定罪的結局。那是斷定，即使嬰兒也要被撥歸地獄，除非按照較傳統的信義宗及改革宗神學所言，他們是在(預定得救的)選民之列，而按照傳統的天主教思想，他們是受了洗的，或按照衞斯理的神學，他們是在達到履行責任之年以前，被耶穌基督的代贖之血所覆蓋的。很多自由派教會的新教人士，譬如大多數浸信會及五旬宗教會相信，儘管人有原罪，神卻是看嬰兒和兒童是無罪的，直到他們長大成熟，到了可履行責任的年齡(「良知覺醒」)，故意親身犯罪為止。

在新教的宗教改革期間，慈運理及跟主流改革宗教會脱離的追隨者——所謂重浸派——否認人有從遺傳而來的罪咎，只相信有從遺傳而來的敗壞，即本性上的敗壞，這敗壞無可避免地必然導致個人在到達履行責任之年作出犯罪的行為。重浸派例如哈梅雅(Balthasar Hubmaier)、門諾．西門及他們的所有追隨者——包括後來大部分浸信會——都接受慈運理(不是加爾文)所教導的觀點：嬰兒是無罪的(因為基督藉其死亡預備了恩典)，而原罪是一種犯罪傾向，所有人生下來都沒有罪咎，但是所有自由的、具道德責任、長大成熟的人，最終都因犯罪而負有罪咎，需要悔改和被赦。[14] 門諾．西門是宗教改革一位重要的重浸派作者，他反對人有從遺傳而來的罪咎(或至少嬰兒有罪咎)，因此拒絕嬰兒受洗，以之為不必要、不合符聖經的，但他並無否認人有原罪，人有從遺傳而來的敗壞。據他所見：

---

14 Ulrich Zwingli, "Declaration of Huldreich Zwingli Regarding Original Sin, Addressed to Urbanus Rhegius," in *On Providence and Other Essays,* edited for Samuel Macauley Jackson by William John Hinke (Durham, N.C.: Labyrinth, 1983), p. 32.

> 我們〔重浸派〕相信並承認，我們都是從不潔淨的種子所生，我們由於第一個和地上的亞當，都變得全然墮落了，成了死亡與地獄之子；然而，雖然如此，我們在亞當裏都墮落了，成了罪人，我們卻也相信並承認，藉著第二個和屬天的亞當——基督——我們在我們的弱點上蒙恩得助而被稱義……對於天真的小孩子，因為耶穌的緣故，沒把罪歸咎於他們。生命是應許而來的，不是藉著任何儀式，而是藉主的血，單單出於恩典，正如主自己說：「讓小孩子到我這裏來，不要禁止他們，因為在天國裏的，正是這樣的人。」[15]

西門的看法是大多數浸信會及許多其他新教神學家的看法。當然，它被所有重浸派包括門諾會所相信，又為所有五旬宗及許多清教徒傳統的信徒所相信。循道會各派也傾向抱持這個看法，儘管約翰．衛斯理傾向相信嬰兒藉洗禮重生。另一方面，許多非常傳統而保守的羅馬天主教人士、信義宗、聖公會／安立甘宗人士以及改革宗的神學家，依然接受奧古斯丁的觀點，即承認全人類都因為亞當最初所犯的罪而有罪，並且已被定罪了。那麼，假如他們來不及長大，在有意識的悔改和信仰變得可能之前就死了的話，他們惟一的得救希望，就在於自己是不是神所預定為立約之民的一份子，或按天主教神學的邏輯，在於自己受洗了沒有。實際上，沒有一個基督教宗派教導，所有未受洗的人——尤其未受洗的嬰兒——是自動已被定罪的。即使天主教教會也承認一種「渴慕的聖洗」(baptism of desire)。爭論在於，是否全部嬰兒都得救(儘管人有原罪和藉基督的恩典)，抑或只有部分嬰兒由於基督的恩典而得救，藉著神特別的揀選，或是藉著洗禮。[16]

---

15 Menno Simons, "Foundation of Christian Doctrine," in *The Complete Writings of Menno Simons,* ed. J. C. Wenger, trans. Leonard Verduin (Scottsdale, Penn.: Herald, 1984), pp. 130～131.

16 很多基督教神學家及教會領袖簡單地把未受洗的嬰兒與兒童的命運當作是奧秘，訴諸神的憐憫和公義。可是這對於愛尋根究底的人來說，毫無幫助。

基督教在人類的本性與存在的綜合觀點

在持有不同世界觀及信仰系統的人之間，其中一個最熾熱的爭論是在於這個由來已久的問題：人(man)是甚麼？(今天，當然有以包括一切的方式討論這個問題：人類〔humanity〕是甚麼？問題在於**人類**是集體性的用語，以致這個問題是暗示了集體性的，而且傾向漠視了個人；人的優點是既可以指個人，也可以指全人類的整體，當然，它現在是傾向指這專名的男性。)不論有無宗教的哲學家及神學家都探討這個問題，並嘗試回答它。人們愈來愈以各種科學去了解並解釋這物質的宇宙，可是說到人類的本性與存在，仍是一個謎。在多元化的社會中，圍繞著這個謎有一場思想之戰。人類是「裸猿」嗎？抑或人類是次等的神？有一位世俗科學家及哲學家說，人類不外乎「曉得自己會死的消化系統」。某些新紀元的通靈巫師宣稱，人類是神性的，擁有宇宙之靈或神的全部力量、知識和智慧。基督教在人觀方面，有沒有一個獨特的信息，或它能跟以上的觀點共容嗎？

從最好方面說，總的來說，基督教一直看人是大自然之中有無限尊嚴及最高價值的受造物，因為人是按著神的形象造的、是神所愛和所救贖的。同時，基督教一直認為人類是被降格了的，比動物還要差勁，既墮落又被定罪。基督教在人觀方面給我們的信息是**吊詭性**，卻**非自相矛盾**的。17世紀法國基督教哲學家、科學家、發明家兼平信徒神學家巴斯噶，基於以下的吊詭，寫了一本名為《沉思錄》(*Pensées*)的基督教護教作品：人被描繪成一個王，坐在破碎的寶座上，擁有極大的榮耀，同時又是被罪貶損了的。其他基督教作者，例如20世紀的神學家賴荷·尼布爾，也把人性看成是一個吊詭，並且論證，這個有關人性的雙重報導(即拒絕把人類下降為動物，又拒絕把人類提升到神的地位)，是正確說明人類實況的惟一報導。

在一個後現代文化中，人觀隨意被放置於哲學、心理學及科學的語境中，基督教各宗派需要抱持一套統一的人觀，這人觀肯定了應該尊重人之生命及基本的人權，同時又承認，人類有限制和有罪惡的傾向。要建立這樣一個統一的人觀，最好是以創意的方式追本溯源，提取基督教信仰在人觀方面的偉大傳統：人是按著神形象造的，擁有身體靈魂而墮落在罪中。這麼一個創意的追本溯源，包括兩個步驟：第一，先要穿過表層的臆測和解釋，發現並重新發掘那核心的教義。換言之，需要重新發現那單純的教義。第二，需要以切合時代的方式重新表述它，那就是必須把這個純是基督教的概念化為一個切合時代的語句。換言之，基本的基督教概念必然是針對時下社會語境中的特殊需要和問題的。例如，基本的、統一性的基督教人觀包含相對單純的(並非簡單化的)概念，即全人類**既是**獨特的、擁有與別不同的尊嚴和價值，因為他們是按著神形象造的，**又是**生而敗壞，被一種屬靈疾病所困，使他們若不靠神的拯救大恩，就不能得著自我實現。

科技、政治、經濟與屬靈事物帶來千千萬萬的問題，使處於現代和後現代的人頭昏腦脹，這項實際上為基督教所特有的兩面真理，可以有力地針對這些人的需要。它可以有力地向這個多元化社會的倫理問題發出強大的聲音，在此，科技是面對人類的本性和存在的一切解釋。我們相信人類有著與別不同的尊嚴和價值，基於這一點，基督徒可以稱賞並支持那些真正促進人類生活的科技發展；由於我們相信人已然墮落，並有罪惡的傾向，故此遇到那些不多加考慮整體人類的幸福，以及個別和少數人的幸福的科技發展，基督徒可以並必須揚起警告的旗號。

10

耶穌基督

神與人

基督教的核心是相信耶穌基督和有關耶穌基督的信念。在基督教開頭的幾個世紀，就正確信仰(正統基督教)所作的大部分討論和爭論，都是圍繞著耶穌基督本性(nature)的問題。其間的幾百年，這類問題一次又一次以新的形式出現，引起一輪又一輪新的論戰，縱然在開頭的四、五百年，分裂前的基督教教會已在教義上取得相當程度的共識。在基督教教會及基督教運動經常重申的一個口號是：「基督教**就是**基督」。那是指，耶穌基督的位格對基督教來說是最重要的實在，因此對祂有正確的信念，在保存真基督教上絕對關鍵。當普世教會協會(World Council of Churches)誕生，作為世界各地超過一百個宗派的基督徒之間彼此合作的總機構時，有人提出了以甚麼作為會員資格的問題，這個問題被慎重考慮。甚麼使一羣人(譬如一間教會或一個宗派)成為一個基督教羣體？是不是所有自稱是基督教，並在他們的憲章或名稱中有該字眼的羣體，真的是基督教？有沒有一些羣體為某些充分的理由，不一定突出**基督教**一詞，其實也是基督教的？哪些宗派應被接納？根據甚麼原則？最後的結論是(現在仍是)：任何想加入普世教會協會的宗派必須承認這個信念——「耶穌基督是神和救主」。某些近代神學家不以為然，反駁説，就連新約聖經也沒有一處明明或直接地稱耶穌為神的。然而，普世教會協會堅持其決定，直至今天，相信耶穌基督是神和救主的這個條件

(而我們大可以安全地假設，這也包括相信祂是人)，仍是真基督教惟一和必要的認信。

基督教信仰在耶穌基督的議題和爭論

儘管在認定耶穌基督是神和救主的這個前提上，普遍共識已有，但依然存在一些問題，要求神學的反省和解釋。若説一個人既是神又是人，那是甚麼意思呢？耶穌基督的救主地位之本質為何？祂過去和現在是怎麼施行拯救的？基督徒可以相信耶穌基督是人與神(或人性與神性)的混合體嗎？抑或，他必須贊同早期的基督教會議所宣告的立場？在基督徒之間，無論過去或現在出現許多圍繞著耶穌基督的位格的問題和難題。1980年代，美國有一個新教大宗派所按立的神職人員，為是否必須相信並確認耶穌基督的神性一事提出反駁。在加拿大，曾有來自最大的新教組織的一位官方人員，似乎否認那核心的、歷史的基督教教義，由此掀起了一場爭論。在比較保守的基督徒中間，仍不時出現一些有關耶穌的人性問題。耶穌生過病嗎？祂可曾犯罪？諸如此類的問題似乎只屬臆測性，有時候確實浪費時間，可是，它們卻是和這個更大的議題有關：耶穌基督過去和現在是誰。

關於耶穌基督的位格，基督教神學家已就神學反思的歷史及教會公告的教義聲明，出版了大量書籍及叢書。這類作品佔滿了任何優良神學圖書館的多個書架。在此所能給大家的，只是就基督位格的教義作出最粗淺的交代。許多真正重要的東西還得擱在一旁，讀者最好挑選一本有關基督論(這是就基督的位格所作的神學反省)的書，了解其中的部分細節。[1] 本章照慣常的格式開展，故在這簡短的引言之後，即交代圍繞著基督論的議題和問題，並闡述那歷史的基督教公認立場，討論一些主要的非正統看法，檢視正統基督徒中間一些歧

---

1 對於具備基督教教義背景知識(譬如本章所提供的，以及其他書本的類似篇章)的非神學人，以下是適合他們的一本極佳中級基督論導論：Donald G. Bloesch, *Jesus Christ: Savior & Lord* (Downers Grove, Ill.: InterVarsity Press, 1997)。這是福音派神學家布洛殊(Donald G. Bloesch)一共七冊的傑作 Christian Foundations 之一。每一冊以至整套著作，為對重要的基督教教義略有認識的人，提供了極佳的介紹。

異的觀點，最後就有關基督位格的教義，勾畫出一個統一並切合時代的論述。

基督教就是基督。基督是誰？基督是甚麼？最初一羣解說基督教教義的人——頭幾個世紀的教父——面對有人對基督真實的人性，然後是祂真實的神性產生疑惑。諾斯底主義者尤其質疑，到底來自天上的救主可否是真正的人。嗣子論者就懷疑，到底作為人類完美模範的耶穌，可否是真正的神。涅斯多流派（基督教主教涅斯多流〔Nestorius〕的追隨者）質疑，到底一個位格可否既有人性又有神性，而又真實地是一個人。歐迪奇派和主張基督一性說的（基督教修士歐迪奇〔Eutyches〕的追隨者）質疑，到底一個既有神性又有人性的位格，可否有雙重的本性，抑或這樣的一個位格到底是否必定為第三類東西——神性和人性的一種混合體。在近代，圍繞著基督位格的主要議題，涉及祂的神性。幾乎無人質疑耶穌有真實的人性，但很多自由派神學家就質疑耶穌有本體的（關乎實體和存在方面的）神性。或許耶穌的神性，不外乎是在於祂那代表神的功能，作為神在人類中的代表，僅此而已？從歷史來說，基督教教會在其他方面的教義所容許的歧異，要比在這方面的寬鬆。就人性和人類存在來說，並沒有統一所有基督徒的教理（即或有一個不言而喻的、統一性的信念，正如前章所言）。基督教信仰對聖禮及末時、基督再來及所謂千禧年等教義，差不多是想到有多少歧異，就有多少。可是當來到有關基督的位格——基督論——的教義時，我們就有一項清晰詳盡得多的必須教義，儘管有若干近代神學家挑戰它。這是由於在4和5世紀，基督教教會所有主教齊集一起，舉行了三次全體會議，訂定了一套有關耶穌基督的統一性教義，以抗衡教會內部湧起的異端浪潮。前四次全體會議的一致立場，差不多為16世紀所有重要的新教改教者所接受。

基督教在耶穌基督的立場

若要說明基督教在基督論方面的一致立場，較之要說出在任何教義的一致立場要簡單直接得多。經過許多風雨和論戰，基督教主教的第四次大公（全體）會議於451年在迦克墩（Chalcedon）城舉行；此城在羅馬帝國的首都君士坦丁堡(Constantinople，今伊斯坦堡〔Istanbul〕)附近。這次會議定義了一項正確而統一的基督教教義，在基督徒中間觸發一場長久的論戰，而且成為1,500多年來所有基督徒(東正教、羅馬天主教、大多數新教)在基督論方面的官方聲明。雖然在19及20世紀，偏向自由主義的新教思想家就〈迦克墩定義〉(它經常被誤稱為〈迦克墩信經〉)中的語言和概念，提出一些問題，它一直存留到21世紀，仍是許多基督徒的統一聲明。即使那些避免採用官方的信經或教義聲明的教派，當論及耶穌既是神又是人，或論及耶穌既有神性又有人性而仍是一位救主和主時，還是難免要借助和倚重它。〈迦克墩定義〉被認為是東正教及天主教教會，以及差不多所有信義宗、改革宗的基督徒(例如長老會)、聖公宗／安立甘教會(英格蘭教會)及較小的一些新教宗派的官方教義聲明。許多不採用信條或信經的新教非認信教會，例如大部分浸信會、五旬宗教會及其他獨立的新教教會，即或不誦念〈迦克墩定義〉，或沒將之印在他們的崇拜手冊或信仰聲明中，大體來説，還是承認其內容的。

〈迦克墩定義〉對基督論有以下的重要認信：

> 我們跟隨〔尼西亞會議和君士坦丁堡會議的〕聖教父，同心合意教人宣認同一位獨一的兒子，我們的主耶穌基督，是神性完全人性亦完全者；祂真是上帝，也真是人，具有理性的靈魂，也具有身體；按神性説，祂與父同體，按人性説，祂與我們同體，在凡事上與我們一樣，只是沒有罪；按神性説，在萬世之先，為父所生，按人性説，在晚近時日，為求拯救我們，由上帝之母，童女馬利亞所生；〔我們也教導〕我們理解這同一位獨一的基督，是子，是主，是獨生的，具有二性，不相混亂，不相交換，不能分開，不能離散；二性的區別不因聯合而消失，各性的特點反得以保存，會合於一個位格，一個**實質**(*hypostasis*，一體)之內，而並非分離成為兩個**位格**(*prosōpa*)，卻是同一位子，獨生的，道上帝，主耶穌基督；正如眾先知論到祂自始所宣講的，主耶穌基督自

> 己所教訓我們的，諸聖教父的信經〔尼西亞信經〕所傳給我們的。[2]

這個有關耶穌基督位格的理論——經過迦克墩會議精雕細琢、援引多位具影響力的教父及領袖的著作，與聖經完全一致的——在基督教神學上稱為**性體的聯合** (hypostatic union，或譯「位格的聯合」) 的教義。**聯合**是指二性的合一；**性體** (或譯「位格」) 指神兒子的一個位格，聖道是在道成肉身的過程中藉聖靈和馬利亞成為人。故此，性體的聯合是指相信兩種各異但不是互相分割的本性——人性和神性——在一個完整而永恆的神聖位格之內完全合一。在迦克墩齊集商議的教父和領袖似乎是說，三位一體的教義說明了神是**一個甚麼、三個誰**——一個神性的本質，由三個各異的位格共享——同樣，在地上以及現今在天上的耶穌基督，因著道成肉身成了**二個甚麼、一個誰**——二個各異但永不分割的本性 (神性與人性)，以及一個完整的位格，永恆的神子，三位一體的第二位。他們沒想過要以這個理論解釋道成肉身的奧秘，反倒是想以它作為一種吊詭的立場，作為對這奧秘的保護，免得有人提出一些實際上摧毀這奧秘的合理化解釋。

性體聯合的教義，有沒有從神的啟示和初期教會傳統中找著支持的理據呢？有的，雖然不論在聖經或在繼使徒之後的初代教父文獻中，都看不見有哪一處明確地列出這一條教義。約翰福音始於極力肯定道成肉身：有一位「與神同在」而且就是「神」的，成為了人 (約一章)。當路加福音提到在地上的同一個人之時，就說祂的智慧和身量並神和人喜愛祂的心，都一齊增長 (正常人的發展) (路二52)。耶穌基督赦免人的罪，表現出祂是神；當祂受審時，因其抬高自己與神同等而被定罪。祂雖然從沒站在山峯上伸出雙臂，宣告說：「我是神，來拜我！」祂卻的確周遊各地，在行動舉止中表現出祂看自己是神。祂一再重申，人們對神及祂的管治 (神的國) 所採取的決定，反映在人們對祂——耶

2 John H. Leith, ed., *Creeds of the Churches: A Reader in Christian Doctrine from the Bible to the Present,* rev. ed. (Richmond, Va.: John Knox Press, 1973), pp. 35～36.

穌基督——所採取的決定上。使徒例如保羅即或沒有宣稱耶穌基督是神，也不僅是含蓄地暗示了這一點。腓立比書二章記載一首早期的基督教詩歌（"Carmen Christi"，腓二6～11），提到神兒子的**虛己**（*kenosis*），把自己身為神所擁有的特權放下，披上一個奴僕的形象。

2世紀的非基督徒作者充分見證，早期基督徒把耶穌基督當作是神來崇拜的事實。2世紀中葉反基督教的羅馬哲學家克理索看見，基督徒把一個人當成是神來崇拜，就嘲笑他們：

> 此刻，如果基督徒只拜一位神，在他們那邊就可會有理由。但是，事實上他們是拜一個最近才出現的人。他們認為他們做的沒違反一神論；相反，他們以為，一邊崇拜那偉大之神，一邊把祂的僕人當作是神來崇拜，全沒矛盾。他們拜這耶穌的舉動粗暴無禮，因為他們拒絕聽取任何有關神——眾人之父——的談論，除非其中涉及了耶穌：你跟他們說，耶穌——基督徒叛亂的始作俑者——不是神的兒子，他們會充耳不聞。而當他們稱祂為神的兒子之時，他們不是真的在向神表示崇敬，相反，他們是在試圖把耶穌提升到顛峯的位置。[3]

反對基督教的一個羅馬異教徒就是這樣提出了有力的證據，顯示後來在迦克墩會議表述的同一基本概念，其實早在使徒之後大約一百年，已被基督教的批評者廣泛視為一個基本的基督教信念了。

遠在大公會議就耶穌基督的位格製訂教會的官方教義之前，早期教父已極力肯定耶穌基督真實的人性和真實的神性，並且加以維護。由於篇幅所限，無法在此深入處理這些早期基督教信念（它們後來被正式定為本質合一的教義），只能提出幾個突出的例子。在2世紀下半葉到3世紀上半葉深具影響力的拉丁教父特土良，寫及道（Logos，神的兒子）成肉身的耶穌基督：

3 Celsus, *On the True Doctrine: A Discourse Against the Christians,* trans. R. Joseph Hoffmann (New York: Oxford University Press, 1987), p. 116.

> 所以，道成了人；而我們必定要問這一點：道是怎樣成為肉身的——不論那是藉著在肉身中改變形象，抑或是真的披戴肉身。無疑，那是藉著祂自己披戴肉身。至於其餘的，我們必須相信，神是不可能改變，也不可能有形狀，因祂是永恆的，但改變形象卻是把之前存在的毀壞了，因為凡是形象改變成另一種東西的，就是停止作為從前的它，而開始成為它之前所不是的東西。可是，神呢，祂既沒停止作為從前的祂，也不能成為祂自己之外的另一種東西。道就是神。[4]

特土良繼而論證，道成肉身必定並非指道（三一神的第二位）把自己變成了一個人，因為果真如是的話，祂就不再是從前的祂——神——了。反倒是，耶穌基督必定是具有「兩種實質」——道的神性實質（永恆的）和人類的人性實質（必朽的）。據這位北非教父所言，這兩種實質是不能混和或滲合的。相反：

> 我們〔從耶穌基督〕明顯看見一種雙重性，它不是在一個位格——神而人的耶穌——之內的混淆，而是聯合。實在，說到基督，我把我必須說的延遲了（我在此補充），每一種本性都是那麼被完整地保存著，一方面就靈性來說，靈藉耶穌作出一切對祂自己是合適的事，例如神蹟、大能的作為、奇事；而另一方面就肉身來說，表現了那屬於肉身的情感。[5]

正當特土良在說拉丁語的北非西部（迦太基以及周圍）撰文論基督教信仰之時，大約同一時間，俄利根在同屬羅馬帝國的北非東部說希臘語的地區，以基督教哲學家的身分寫作。這位生於亞歷山太的思想家在名為《論第一原理》（*On First Principles*）的基督教哲學鉅著中，解釋基督的道成肉身是在永恆的道、神的兒子（第六章）這同一個位格之

---

4 Tertullian, *Against Praxeas*, 27, *ANF* 3:623.

5 同上，頁624。

內的二性合一。正如特土良一樣，俄利根費盡苦心要區分在耶穌之內的二性——人性和神性，並同時保存祂完整的位格。他借用火中熱鐵的比喻，說明在其中兩種完全相異的物質結合起來——就如從鐵火鉗因被燒熱而變紅的現象得見——而又保持各自的相異。不過，說出了一種前迦克墩的基督論觀點，預告了性體聯合的教義是另一位重要的北非教父，希坡的奧古斯丁。這位偉大的主教在名為《信望愛》(*Faith, Hope and Charity*) 的教義手冊中寫道：

> 因此，耶穌基督 (神的兒子) 既是神又是人。祂是萬世之前的神；祂是我們這時代的人。祂是神，因為祂是神之道，原來**道就是神**。但祂是人，因為在其自身的位格之內，有一個與道連合的理性的靈魂和一個身體。所以，就祂是神的這一點來說，祂與神原是一體；但就祂是人的這一點來說，聖父是比祂要大的。由於祂是神獨一的兒子，不是由於恩典，而是由於本性，為了讓祂也充充滿滿地有恩典，祂也就成了人的兒子；同一位基督因二者的合一而產生……祂並不因為既是神又是人，就成了神的兩個兒子，而是神的一個兒子：無始無終的神，有一個明確的起點的人——我們的主耶穌基督。[6]

還有許多重要的基督教思想家、神學家、主教及改教者都承認在基督之內二性的性體聯合，他們這看法表現於文字，彼此應和。我們可列出更多例子，但在此單說這一點就夠了：這項統一的基督教教義，在阿奎那 (中世紀時期首屈一指的天主教思想家) 及中世紀重要的東正教神學家的著作中，都得到一致的肯定。新教改教者全都接受它是真確的基督教教義，部分更將迦克墩收入他們的信經及信仰認信的手冊中。英格蘭教會將之收入其權威性基督教聲明的清單內；清教的傳道人－神學家 (divines) 全都給迦克墩的基本主旨相當重要的份量和權威。

---

6 Augustine, *Faith, Hope and Charity (Enchiridion)*, trans. Louis A. Arand (Westminster, Md.: Newman, 1963), p. 43.

長老會的〈威斯敏斯特信條〉以迦克墩的概念表達「中保基督」的教義（第八章）。徹底的改教者，例如西班牙的瑟維特（Servetus）及波蘭的蘇西尼（Socinus）之遭受主流的新教改教者最嚴厲的譴責，是因為他們摒棄道成肉身的教義，拒絕承認〈迦克墩定義〉。重浸派的重要領袖諸如門諾雖然沒有承認〈迦克墩定義〉的特殊權威，也確認性體聯合的基本要義。若干批評門諾的人指他偏離正統，因為他教導一種關乎「耶穌基督的屬天肉身」（celestial flesh of Jesus Christ）的奇怪教義——即基督的人性實際上是開始於天上，在童貞女懷孕、她在地上誕下基督之前——但沒有證據顯示，這位影響了英國貴格會運動及其他徹底的改教運動的門諾派偉大創始人，質疑過耶穌基督的二性合一，或祂的道成肉身。循道會的早期奮興家諸如約翰．衛斯理和懷特腓德，也不曾提出過這樣的質疑。

到19世紀自由派基督教興起之前，性體聯合和〈迦克墩定義〉都不曾被改教的主流教會所攻擊或拒絕。在20世紀的不少年日，它成了保守派與自由派基督教之間論爭的爆發點。保守派神學家從瑞士的巴特到美國的卡爾．亨利紛紛為迦克墩的基督論作出辯護，認為它於真正的基督教信仰來說是不可少的。[7]

我們毋須害怕會有甚麼抵觸，我們大可以說，二千年來，像「一個位格，二種本性」之類有關耶穌的信念，在大多數基督徒中間一直佔最崇高的位置。基督教宣稱，這位大約二千年前，在巴勒斯坦死在羅馬人的十字架上，又從死裏復活過來的一個拿撒勒人，是真正的神，又是真正的人，但祂不是這兩種存有（神和人）的混合體，而是二者的合一，是在一個完整的位格（三一神的第二位，神兒子的位格）之內的合一。

---

7 若要提供文獻紀錄，卡爾．亨利（Carl F. H. Henry）的情況比巴特來得容易。參亨利的著作 *The Identity of Jesus of Nazareth* (Nashville: Broadman, 1992)。某些學者反對說，巴特並不確認迦克墩有關耶穌基督位格的本質合一論，反而喜歡用他自己的「二狀態」或「二狀況」，不用傳統的「二性」去談論基督的位格。不過，這位瑞士神學家在 *Church Dogmatics* 4/2: *The Doctrine of Reconciliation*, chap. 64 第二段 "The Homecoming of the Son of Man"，反對放棄「二性」合一的基督。他就耶穌基督的二種狀態（降卑與高升）所作的闡譯，即他對此一基督論的詮釋。對於本質合一的概念，他惟一憂慮的是這個危險：即我們已經從耶穌基督之外知道，「人性」和「神性」是甚麼，以及應該是甚麼。

對耶穌基督的非正統立場

在正統基督教之外的另類觀點多得數不清，莫說逐一描述，在此我們只會集中檢視那些在基督教教會中出現過，而在相當程度上曾為基督論的立場構成挑戰的。在基督教歷史的起初幾個世紀，出現了六大種和基督論有關的異端，它們都在基督教圈子時而重複出現。雖然它們極少以基督教神學家所賦與的名稱作為宣傳，但認識這等名稱對讀者有益，故我會在此採用它們，即或於大部分讀者聽來，它們是專門而陌生的名字。每一種都是在基督教歷史的起初四百年初次出現的，有份於促成需要基督教思想家和領袖作出一致作出回應。〈迦克墩定義〉就是以其性體聯合的道成肉身論，對它們作出回應。到了451年，基督教這個一致立場在羅馬帝國內已被視為官方教義，其背後有法律約束力。反對者（這類人有許多）必須就他們對耶穌基督的看法保持沉默，不然的話，就要遷往一般正統領袖的權力管不到的地區去。有幾個地區，非正統的基督論變成了半官方立場，在那些地區的教會跟羅馬帝國內的其他主教分離。那正是譬如埃及的科普替教會（Coptic Church）的情況，當地教會許多年來不贊同迦克墩的定義，發展出它自己的一套禮拜和領導模式。

第一種非正統的基督論，是諾斯底主義者在基督教教會裏宣揚的**幻影說**（docetism）。諾斯底主義者相信物質是邪惡的，或它敗壞到一個地步，天上來的救贖主不能與之結合。因此，他們否認救主有真實的人性。這種主張後來得了**幻影說**之名，溯源自希臘文的**看似**一詞。在諾斯底主義者眼中，基督似乎是有血肉之軀的人，事實上祂只是屬靈的。持幻影說的基督論者主張，也許基督只是假裝有人的軟弱、受試探。也許祂的受苦和死不過是假的。複雜點的幻影說主張一種二元基督論，嚴格區分「基督」（一位屬天的、屬靈的救主）和「耶穌」（基督所取的人身，並利用祂作為地上暫時的工具）。部分幻影說者相信，基督是在施洗約翰為耶穌這人施洗時進入耶穌裏面的。他們大多相信，救贖主在耶穌這人死在十字架上之前，就離開了祂的身體。無論是哪種情況，所有幻影說者都否認，神的兒子在人類中間有徹底而真實的道成肉身，他們以或此或彼的方式，把道成肉身一事屬靈化，以致它根本不是真正的道成肉身。

使徒及早期教父堅決拒絕、甚至奮力拒絕幻影說。既然幻影說是建基於二元論的基督論，那麼，從新約聖經引述一些指向耶穌之人性的經文，也就起不了多大作用，因為對方可以反駁，把該等經文中的限制和軟弱歸因於耶穌這個人，辯稱經文所指的，並不是那個在耶穌身內的屬靈的基督。2世紀在高盧（法國）的里昂擔任基督教主教的教父愛任紐，花了許多工夫去反駁幻影說，提出假若基督不曾披戴真正的人性，就像我們的人性，那麼我們就還沒得救。他在《反異端》（*Five Books Against Heresies*）指出，基督為了拯救我們，必須以那個與亞當「相同的形狀」來逆轉亞當的罪。愛任紐斷言，基督的拯救工作是「同歸於一」（"recapitulation"，意譯：「重演」）——一個披著人性（不只是假裝為人）走過所有人生階段的歷程，並且在頭一個人亞當不順服的地方，順服下來的過程。愛任紐以及後來諸教父就諾斯底主義的幻影說所作的反駁，總意是如果他們是對的話，人類就還沒得救。道成肉身作為在神兒子位格中神人二性的聯合，逐漸被視為是一個具拯救意義的現實。十字架只是它的一部分。

幻影說至今在基督教圈子中依然存在，特別是在民間宗教和民間神學中。很多基督徒誤以為，如果耶穌基督確實是神，祂就不能真正受苦或受試探，並且祂必須在其人生的所有時刻，體現全知和全能。這種誤解必然削弱道成肉身的信息——神成了人，為我們取了人性，好讓我們的人性得著醫治和恢復。

正統基督論的第二個重大挑戰，是幻影說的相反。撒摩撒他的保羅提倡**嗣子論**。此人是敍利亞的一個基督教主教，他及其追隨者相信，耶穌基督只是人，不過祂是相當特別的人——一個被神「收納」（adopted）作為祂特別的先知和「兒子」的人。大多數嗣子論者認為，那是在耶穌受洗時發生的。有的嗣子論者就植根於神自己的永恆計劃：神要興起一個特別的人，以一種獨特的方式來揭示祂。可見嗣子論不一定意味著耶穌不外乎只是「神偶然踫上」的一個——借用神學家羅賓遜（John A. T. Robinson）的通俗措詞。在大部分嗣子論者，例如19到20世紀的自由派基督教神學家看來，耶穌基督在歷史之內，在人類之中實現了神的一個永恆計劃：祂是完美地實現了神的形象及神對人類之理想的人。所有嗣子基督論的主要特色是，承認耶穌基督與神之間有著一種獨特的關係，同時又否認耶穌基督本體的神性（等同於神自身的永恆存在）。大多數嗣子論者把耶穌說成是「神的人面」[8] 或「神在人類中間的代理兼代表」。他們對耶穌基督這個人尊敬萬分，卻不接受祂與神同等，也不接受二性合一的傳統教義。

早期基督教領袖堅決拒絕嗣子論。事實上，首次把自己人開除教藉的主教大會，在3世紀中葉把主教撒摩撒他的保羅驅趕出基督教的大門。基督徒認為，嗣子論奪去了基督教以及福音本身的能力。福音是神為我們道成肉身，嗣子論則把福音降為一個邀請人追隨神，像耶穌這個人那樣追隨神的信息。說到底，它是與一種自救的「福音」相關的，因為它把基督降為一個模範人物。

在基督教多個世紀的歷史中，嗣子論周而復始地出現。在宗教改革的十年，有兩個徹底的改教者，瑟維特及蘇西尼宣揚他們各自的一套嗣子論。19世紀後期英格蘭出現神體一位論教派，相信一種嗣子基督論，否認三位一體。19世紀近代基督教神學之父士來馬赫把一種複雜的嗣子論納入其基督教教義系統之內，他稱之為**基督教信仰**（The Christian Faith）。[9] 在其中，他把耶穌解釋為「完全意識到神的人」，並為他的基督論辯護，說在基督裏面那種對神的意識，其效力在基督身上造成了神真確的存在。同是19世紀另一個重要的自由派基督教神學家立敕爾（Albercht Ritschl）把基督的先存性降為神意念之內一種永恆的意欲。不幸地，嗣子論已成了近代自由派基督教的常規，保守派及福音派的神學家則極力反對它，認為它否認了基督教的一項核心教義，足以致命。

第三種主要的基督論異端是**亞流主義**。由於在此之前在論三位一體的那一章已交代過，故不贅述。我只要說一點：亞流主義根本是嗣子論的一個複雜形式，它把基督的起源推前到基督降生在伯利恆之前，

8 John A. T. Robinson, *The Human Face of God* (Philadelphia: Westminster Press, 1973).

9 Friedrich Schleiermacher, *The Christian Faith,* ed. H. R. Mackintosh and J. S. Stewart (Philadelphia: Fortress, 1976).

主張基督是神最先和最大的受造物，但基督不是神，也不是與神同等的。近代的耶和華見證人(守望台)便承認這種基督論，儘管他們沒打著亞流主義的名號。他們相信，耶穌是天使長米迦勒的化身。此一基督論有著嗣子論的一切弱點，把耶穌基督降為一個受造物，奪去了祂作為配受崇拜的神的尊貴地位。僅僅一個受造物——不管那是人或是天使——怎麼能救贖失喪有罪的人類，那是一個解答不了的問題。於是，救贖必須重新定義為提升，藉一己之道德及屬靈的鞭策力量，追隨耶穌基督所立的楷模。這不是新約聖經的福音，也不是二千年來基督的教會所傳的福音。

若要了解其他三種屬異端的基督論，就要先認識在4世紀末到5世紀初在羅馬帝國的基督徒之間爆發的一次爭論。這次爭論細節繁多，不能在此一一細說，但在進入下文之前，必要略為交代。東羅馬帝國有兩個說希臘語的大城，為取得對君士坦丁堡這個不算大的新都城的權力和影響，互相爭競。二城是埃及的亞歷山太，和敍利亞的安提阿。二城的基督徒在好些神學課題上持稍微不同的見解，想以自己那一方的觀點主導君士坦丁堡教會，那是皇帝禮拜之處。亞歷山太的基督徒及受其神學影響的人強調耶穌基督的神性，對於任何有關基督「二性」的談論都十分忌諱，因為他們感到這等談論有損基督完全而真實的神性。他們極之樂意談到，耶穌基督從前現在都是神又是人，真的是神又真的是人。他們承認並宣認尼西亞信仰中三位一體的真理，包括神的兒子跟聖父和聖靈本質相同，可是他們偏不喜歡有關耶穌基督「二性」的談論。他們寧可把耶穌基督當作是一性的神－人來思想和講論。亞歷山太的基督徒這麼抗拒有關耶穌基督的二性的教義，叫安提阿的基督徒感到吃驚。安提阿的基督徒強調基督的二性到一個地步，在亞歷山太人看來，他們似乎是把耶穌分割成兩個不同的位格。但在安提阿人看來，亞歷山太基督徒似乎是在否認，在基督之內兼具真實的人性和真實的神性這一絕對現實，並且他們是在暗示，基督是神和人的混種——這是第三類產物，並非全然的真人和真神。

二城的基督徒對耶穌基督有兩種爭持不下的想法，在這氛圍下產生了基督論的第四種異端，它在教會歷史的年鑑上被稱為亞波里拿留主義(Apollinarianism)，此名源自4世紀在老底嘉生活的一個東羅馬帝國基督教主教亞波里拿留(Apollinarius)。他教導說，耶穌基督沒有一個屬於人類的理性的魂或靈。那是說，根據亞波里拿留的三分人觀，他相信可以很容易地解釋神藉耶穌道成肉身一事，只要說，耶穌有人類的身體和魂(動物的生命力)，卻沒有一個屬於人類的理性的靈(心靈、精神)就行；人類的理性的魂或靈所佔的位置，由神性的道、神的永恆兒子、三一神的第二位補上。所以，亞波里拿留主義所主張的耶穌基督，名符其實是「在一個軀體之內的上帝」(God in a body)。當然，亞波里拿留的說法不是這樣的，但用此語表達他對基督之神性和人性所採的概念，也相去不遠。

像這類基督論，似乎是在很多未習練通達的基督徒中間所流行的、有所不足的基督論。當然，問題是，假如耶穌基督只是「在一個軀體之內的上帝」，並沒有一個屬於人類的理性的靈——在亞波里拿留主義看來，那是「更高層次的本性」(higher nature)，是理性、意志和崇拜活動的所在——耶穌基督就不是一個真正的人了。教父曉得這是一個非常嚴重的錯誤，最終可以摧毀救恩本身，正如拿先斯的貴格利所言：「神不曾披戴的〔在道成肉身之時取為己用的〕即不曾得救。」[10] 換句話說，如果耶穌是神人之間的中介，如果道成肉身本身於救恩是必須的，那麼成為了肉身的救主耶穌基督就必定有完整無缺的人性，以及完整無缺的神性——兩種非殘缺的、完整而完全的本性。再說，假如耶穌基督並不具有屬於人類的理性的靈或心靈的話，祂怎麼能夠在身量、智慧以及神和人喜愛祂的心上都一同增長，正如路加福音二章52節所見證的？

第五種錯謬的基督論，緊接著亞波里拿留主義之後出現，發源於安提阿。它最先是由安提阿宗主教涅斯多流在君士坦丁堡宣傳的。他在4世紀上半葉確認的一種基督論，承認基督有兩種完整不殘缺的本性，但它似乎把耶穌基督的位格分成了兩個和諧合作的位格。涅斯多流主張，基督的「位格」實際上是兩個位格如同在完美婚姻中的「精神

10 Gregory of Nazianzus, *Epistulae*, 101.7, NPNF VII, p. 440.

合一」(moral union)，神的永恆之子從耶穌基督這個人在童女馬利亞腹中成形之初，就與後者進入一種獨特的關係，但馬利亞生下來的，只是屬於人類的那一個——大衛的子孫。祂在地上的生活，由始至終是屬人類的那一個與屬神性的那一個完全合作無間(即使生下來的只是屬人類的那個)，祂所經驗的知識是有限的，祂的智慧增長，並受難至死。神性的那個——即神之道／道／神之子——施行神蹟，祂不受任何軟弱、過失、痛苦、智慧知識的增長或死亡所影響。

當然，其他教會領袖看出這種基督論是有問題的(說得最輕吧！)。它並非真正的道成肉身。再一次，它不過是嗣子論一種新的複雜形式。舊的嗣子論(也是發源於安提阿地區)是非三位一體的，它視耶穌基督不外乎是一個與父神有特殊關係的人。據該看法，並沒有神的永恆之子，也沒有聖靈。涅斯多流卻是十足的三位一體論，但就著他的基督論來說，似乎是重複了嗣子論的錯誤，把耶穌基督降為一個與神有特殊關係的人——不過這一刻是換上了神的永恆之子而已。基督教領袖於431年在以弗所齊集商議，把涅斯多流主義定為異端，因為它等於否認耶穌基督有真實的神性，並否認神的兒子有真實的人性。儘管涅斯多流主義或許有其吸引力，它卻徹底削弱了道成肉身這個重要的基督教概念。在某些自由派的新教神學家之中，出現過涅斯多流主義的一種近代形式。英國進程神學家彼登革(W. Norman Pittenger)在1959年出版的《道成肉身》(*The Word Incarnate*, Digswell Place, U. K.: James Nisbet)中嘗試借屍還魂，重振這種古老的異端。

第六種也是最後一種在基督論方面的異端，是由君士坦丁堡一個擁護亞歷山太的觀點的老修士，為回應涅斯多流主義而提出的。修士的名字是歐迪奇，他那錯誤的基督論被稱為**歐迪奇主義**或**基督一性說**(Eutychianism / Monophysitism)。他以及在君士坦丁堡和羅馬帝國各處追隨他的人，由於涅斯多流否認基督位格之合一而感驚訝，以致矯枉過正，否認耶穌基督可以有兩種完整無缺的本性。歐迪奇和所有基督一性論者主張，耶穌基督的人性「如同祂神性海洋中的一滴酒」。換句話說，**理論上**祂**有**人性，但這人性實際上被祂的神性所吞沒，結果祂是人性與神性的混種。451年在迦克墩會議上齊集的基督教領袖，把歐迪奇的看法及其主要對手涅斯多流主義，以及有關基督位格的其他所有異端一概譴責。〈迦克墩定義〉的措詞，正好反映了它拒絕這一切的另類基督論。基督一性説在中東某些地區的基督徒中間流傳下來，涅斯多流主義也是一樣。這些較小的、地區性的、非正統、非大公的教派，大部分在回教統治下生存了多個世紀。

基督教信仰在耶穌基督的不同看法

上文描繪了在基督教正統以外，基督論的六大種另類觀點，有人或者因此以為，基督教內部在耶穌基督的位格方面，在教義上沒有歧異。不錯，各大傳統和宗派的基督教領袖對基督論的保護，較之對其他任何一個範圍的基督教信仰都要嚴密。任何明顯偏離了性體聯合的道成肉身的教義，必被相對較保守的基督教神學家及領袖一致視為異端甚或背離信仰者。即便如此，迦克墩的定義卻沒有回答關於基督位格的所有問題，在其「四面籬笆」(基督兩性之不能分開，不能離散，不相混亂，不相交換)之內留下了不少空間，讓人進一步探索和臆測。

只要不否認基督完整而真實的神性及人性，並且只要不把基督分成兩個位格，或把祂的存在説成是兩性的混種，誰都可以就基督的存在及其位格進行漫無邊際的臆測。譬如，在改教時期，路德及其追隨者慈運理、加爾文以及改革宗的門人，也曾就耶穌基督會否有形有體地臨在於主餐這個聖禮中，有過一番辯論及爭議。路德和他的那一方主張，由於耶穌基督的道成肉身，祂的人性——連祂已得榮耀的身體在內——是「無所不在」(ubiquitous)的。即是説，耶穌基督這個人不只限於在天上，也可以在同一時間無處不在，因為祂是神又是人。在改革宗的神學家看來，這似乎是削減了基督的人性，故此他們拒絕路德的看法，而主張即使在現時基督復活升天以後，耶穌這個人還是有形有體地居於天上，若不藉著聖靈(基督的靈)叫祂與各處屬祂的子民同在，就並非無所不在。

在19世紀，新教神學家開始以新的方式，討論耶穌基督在地上生活時的人性，由此掀起了一番辯論，延續到20世紀，而且差不多可以肯定，還要持續到基督再來為止。某些神學家提出，為達成道成肉身這個目的，為活得真正像一個人，本質是神的神之子「謙卑虛己，顯彰慈愛」(借用查理斯．衛斯理的聖詩〈奇異的愛〉〔And Can It Be〕中的詩句)；祂擱下有關祂榮耀的一切屬性，經歷一個正常人長大、受試探、受限制的發展過程，以及隨之而來的受苦與死亡。這看法後來被稱為「虛己基督論」(kenotic Christology)。[11] 耶穌基督有兩種本性，卻是一個位格，但祂在知識和能力上也是受限制的，因為這位成了耶穌基督的神之子，出於自願地作出了自限的決定。虛己論者尤其訴諸於腓立比書二章5至11節那段有名的虛己 (*kenosis*，即倒空) 經文。

根據聖公會主教哥爾 (Charles Gore)、公理宗的福音派神學家富希士 (P. T. Forsyth)，以及浸信會的加拿大思想家亞德溫寇 (Russell F. Aldwinckle) 所見，這位神性的兒子 (道) 並沒有擱下其屬於神性的屬性，倒是實在地限制了它們的用途，所以祂在地上的人生中，甚至沒意識到這些神性的屬性。祂選擇了從祂的父神並從聖靈那裏，領受一切，故此祂可以活得真正像一個人。祂也確實這麼活過了。祂不只是像一些人以為的，具有一種非人格的本性，祂是一個真實的人，如同別的人 (但沒有罪)，祂又是神，只是祂並不時常留意自己是神這個事實。有關耶穌在何時覺察到自己的神性，以及如何覺察到，祂運用自身的神性能力到哪個程度，在這些方面的問題，答案仍是開放的，不過虛己基督論包括任何一種採用這進路的基督論：即一切基本上是迦克墩的「一個位格、兩種本性」的架構為起點，進而以神的兒子就其神性的本性作出自限，來解釋基督二性之共存。

虛己基督論的主要對手是「兩意志」(two minds) 或「兩意識」(two consciousnesses) 說，否認在耶穌基督身上有任何知識或能力上的限制，並主張其一個位格之內有兩個意志和兩種意識。蘇格蘭神學家端納．貝利 (Donald M. Baillie) 在20世紀的經典之作《神在基督裏》(*God Was in Christ*) 中 (頗牽強地) 說明這個看法，該書側重基督的人性與神性之間的區分，在這一點上，有批評者認為它近乎涅斯多流主義。有關性

---

11 關於此基督論模式的出色概覽，見 Donald G. Dawe, *The Form of a Servant: A Historical Analysis of the Kenotic Motif* (Philadelphia: Westminster Press, 1968)。

體聯合的理論，有一個據理來說可以是比較保守而傳統的解釋，由基督教哲理神學家莫理斯(Thomas V. Morris)在《神成肉身的原理》(*The Logic of God Incarnate*)中提出的，[12] 其中論證，一個人可以擁有可區分的兩個意志或兩種意識。這好比一副電腦同時使用兩個程式，或一個健康的常人所知道的原來比她自己所曉得的更多，她知道並間中記起那些在潛意識裏或被壓抑了的記憶和資料。

虛己基督論與基督教的立場是完全一致的，只要它不太過份到一個地步，說這從天上來的道／神的兒子為了成為一個人，放棄了其神性的屬性。若干虛己論的基督教思想家為肯定耶穌那真實的人性，是會偏激到這一個地步的，不過，大部分的虛己論者都不是這麼想的。虛己論實在也不必去得那麼遠。絕大部分持虛己論的基督教思想家只是肯定一點：神的兒子是出於自願地，把關乎祂榮耀的屬性的**用途**，以及祂榮耀屬性的**自覺意識**擱下了。[13] 祂依然無時無刻不是——正如那臥在伯利恆的馬槽裏的嬰孩耶穌基督——真正的神和真正的人。

同樣，兩意志說或兩意識說的基督論，也是跟基督教公認的基督論完全一致的，只要它不暗示或提出，耶穌基督其實是兩個位格(人的位格和神的位格)和諧合作就行。若是那樣提出的話，就會是涅斯多流主義，根本否認道成肉身。虛己論思想家傾向把兩意志說的基督論視為相當接近涅斯多流主義，好自我安慰。兩種意識怎能真正存在於一個位格之內，如果那個人是健康和沒有精神病的？既然說兩個意識之中的一個是隱性的、潛意識的、某程度上是被抑壓的，那豈不是對虛己論的一大讓步嗎？為甚麼不乾脆贊同真正的虛己論呢？持兩意志說或兩意識說的思想家，傾向把虛己基督論視為變相的歐迪奇主義或基督一性說，因為它似乎抬高了耶穌基督的位格之統一性，過於祂之擁有兩種可區分的本性。

以上兩批理論的思想家需要承認，道成肉身這奧秘的奧妙，是人無法憑臆測去解釋的，並且他們的理論也不過是就一個奧秘而提出的

12 Thomas V. Morris, *The Logic of God Incarnate* (Ithaca, N. Y.: Cornell University Press, 1986).

13 參例如P. T. Forsyth, *The Person and Place of Jesus Christ* (London: Independent Press, 1946)。

理論而已。雙方都應該接納對方是基督徒，只要雙方都承認耶穌基督單一而統一的位格，以及祂那兩種可區分但不能離散的本性就可以了。

關於耶穌基督的位格，當然還有很多其他時興的理論，例如解放基督論 (liberation Christology，基督是窮人和受壓迫之人的解放者) 和揭示基督論 (revelation Christology，基督圓滿地揭示了神的心懷意念)。這些理論與其說是要闡明基督論的一致立場，不如說是把耶穌基督跟時下的社會問題、靈性問題和需要拉上關聯。它們可以跟基督論的一致立場全無衝突，或作為它的代替品，我們必須從有關耶穌基督的聖經啟示以及迦克墩的定義，對它們逐一詳細檢視。

基督教在耶穌基督的位格的綜合觀點

基督徒一向用各種理論和隱喻來表達耶穌基督作為神和救主的獨特意義：朋友、解放者、調解人、君王、醫治者、法官、中間人、代罪羔羊、磐石、母親、訓慰師、教師、模範、彌賽亞。它們都可以作為合法途徑，説明耶穌基督對世界及基督徒的重要意義。當福音傳到不同文化的羣體，為他們所接受之時，新的理論和隱喻就出現了。在某些思想世界，基督被擁戴為英雄、先驅人物或得勝的征服者。有沒有一個基本的、為全體公認的、有關耶穌基督的基督教信念，是這一切不同的隱喻必須以之為基礎和依歸的？有沒有一個判斷一切新興的隱喻和理論的標準，以防有許多個基督？有的。它就是最初未分裂的基督教世界領袖最後所同意的標準，這標準也只不過是把使徒的見證用官方措詞寫出來，這見證是：**耶穌基督是道成肉身的神；祂是一個統一的位格——與父同等的永恆的神之子；有兩種可區分但永不分離的本性，即人性和神性**。這個二性合一，而又是使全體基督徒聯合起來的基督論，無可否認是一個奧秘。它沒有就特殊的文化及處境，説明了一切要説的和有關基督的事。它只是排除了一類基督論，因為這類基督論會把耶穌基督下降為一些較小的東西，或把祂約化為「真正的人與真正的神」以外的東西——只有這位神而人的基督能夠作為世界的救主。

純粹是功能性基督論，嘗試從耶穌基督作為一個人的成就 (先知、啟示者，愛的模範等）來描述祂，那是不足夠的；如果耶穌基督不是神，那沒有任何理由去假定祂是無可超越的。凡滿足於純粹功能性基督論的人，早晚必開始尋找另一位基督，或至少開始容許有多個基督的可能性。基督教是基督，那意味著在基督教的最中心，必須相信並肯定基督有完整的神性。耶穌的神性不只是像一位自由派新教神學家所說的，耶穌「有著為了我們的神的價值」(have the value of God for us)，而是像巴特不厭其煩地說的，耶穌是那位為了我們的神 (God for us)。與此同時，我們必須記得，祂過去現在不只是真實的人，更是惟一一個真實的人，我們不但從耶穌基督那裏認識神的旨意和祂的性情，還認識我們本身的人性。

11

救恩

客觀性與主觀性

基督教是一個關乎救恩的宗教。正如「基督教是基督」，「基督教是基督作為救主的福音」。早期教父為有關基督位格的教義進行辯論，並就基督的神性與人性（道成肉身），致力建構一個統一性的教義，其時他們的首要關注，是保護那藉基督而來的救恩的真確性。使徒保羅在哥林多後書寫道：「神在基督裏叫世人與自己和好」（林後五19），這樣的一個基本信息，遍佈了新約聖經以及早期基督教教父的文獻。基督徒一向相信，耶穌基督是**主**，又是**救主**，並務求把這兩個稱謂並列互置。任何基督論，只要削弱了那藉基督而來的救恩，都被拒絕了；任何對於救恩的看法，只要是沒公平看待基督作為惟一而無與倫比的中間人身分，而給其他救主和主留有餘地，或讓位給以別的途徑所成就的救恩，都一概被拒絕了。**救恩**一直是以墮落之人類與神疏離的狀態，以及自然界內在的腐敗作為基礎去詮釋的。基督教說，耶穌基督逆轉了這個狀態，或祂以其人生、死亡和死而復活，造成了這一種逆轉。

基督教信仰在救恩的議題和爭論

正如一般的情況，簡單直接地訴諸神在聖經中的啟示，似乎不足以為種種爭論作出裁決。在基督教的思想史上，時而有困難和問題發生。固然，所有基督徒一定同意，耶穌基督是世人的救主，但是就著基督**如何**拯救人類的詳情來說，他們不一定有一致的看法。祂以一個道成肉身的人活著——祂的神性與人性結合——這件事本身，是否不知怎地有拯救的效用？如果是真的話，又應該怎麼理解和解釋它呢？祂在地上作為神而人的人生，是否惟一或主要通往十字架的旅程，在那裏祂藉自己的死，為人類成就了救恩？如果是真的話，祂的死怎地有拯救的效用呢？為甚麼祂(或任何人)必須死去，才能讓人類與神復和呢？基督替人類進行的拯救工作，實際上成就了救恩沒有？換言之，那是客觀地「完成了的一樁交易」？抑或，有沒有甚麼是人類要盡的本份？任何人如果要從基督的工作得益，他是否必須對耶穌基督的人生與死亡有某種反應呢？多個世紀以來，愛尋根究底之人早已問過上述及其他問題。它們是合情合理的問題，基督教神學家也曾嘗試給予答案。

就如基督教信仰其餘的大多數範圍，這一範圍——神學上稱為「基督的工作」——是極複雜的，由於篇幅有限，我不能作出全面而詳盡的處理。故此，我會把焦點放在事情的核心上：基督贖罪的教義。英語的**贖罪** (atonement) 一詞有復和 (reconciliation) 的意思。即是說，贖罪是指基督的工作，祂藉此使人類與神重修舊好，雖然人有罪性而神是聖潔的。基督徒一向相信基督贖罪之工，不過說到祂究竟怎樣為我們成就此工，基督徒之間就不一定有一致的看法了。這問題被交予神學家、學者和教會領袖解答。在此我們的進路會照常。我們開始就基督的贖罪，簡述基督教的一致立場，繼而檢視在基督教信仰之外的另類立場。然後，我會描畫幾個有關贖罪的主要理論(在此課題上，它們涵蓋了大部分的歧異觀點)。最後，我們會就基督徒在這方面的信仰可以怎樣融和合一，提出幾點意見，以為總結。

基督教在基督贖罪的立場

我們在前章看過，被基督教各大流派的眾多保守派人士指為過份自由的普世教會協會，至少訂下了一項重要教義作為會員資格：「耶穌基督是神和救主」。(它假設，人人都相信耶穌基督是人，所以用不著說。)上一章我已就此認信的前半部(耶穌是道成了肉身的神)檢視了基督教的立場，在本章我們會就此認信的後半部(耶穌是世人的救主)，再詳察基督教的共識。不幸地，在此我們不能夠借助一份統一性的信條，即如〈迦克墩信經〉就耶穌的人性和神性所列出的一類詳細聲明。在分裂前的教會(指東方正教會與西方天主教會的分裂)不曾就贖罪論的基督教立場，舉行過一次重大的全體會議，頒佈官方教義。從尼西亞到迦克墩以至所謂〈亞他那修信經〉，所有有關基督論的重要信條，都説耶穌是救主，卻沒有一份信經曾就耶穌怎樣拯救世人的問題，述説基督徒的必要信念。我們必須從重要的教父、中世紀神學家、改教者及近代基督教思想家的著作，就基督為墮落及有罪之人贖罪的基督教教義，梳理出一個公認立場來。

上述著作較突出地反映出來的，與其説是一個全體的共識，不如説是眾多的歧異。有些教父主要從基督的神性與人性的結合，來講述救恩之作成。有些較多從基督為被魔鬼擄去之人類所付的贖價，來講述救恩之作成。後來，到了中世紀時期，教會的一些神學家發展出在救恩背後的主題，諸如犧牲祭以至有關補償及代罪的複雜理論。路德較喜歡用戰爭的意象：基督進佔並征服邪惡權勢的領域，從此把人類從其轄制下釋放出來。有些中世紀和近代的基督徒喜歡想到，基督的代贖是基督加諸人類的道德影響。在本章較後部分，我們會就這眾多有關基督代贖的理論進行檢視，但此刻我們的關注是發現並講述，在眾多理論背後的一致信念。

有關基督代贖的教義，基本的立場最先是從新約聖經得到説明。從馬太福音到啟示錄，差不多新約的每一卷書，都至少觸及基督的生平與死亡，以之為人類藉神的恩典與憐憫得救的惟一基礎。使徒保羅把這個最早期的基督教觀點作出了精簡的總括：

> 因我們還軟弱的時候，基督就按所定的日期為罪人死。為義人死，是少有的；為仁人死，或者有敢做的；惟有基督在我們還作罪人的時候為我們死，神的愛就在此向我們顯明了。
>
> 現在，我們既靠著他的血稱義，就更要藉著他免去神的忿怒。因為我們作仇敵的時候，且藉著神兒子的死，得與神

和好；既已和好，就更要因他的生得救了。不但如此，我們既藉著我們主耶穌基督得與神和好，也就藉著他以神為樂。(羅五6～11)

保羅繼而在同一卷書強調，基督的死不但是一次客觀性的復和，也是我們參與在其中的一次具轉化力量的事件。我們藉相信耶穌基督和祂的十字架，與祂同死，就是向我們自己已然墮落、有罪的人性死。彼得前書與保羅及其他新約書卷作者一樣，提出了相同的基本觀點：

你們蒙召原是為此，因基督也為你們受過苦，給你們留下榜樣，叫你們跟隨他的腳蹤行。

他並沒有犯罪，
口裏也沒有詭詐。

他被罵不還口；受苦不說威嚇的話，只將自己交託那按公義審判人的主。他被掛在木頭上，親身擔當了我們的罪，使我們既然在罪上死，就得以在義上活。因他受的鞭傷，你們便得了醫治。你們從前好像迷路的羊，如今卻歸到你們靈魂的牧人監督了。(彼前二21～25)

若我們不存偏見地去閱讀新約文獻，我們會得出一個結論：眾多作者雖然以各自的方式去描述基督代贖的詳情，他們背後還是有一致的信念：**耶穌基督的生平與死亡為神人復和提供了客觀條件，並使相信及信靠祂的人罪得赦免，得以被更新改變**。

使徒的這個一致信念不但反映於新約文獻中，也見於教父的著作。2世紀的主教兼神學家愛任紐(他曾受教於約翰的門徒坡旅甲，故此他成了門徒與2世紀末的基督徒的重要連接點)在其五卷《反異端》(*Against Heresies*)中強調這個立場。這位里昂主教在頭一卷中，指出了那承傳自使徒、保障教會合一的基督教教義傳統，並在這傳統內包括了藉神的兒子耶穌基督得救的同一信仰(信念)——這位神的兒子「為我們的救恩」道成了肉身。他特別提到，耶穌的生平、死亡(「受難」)和復活是其拯救工作不可或缺的部分。愛任紐在五卷著述中，就基督所成就的救恩作出詳細闡釋，特別把焦點放在他本人的得意理論上，即基督「重演了」(recapitulated) 亞當的人生，在每一個行動上逆轉了亞當的不順服，由是人類得以有新的開始。愛任紐主張，基督是我們的「第二亞當」，是新人類的新元首。愛任紐把基督的救贖之工，包括祂的犧牲死亡，跟亞當的不順服作出比較：亞當不順服神，在木頭(分別善惡樹)下墮落，遠離了與神的團契，照樣，基督面對著「木頭」(十字架)而順服神以至於死。毫無疑問，在愛任紐看來，神的兒子道成了肉身，以耶穌基督的身分降生於世，帶來救恩，一切憑信接受祂並參與在祂教會裏的人，都得著赦免和更新。耶穌基督的順服逆轉了亞當和我們的不順服；祂的「受難」(受苦和死亡) 成了我們得永生的根據。

在愛任紐以同歸於一論 (recapitulation) 發表了有關基督救恩的偉大理論之後的150年，影響深遠的教父亞他那修寫出了他那維護基督神性的經典之作《論道成肉身》(*De Incarnatione*)。這位捍衛三位一體論的亞歷山太主教，在書中也提到耶穌基督的拯救工作，並把它完全繫於一事——耶穌基督是道成肉身的神，真人也是真神。亞他那修在該文強調，道成肉身是救恩所必須的。他更就這具拯救功效的道成肉身概念作進一步的發揮，主張人性與神性在基督身上的結合，藉著克勝死亡，實際上改變了人類的存在。他也提到基督的十字架是贖價、為罪而作的犧牲、勝利和神人關係的修復。這位埃及基督教領袖指出：

> 於是事情就是，兩件不可思議的事在一時之間發生了：全部人的死在主的身體上作成了，而死亡和敗壞由於那與主的身體聯合的道，徹底被除去了。因為死是必需的，有必要代替全部人經歷死亡，全部人所欠的債才得以還清。原因正如我之前所說，道既然是不朽的，在祂來說是不可能死的，祂就給自己取了一個會死的身體，好叫它作為自己的身體，以代替全部人獻出它，而藉著祂與該身體的聯合，祂代替了全部人受苦，就「敗壞那掌死權的，就是魔鬼，並能以釋放那些

一生因怕死而為奴僕的人」。[1]

在同一著作的較後部分，亞他那修斷言，基督的死有普世意義，是所有人得救的惟一根據：

> 在日頭和整個受造世界的見證下，在那些執行死刑的人眼前被釘十字架的是祂〔基督〕：藉著祂的死，救恩臨到所有人，整個受造世界都被贖回。祂是全人類的生命，而且是祂為全部人之得救，像羊兒般將自己的身體作為代替品，服於死亡之下，儘管猶太人不信這個。[2]

亞他那修對基督代贖的看法，在早期教父中並不獨特，反而是它代表著他們的一致論調。

北非的偉大教父奧古斯丁教導說，基督的生平和死亡具有拯救意義，並把得救的每個以至全部希望——客觀性（復和）及主觀性（更新）的希望，寄託在基督及祂為人類所作的代贖之工上。奧古斯丁反對伯拉糾及其否認原罪的說法，其中一個主要理由是：假如伯拉糾是對的話，基督的代贖，特別是祂在十字架上的死，就不會是每個人所必須的了——然而基督的代贖明顯是每個人所必須的。奧古斯丁在教義手冊《信望愛》中主張，基督是為人類的罪和為人類得救而作為代替的犧牲祭：

> 基督為……所生，祂不懷著肉慾的貪念，因此沒有原罪隨著祂來。再次，由於神的恩典，祂在道的這一位格之內，有一種奇妙而不可言喻的最緊密結合……。可是，因祂來是帶著有罪之人的樣式，祂自己也就被稱為罪，一如所命定的要被犧牲，好把罪洗去。事實上，在舊的律法下，為罪而獻的犧

1 Athanasius, *On the Incarnation of the Word*, 20, *ANF*, 2nd ser., 4:47.

2 同上，37，頁56。

> 牲祭是被稱為罪的，而祂(那些犧牲祭不過是祂的影子)就真的親自成為了罪……即是，藉一個贖罪的祭牲，我們可與神和好。[3]

可見，奧古斯丁這位拉丁教父就像他之前的亞他那修，認為基督的生平與死亡是人神的復和。他的著作散佈許多有關基督代贖的意象和隱喻，其中有成功征服和贖價的意象，但他的每一部以至全部著作，都表現了全體教父的這個一致觀點——基督的生平與死亡是人類得救的基礎。

人類藉基督的生平與死亡得救的福音這個一致觀點，在中世紀的神學家及新教改教者之中，原來也是突出的主題。中世紀修士兼神學家安瑟倫寫了一本論基督代贖之工的經典作品，題為《神何故化身成人》(*Cur Deus Homo*)。他在其中嘗試從理性去解釋，基督作為神人(God-man)受死，為人類之得救所必須。在他解釋這個有關基督代贖的理論，並解釋基督代贖是怎樣使人與神復和、神與人復和之前，這位偉大的修道院院長、坎特伯雷大主教先回應愛任紐等早期教父，為神差遣基督到來拯救人類，讚頌神的憐憫：

> 無疑，這是很合理的：正如死亡因為人的不順服，進入了全人類，同樣，生命要因為人〔耶穌〕的順服，被修復過來。再者，同樣合理的是：正如那導致我們遭咒詛的罪，是源於一個女人，那位使我們得以稱義並得拯救的，應該是從女人而生。此外，很合理的是：那誘惑人去嘗樹上的果子，藉此曾把人征服的魔鬼，應該被一個人所征服，就是藉著這人在樹木上所忍受的苦被征服。細想一下，這個成就救贖的方式，還在許多事情上表現了一種不可言喻的美。[4]

---

3 Augustine, *Faith, Hope and Charity (Enchiridion),* trans. Louis A. Arand (Westminster, Md.: Newman, 1963), p. 49.

4 Anselm, "Why God Became Man," chap.3 in *Why God Became Man and The Virgin Conception and Original Sin,* trans. Joseph M. Colleran (Albany, N.Y.: Magi, 1969), p.68.

安瑟倫接著在《神何故化身成人》的餘下部分陳述他的理論，說明基督在十字架上的死**怎樣**成了人類的救贖，不過在此之前，他先肯定了承傳自使徒的、為全教會所公認的一個信念：神只藉著基督拯救人類，或者說，神只藉著基督為人類預備救恩。大約二百年後，另一位偉大的中世紀神學家(阿奎那)發出相同的基本福音信息，他在其《神學總論》(*Summa Theologiae*)中主張：人只可憑藉基督的功德得救，此功德是基督以順服的人生與犧牲的死亡換來的。

新教改教者喜愛高舉基督的十字架過於一切；基督的死在他們眼中成了福音的焦點，其優先性壓倒了基督順服的人生、勝過探試及復活(他們卻不否認這其中的任何一點)。馬丁．路德建構了一套「十架神學」(theology of the cross)，以抗衡「榮耀神學」(theology of glory)，他認為中世紀後期的天主教傾向醉心於後者；所謂「榮耀神學」，在路德眼中是抬舉人的思維和道德成就，過於神藉祂兒子在罪人手下受死而白白賜下的恩典。路德視耶穌基督的受苦是神(兒子)的受苦，又是人(耶穌)的受苦，他不像某些前人那樣傾向強調神本性中的不動性(impassibility)，即使在十字架事件上他們也如此強調。在路德而言，這神－人之苦，正是為全人類所作的大工，好叫神能與罪人復和、罪人能與神復和，並得著更新改變。這位德意志神學家用不少意象和隱喻去說明基督代贖之工。其中一個他最常用的意象是大爭戰：神的兒子進佔撒但盤據之地，藉自己的死而復活征服了罪、死亡和撒但(**勝利者基督**的主題)。但是大體來說，路德是贊同他之前的基督教公認立場的，即基督以自己代替人類承擔罪責的代贖工作絕對必要，是具拯救功效的犧牲祭。[5]

基督教的公認立場承認，基督具救贖功效的人生及其代贖之死有其重要性和必然性，對此加爾文也完全贊同。他從基督作為先知、祭司和君王的三重「職事」去講說二者，不過他是以基督代替人類、為人類的罪受死一事，作為基督拯救工作的核心：「這是定我們為無罪的

5 參 Paul Althaus, *The Theology of Martin Luther,* trans. Robert C. Schultz (Philadelphia: Fortress, 1966), pp. 201～218。

判詞：那叫我們該受刑罰的罪咎，已轉移到神兒子的頭上。」[6] 除了以基督之死平息神的怒氣，讓我們得以被宣判無罪之外，加爾文再無提供得救的盼望，更直截否認有任何得救的盼望。他也把基督在地上的人生以至祂復活後在天上的代求，解釋為對人類的更新改變及對神形象的恢復來說是必須的。所有新教改教者——連重浸派在內——都認為基督在十字架上的死，就是人類之得拯救，他們用許多不同的意象和比喻來說明，基督的代贖是怎樣發生功效、如何帶來神人之間的修好和復和。

那麼，關於基督代贖的工作，基督教的一致立場是甚麼？有關基督替人類成就的拯救大工，有沒有一套被全體基督徒確定為真正基督教的教義共識？儘管在這課題上有語言、意象、詮釋論、神學理論，甚至是宗派特色上的重大歧異，基督教在這課題上的一致立場仍是清晰的：**耶穌基督以其生平、死亡和復活，為世界(人類)提供了救恩**。我還可以補充一點：**這個立場也包括了相信，當基督死在十字架上時，神從中亦有所行動，使世界(人類)與祂自己和好，並使罪人得著赦罪和更新**。在信條或認信文中，不會找到和這些一樣的字句，但它們概括了二千多年教會歷史上全體基督徒的信仰。誰要是否認它們(這不同於對它們作出某種詮釋)，即落在一個危機之中，就是放棄自己被視為真正基督徒的權利。基督教是基督藉其生平、死亡和復活而成就的拯救工作。

基督教信仰對藉基督得救的非正統立場

有關基督的拯救工作，並無統一的信條或認信文正式列明，甚麼才是全體基督徒應該接受的信念，故此有關這代贖之工，也沒有一張為全體教會所拒絕的異端清單。雖然如此，基督教神學家和領袖時而感到有必要識別某些有關基督和救恩的觀點，並將之定為不可接受，因為它們否定了福音本身。換句話說，在真正基督教的範圍以外，有一些關乎耶穌基督的生平和死亡的信念與教訓。堅決相信這類觀點又

6 John Calvin, *Institutes of the Christian Religion*, 2.16.5, pp.509～510.

宣揚它們的人，雖然可以在名義上稱自己和他們的教會是基督教，但人們卻不能把他們當作是真正基督教，因為他們否認那從新約流傳到今天各大宗派教會的一致立場。有關基督的代贖，已經出現過的非正統觀點有兩大類，挑戰著基督教的一致立場(這立場認為，基督為人類成就救恩，祂是個人與神復和的惟一希望，而這復和帶來更新、神形象的恢復，並在天上與神共享永生)。這兩大觀點在歷史神學上並無精確的名目，在教會歷史上沒有與個別的人或教派掛勾。為此，我只會分別描述它們，並解釋它們為何偏離了基督教信仰的一致立場(建基於神的啟示)，以致它們不可以被納入真正基督教的信仰和生活之內。

在相信基督代贖的正統教義之外，第一種主要的非正統觀點是：**基督的拯救工作並不是每一個人所必需的**。某些所謂基督徒試圖建構一種救恩觀，譬如，把基督的死看成是神為一部分人所作的必要拯救行動；其餘的人能夠藉著基督以外的其他方法拯救自己或得救。這種異端思想由伯拉糾教導初期教會，到16世紀為蘇西尼及其追隨者(Socinians)所恢復，在19和20世紀為神體一位論(Unitarian)和自由派的新教神學家所倡導(例如拉什德爾〔Hastings Rashdall〕在 *The Idea of Atonement in Christian Theology* 的做法)，又為20世紀後期和21世紀初的多元論者公開宣認。

當然，這種觀點與否認人有原罪，並人有一種基本上是不敗壞的人性緊密相關。很多抱持這觀點的人——其中不少是自由派新教徒——相信基督替人類成就的主要工作完全是主觀性的——即祂為人類豎立了一個榜樣，示範神的愛和旨意。據此看法，人類需要的代贖，其形式與其說是與神復和或征服那挾迫著人類、使其受罪奴役的惡勢力，不如說是客觀的一課，示範神的愛、神的接納及如何自我犧牲的服事。耶穌基督的生平和死亡所提供的，僅此而已。今天的多元論者，例如英國自由派的新教神學家兼哲學家希克(John Hick)等人主張，基督的生平和死亡僅為基督徒和西方人(主要是基督教主導的歐洲和北美處境)提供了救贖。在他看來，在其他處境下的人就循別的救主，例如穆罕默德、克里希納(Krishna)、佛祖等獲得救贖。據多元論者說，世界各大宗教的所有先知和中介 (mediators)，都同樣提供了接觸「那真實者」(The Real) 的門徑——不論在諸神的眾多面譜和形相背後會是甚麼神。[7]

當然，提倡宗教多元論 (正如上述的情況) 及認為基督的代贖只是為人類豎立楷模的人也沒公開否認，基督替人類所作的拯救之工是事實，只是他們把它加以限定和修飾，好把它減弱為相當不同的東西，有別於它在基督教信仰中的原意。這些有關基督拯救之工的看法，雖然對那些難於接受排外性宗教信仰的現代人和後現代人具有吸引力，卻犧牲了基督教固有的「特殊性」這塊「絆腳石」(“scandal of particularity”，基督作為救主和主的獨一無二和無與倫比)，它寧可遷就社會上崇拜人之美善與寬容的心理。若要捨割基督作為人類的主、基督為人類代贖的這一部分，就非得連整個人——真正基督教——都殺掉不可。同理，把基督代贖之工重新詮釋為只是因著自願犧牲性命而立下的道德楷模，這個大手術最後會連其生死繫於福音之上的病人也毀掉了(福音是以基督的工作為神憐憫與恩惠的行動，是全人類賴以稱義和得著新生的)。它打開了門戶，以致有部分或很多人可以單憑道德方面的努力而自救；它打開了門戶，以致基督可以被某個新近因自願犧牲性命而成為道德模範的人超越了。

在代贖方面的道德論跟多元論是一對雙胞胎，二者是在20世紀後期到21世紀初彼此相認的。它們為許多基督徒和非基督徒所喜愛，因為它們看來與這時代人文主義的寬容精神相吻合，而且它們避過了基督和祂的十字架這令人討厭的一點，把基督和十字架貶為自救之道之一。不過，歸根結柢，這條路根本是非基督教的。它降服於那些沒有認真考慮到人類的窘境和十字架之恩的浪漫哲學與屬靈觀之下。它們遠離了基督教的中心，那是從新約時代起，二千年來基督教歷史所表述有關基督代贖的公認教義。

基督代贖的教義的第二種主要非正統觀點，是一個頗新的看法。它至少為統一教教會 (Unification Church) 或簡稱統一教 (Unificationism)

7　關於希克以基督為在許多中的一個救主和主的多元論觀點，參他被編入下書的文稿：Dennis L. Okholm and Timothy R. Phillips, eds., *Four Views on Salvation in a Pluralistic World* (Grand Rapids, Mich.: Zondervan, 1996)。

的若干成員所提倡，統一教是以韓國為基地的一個宗教。這教會在北美的規模較小，但在亞洲部分地區不但規模大，而且增長快，更在世界各地設有支部。統一教信徒視生於韓國的文鮮明先知是末日的彌賽亞，他要按著一套稱為「神聖原理」(the divine principle) 的哲學，把全世界的宗教和文化統一起來。若干追隨者視他為「再臨的主」(the Lord of the Second Advent)，儘管文鮮明本人沒公開聲言擁有這個角色。教會的正式名稱是世界基督教統一神靈協會 (The Holy Spirit Association for the Unification of World Christianity)。它擁有強大的財力和勢力，它的成員傾向立定心志、滿腔熱誠地遵從文鮮明及其同人在《神聖原理》等書中所定之原則，致力把世界改變為神國。按照統一教之教訓，耶穌基督被認為是世界的救主，而祂實際上已經成就了救恩的重要一面——祂帶來屬靈的救恩，為凡悔改相信祂的人解除了始祖所犯之罪的罪咎，以及為信祂之人的本罪提供補償之法。[8] 然而，統一教的神學主張，基督在死時還未完成祂的使命，包括藉結婚生子建立一批新人類，其中的孩子沒有那種因始祖墮落而禍及全人類的魔鬼性情，所以必須有第二位救主——再臨的主——出現，他要完成基督的工作，在地上建立神國。

人們之所以對基督拯救之工持有多元論或道德論，是跟文化和基督教的凡俗化有關，而人們之所以教導並相信有一位新的彌賽亞要來完成基督未竟之工（就如有許多人相信，文鮮明是新彌賽亞），則是跟極端的宗派主義有關。有人把後者的信仰視為異端；它肯定跟多個世紀以來教會歷史在基督已完成救贖的這一點上的共識格格不入。新約約翰福音記著耶穌臨死的話：「成了」（約十九30），而基督徒一貫以來相信並教導，基督已成就了救恩所需的一切。若要讓救恩圓滿實現，餘下的是悔改並相信基督，相信祂藉其生平、死亡和復活所完成的工。宣揚一種尚未為基督完成而有待另一位彌賽亞來成就的救贖行動，是跟基督教的福音截然不同的另一個福音。它貶低了耶穌基督，惹來一

8 欲了解統一教神學家筆下的統一教神學，參 Young Oon Kim, *Unification Theology and Christian Thought* (New York: Golden Gate, 1975)。

籃子可怕的災難：新的基督、救主、主和彌賽亞。〔譯按：「一籃子」原文是 Pandora's Box，即希臘神話中裝滿災難的箱子。〕

毫無疑問，我們這樣把有關基督贖罪之工的異端簡單分為兩類，讀者中的有識之士必會感到不滿意。許多在歷史上出現過有關基督代贖的片面理論又如何？沒有一套與別不同、作為基督教信仰規範的贖罪論嗎？其餘的(下文詳述)不都是錯的嗎？若干基督教神學家確實把有關基督代贖的某個理論提升到教理的位置，並要求一切自稱是基督徒的都相信它。若干基督教宗派把某種贖罪論納入**信仰認信**之內，要求信眾承認它為教義。不過，頂多也只有幾個硬心的基要派認為，凡確認其他贖罪論者不可能是基督徒。(20世紀很多基要派新教人士把加爾文和清教徒的「代罰論」〔penal substitution theory〕納入幾條「信仰要理」之內。很多保守的新教宗派要求將要被按立為牧師的候選人承認代罰論。) 無論如何，就基督教教義的整幅圖畫來說，絕對必須的教義只得一點，就是基督的生平、死亡與復活是神預備的獨一無二、無與倫比的特殊救法，它帶來神人復和及人類的更新。至於神**怎樣**藉著基督死在十字架上的這個方法使世界跟自己復和，則是關乎許多臆測和神學反思的課題，也是基督徒之間有重大歧異的一個原因。

基督教信仰在基督代贖工作的不同看法

為甚麼基督(或任何人)**必須**死去，才能救人類脫離罪的後果，例如與神疏離、遭神和良知責備、大自然的敗壞和永死？為甚麼神不能乾脆地宣告說，人得著寬赦了？一旦認定了基督在十字架上的代贖是絕對重要而必需的這一點，是基督教信仰和宣講的中心，以上問題就自然被引出來。多個世紀以來，基督教思想家為回答這些問題，試圖建構種種有關贖罪的理論或模式——解釋為何代贖於救恩是必需的，以及它怎樣成就救恩。正如上文提過，間中有某個神學家、教會或宗派，主張以這類理論的其中一個作為惟一的理論，要是否認或忽略它，就等於否認基督代贖。不過較常見的是，個別的基督教學者提出種種觀點，幫助愛尋根究底的基督徒明白事情的核心，回答他們的問題；學者之所以提出這些觀點，一般來說，都不是為了排除一切其他的觀點。

研習歷史神學的學者把各種有關代贖的基督教理論分為至少兩類：**客觀性**的和**主觀性**的。不過，事實上，那多少是人工化和誤導的分法，這是由於神學家試圖建構基督教贖罪論，無不是兼有客觀性和主觀性的。**客觀性**在此是意指在十字架事件中，神藉基督實際地替人類成就了一些事；代贖本身是在個人以外發生的，即使它還有待實現而變得個人化。凡視基督在十字架上的死是耶穌替人類償還給神的必要刑罰，都是客觀性的觀點。**主觀性**在此是意指十字架在那需要救恩的人裏頭，激發一種必然的回應，而基督受死的實際好處，就在於這個回應。任何認為基督在十字架上的受死是一個模範，或是對人類一種具轉化力量的影響，都是主觀性的觀點。基督教有關代贖的理論，大部分(若非全部的話)都兼有客觀和主觀的成分。本章前部分討論過的異端之一的道德模範論，則是完全主觀性的，那正是它被所有正統基督徒拒絕的原因。

在此我的手法不是把各種可行的基督教贖罪論分類歸檔；我會簡單列出基督教歷史上幾個主要的理論，約略分析並加以評估。每一個理論對耶穌基督的十字架和它的拯救功效都有若干了解；每一個獨立來說都只是從片面去看基督的拯救之工。把它們全部合起來，就為基督代贖提供一個全面、整全的神學說明了。最後我會以這一點作總結：其中有某一個理論看來是表達了福音的精意，儘管單獨來說，它不足以涵蓋福音所說、關於我們是如何得救的一切事情。

基督教歷史上最早的贖罪論是所謂**贖價論**(ransom theory)。它的輪廓最先可見於2世紀富於臆測的基督教神學家兼教父亞歷山太的俄利根。它重複出現於許多早期基督教的著作，並逐漸成為最通行的解釋，說明基督在十字架上的死如何拯救人類。它借用新約中有關基督贖回人類，和祂被付出作為人類的贖價的意象和語言(例如可十45)。贖價論(這跟新約提及基督是贖價所用的意象和語言不同)主張，基督在十字架上的死是必需的，因為撒但因亞當的罪和那禍及他所有子孫的原罪，把人類擄去了，叫他們受拘禁。由於撒但對人類的擁有權是合法的，所以即使對手是撒但，神也不得不進行公平的交易，於是神在十字架上付出祂的兒子耶穌基督，為了得回祂所創造所愛的人類。著名的加帕多家教父呂撒的貴格利受俄利根影響，他在《大教理問答》(*Great Catechism*) 第22至26章中，以漁人垂釣的比喻解釋贖價論：神利用基督在十字架上的人性為餌，捕捉人性。教宗貴格利一世 (Gregory I，即大貴格利) 在6世紀重申這個論調，使之成為實際上無人反對的贖罪論。它在現代教會只有極少的支持者，因為它把神描繪成必須跟撒但進行公平交易，無形中默認二元論；同時，它又把神描繪成是玩弄撒但的，因為所有人都同意，由於基督的聖潔和神性，撒但不能把祂據為己有。這理論含有一絲古老的迷信意味。

到了中世紀，坎特伯雷的安瑟倫欲以一個從理性上較易理解的理論去代替贖價論，這理論既忠於聖經，又合乎基督徒信仰與崇拜的情操。這位主教在《神何故化身成人》一文解釋，基督的死是怎樣由無罪之人耶穌為神的榮耀付出的一份「補償」(satisfaction)。對於他來說，基督代贖的事件與其說是征服敵人，不如說是一樁交易，而且他從11世紀維繫當時代社會的封建契約，作出詳細說明。在封建社會中，有一套規章把各類人維繫起來，形成一個權力階級的制度。奴僕服事地主，從他獲取一塊地、一個莊園、保護或其他東西作為報酬。奴僕的責任是尊崇 (順從、服事) 他的地主，要是奴僕以某種方式背叛地主，因而羞辱了他，他就欠地主一份「補償」——一筆債之類。奴僕欠地主的債，最終是他的性命。安瑟倫主張，這個系統對於了解基督為何必須死去，提供了根據：

> 不應該忽略恢復人性這事，而……除非人為所犯之罪把所欠的償還給神，不然的話，就不能作成這事。可是這筆債是那麼巨大，欠債的是人自己，只有神才有能力償還它，所以同一位格必須是人又是神。因此，神必須取人性與其位格結合，好叫按其本性欠債而無力償還的那一方，得以藉著祂的位格償還債務。[9]

9 Anselm, *Why God Became Man*, p. 155.

據安瑟倫及贊同其贖罪論的人(包括大部分的中世紀天主教徒)之見，基督的死是為了代替人類償還因神的榮耀遭剝奪或損害所欠下的債。為了維持宇宙的公義和秩序，神絕對需要收到這樣的一份補償。雖然有些人指安瑟倫把神描繪得嗜殺殘忍，正如莎士比亞筆下要取得他那一磅肉的賽洛克(Shylock)，可是事實上安瑟倫把基督的救贖之工，歸因於神自己的愛、恩惠和慈憐。安瑟倫的理論是高度客觀性的，它形容十字架的代贖是神和耶穌基督之間的一樁交易。當耶穌一死，**交易**就實在地**完成了**。神的榮耀得著補償，祂的憤怒平息，人類本該受的永死之刑被撤銷了，餘下的只是有待人類通過信心、聖禮和愛的行為，去接受基督為他們死所帶來的好處。安瑟倫的**補償論**(satisfaction theory)跟基督代償罪債的新約主題和應，後來加爾文及其他新教神學家所提出的贖罪論，又跟它和應，雖然如此，由於它是跟中世紀歐洲社會的封建制度掛勾的，以致現代社會只有極少人能明白或接受它。

另一位來自歐洲的中世紀神學家亞伯拉德(Peter Abelard)試圖在贖價論和補償論之外，提出另一套有關贖罪的理論。亞伯拉德是11世紀末到12世紀初在巴黎的一個怪異的神學家和哲學家。他對安瑟倫的贖罪論大感不滿，於是試圖建構一個新的解釋，以求較公平地對待神的愛，並在復和的事上包括人在內。可憐的亞伯拉德(其妻之叔父雇了暴徒把他閹掉，而教會的宗教法庭也不斷追捕他)經常被指把基督的十字架降為一個道德榜樣，事實卻非如此。其實，這位年青的巴黎基督教思想家認為，基督在十字架上主要的救贖之工，是提供一種**道德影響**，改變人類的眼光，使他們信靠神，並為自身的罪悔改。在亞伯拉德看來，神並不是那麼需要全數收回刑罰這一筆賬，而且祂肯定不需要跟魔鬼打交道；神需要帶罪之人悔改，全然倚靠祂的恩慈。人們沒這麼做，只因他們怕神和恨神。在這個形勢下，基督來了，作為神人之間的中介，表明神的大愛，又因著為人類捨去性命，就在罪人心內造成了改變，使罪人歸到神那裏。那不只是一個模範；那是一種改變人心的影響力。一個對應的例子是甘地(Mahatma Gandhi)所發起的**真誠運動**(*Satyagraha*)——藉著自我犧牲的愛，使仇敵的心發生改變。大多數基督教神學家都認為，亞伯拉德的贖罪論有過多主觀成分，不過在英語世界，還是有來自各地甚至保守的福音派基督徒擁護它。〈奇妙十架〉（"When I Survey the Wondrous Cross"）這首偉大的聖詩，以歌詞表達了亞伯拉德的贖罪觀。

第四種贖罪論，與其説是一個理性的解釋，不如説是一個表示征服的戲劇性符號。改教期間，路德借用新約中有關戰爭的主題，以及基督是戰勝撒但與死亡的勝利者這個早期基督教概念，建構後來被稱為**勝利者基督**（*Christus Victor*）的贖罪論。它尤其為《勝利的基督》（*Christus Victor: A Historical Study of the Three Main Types of the Idea of the Atonement*）一書的作者，瑞典信義宗神學家奧連（Gustaf Aulén）所倡議。據路德及奧連之見，基督為人類成就的贖罪之工的精意，是祂進佔了撒但的領域（人類被擄於此），將之征服而獲得了勝利。那不是要付的贖價——更別説是給撒但的贖價！——而是一場屬靈爭戰。關於這個基督代贖的主題，奧連説：「它的中心論點是：代贖是神的鬥爭和神的勝利；基督——勝利者基督——與世界的邪惡勢力對抗，而且勝過它們，並在基督裏，神使世界與自己復和。」[10]

這個理論的惟一問題是，它不足以作為一個從理性上可理解的理論去回答這個問題：基督為甚麼必須死？而且對於人類的罪咎和回應，它也沒有交代。它的客觀性太強，不夠作為全面理解代贖的説明，而且它也太富戲劇性，過於詩意，未能為問題提供一個理性的答案。這不是説要廢掉勝利者基督這個概念，視之為不重要的。它是很棒的講道題材哩！可是，光有這個理論不能滿足一些愛尋根究底之人，他們想要的是有神學意涵的理論，可以回答「**為甚麼**」的問題。

基督代贖的第五個理論，在改教期間佔有重要地位，是對中世紀安瑟倫的補償論的些微修改。它是加爾文及新教神學家的**代罰論**（penal substitution model）這贖罪模式。對於保守派的正統新教徒，特別是在加爾文、清教徒以及重要的講道家如愛德華滋、司布真（Charles Spurgeon）和葛培理（Billy Graham）（在過去三世紀每百年以一位為代表）等影響下的許多宗派，最為熟悉這個理論。加爾文以這問題作為

10 Gustaf Aulén, *Christus Victor*, trans. A. G. Hebert (New York: Macmillan, 1969), p.4.

解釋基督代贖的起點：「以不可言喻的方式，神愛我們，卻同時又向我們懷怒，直到祂在基督裏和我們修好，情況才改變。」[11]

基督使神與我們、使我們與神復和，因為「詛咒的重擔(它已從我們身上釋除)已擱在基督身上」。[12] 換句話說，耶穌基督承受了人類該受的刑罰，神的義怒和溫柔的愛得到調和；祂的憤怒平息了、祂的憐憫流露出來。因著基督在十字架上的死，神可以把基督的義轉嫁給我們，一如把我們的罪轉嫁給祂那樣。加爾文以此作為結語：「不但神藉基督賜救恩給我們，而且，由於祂的恩典，神對我們友好。」[13]

加爾文與新教神學家的這個理論，其基本結構與安瑟倫的相似，加爾文甚至提到基督償還了人類欠神的一筆債。不過，這裏有一種微妙的轉移。在加爾文和新教的「代罰論」中，焦點和重點是在**刑罰**。基督為我們承擔的刑罰，並不是為神的尊榮受損的一份補償，而是因為人類違背神的律法而該得的報應，就是死刑。就像安瑟倫的中世紀補償論那樣，這個也有強烈的客觀性，不過它也有主觀性的調子，因為人類必須作出正確的回應(悔改和相信)，才能從基督為他們所成就的大功受益。許多批評者認為，這個理論就像安瑟倫的太消極了，並且在父神和聖子之間作出割離，前者是生氣、滿懷憤怒、施行懲罰，後者則是仁慈、親切和寬恕人的。儘管如此，加爾文這套改革宗的贖罪論，既有舊約的獻祭制度，又特別有使徒保羅所強調的、基督為我們消除神的憤怒這一點為基礎。

以上五個有關基督贖罪的理論，並未涵蓋教會歷史上出現過的全部理論，不過是最具影響力的五個。其餘還有由17世紀荷蘭亞米紐斯派的神學家兼政治家格魯希烏(Hugo Grotius)所提出的**政府論**(governmental theory)，以及由19世紀蘇格蘭的長老宗神學家坎伯爾(John McLeod Campbell)提出，並由魯益師在《返璞歸真》一書中所和應的**完美替贖論**(perfect vicarious penitent theory)。大多數的「新理論」都是舊酒新瓶；在此說明的五個理論，加上正統以外的「道德模範論」，已

11 Calvin, *Institutes*, 2.17.2.

12 同上，2.17.4。

13 同上，2.17.5。

足以涵蓋所有可能的理論了。當然，在一些福音新近觸及的文化，以及對本色化、處境化的神學反思仍然幼嫩的地方，是很有可能出現一些新理論、或上述理論的新版本的。[14]

基本上，基督教各宗派一直避免把任何一種理論等同正統的贖罪論，但在若干情況下，一些基督教教派只取其中一種。無疑，東正教一類的教會傾向採納贖價論，只是他們並不贊同把贖價給撒但的說法。不過，總體來說，東正教基督徒傾向迴避理性的解釋，寧願相信奧秘，他們看道成肉身本身是具拯救功效的，不追求有關十字架的理論，因為這些理論把十字架獨立出來，把它視為基督拯救工作的惟一主要焦點。羅馬天主教教會極重視安瑟倫對基督所成就的客觀性工作所持的基本見解，同時又保持開放，接受其他觀點的補充。信義宗教會很倚重路德的勝利者基督主題，而改革宗教會則牢牢抓住加爾文的理論，至於趨向自由派的則是例外，自由派的教會說基督的拯救工作是提供一個主觀性的道德模範，讓基本上是善的人去跟從它。聖公會及循道會只堅持一個籠統的立場，承認基督教的共識而不需要某套具體的理論。大部分浸信會和五旬宗教會倚重加爾文的代罰論，但不一定以它為不可或缺的教義。

基督教在贖罪觀的綜合觀點

基督徒需要重新發現和重新評估在基督及其代贖之工背後的必須教義。在西方社會文化這個現代混合後現代的時期，有很多人揚言要反對任何有關基督在十字架上代贖之死的傳統教義，反對高抬某種贖罪論過於其他贖罪論之上，甚至排除其他的。若干公開而相當激進的解放神學家——特別是所謂婦女神學家 (womanist theologians) ——力言，任何傳統的贖罪論都是寬容暴力，支持虐待兒童的。這類激進的修正主義者喜歡把基督被釘死的事看作是殉道一類，並認為它是在權力的階級制度下，有權勢的宗教領袖、政治領袖待先知的象徵。在神

14 例如在非西方文化中，對贖罪的基督教思想可能有的新模式，參 Joel B. Green and Mark D. Baker, *Recovering the Scandal of the Cross: Atonement in New Testament & Contemporary Cultures* (Downers Grove, Ill.: InterVarsity Press, 2000)。

學反省兩極的另一端，是一些直言不諱的保守派神學家，他們力言只有加爾文提出、由19世紀普林斯頓的賀智(Charles Hodge)教授等人所宣揚的代罰論，才合乎聖經，從神學上說是正確的。這類極端的保守派神學家堅稱，所有基督徒都應該把基督在十字架上的死看作是補償(平息)神的憤怒，為世人的罪(或只為選民)對神的兒子所施行的替代性刑罰。

在如此勢不兩立的形勢下，重要的是發現一個有關基督代贖的統一性的基督教觀點。若要做到這一點，最好的方法是回到基督教反省的來源去，尋回那把早期基督徒和新教改教者聯合起來，對基督生平、死亡和復活的簡單信仰(儘管他們用不同的理論來表達它，使之在其自身的文化處境中可被理解)。1世紀的早期教會相信「神在基督裏使世界與自己和好」，又相信基督在十字架上的死，以超過人所能透徹了解的某種奧妙方式，作為贖罪的犧牲品，既是征服奴役人類的邪惡權勢，又是耶穌基督的門徒跟隨的完美之愛的模範。沒有一個解釋足以說明在十字架上發生的一切。顯然，它**既是**一樁客觀的交易，在普世歷史的宇宙性、神性的秩序中發生了某些事(正如耶路撒冷聖殿的幔子裂為兩半所象徵的〔太二十七51〕)，**也是**一個主觀的模範和影響，示範了神的愛和公義，吸引人悔改相信，並回到神那裏(正如耶穌所說的，當祂被「舉起來」，就要吸引萬民來歸向祂〔約十二32〕)。神學的反思有時可以落入不合法的臆測之中，就基督的工作來說，基督教的反思歷史似乎也有這樣的事。藉著恭謹的臆測和嚴謹的理論去解釋和表達超越性的奧秘，固然沒有甚麼不妥，但基督教思想家必須提防，不要把任何一個神學上臆測的建構(理論、模式)，稱作是惟一一項真正的基督教教義，以致排除其他一切可能的觀點。

除此以外，在此不得不提一點：相信基督代贖的客觀性，對福音本身來說絕對必須。神的啟示及基督教所宣揚的福音，是神在耶穌基督身上及祂死亡的事上，以決定性、客觀性的方式採取了行動，神憑著祂的恩慈和大能，改變了那因人類墮落而進入世界的疏離與靈性敗壞的狀況。福音不能被約化為一種純粹主觀的代贖事件，在其中基督只為我們示範了神的大愛；這樣從主觀性的觀點去看基督之死的意義，只可以是基督教教義和信息的其中一面，而不是它的核心。不幸地，許多當代(甚至很多自以為對聖經認真，全力支持福音主義的)基督徒傾向把基督代贖的教義貶抑為一套主觀理論，而忽略或漠視神在基督身上所取得的客觀成就。誰都不一定需要接受一種徹頭徹尾的補償論或代罰論，才能確定基督藉其死亡所成就的是獨一無二的一樁交易，在人的叛逆與反叛之下，它有效地融合了神的公義和愛，讓神因此可以赦免一切憑著信心藉基督到祂面前的人。

12

救恩

恩賜與任務

前章處理的是救恩的一個主要層面，基督教信仰的一部分：基督為人類作成之工，特別是在十字架上的贖罪之工。我們看見基督在神人之間成就了一次客觀的復和，成為一個主觀的模範和影響，吸引罪人悔改信靠神。那麼，它就有一種實在的意義：基督徒必須看救恩是在歷史上發生的一件事。救恩是基督為人類取得的成就：「成了」(約十九30)。

基督教信仰在個人得救的議題和爭論

基督固然在過去成就救恩，但基督教也說，救恩還有另一面——救恩對於個人的適用性，以及個人怎樣擁有它。我們在本章檢視這另一方面的基督教教義和信念：**假如一個人得救了(藉著罪得赦免，以及內在更新，從而與神復和，以致從繼承而來的罪惡的墮落得蒙醫治)，那是為何發生、怎樣發生的？**這是所謂**救恩的次序**(*ordo salutis*)的議題，包括了神的施事(其主動性、意向、行動)的問題、人的施事、以及二者如何同工。關於個人得救這回事，神參與了甚麼？得救之人又參與了甚麼？是否全然是神的參與呢？還是神人之間的合作呢？救恩的這一面牽涉了甚麼？

來到基督教信仰的這個範圍，馬上出現兩個問題。第一，雖然在各大傳統的基督徒之間可算是有一套粗略的基本共識，但最令人注目的，卻是彼此之間的爭議和歧異。這方面的教義是16世紀改教時期基督教發生大分裂的主因。路德認為，當時的天主教會實際上否認了惟獨靠神恩典得救的這個福音。新教一旦發展為獨立於東正教與羅馬天主教的基督教流派，新教內部也有很多重大的分歧，涉及對救恩的不同信念。第二，這方面的基督教信仰極端複雜，涉及數不清的問題、議題、難題和觀點。即使要在一章內把所有問題交代清楚，也是不可能的。我們在此的進路，還是照慣常的格式，免不了略過許多重要的問題、神學家與宗派的若干具體信念。讀者中的有識之士，難免要寬容這種無可避免而必須的簡化做法。

下文我們先交代基督教在個人得救(personal salvation，編按：中文的「個人」可能有個別的意思，而忽略了羣體性的意義，讀者要加以留意)方面的共識。(我努力避免使用「個體得救」〔individual salvation〕一語，因為那暗示了救恩是完全屬於個人的，但事實並非如此。我們要避免對救恩的羣體性的任何一面有忽略；事實上，神是與羣體一同工作，也透過他們工作的。)雖然在基督徒中間，對個人得救的細節有嚴重的分歧，但在這方面還是有一套最起碼而重要的共識，界定了真正的基督教教義，神學家稱之為**救恩論**(soteriology，有關救恩的教義)。在說明這有關救恩的基督教共識以後，我們將會繼而處理另類的主張，即有關救恩的異端。再次，就世界宗教甚至哲學而言，有許多關於救恩的看法，完全在基督教的範圍以外。我們只會對那些發生在基督教內部，對福音以及對歷史的基督教全體聲音構成嚴重威脅的，詳加檢視。然後，我們會細看基督徒及基督教團體對個人得救所持的幾個主要觀點。最後，我們會就救恩論的統一性觀點，提出一些見解。

基督教在個人得救的立場

根據基督教主要傳統二千年來的反省，以及它們所宣告的信息，個人得救既是**恩賜**，也是**任務**。正如我們稍後見到的，有些基督徒強調恩賜的一面過於任務，而有些則強調任務的一面過於恩賜。雖然如此，沒有一個重要的基督教宗派或具影響力的基督教領袖或思想家否認：從某種意義來說，救恩是兼有兩面的。基督教思想的不少分歧，是由於對這問題有不同的衡量，該把多少比重放在救恩純粹是出於神恩典的全然賜予的一面，又把多少比重放在救恩是人憑信心又或是憑忠誠去接受的另一方面。然而，分歧背後還是有一致性：救恩主要是一份恩賜，採取主動的是神，不過人也有他必須做的事，即使只是接受它。

救恩既是恩賜又是任務的這項基督教教義，所根據的是神的啟示。在舊約，神反複提醒祂的子民以色列人，他們是蒙神揀選的，至於神揀選他們並非本於他們的良善，而是單單基於神的恩典(申七7～9，九6)。新約也表達相同的信息，更把這信息應用到個人的身上，使它個人化。使徒保羅在以弗所書中提醒收信人：「你們得救是本乎恩，也因著信；這並不是出於自己，乃是神所賜的；也不是出於行為，免得有人自誇」(弗二8～9)。雅各書提供了相反的觀點：「這樣看來，人稱義〔與神復和〕是因著行為，不是單因著信」(雅二24)。恩賜與任務。使徒保羅在寫給腓立比人的信中，簡潔地說出了有關個人得救的這種吊詭性：「當恐懼戰兢做成你們得救的工夫。因為你們立志行事都是神在你們心裏運行，為要成就他的美意」(腓二12～13)。恩賜與任務。整本聖經的見證讓我們看見這個吊詭，雖然某些孤立的經文似乎支持某一面過於另一面。若要協調聖經中這兩個似乎衝突的概念，惟一的出路是把救恩看作既是神的恩賜(預備、提供)，又是要求人的回應(接受、持守)的。這正是歷世歷代的基督教信仰所接受的救恩論。

在新約正典外其中一份最早的基督教文獻是《革利免一書》(*The First Epistle of Clement*)，成書於95至100年左右，由羅馬教會的主教寫給哥林多的基督徒。寫信人(差不多肯定他是認識某些使徒的)勸讀者要記得，他們不是靠行為而是靠信心得救，又勸他們不可停止行善和愛心的事：

> 既是按著祂在基督耶穌裏的旨意蒙召，〔我們〕不是憑自己稱義，也不是憑藉我們的智慧、理解、或敬虔、或我們從聖潔的心所作的行為；而是憑著信心——全能的神從起始就是藉

> 它叫萬人稱義的；願榮耀歸於祂，永永遠遠。……那麼，兄弟們，我們該做甚麼？難道我們應該在善事上閒懶，停止愛心的行為？願神禁止我們走這樣的路！反倒是，讓我們竭盡力量，在思想上隨時作好準備，好行出善事來。[1]

在同一封信的稍後部分，這位早期教父寫道：「神的恩賜何其可稱頌、何其可愛！在不朽中有生命，在義中有榮光，在完全的信任中有真理，在確信中有信心，在聖潔中有節制！」[2] 大約一百年後，教父愛任紐讚美藉耶穌基督憑信而得的救恩：「如此一來，由於在這世界，有些人到光那裏，與神聯合，而其他的則躲避那光，與神分離，神之道就來為兩者預備相配的歸宿。」[3] 愛任紐為駁斥諾斯底主義所寫的文獻，讓人清楚看見，救恩之所以可能，全然是由於神藉耶穌基督所施的憐憫和恩典。

北非的教父兼神學家特土良寫了一篇題為《論悔改》(*On Repentance*)的專文，說明救恩同時是恩賜和任務的吊詭性。據特土良之見，因著悔改而得救的這個可能，就是神恩典的作為。他稱救恩是由神播種的「悔改的果實」。他把救恩之福全然歸因於神的恩慈，而把好行為(包括悔改在內)歸因於神的作為和人的作為。在理解這位來自迦太基的偉大基督教護教者兼神學家的這篇妙文時，我們只有把它看成是對救恩的吊詭性的一篇闡釋，在於救恩是神的恩典與人的「工作」的奇妙結合，那是在於人的悔改及改進人生，而這些工作本身說到底也是神在人身上的工作。特土良察覺到有人會太倚賴神的恩典(假如一切是由神促成的)，以致在道德上及屬靈上變得輕忽大意，於是強調追求聖潔的必要，並嚴重警告對救恩的傲慢無禮。然而，整篇專文(似乎頗嚴厲，而且近乎律法主義)必須從頭兩章的文脈去理解，在該處作者明明把一切美善歸因於神的憐憫，並以祂為最終的因。[4] 相同的基本

1 Clement of Rome, *The First Epistle of Clement*, 32 and 33, *ANF*, 1:13.

2 同上，35，頁14。

3 Irenaeus, *Against Heresies*, 5:28, *ANF*, 1:556.

4 Tertullian, *On Repentance*, *ANF*, 3:657～666.

規律，也可從教父的所有著作看出，因為他們花大量篇幅處理救恩的問題；一切美善——包括每一項祝福，從渴慕神到悔改相信和罪得赦免，到藉不完全地參與在神性之中 (divinization，「神化」) 而獲得的內在更新——全歸因於神的憐憫與恩典，所以他們勸人甚至嚴嚴地吩咐人，要悔改和要忠心。

3世紀的教父迦太基主教居普良確認有關救恩的這種吊詭性，新教人士經常認為他是個律法主義者，有份於為天主教的救恩觀提出一條道德進路。誠然，居普良為求挽回那些退縮的基督徒 (他們曾在逼迫下否認基督)，促成了補贖制度的形成，並主張凡背離大公教會者都不能得救，但他顯然認為，救恩是神的作用與人的回應的奇妙結合。在居普良看來，救恩全然是神的恩賜，而它同時又全然關乎人的悔改相信。在居普良的《致多納徒書》(*Epistle to Donatus*) (它在教會歷史上又被稱為居普良的《第一書》〔*Epistle I*〕) 中，居普良記述他本人戲劇性的歸主經驗，指出那是在受洗一刻「天上吹來之靈的作用」使之發生。[5] 他反對經驗過這「新生」之人作任何誇口：

> 任何以自褒之詞誇口之類都是可憎的，雖然在現實中，凡是我們不算是人的功德而稱之為神的恩賜的東西，我們都不能為之誇口，只可為之感恩；我們現在之所以不犯罪，是信心的工作的開始，而我們在此前之所以犯罪，則是由於人的錯誤。我們一切的能力都是神的；我說，是屬於神的。我們從祂得生命，我們從祂得力量，藉著那源於祂、從祂孕育的能力，當我們仍活在此世，我們已預知未來之事的跡象。惟有讓懼怕來看守著純潔，主 (由於祂的憐憫，我們受了屬天的恩典，祂已進入我們的心) 才得以在感恩之心的旅館內被公義柔順地保守著，好讓我們不會因為已擁有的確據而輕忽大意，以致不知不覺地再次被魔鬼迷惑了。[6]

5 Cyprian, *Epistle I*, para. 4, *ANF*, 5:276.

6 同上。

顯然，雖然居普良以律法主義及道德主義知名，但他相信，基督徒所擁有的每一種美善，從新生到虔誠守信以至死亡，都是神的恩賜，是神施行的工作；與此同時，他明顯相信，人必須保持一顆感恩的心，藉這工作使神的恩賜得以維持。後來，居普良在《論教會合一》(*On the Unity of the Church*) 的專文中寫道：「可是，除非我們堅守基督的那些誡命，藉它們驅趕並克勝死亡，一如祂自己勸我們的，否則我們怎能擁有永生？」[7] 不過，如果我們根據他先前所見證和肯定的、在救恩中神的恩典與作用（能力），我們就大可確定，居普良認為，基督徒要遵守神誡命的意願和能力，都是來自神本身，即是來自澆灌在人心中的聖靈。

奧古斯丁同樣確認，救恩既是恩賜又是任務的這個吊詭性。叫他的批評者兼對頭人伯拉糾頗尷尬的是，這位北非主教兼教父如此寫道：「神啊，請吩咐凡你所願意的，但是請賜下你所吩咐的。」伯拉糾否認原罪，還教導說，人有天生的能力去過無罪的生活，不需要任何來自神恩典的超自然幫助。他認為，奧古斯丁的禱告是求神准他不斷犯罪，直到犯罪的意欲停止，過無罪生活的能力來到之時。奧古斯丁隨後解釋他的意思：「即使人做出配稱為服事神的美事，到底也是神自己使他們做出祂所吩咐的事情來。」奧古斯丁在《信望愛》教義手冊中，直接說出救恩的這種吊詭性：

> 既然該行動〔救恩〕是來自兩者（那是說，從人的意思並從神的憐憫而言），我們就同意把「這不在乎那定意的，也不在乎那奔跑的，只在乎發憐憫的神」的說法，當作是這個意思：「如果沒有神的憐憫，光有人的意願是不足夠的。」可是，那麼，如果人的意志沒發揮作用，光有神的憐憫也是不夠的。……應把整件工作歸功於神，是祂預備了人的意志去接受幫助，而一旦它預備妥當，祂就馬上提供幫助。[8]

---

7 Cyprian, *On the Unity of the Church (Treatise I)*, para.2, *ANF*, 5:421.

8 Augustine, *Faith, Hope and Charity (Enchiridion)*, trans. Louis A. Arand (Westminster, Md.: Newman, 1963), pp. 39～40.

就如150年前的居普良進而強調救恩行為的一面，以防有人過分倚賴神的恩典與能力，以致「遠離純潔」(即更多犯罪，使恩典顯多)，奧古斯丁在他後來的著作中也強調救恩恩典的一面，以免有人仿效伯拉糾，以為可以自救而毋需神的恩典在他們內心作超自然的工作。在他最後寫的其中一篇專文《論聖徒的預定》(*On the Predestination of the Saints*) 中，這位希坡主教確認無條件的揀選 (絕對預定)，並否認在那些神已選擇從「沉淪的羣眾」中救出來的人身上，有可能會限制或抗拒神恩典工作的自由意志 (這恩典是出於神至高無上的主權)。改教期間，路德和加爾文同聲和應奧古斯丁的這篇後期著作。然而，這幾位之中沒有一個是完全否認人類在救恩中的角色的；他們只是把優先性讓給神的恩典，並把人的抉擇和行動 (它們在其中是有價值的) 全歸因於神。

救恩既是恩賜又是任務的這個看法 (恩典較行為優先)，在529年西方教會舉行的一個主教大會上被正式確認，而且被提升到教義 (甚或教理) 的地位。一些修士和神學家早為奧古斯丁的救恩觀辯論了百多年，此時教會領袖終於採取解決問題的措施了。在此之前，那些被稱為半伯拉糾主義者 (Semi-Pelagians) 的一直力言，奧古斯丁的錯誤，不但在於他把無條件的預定及無可抗拒之恩典教導人，他在另一點上也錯了，就是有關得救之人的信心的肇始 (*initium fidei*) 上。譬如說，在529年之前，迦賢努 (John Cassian) 曾寫道，至少在若干情況下，人的良好意願，先於神的憐憫和恩典。[9] 529年的會議議決卻是相反：所有信仰正確的基督徒都應該相信相反的說法。當時齊集的主教確認，即使在開始時對神有一種良好的意願，也是神恩典的工作；與此同時，他們又譴責任何贊同神對罪或惡有所預定的教義，且容許信仰正確的基督徒相信與神的恩典配合的自由意志。在中世紀後期以至文藝復興時期，若干天主教思想家及領袖似乎太強調人的悔罪行動，因而削弱了神恩典的優先性。新教改教者所反對的，是歐洲天主教的這種非官方的救恩觀，而不是為教會所有的、比較古舊的官方的救恩觀。

9 關於半伯拉糾主義的學術性討論，參 Rebecca Harden Weaver, *Divine Grace and Human Agency: A Study of the Semi-Pelagian Controversy* (Macon, Ga.: Mercer University Press, 1996)。

從宗教改革時期起以至改教以後的各時代，基督教領袖、改教家及神學家總是努力要在矛盾的張力下，結合在救恩上神的恩典和人的作用。毫無疑問，主流改教者(信義宗、改革宗及英格蘭教會)傾向強調神的恩典的角色，以致似乎把人的作用壓下去。這樣強調恩典之絕對至高無上，讓人看出這其實是在無形中拒絕人有真正的自由意志(除了選擇犯罪以外)，為此，重浸派及荷蘭屬亞米紐斯派的抗辯派(Remonstrants)作出回應，強調人在救恩的事情上的作用，但同時確認「在先的恩典」(prevenience of grace)——即是說，神輔助性的恩典走在前頭，即使對於接受基督而得救的罪人之悔改及相信來說，它也是絕對必需的。

在18世紀大覺醒期間，新教奮興家和神學家，例如約翰．衛斯理及懷特腓德，在有關預定及自由意志的看法上有所分歧，但他們都同意：救恩完全是神的恩典，被人所接受。他們對恩典和自由意志有不同的理解，我們稍後論基督教信仰在救恩觀上的歧異的部分，會看見這一點。無論如何，**所有重要的新教改教家及他們自改教以來的追隨者，以及近代的基督教神學家**都確認並宣揚，救恩**既是**神的恩典，**又是**人的作用，這一點沒有真正的疑問。[10] 當然，他們用了種種不同的方式來描述這種吊詭性，有時候彼此的差異在新教人士中造成爭議和分裂，正如它們在16世紀的宗教改革期間，在基督教界的內部造成了分裂那樣，但我會在本章稍後論基督教信仰在救恩觀上的歧異的部分，才作交代。在此，單說這一點就夠了：**全體基督徒相信，救恩作為人神復和及人內在的更新(脫離遺傳的敗壞而進入神形象的復新)，它全然和統統是神恩典的工作，與此同時，這事情和過程也離不開人的作用**。換句話說，從基督徒的立場看，救恩是恩賜，也是任務。[11]

10 參 Alan P. F. Sell, *The Great Debate: Calvinism, Arminianism and Salvation* (Grand Rapids, Mich.: Baker, 1983)。

11 以下是其中兩位20世紀的神學家，出於不同的新教傳統(分別是改革宗及亞米紐斯－衛斯理派的)，又是跟隨基督教思想的偉大傳統，確認救恩既是恩賜又是任務的：D. M. Baillie, *God Was in Christ: An Essay on Incarnation and Atonement* (London: Faber & Faber, 1948)，以及 Thomas Oden, *The Transforming Power of Grace* (Nashville: Abingdon, 1993)。

對救恩的非正統立場

個人得救是恩賜又是任務，是神的恩典又是人的回應，對於基督教的這個一致立場，在教會歷史上出現過兩種主要的挑戰。它們是**伯拉糾主義** (Pelagianism) ／**半伯拉糾主義** (Semi-Pelagianism) 和**萬物復原論** (*apokatastasis*) ／**普救主義** (universalism)。這些是籠統的類目，在它們之下有形形式式的變化，卻有一項不可或缺的要素，作為識別其類目的特徵。我們在之前已約略提過伯拉糾主義和半伯拉糾主義，兩者有一個共同特徵，就是把救恩的主動性放在人的獨立自主的意志之上，不需要神任何特別的恩典去幫助和呼召人。換句話說，它們至少（十足的伯拉糾主義更激進）否認**在先的恩典**的必需性，這恩典是神呼召、督責、賦與人能力和幫助的神聖恩典，它克服罪對意志的捆綁，讓人得以自由地向基督和聖靈作出回應。否認在先的恩典即是否認原罪，以及否認救恩是出於恩賜（弗二8）。

在教會歷史上的半伯拉糾主義，與高盧 (Gaul) 南部——特別是馬賽 (Marseilles) 附近的一羣修士分不開（故此，他們有時候被稱為馬賽派〔Massillians〕）。他們曾羣起反對奧古斯丁對原罪和預定的強硬主張，甚至落到一個地步，否認得救的過程是絕對需要恩典去啟動的。他們偏離了恩典與任務的吊詭，把優先性讓給人的主動性和自由意志，將之看成比神的恩典更重要。半伯拉糾主義在基督教史上已重複出現了多次，卻不是打著這個名號。新教改教者認為，他們那時代的許多羅馬天主教領袖及神學家，已變成了半伯拉糾主義者。不少徹底派改教者，特別是理性主義者例如波蘭的蘇西尼等，也教導半伯拉糾主義的救恩觀。自然神論者 (Deists)、18與19世紀早期的神體一位論者 (Unitarians) 及自由派新教神學家認為，人類不需要任何特別的、超自然的神的恩典去幫助他們，也可以達致美善、取得道德方面的成就，他們表現得像半伯拉糾過於像基督教。

沒有哪個半伯拉糾主義者曾著手反對千百年來的基督教傳統，更不用說反對神的啟示本身。半伯拉糾主義者從來不認為自己是異端，或認為自己否認了基督教信仰。甚少（如果有的話）基督教神學書籍明目張膽地否認恩典的至高無上及其必需性。半伯拉糾主義出現的場景，是在基督徒沒說出來的事上，過於他們實際說出來的事。或者，在某些個案裏，它是在民間宗教和民間神學出現的。它大概是最常為許多平信徒以至不少傳道人所忽略的教義，表現於例如「天助自助」及「你向神跨出一步，祂就會迎著你走來」等口號。民間宗教甚至基督教的口頭禪中充滿著這個立場，表現於眾多不同的形式。大多數表達這個立場的人根本全沒意識到，它跟基督教的信息是相反的。

在近代教會歷史上，惟一最具影響力的半伯拉糾支持者，大概是19世紀美國偉大奮興家芬尼(Charles Finney)。他不但在北美，也在普世的福音派基督教圈子中留下了不可磨滅的印記。芬尼寫了許多有關神學和復興的書，組織並領導了數以百計的羣眾福音運動，曾在俄亥俄州任奧伯林學院(Oberlin College)的院長，而且不遺餘力地熱心推動社會改革。儘管他取得了許多重大成就，他所表達的救恩觀與半伯拉糾的較為吻合，過於基督教的正統觀點。他明顯認為，神在個人及羣體之內，為個人及羣體所行的恩典作為，有賴人的主動性，而所有人都能夠單憑意志力悔改、在基督裏操練信心、過著實際上是無罪聖潔的生活。[12]批評芬尼的神學和奮興手法的人，指他把啟蒙運動的理性主義、個人主義和人文主義引進了保守的福音派基督教來，這說法是頗正確的。[13]他的動機無疑純正，可是他的神學畢竟有害。

至少從芬尼那時候起，北美的基督教含有強烈的半伯拉糾色彩——自由派新教在社會福音上的努力，以及較保守的教會和機構著重奮興的福音主義，尤其反映了這個特徵。由於偏重了個人的自由、意志能力、個人的決定和在道德上的勝利，以致往往排擠了對另一方面的著重，即認真地看神的恩典是一切真正的善(包括任何向善的最初衝動)的來源。半伯拉糾甚或伯拉糾主義偏重在救恩上人的能力和主動性，這個信念為北美基督教的多個邊緣運動所採納和宣揚。這些運動興起

12 參 Charles Finney, *Systematic Theology* (Minneapolis: Bethany House, 1976), chaps. 31～33: "The Notion of Inability"、"Natural Ability" 和 "Gracious Ability"，芬尼在文中提出，人第一次憑意志向神和美善作出回應，是不受從遺傳而來的敗壞(天生無能)所限的，毋需使人得力的恩典(恩典的能力)領先。

13 參 Michael S. Horton, "The Legacy of Charles Finney," in *Premise* 2, no. 3 (1995)。

之時，大約正是芬尼開展傳道事業的期間。摩門教徒及基督復臨安息日會信徒，傾向宣揚半伯拉糾的觀點，不過到了20世紀下半葉，後者已漸趨接近新教的正統觀點。

救恩既是恩賜又是任務，既是神的恩典又是人的回應，對基督教的這個一致立場提出反對的第二個另類觀點，就是**萬物復原論／普救主義**。這兩個名詞實際上是同義的，是指相信全人類(甚至一切受造物，包括天使和邪靈)最終必會在無條件下與神復和。早期教父俄利根及呂撒的貴格利看來是肯定了這個信念，但553年的君士坦丁堡第二次會議將之裁定為異端。到了18世紀末至19世紀初，神體一位論運動和普救主義運動的發起人又將之恢復過來，以致它竟成了19世紀後期以至整個20世紀自由派新教神學的決定性特徵。20世紀偉大的瑞士辯證神學家巴特看來是肯定**萬物復原論**之類的教義，主張全人類都在基督裏得救，不管他們對基督作何反應。然而，眾所周知，巴特在此事上自圓其說；他一方面確認全人類在耶穌基督裏都是選民，已蒙赦罪，另一方面他又寫道，教會不應該宣揚萬**物復原論**。[14] 其他20世紀的神學家則沒有那麼隱晦，直截確認普救主義。希望神學家莫特曼曾斷言，「藉其受苦，基督已毀滅了地獄。自祂從十字架上地獄般的死亡復活過來之後，就再沒有『永恆咒詛』這回事了。」[15]

半伯拉糾主義打破了基督教救恩觀的吊詭性，提升了人的責任以及人在啟動救恩上的能力，將之置於神的恩典上，而萬物復原論／普救主義則打破了這個吊詭性，提升了神對各人的恩典，將之置於人的責任之上，以致在他們的得救上，人類實際上沒有扮演甚麼重要的角色。第一種異端否定了「神在你們裏面作工」，而第二種則否定了「作成得救的工夫」。神的啟示和基督教信仰的偉大傳統都對異端所否定的這兩者加以肯定。**期望**普世得救固然不是異端，而**呼籲**人運用意志向善向神，當然也不是異端。但半伯拉糾主義和普救主義之所以是異

---

14 Karl Barth, *Church Dogmatics 2/2: The Doctrine of God*, ed. G. W. Bromiley and T. F. Torrance, trans. G. W. Bromiley et al.(Edinburgh: T & T Clark, 1957), p. 477.

15 Jürgen Moltmann, *The Coming of God: Christian Eschatology*, trans. Margaret Kohl (Minneapolis: Fortress, 1996), p. 254.

端，皆因二者已越過了呼籲和期望的界線，將之奉為教義，並教導人，人的意志比神的恩典優先，**或是**神至高無上的恩典已排除了人的決定的必需性。

基督教信仰在救恩的不同看法

在救恩觀方面，正確的基督教信仰是肯定福音的——那是沒有條件的好消息，即墮落、與神疏離、敗壞而背負罪咎的人類，可以通過悔改並相信基督這個簡單正確的過程接受福音，藉此領受赦罪、與神復和、內在的更新以至神形象的重建為白白的恩賜。耶穌基督已代替我們，為我們的得救作成了所必需的一切(恩賜)；餘下的就只是人們正確的回應(任務)。人一旦作出正確回應，他們就得到基督代贖的全部好處(恩賜)，並沒有必須賺取救恩的問題。賺取救恩與領受恩賜是背道而馳的。基督教信仰在救恩觀方面的吊詭性(這吊詭是本於啟示本身，跟理性沒有一點兒矛盾)，在於恩賜是必須領受的，而從某種意義來説，就連領受本身，也是一份恩賜。至少，渴望去領受並能夠領受它，都是神的恩賜。有關個人得救的這一點共識，仍留下許多沒解決的問題，基督徒為求表述這些問題並回答它們，產生了嚴重的分歧，有時候更水火不容。

基督教內部的這類分歧，全是圍繞著極其複雜的議題——**救恩的次序**(*ordo salutis*)。在完整的得救的過程中，神做的是甚麼，人做的又是甚麼呢？這些救恩的眾多層面或向度，是按怎樣的一個次序發生的？可惜，新約聖經並沒有按著邏輯次序或時序鋪陳一套清晰的、毫不含糊的程式，説明個人得救是如何開始、如何發展、如何完成的。為此，有不同的基督教神學家及教派提出了這方面的理論，並且全心全意地擁抱某一套程式，某一列救恩的次序。

新約聖經用了不同的詞語來指稱不同的過程和事件，例如揀選、預定、歸正、悔改、相信、稱義、重生和成聖等。它説出了一些恩賜，例如罪得赦免、與神復和、與基督聯合、與神和睦、內在更新、被聖靈充滿、得能力與榮耀等。新約聖經卻沒有一處為完整救恩的各層面，以及它們如何發生、或它們發生的次序，提供一種有條理、確切的説明。

若要明白在**救恩的次序**上，各種基督教觀點的歧異，得先細看四種不同的基督教救恩觀。它們不是完全互不相干的觀點；反倒是，在某些基督教神學家及某些基督教教派就救恩是如何發生所提供的解釋中，它們有時候是彼此重疊的。為了說明和理解，我會把它們分成兩組。第一組是**獨力說**（monergism，或稱「神恩獨作說」）和**合作說**（synergism，或稱「神人合作說」）。獨力說主張，神在救恩方面是惟一至高無上的作用者，就連救恩那任務的一面，也暗地完全是神在得救之人身上的工作。在人們心目中，往往把獨力說跟加爾文主義拉上關聯，可是事實上，它在16世紀加爾文在瑞士建構其神學之前久已存在。它至少起源自4至5世紀的奧古斯丁，也許有更古老的淵源（當然，獨力說的極端分子力言，它是使徒保羅所抱持和教導的觀點）。

合作說主張，救恩是互相合作的工程和過程，在其中神是較重要的一方，而得救之人是次要但也是重要的一方。在人們心目中，往往把合作說跟亞米紐斯主義拉上關聯，可是事實上它在16世紀亞米紐斯在荷蘭建構新教版本的合作說之前已經存在。它見於諸位希臘教父、中世紀的東正教及羅馬天主教的思想家，以及文藝復興時期的改教者伊拉斯姆的言論中。（當然，合作說的極端分子力言，這才是使徒保羅所抱持所教導的觀點。）

對於救恩的次序，第二組基督教觀點是**羅馬天主教**及**新教**的觀點。東正教的觀點跟天主教的分別不大。在新教改教期間，路德、慈運理、加爾文及其他改教者致力於恢復新約時代那真正的福音，單憑信心藉恩典得救。這些人及他們的追隨者強調以稱義——因著某人對耶穌基督的信心，神宣告他／她是義的——為救恩的中心。對此，天主教教會作出回應，正式將其救恩觀定為一個包括了信心和「愛心行為」的過程，又把稱義等同成聖——那是神更新的工作，使那些忠誠地參與聖禮的人實際上有內在的義。傳統新教觀點與正統天主教觀點之間的決定性分別，在於成義（justification；編按：中譯按天主教慣用譯法，下同）在救恩次序中的性質，以及信心所扮演的角色。新教高舉信心（視之為個人對基督及祂在十字架上已完成的代贖之工的信賴），誇大成義的重要性（視之為法庭式的宣告，在其中神把基督的義轉嫁給得救之人)。天主教神學宣揚必須以愛心的行為(視之為參與聖禮制度、賙濟窮人以及追求個人的純潔)加上信心,又誇大了成聖的重要性(視之為通過聖禮,由內住的恩典從人裏面清除犯罪的意向和犯罪的行動)。

獨力說的基督教救恩觀最常與加爾文的神學相提並論,它在〈多特信條〉(Canons of Dort) 中化為一套尤其有系統的神學表述。一羣改革宗牧者與神學家在1618至1619年於荷蘭召開的新教會議中公佈了〈多特信條〉。該會議無意產生任何新的教義,只是要按著與會的神學家及教會領袖所見,就著有關救恩的傳統改革宗教義,作出澄清。其時他們正回應一羣稱為抗辯派的神人合作說者,他們是荷蘭新教神學家亞米紐斯(1609年卒)的追隨者。其後,有人以 TULIP 這首字母縮略字來總括多特會議所公佈的改革宗教義,五個字母代表**全然敗壞**(total depravity)、**無條件揀選**(unconditional election)、**有限代贖**(limited atonement)、**無可抗拒的恩典**(irresistible grace)、以及**聖徒的堅忍**(perseverence of the saints)。並非所有基督教獨力說者都確認全部五點,即使那些確認全部五點的(所謂五點加爾文主義者〔five-point Calvinists〕),在他們中間仍為這些信念的意義有所爭論。在此我只想用這五點作為示範,說明一個特別在新教獨力說圈子裏(也有若干天主教獨力說者)的一套規律。

這套規律或理論本身,是以所有人類皆全然敗壞的光景為起點,那只不過是指人完全無助,就連在尋求神或向善的事上,也是完全無助的。全然敗壞的意思不是說,所有人都是同樣的壞,或甚至說,墮落之人不能夠締造少許程度「文明社會的善」(即公義社會)。它只是說,墮落以後人類在屬靈上已不再健全,要達致任何屬靈上的成功,人須完全倚賴神的恩典而生。無條件揀選正是神針對人這個屬靈光景的解決方案。獨力說者力言,這種對救恩的起點的看法,能夠維護救恩是恩賜的惟 看法。神憑祂的主權預定了讓 些墮落之人得拯救。有限代贖(英文又稱為 definite atonement 或 particular atonement)是部分加爾文主義者所持的特殊觀點,認為基督在十字架上的代贖之死,是神特為祂所無條件揀選或預定得救恩之人而設的。獨力說者相信,神把重生的恩典(藉神的靈重生)賜給被選之人,好叫他們悔改相信,回應神的有效呼召。被選之人無法抗拒神的恩典。當然，到最後，被神無條件揀選而得救之人，必會在恩典中堅忍到底，不會從恩典中墜落。[16]

獨力說者借助聖經的某些經文和主題，以及救恩是恩賜這個更基本的信念，來支持他們的立場：他們相信神對救恩有絕對的支配權，並否認人有自由主義者提出的所謂自由意志（即救恩並非早已注定，人能夠有相反的行動），去接受或拒絕神拯救之恩。他們力言，如果救恩真是恩賜，人就不可能作出選擇。假如有這一種自由選擇，就會使神變成了倚賴人的，也會給那個選擇救恩之人一個自誇的理由；那麼他／她就是藉著選擇而賺得了救恩。慣常用來支持獨力說的經文，有約翰福音十四至十七章，在該處耶穌多次提到，祂的門徒以及那些信從他們的人（教會）是蒙天父揀選，是天父賜給耶穌的；另有羅馬書九至十一章，在該處使徒保羅為神揀選人來賜福世界的這個做法，稱揚神的主權；又有以弗所書一章，在該處保羅讚頌神揀選了教會，為賜下特殊之福。不過，大部分獨力說者不只是倚賴幾段支持經文，而是以全部啟示及從聖經所得的一幅綜合性圖畫，並以神的偉大與人的敗壞為理據，來支持他們的說法。

有人以為，**神人合作說的救恩觀**是獨力說的相反，事實倒不然。獨力說的相反應是伯拉糾主義——它是為所有基督教教會所拒絕的異端。合作說並非認為，人是自我拯救的；它認為，救恩是藉恩典作成的，但它要求人自由地去接受，而不加以抗拒。基督教合作說的兩個例子是天主教改革者伊拉斯姆（他大約與路德同期），和17世紀的荷蘭神學家亞米紐斯。循道會傳統的創始人約翰．衛斯理就其救恩觀而言，也是合作說者。伊拉斯姆被惹動參與一場公開筆戰，為自由意志這個題目和路德進行辯論。在伊拉斯姆題為《論自由意志》(*On Free Will*)的專文中，他批評路德擁護並宣揚獨力說（路德的追隨者——信義宗人——卻不全是獨力說者）。路德則以《受捆綁的意志》(*On the Bond-*

16 有關改革宗獨力說者的救恩觀，出色的近代詳解與支持論據參 Anthony A. Hoekema, *Saved by Grace* (Grand Rapids, Mich.: Eerdmans, 1989)。

17 這些專文曾以多種形式出版，下書同時收錄：E. Gordon Rupp and Philip S. Watson, eds., *Luther and Erasmus: Free Will and Salvation* (Philadelphia: Westminster Press, 1969)。

age of the Will) 一文，作出嚴厲回應。[17] 伊拉斯姆力言，只有少數經文似乎是教導獨力說的，而且人還需要孤立地、不顧上下文地去看它們才看得出那些教導，除此之外，聖經整體是相信並教導人，人是有自由意志的。為免有主張伯拉糾或半伯拉糾主義之嫌，伊拉斯姆確認一種可被抗拒的、在先的、從神而來的有助恩典，把人的意志從罪的捆綁下釋放，使之能接受或拒絕救恩。伊拉斯姆堅稱，救恩全是神的恩典，但人必須自由地去接受恩典，並且連自由地去接受神的恩典這一件事，也是藉著恩典才可能發生的。故此，主動性在神的一方，而作出決定的就在人的一方。[18]

約一個世紀後，荷蘭的改革宗神學家亞米紐斯教導合作說救恩觀的一個新教版本，這救恩觀正是經伊拉斯姆早前闡釋過的。改革宗神學家喜歡把亞米紐斯的立場(亞米紐斯主義)當作是半伯拉糾甚或伯拉糾的觀點，那不過是曲解。亞米紐斯反對他在萊頓大學(University of Leiden)的荷蘭同事哥馬如(Franciscus Gomarus)的獨力說教訓，聲稱揀選不是無條件的，預定是指神預先知道，誰會自由地去接受祂藉基督所賜下的救恩。他以神那「在先」(prevening/prevenient)的恩典為依據，提出人能夠自由地去相信基督和悔改得救。[19]

大約125年後，英國奮興家兼循道宗的創始人衛斯理，教導同一種基本上是合作說的救恩觀，認為神在先的恩典使墮落之罪人能自由回應神賜下的拯救大恩。跟批評它的獨力說者所提出的錯誤辯論相反，基督教的合作說——如伊拉斯姆、亞米紐斯及衛斯理所教導的——在在先的恩典(呼召、責罪、賦與能力及幫助)這一點上，其實不是半伯拉糾的，因為它把救恩的主動性全然放在神的一方。基督教的合作說者認為，悔改和相信基督，並不是神有效地傳給被揀選之人的恩賜，

18 對於只聽說過伊拉斯姆是半伯拉糾主義，或只看過路德給伊拉斯姆的回應文的讀者(該文有時是獨立刊出，明顯地把伊拉斯姆的合作說救恩觀曲解為半伯拉糾主義，甚至是純粹的伯拉糾主義)，參 Erasmus, *On the Freedom of the Will*, chap.3，刊載於 E. Gordon Rupp and Philip S. Watson, eds., *Luther and Erasmus: Free Will and Salvation*, pp. 79～85。

19 有關亞米紐的神人合作說，包括他對預定的解釋(神的預知和在先的恩典)，詳參其文 "A Declaration of the Sentiments of Arminius," in *The Works of James Arminius*, trans. James Nichols and William Nichols (Grand Rapids, Mich.: Baker, 1996), 1:581～732(特別是頁653～657)。

而是出於人真正自由的回應，這些人本已敗壞的意志，藉著神道之宣講，已為神在先的恩典所釋放。支持合作說的其中兩個論點是，聖經到處假設了人有這種自由和責任，而假如一位安排罪和救恩的神，只拯救一部分的人，而其實祂能夠憑祂的主權拯救全部的人，那麼這位神即或偉大，也不能說是真正的良善。

東正教及羅馬天主教的救恩觀傾向強烈的合作說，雖然有部分天主教神學家確認獨力說。後者可溯源至在天主教神學界中備受尊崇的偉大教父奧古斯丁，他在其人生及事業終結之時，明顯是個獨力說者。雖然如此，天主教神學也不容許任何極端的獨力說，認為罪和惡或永恆的詛咒也都歸因於神的作用。新教陣營分獨力說和合作說兩批。少數新教宗派曾嘗試在其隊伍中同時容許兩種觀點，但由於基督徒是那麼的著重解釋聖經並建構健全的教義，故此在預定與自由這個議題上的分歧，看來也是無可避免的了。有人會得出獨力說的結論，有人則會得出合作說的結論。前者會完全和全盤地把救恩歸因於神絕對的預定及無可抗拒的權能，後者把救恩歸因於神的恩典與自由人的回應之結合。除了有幾個突出的例外情況，新教領袖在以上差異中是互相接納的。全美福音協議會(National Association of Evangelicals，聯合性組織，成員來自大約50個從神學上來說屬保守的新教宗派)之內有全心全意擁護獨力說的，也有熱衷主張合作說的。

不論是獨力說或合作說，所有新教徒都贊同一點：**救恩是單憑信心接受，出於神的恩典的白白恩賜**，而天主教徒則相信，**救恩是憑信心和愛心行為去接受的一份恩賜**。天主教的**救恩的次序**以洗禮為起點，這洗禮正常來說是由神父施行在那些由忠誠的基督徒父母所生的嬰兒身上。天主教徒相信，正確施行而不存欺詐之心(就如為沒真心信耶穌的成年人所領受)去領受的洗禮，自動把成義的恩典加在領洗之人的生命中。「成義的恩典」也是「成聖的恩典」，二者是同一種恩典——從人的裏面潔淨，並使之發生更新改變的神的恩典，潔除罪咎，讓人成為神的兒女。那麼，救恩是一個從裏面使人成義的過程，以洗禮為起點，藉教會過一種對神忠誠的生活(例如參與諸如聖餐和悔罪禮——向神父認罪——等聖禮)為延續，這過程有時候到死後方才結束，那是當某人已在煉獄裏經徹底淨化了之時。在天主教的信仰中，能救人的信心被解釋為忠誠(faithfulness)。沒有忠誠地參與在神所設立的恩典媒介之中，就是沒有「單憑信心」而得的完整救恩。[20]然而，天主教神學家並不認為這是「藉行為得救」，因為在過程中人所領受的每一項「功德」，都是神的恩賜，所以也不是人實在地賺來的。一切功德都是屬於基督，得救之人只是通過參與聖禮而領受基督的功德而已。

據天主教的看法，歸正(conversion)是一生之久的過程，其起點是洗禮，以堅振禮、悔罪禮(或譯「補贖禮」)和其他聖禮延續，其間一生經歷神恩典的更新轉化，那是與悔罪及愛神愛人的行動分不開的，最後這過程以煉獄的鍛煉結束，那是預備人迎接在天堂與神見面的那一刻。天主教神學認為新教在某時某刻(在嬰兒受洗或成年人歸正之時)單憑信心藉恩典稱義的教義，是輕慢放肆的，更可能是唯信仰論的(antinomian，反對律法的)。這是說，根據天主教傳統的神學(至少溯源至16世紀中葉的天特會議，其時羅馬天主教教權對新教改教者作出決定性的回應)，新教的這項教義由於寧願強調救恩是恩賜的一面，就忽略了在救恩的吊詭中屬於任務的一面。

新教改教者及他們的追隨者，認為天主教在救恩方面的教義是變相的以行為稱義；在他們看來，它過份強調救恩任務的一面，無形中削弱了福音：救恩是一份無法賺得且完全的、全是出於神恩典的恩賜。路德不厭其煩地多次重申，沒有任何種類的行為(無論它們看來是多麼的良善)能賺取分毫的義，而義是只能被轉嫁而不能被分給罪人的。路德在其1518年的《海德堡辯論》(*Heidelberg Disputation*)一文中寫道：

> 行為對稱義毫無貢獻。因此人認識一點：他憑著這樣的信心而作的行為，實在不是他的行為，而是神的。為此緣故，他不尋求藉行為稱義或得榮耀，而尋求神。在基督裏憑信心稱

20 有關天主教救恩觀的清晰説明，參 *The Church's Confession of Faith: A Catholic Catechism for Adults* (San Francisco: Ignatius Press, 1987)。

> 義，對他已足夠。基督是他的智慧、公義……正如林前一章〔30節〕所言，如此他自己好作為基督的行動和工具。[21]

凡信仰正確的新教徒都堅守路德的立場，徹底拒絕在救恩上任何讓神的恩典依賴人的行為的做法；新教徒（不論獨力説或合作説者）認為稱義（justification）是神的宣告：某人憑著基督本身的義被宣告為義，即使那人在思想言行上仍是個罪人。稱義是怎麼發生的？新教人士雖然在預定、洗禮（嬰兒洗禮或只為成年信徒而設的洗禮）及許多別的細節上有所分歧，但他們一致同意，稱義是一次過、在短時間內發生的事情，就是某人在悔改、全心信靠基督之時，被神稱為義。據天主教教義的看法，成義可逐漸擴大，但新教教義認為，這過程在歸信基督之時已完成了。

成聖（sanctification）跟稱義不同，前者是悔改成義的成長過程，後者是前者的起點。稱義所關乎的，是人在神面前的地位——復和及赦罪。成聖所關乎的，則是人內在的屬靈狀況。這過程是從人裏面保守那在歸正之時單憑信心領受了的義。路德及一般來自所有宗派的新教人士尤其訴諸羅馬書及加拉太書等保羅書信，以支持他們認為救恩是單憑信心藉恩典稱義的這項教義。新教徒認為，在這兩封書信中，使徒保羅拒絕任何讓救恩倚賴人的行為的做法，而把救恩完全和全盤地建基於信心，這信心是信靠基督。

若説**救恩的次序**的準確結構，新教內部意見不一。路德傾向以此為救恩次序的第一項：神以其至高無上的主權，決定誰會得救，並且把稱義和重生（因聖靈內住的新生）置於憑信心（相信基督）領受洗禮的那一刻（如果受洗的是嬰兒，路德訴諸於嬰兒的「早期信心」〔incipient faith〕和父母的信心，並斷言，這受洗的孩子需要在堅振禮中顯示自己的信心。）成聖的過程在洗禮之時由稱義引出，這過程以得榮耀為終結，那是發生在死亡的一刻，或在未來復活之日。很多安立甘宗人

---

21 Martin Luther, *Heidelberg Disputation*, para.25, in *Martin Luther's Theological Writings*, ed. Timothy F. Lull (Minneapolis: Fortress, 1989), pp. 46～47.

士完全贊同路德所教導的救恩次序。其他的安立甘宗及聖公會人士則採納改革宗的觀點，即以神揀選人的永恆旨意(預定)為第一項，而把稱義和重生(赦罪及聖靈內在的更新)看作是出於神恩典的作為，此等作為以洗禮為起點(成為神的立約子民)，而當被選者日後在生命中憑信心去領受它們的時候，它們才達到最成熟的階段。

屬歸正主義的基督徒，包括大部分傳統的循道會、浸信會、五旬宗以及許多其他福音派的新教教派，傾向對救恩的次序有另一類看法。在歸正主義者中間，對救恩的各方面有多種不同的序列，但他們全都把稱義連同重生放在歸正之時，這歸正是指親自決定悔改離罪，並接受基督作為救主和主。不少循道會人士給嬰兒施行洗禮，但他們認為嬰兒洗禮是標示在先的恩典或嬰兒奉獻的聖禮。浸信會、五旬宗及其他福音派則拒絕嬰兒洗禮，只承認那些已為救恩作出了有意識的決定，願意悔改而全心相信基督之人的洗禮。五旬宗人士在新教的救恩次序加上一個「第二次決定性的恩典作為」(“second definite work of grace”)，稱之為「聖靈的洗」(說得正確些，是「聖靈充滿」)，指得到從神來的能力，就如耶穌的門徒在五旬節所領受的(徒二章)。就像拿撒勒派(Nazarenes)及衞斯理派(Wesleyans)等聖潔派新教徒(Holiness Protestants)認為，基督徒有可能在成聖過程中的某點，達到「在愛中完全了」的地步。

新教的**救恩次序**有數不清的變化形式。它們的共同點是：稱義是一刻間的、完成了的事件(一份純然是出於神恩典的恩賜，不能賺來的)，而成聖則是在稱義以後，在義中不斷成長的過程。新教內部對於人的決定在救恩次序中所扮演的角色，以及應當如何實施洗禮的問題，沒有一致的看法。大多數傳統的信義會及改革宗人士(例如來自傳統的長老宗及改革宗教會，和若干安立甘宗及聖公會的)因強調救恩中神的主權，就傾向貶低人的決定在救恩上的重要性，而高舉神揀選人的旨意，和那藉神的話語和聖禮而臨到的、出於神的無可抗拒的呼召。另一方面，很多自由教會的新教人士(例如很多來自浸信會和所有五旬宗人)，因強調救恩中關係的一面，就傾向輕忽了救恩中神的主權、祂無可抗拒的權能，而高舉人要去接受或拒絕神拯救之恩的自由決定。當然，從最好方面說，這些基督徒同時也強調在先的恩典的必需性，那是使罪人能作出關乎救恩的自由抉擇。

基督教在救恩的綜合觀點

以個人得救來說，基督徒之間能找到明顯的共識嗎？看來不大可能。他們不但存在甚大差異，各個基督教傳統的成員之間更往往存在嫌隙。新教的改教運動雖然發生了好幾百年，但很多天主教徒和新教徒依然視對方為邊緣的基督徒甚至非基督徒。在新教不同宗派的成員之間，也存在懷疑甚至敵意。屬進取型兼教條主義的改革宗新教徒，經常公然侮辱屬亞米紐斯主義的新教徒（後者相信自由主義的自由意志，強調人的決定），稱之為半伯拉糾主義者，並聲稱那涉及人的意志與神的恩典配合的救恩觀（神人合作說），骨子裏是羅馬天主教的信念。[22] 他們之中有些人乾脆叫它異端。[23] 有些亞米紐斯主義的新教徒把改革宗的觀點（加爾文主義）看成是近乎異端（即使不是十足的異端），作為回敬。

話雖如此，以上所有基督教傳統有不少共通的地方，跟許多門派和新紀元的屬靈觀所提倡的各種哲學與神學迥然不同。自1960年代梵蒂岡第二次會議（梵二）以來，羅馬天主教神學家與新教神學家進行了多次積極而具建設性的對話，而且他們屢次發現，儘管雙方在教義上仍有分歧，彼此卻有一個共同的信念：相信救恩是恩賜，也是任務。來自新教不同傳統的人逐漸接受對方也是基督教的，儘管在獨力說與合作說的兩大陣營外圍，偶有因攻擊性和分裂性的聲音而造成張力。

關於救恩的基督教教義，有一個共同元素，它源自那植根於新約聖經及早期教父的一致共識：與神復和與轉化為神的形象，以至於像基督，都涉及了人的參與——即使這份參與也被解釋為恩賜。沒有一個真正基督教的神學家或教派否認：救恩最終是一份完全由基督贏來、

---

22 Michael S. Horton, "Evangelical Arminians: Option or Oxymoron?" in *Modern Reformation,* May-June 1992.

23 有一位不記名的福音派人士看過本書的文稿後，宣稱神人合作說是異端，言下之意是亞米紐斯派的說法不可能忠於聖經。

出於神的恩典和憐憫的恩賜，而個別的人是藉信心獲得它的。爭論之爆發，只發生在神學家和小羣的基督徒中，他們試圖更精確地限定救恩作為恩賜與任務的準確性質，例如有人以完全排他的方式過份定義信心，以致任何對信心的其他可能的詮釋，都變成了否定福音本身。

我在此絕對無意認為基督教教義應採取一種最低綱領派的立場，主張人人應該接受一個最低公分母、一種普遍性的基督教，除了最普遍的特質以外，別無他物。反倒是，我奉勸來自各傳統的基督徒，要正確看待差異的問題。就本章的範圍來說，定義基督教信仰的條件，不在於**救恩的次序**的每項細節，也不在於持守獨力說或神人合作說。定義基督教信仰的是這個信念：救恩是一份完全出於恩典的恩賜——不是配得或賺來的——同時，它也是藉著人的悔改和信心，存著感恩的心去領受的。

13

教會

有形與無形

很多讀者會奇怪，怎麼有整整的一章篇幅，討論在教會觀方面的基督教信仰呢？難道有一項關於教會觀的基督教教義嗎？教會觀為甚麼是基督教信仰的課題之一？在現代社會的後期及後現代社會中，必有人提出這類問題，而這樣的提問也是可理解的，反映了我們需要對有關教會觀的基督教信仰作出審視。

基督教信仰在教會觀的議題和爭論

在大部分的教會歷史中，基督教思想的偉大傳統一向十分尊重教會（「基督的身體」），即使到了本來完好的有形教會已分為兩半、繼而四分五裂之後，大部分基督教領袖和神學家仍然看教會是基督教信仰與見證的一個重要層面。若說在教會以外有真正的、有生命力的基督教，在20世紀之前是聞所未聞的。可是現在呢，我們發覺身處的情況是：在許多地方，基督徒似乎相信，教會不外乎是需要支持小組的基督徒可有可無的一個選擇，或是為基督贏取靈魂的福音工具。不少基督徒把他們「與神的個人關係」看成是他們的「教會」。別的許多人則把他們暫存的研經小組或禱告小組看成是他們的「教會」。許多人似乎認為，並沒有適合他們的教會；他們認為教會太形式化、太制度化，充滿著偽善者、斂財者，或過份守舊者。然而，這些人卻藉著種種途徑與神相交：讀經、禱告、默想，也許甚至經常觀看喜愛的基督教電視節目。

上述情況究竟有甚麼問題？它肯定是跟基督教信仰那偉大傳統的教會觀脫節的。在早期基督教的環境下，人說：「教會是救恩之舟〔就像挪亞方舟〕」；又說：「教會以外無救恩」。2世紀的北非主教居普良極端得如此警告那些要分裂或背棄教會的人：「他再不能以神作為他的父，因為他不以教會為他的母。」[1] 我們將會看見，基督教的偉大傳統一向(至少直到近期之前)都有教會合一這項教義，又相信教會對於真實的基督徒生活甚至救恩來說，是必需的。

以上眾多圍繞著教會觀的問題，在那些把教會當成是消費品(如同別的貨品)的人聽來，是會感到陌生的。這一切問題涉及了教會的真正本質：甚麼使一羣人成為**教會**？凡聚集一起崇拜、讀經或禱告的一羣人，是否都自然地組成了教會？或者，若基督徒要成為表彰耶穌基督的教會的羣體，是否必須或多或少具備教會該有的一些標記或特徵？教會可被分裂嗎？可以有一個以上的真教會嗎？有沒有一個無形的教會，或按本質來說，教會是否永遠是有形的？甚麼把教會聯成一體？教會的組織應當如何？應當如何治理教會？教會有哪些聖禮或儀式？教會的聖禮與救恩、與有生命力的基督教有何關係？應當如何實施？以上和類似的問題所引出的見解眾說紛紜，足以說明基督教的多元化。在其餘一切事上幾乎是信仰一致的宗派，經常因教會體制及聖禮的爭議，而各自分家。

由於基督教的教會觀極其複雜，我們在處理這方面的基督教信仰時，必須採取一個較為粗疏的方式，這對於已非門外漢的讀者來說似乎十分草率。但我們必須把課題簡化，甚至相當簡化，才能在一章內把它處理好。我們的進路還是照慣常的格式，雖然各部分的長短會跟之前的各章稍有不同。我只會簡略說明基督教在教會觀的共識；事實上，我們不會看見有很大的共識。在這共識之外的另類觀點——「在教會觀方面的異端」——也會頗簡短，因為我們的看法是，基督教信仰在教會觀方面的分歧，許多都是合法的；不過，如果我們是羅馬天

1 Cyprian, *On the Unity of the Church (Treatise I)*, para. 6, *ANF* 5:423.

主教徒，我們的想法或會相反。基督教信仰在教會與聖禮上的歧異，將會佔最大的篇幅。最後，我們會簡述對於教會的統一觀點，以作結束。

基督教在教會觀方面的立場

我們可否從神的啟示和二千年來基督教思想的偉大傳統，汲取在教會觀方面的重要基督教教義？在381年第一次君士坦丁堡會議所制訂的〈尼西亞信經〉，已被廣泛接受為基督教世界的共同信經，它聲明教會是**獨一**、**聖潔**、**大公**及**使徒性**的。它也承認，相信那**為罪而設的獨一洗禮**。如果我們回到新約聖經，我們會看見使徒的著作很強調教會的合一。

使徒保羅特別強調：教會雖然是由許多人組成，本質上卻是合一的（林前十二章），而且他以「使徒和先知」的根基及房角石基督作為合一的基礎（弗二20）。保羅是那麼熱衷於宣揚教會的合一，甚至把它等同基督（林前十二27）；正如基督是不可被分裂的，所以教會必然是不可被分裂的，即使教會由許多成員組成。保羅這樣把教會等同基督（不應將之理解為，教會實際上就是耶穌基督，而應將之理解為，教會與基督有一種神秘的合一、教會以一種特別的方式表現基督），相當發人深省。在他看來，以及在繼使徒以後的早期教會看來，這以「一主」、「一靈」、「一信」、「一洗」團結起來的神的子民，是與基督合一的所在。新約聖經沒有一點孤軍作戰的基督教的痕跡；新約聖經內沒有一處暗示說，一個人可以在與教會分離的情況下，與基督有生命的聯合，並在屬靈上成長。新約聖經由始至終都假定，教會是基督徒屬靈生命不可或缺的管道，是基督特別臨在和聖靈大能充滿的所在。

繼使徒以後的早期基督教教父十分重視教會，2世紀教父的著述經常提到教會、教會領袖和聖禮。2世紀初的基督教領袖伊格那丟的信是突出的例子，他在信中吩咐基督徒讀者要順服他們的監督、維持合一團結、守主餐（聖餐），以之為「不朽藥」。2世紀後期，里昂主教愛任紐以教會信仰合一為根據，抵擋形形式式的諾斯底教派，其時他們正在分裂基督徒。在他看來，正如其他早期教父（他們繼承使徒作為羅馬帝國的基督徒領袖），教會雖然分散世界各地，講多種語言，卻是由同一個承傳自使徒的信仰聯合起來的，因此是「大公」(catholic/universal) 的，不像諾斯底主義者主張，是按各人的屬靈本領分成多個階級。[2] 在強調教會合一及聖禮的重要性的早期教父中，最突出的例子是3世紀的迦太基主教居普良。他的《論教會合一》(*Treatise on the Unity of the Church*) 是經典之作，反映了早期基督教那個不能被分裂、不能被背離的獨一真教會的大公性。居普良甚至說：「誰要是撕裂教會、分開教會，他就不能擁有基督的義袍。」[3]

一百多年後，基督教領袖的第二次大公（全體）會議在君士坦丁堡召開，為〈尼西亞信經〉補上最後一筆；他們描述教會是**獨一** (one)、**神聖** (holy)、**大公** (catholic) 及**使徒性** (apostolic) 的。**獨一**是指教會是聯成一體的，不可能有兩個或以上的教會。這當然不是指堂會，而是要避免日後出現的情況——宗派主義。**神聖**不是指道德上的完美，而是指「被神分別出來」服事和崇拜祂。**大公**也不是指這詞後來的含義〔譯按：英文的「大公」與「天主教」是同一字〕，而是指「超越時空的普遍性」。**使徒性**是指延續耶穌眾門徒的事工和教導。早期教父竭力避免的那種分裂，後來似乎成了基督教常見的一個特徵。

即使是路德（他通常被指為分裂教會）也很重視真基督教教會的合一，認為他所創的「福音派」（新教）運動，其實是修復教會，而不是從教會分裂出來，或不是教會的內部分裂。路德相信，只要教會一天還在分裂的狀況中，它就沒有活出它的真義，而需要重新統一起來。只是對於他，或對於其他的新教改教者來說，和諧和合一不及真理來得重要。他們固然高度重視獨一、聖潔、大公和使徒性為真基督教教會的標記，但他們也越來越相信，真教會不存在於神的子民沒有真正聚集的地方（指只有神父和修士才被視為教會的地方），不存在於神的話語沒被正確宣講的地方（指單憑信心靠恩得救的福音被否認或被漠視之處），不存在於沒有正確施行聖禮的地方。改教者相信，他們那時

2 參 Irenaeus, *Against Heresies*, 1.10.1, *ANF* 1:330～331。
3 Cyprian, para.7, p. 423.

代的羅馬天主教教會，已經變成了異端，甚至是背道的，故此也非真的承傳自使徒。他們的本意不是要製造宗派主義，不過由於他們的改革，以及教宗拒絕聽取他們要改革的呼聲，宗派主義到底也成了無心插柳的結果。[4]

從上可見，基督教在教會觀方面的立場是相對地簡單直接的：**教會是神設立的團體，基督藉祂的靈臨在於教會中，教會基本上是獨一、神聖、大公和使徒性的**。新教人士傾向把教會的獨一性和大公性，解釋為是無形的，而不是制度上的，但天主教人士則把這些看作是在本質上與使徒統緒的主教制度，特別是與羅馬主教作為教宗的傳統分不開的。新教人士大體來說，把教會之承傳自使徒理解為承接使徒的教導和傳道的傳統，而天主教人士就將之解釋為主教制度的存在，承接使徒統緒的傳統。新教人士在〈尼西亞信經〉宣認的四個教會標記之外，加上「正確宣講神的話語」及「正確施行聖禮」兩個重要的標記。當然，不單新教與天主教兩大陣營之間有差別，在新教眾多教派之間也有差別。雖然如此，無論哪個宗派皆有一個堅定的信念：教會是傳遞恩典的神聖媒介。[5] 教會是恩典發生的正常場景，也是支取恩典的信心得到鞏固的地方。在20世紀之前，在基督教的偉大傳統之內，實在找不著近代所特有的「無教會基督徒」(churchless Christians) 現象。

對教會觀的非正統立場

若干基督教傳統及教派宣稱，某些教會觀屬於異端一類，但我們在此的關注是，就著那些與上述基督教公認立場格格不入的教會觀作出檢視。換句話說，被某個基督教門派視為大錯特錯的信念，並不因此就成為大錯特錯的教會觀。儘管對該門派或該傳統的成員來說會是這樣，但對我們來說，構成異端或極端的另類教會觀的元素，卻不是由一個宗派、神學家或基督教門派所決定的。舉例說，羅馬天主教教會官方認為，要是任何人相信在施教權威(主教、樞機主教、教宗)的

4 參 John Calvin, *Institutes of the Christian Religion*, 4.1 有關教會的部分，特別第9段："The marks of the church", pp.1023～1026。

5 還是可以引用加爾文。這瑞士改教家在《基督教要義》中稱，教會是恩典媒介之一。同上。

制度以外，存在一個大公的、無形的真教會，那就是異端。對於羅馬天主教人士來說，獨一的真教會是由全體主教、教宗同人及以下所有人組成的團體。這個信念，在很多新教人士眼中是異端。這不是我在本章的觀點。雖然在我們的宗派之內，我們會這麼看，但我在本書期望採取一種較宏觀的看法，考慮到在所有個別的宗派之上、它們背後及基本的基督教要理。我們當然理應承認，有若干宗派的確認為自己是那獨一的真教會，而把其餘一切或大部分的教會，看成是不健全的(這已是較客氣的説法)。

在教會歷史上出現過幾套有關教會與聖禮的信念，與基督教信仰的偉大傳統不符，它們至今仍以某些形式存在。人若自覺地承認這些信念，就是還沒有具備真基督教的充分條件。我們在此把焦點集中在其中兩套信念上：**小羣主義**(sectarianism)，以及**拒絕洗禮和聖餐這兩個聖禮**。**小羣主義**有幾個意思，在此是指相信或認為，教會合一是不重要的，而且即使教會沒有合一，其真義仍可存在。它表現於把宗派主義「洗禮」成為規範，特別把某一宗派等同大公教會本身。從消極的一面看，它表現於徹底拒絕與普世教會合作、以及在真基督徒之間的一切對話和團契。它經常強調教會是純潔的，故此，除了被認為是純潔的教會以外，其他教派的所有成員統統被視為非真正的基督徒，並遭拒絕。

小羣主義有許多副面孔，也有不同的激烈程度。基督教小羣主義的最初表現形式之一，是2世紀的孟他努運動。孟他努主義者是一個名叫孟他努的基督教先知的追隨者，他們建立了自己的教會，稱為「新預言」教會，也許是基督教第一個小羣教派。他們拒絕當時的大公教會，因為後者不接受孟他努是由聖靈感動的説法。孟他努在小亞細亞的皮布沙(Pepuza)建立他的據點，而大公教會的主教則在附近召開會議，將他連他所領導的運動逐出大公教會之外。孟他努及其追隨者看來是相信，他們才是基督所建立的真教會，以至於拒絕其他一切的基督徒。

諸如此類的小羣主義，在教會歷史(特別是近代世界)中屢見不鮮。很多由末世先知和自稱是彌賽亞之人所發起的新興宗教運動，都是跟大公教會對立，譴責或漠視後者的。在他們眼中，其他一切宗派不只是不健全或在真理或屬靈生命上有所缺欠，甚至是背道的，或是扭曲的、了無生氣的，實在是被神棄絕了的假教會。小羣主義把自己從大公教會，從基督教的偉大傳統分割出來。它傾向把神私有化。它高舉教會的聖潔(將之錯誤等同其本身所了解的宗教熱忱及純潔)，過於教會的合一及傳自使徒的特性。對付小羣主義的良策，是相信在人的抗拒之下，神一直無分時空地在祂的教會中臨在，保守著教會。再者，凡教會的任何特殊形式都有其缺陷，承認這一點，也是屬靈的謙虛。

在基督教公認的教會觀之外的第二類主要的非正統觀點，與聖禮或禮儀有關。自新約時代以至近代的基督教，所有信仰正確的基督徒和教會一直以各種方式奉行兩個禮儀：洗禮和主餐禮。某些基督教傳統後來也增添了一些別的聖禮，但這兩個聖禮一直為各時各地的教會所奉行。基督設立了這兩個聖禮，吩咐門徒從此遵守；使徒奉行它們，並在聖靈感動下所寫的信件中提到它們。繼使徒以後，2世紀的教父所寫的最早基督教文獻，充滿著有關這兩個聖禮的言論——有時候還就著如何執行，給予詳細的指示。[6]

到了宗教改革時期，一些趁宗教改革而冒起的極端神秘教派率先提出，一切外在的儀式和禮儀，包括洗禮和主餐，都是不必要，甚或有可能比不必要還要糟的。17世紀英國貴格會的創辦人佛克斯拒絕一切聖禮及儀式，包括洗禮(在人裏頭那神秘的「靈洗」則屬例外)和主餐。19世紀若干推動社會改革的基督教教派沒理會這兩個聖禮，而直到今天，救世軍還是不遵守它們的。1970年代初的耶穌運動(Jesus movement)從加州蔓延到北美再到歐洲，傾向摒棄與基督教有關的一切形式化的東西，經常包括制度化、組織化的教會，以及聖禮或禮儀。(這雖然不適用於全部的所謂耶穌子民〔Jesus People〕，但耶穌運動有長遠的影響：它削弱了他們所謂形式化的儀式對於許多年輕基督徒的重要性。)

---

6 參例如《十二使徒遺訓》(*Didache*，也稱為 *Teaching of the Twelve Apostles*)這被視為新約之外最早的基督教文獻，收錄於 *The Apostolic Fathers*, trans. J. B. Lightfoot and J. R. Harmer, ed. and rev. by Michael W. Holmes, 2nd ed. (Grand Rapids, Mich.: Baker, 1989), pp. 145～158。

在20世紀最後四份之一個世紀，有些福音主義的新教教會及宗派，放棄了以實施洗禮和奉行主餐作為必須的要求。在很多獨立教會中，它們變得可有可無，而且逐漸消聲匿跡。

大體上，這在偉大傳統之外的第二種非正統立場，是一種因漠視而造成的異端。只有很少基督徒會表明拒絕一切聖禮和禮儀，但有很多是對它們漠不關心的，而且不幸地，他們的牧者以至領袖也對這種愛理不理的態度加以遷就。這是異端，特別是因為對聖禮的漠視已變成了建制的一部分。雖然在基督徒中間對於聖禮的重要意義，可以合法地有不同的見解，但他們一定不可以完全摒棄聖禮——這樣的做法是不為新約聖經及基督教的公認傳統所容許的。

基督教信仰在教會觀的不同看法

基督徒一致同意，耶穌基督的教會是獨一、神聖、大公(普世性)及使徒性的，又同意教會應該遵守由基督所設立的兩個特別儀式——洗禮和主餐。可是，說到有關這一切的具體解釋，或到底會不會有更多真教會的標記、更多的聖禮，基督徒之間就沒有一致的看法了。在這等事情上，基督教信仰存在很大程度的歧異，爭論也很明顯。在不同的基督教宗派和傳統的代表之間，雖然進行了一些對談，取得了某程度的共識，但教義上的重大差異依然存在，不同宗派的基督徒經常因此無法一同崇拜。爭議的主要範圍是在於教會**合一**(unity)的本質，以及**聖禮**(sacraments / ordinances)。在**教會體制**(church government / polity)的正確模式上，也有重大差異。

羅馬天主教教會堅稱，教會的合一是**有形及有組織的**。它相信並教導，教會體制的惟一正確模式是**教權制度**(hierarchical)**和主教制度**(episcopal)——即以在教宗權下的一羣主教為核心，而作為羅馬主教的教宗，則被視為使徒彼得的傳人。最後，羅馬天主教教會相信並恪守**七聖禮**(seven sacraments)：洗禮、堅振禮、補贖禮(或作「悔罪禮」)、聖餐、臨終敷油禮、按立聖職及婚禮。根據羅馬天主教的信仰，在其歷史及教權制度之外，並沒有耶穌基督教會的真形相。教會是由教宗委任的主教羣轄下的神聖人員，連同信眾組成的羣體。這是在地上獨一而真實的、有形的、制度化的基督身體；並沒有無形的教會。1870年，梵蒂岡第一次會議(梵一)公佈了以下有關教會的教義(在此聚集的主教，相信它是教會一致贊同的歷史性立場)：

> 誰都永不應該相信，教會的成員是以不過是內在的、看不見的結合連成一體，因此組成一個完全無形可見的團體。因為，根據神永恆的智慧和權能所定的旨意，在這些屬靈和無形的結合之外(忠實的信徒是藉著聖靈憑此與教會那無形的至高元首相連的)，也應該有對應的外在、可見的結合，好讓這個屬靈而超自然的團體，能以外在的形式呈現，成為明顯可見的。如此一來，就有一個可見的施教權威，頒佈教義，是人必須從內心去相信並公開承認的教義。有一個可見的神職崗位，公開指導照管著神的可見奧秘〔聖禮〕，人藉這些奧秘，內心得以成聖，神藉它們，得著應得的崇拜。如此一來，有一個可見的管理機構，將各成員統一聯絡起來，並指導著教會信眾的整個外在而公開的生命。最後，教會的全體是可見的；這不但包括了那些屬於它的義者或神所預定者，也包括了那些還在罪中，但以其共同宣認的信仰跟它連合起來的人。可見，基督在地上的教會並非無形，並非隱藏；它倒像坐落山上的一座城，清晰可見，高聳顯赫，無可躲藏，又像燈臺上的一盞燈，為公義的太陽照耀著，並以其真理的光輝照亮全世界。[7]

關於非羅馬天主教教會成員的基督徒，梵蒂岡第二次會議(梵二)雖然多少也淡化了天主教的立場，但它沒有改變天主教的這個歷史信念，相信教會的可見性及在制度之內的教權制度。即使在後梵二時期，天主教教會已向「分開了的弟兄們」(新教徒)伸出手來，把他們看作是

7 *The Church Teaches: Documents of the Church in English Translation* (St. Louis: B. Herder, 1955), pp. 89～90.

在耶穌基督裏的真信徒，但羅馬天主教教會的這個信念——相信教會在教宗之下，圍繞著主教團有一可見的和制度化的合一——還是原封不動。遍佈世界各地的羅馬教會是惟一真正的教會；其餘一切基督徒羣體都是「教會團體」、宗教會社或教會機構。

大部分新教的宗派或傳統相信**教會那無形的合一**；在他們眼中，大公教會是在屬靈上合一而非在制度上合一。信義宗的〈奥斯堡信條〉(*Augsburg Confession*) 列明，教會之合一在於在信徒的聚合之中，宣講純淨的福音並按著福音施行聖禮 (洗禮及主餐禮)。儘管有很多信義宗人士把教會那制度上的、有形的合一，視為一個值得盼望和謀求的理想，信義宗的教義卻沒把真教會限於任何制度或組織之內。

英格蘭教會以及世界各地許多屬安立甘宗的姊妹教會，一方面贊同信義宗的教會論，一方面仍然維持他們在英國君主 (英格蘭教會的最高統領) 以及繼承使徒統緒的主教團轄下的那種有形合一形式。此形式拒絕羅馬的教宗制。

新教的改革宗教會 (例如長老會) 表明接受並確認，教會之合一及教會之大公性是無形的。〈威斯敏斯特信條〉(1648年) 列明：「那看不見的大公教會，包括了過去、現在、將來在基督元首以下聚合為一的全數選民」；而「那個在福音之下 (不像以前在律法之下，只限於一個民族)，看得見的教會也是大公的，它包括了遍佈世界各地凡承認真信仰的人及他們的兒女；它是主耶穌的國度，是神的家、神的殿。正常來說，在它以外並無得救的可能。」[8] 換句話説，改革宗的新教徒相信，大公教會並不等同任何一個宗派或國教會，它是看不見的，以許多個可見的教會、宗派和教派等形貌遍佈世界各地。它包括了神的全體選民，既非獨立於可見的堂會及宗派以外，也不等同它們之中的任何一個。基督那不可見的身體也是可見的，見於基督徒形形式式的聚合之中，只是後者並不足以涵蓋或限制那獨一的真教會。

雖然所有新教人士都相信，真教會只有一個，它的合一性超越了

8 參 John H. Leith, ed., *Creeds of the Churches: A Reader in Christian Doctrine from the Bible to the Present*, rev. ed. (Richmond, Va.: John Knox, 1973), p. 222。

宗派，因此從某種意義說，那獨一的、真正的基督的身體，其大公性是不可見的，而雖然所有新教人士都傾向從正確宣講福音（神的道）及正確施行聖禮，去定義真教會的存在，他們內部對於那個可見的教會的正確架構和治理模式，以及對於洗禮和主餐這兩個聖禮的本質，卻有不一致的看法。

在新教內部，有三種治理教會的主要模式或教會體制，即**主教制**(episcopal)、**長老制**(presbyterian)和**公理制**(congregational)。主教制是以主教團為中心，世界性的安立甘宗教會——英格蘭教會以及其眾多的姊妹教會——是新教眾多宗派中較著重教權制度的。由英國議會委任的坎特伯雷大主教(archbishop of Canterbury)是全世界安立甘宗教會的屬靈領導人物。這位大主教決沒有羅馬天主教教宗所擁有的權力。在英格蘭以外，安立甘宗的主教（在美國，主要表現在聖公會教會）一般來說，是由牧師聯同教區平信徒代表選出來，再經本國教會其餘大多數的主教核准的。主教是教區裏的屬靈領導人物，他們有權柄為平信徒行堅振禮，按立牧師和執事。個別的堂會在本堂事務上擁有相當程度的控制權，但所有堂會都按著同一本《公禱書》舉行崇拜。安立甘宗的主教是根據使徒統緒的原則來按立的。這是說，他們可以把按立的根源上溯到1世紀基督教教會的其中一位使徒。一般而言，據傳統的安立甘宗人士／聖公會人士看來，教會若是沒與任何出自使徒統緒的主教連合的話，說得好聽點是有殘缺，說得難聽便是異端。若干循道會也採用主教制（或譯會督制），不過它們並不倚賴英國君主或坎特伯雷大主教，而且它們也不是根據使徒統緒的原則來按立主教（或譯會督）的。在美國，循道會主教（會督）是由牧師聯同會眾間的平信徒領袖選出來的，並由主教團（會督團）確認。他們主要從事行政管理，又是屬靈的啦啦隊隊長。

新教的信義宗流派不像安立甘宗那樣在組織或教權制度上歸一。信義宗教會固然倚賴眾監督(bishop)作為行政上的領導人物，但信義宗的監督在不同的總議會或全國信義宗聯會中所扮演的角色，卻不盡相同。有些信義宗派別較接近主教制的教權制度，而有些則接近長老制甚至公理制。在大部分信義宗教會的聯合組織，每一堂會都跟一個監督連繫著，這位監督或是或不是按著使徒統緒的原則按立的，而如果是按著使徒統緒的原則，這原則常被解釋為一種屬靈上、教義上的連續，過於在歷史上可追溯的一個組織化根源。許多信義宗監督是由牧師聯同平信徒代表選出，然後轉交總議會或聯會核准的。個別的信義宗堂會及其牧師既要向它們的監督負責，又要彼此負責，儘管它們在處理內務方面享有很大程度的自主。

改革宗的派別情況，與大多數信義宗的大致相同，只是沒設立監督之職。所有改革宗教會所採用的治理模式都是**長老負責制**(presbyterian accountability)，各堂會有一羣由堂會本身選出來的長老，他們聯同一羣專事教導和治理的改革宗長老，組成一個為該派別作重要決定的議事團。長老制不是採用階級制的教權制度，而是代表制的；它以一羣由會眾選出來的領袖為中心，這羣領袖派出代表參加各個議會，為本區或全國教會作出重大決定。

很多新教教會——特別是那些出於自由教會傳統的(即不是在政府支持下成立的那一類教會)——依從**公理制**的治理模式。每一堂會是完全自主的，在他們之上並沒有主教或權威性的代表大會。會眾選出他們自己堂會內的領袖(主要是執事，也有牧師)，自己擁有財產，自己決定所採用的崇拜形式，決定他們與其他堂會的關係(或決定不建立關係)，自己制訂堂會的憲章和附則(若有的話)。他們的「宗派」實際上不外乎是各個獨立堂會自發性的聯合會議。這類會議的目的是把各堂會為差傳、教育、慈惠及出版工作自願獻出的資源匯集起來。公理會、浸信會、基督教會、大多數的五旬宗，以及所有的重浸派(如門諾會)，都是按照公理制的模式運作的。

教會的架構及治理模式固然為基督教內部造成不少歧異，但彼此不同的聖禮觀，同樣有份造成這歧異。只有羅馬天主教教會相信並執行七個聖禮。羅馬天主教教會看七聖禮是「恩典的媒介」(means of grace)，是由經正當按立的神職人員代表主教施行的可見儀式，實在地把叫人成聖及成義的恩典傳到神的忠貞子民那裏。據天主教教義，只要這藉洗禮而臨到的恩典不為接受洗禮之人拒絕，一個由合資格的神職人員正確施行的洗禮，自然把人的原罪連其在洗禮之前故意犯的一切可能存在的、實在的罪(若有的話)都洗淨。若要洗禮有效，並不需要個人的信心。這理論稱為「藉洗禮重生」(baptismal regeneration)，就是藉著洗禮從神的靈重生。當然，天主教教會不會為不悔改或不信主的成年人施洗，只有在教會之內的信徒的兒女，才被認為可以單憑洗禮的恩典，毋須個人的悔改及相信而自然地得救。

其餘的聖禮(上文已提過)也被認為是傳遞恩典的真實媒介，一般只可以由神父主持。除洗禮之外最重要的聖禮是聖餐／主餐(“Eucharist / mass”，新教稱作“the Lord’s Supper / Communion”)。天主教傳統相信「變質説」(transubstantiation)，即餅和酒變成了耶穌基督的身體和血。「附帶性質」(“accidents”，味道、氣味、外貌)一直是餅和酒，可是到了神父宣告祝聖禮文：「這是我的身體；這是我的血；你們要如此行，為的是記念我」以後，餅和酒就在「實質上」變成了真正的基督的身體和血，因此基督的人性臨在其中，被重新獻上，人藉著吃喝餅和酒而領受，領受之人的信心因此得著堅固。信徒與基督超自然的聯合，因著經常忠心地參與這個聖禮而得到增強。對於羅馬天主教徒來説，這些聖禮如同宣講神道一樣重要，二者對於教會及個別基督徒的健康來説是不可分的。[9]

新教人士拒絕羅馬天主教傳統的聖禮觀及做法。不過，新教內部對於洗禮及主餐禮的本質有著很不一樣的看法。[10]只有這兩個儀式是近乎所有新教人士相信並奉行的，他們看它們是由基督設立、使徒承傳的聖禮。少數新教人士(大多是重浸派傳統)加上洗腳禮，作為第三個聖禮。若干新教人士(其中最突出的是信義宗及傳統的安立甘宗／聖公會)相信，洗禮和主餐(或聖餐)是真實的恩典媒介，因為它們堅固信徒與神的關係，以及信徒的信心。他們之中有很多認為嬰兒洗禮

9 有關當代羅馬天主教的聖禮神學，具權威性而比較簡單的説明參 *The Church’s Confession of Faith: A Catholic Catechism for Adults* (San Francisco: Ignatius Press, 1987), pp. 271～325。

10 有關新教人士在聖禮觀上的分歧，淺白的説明參 Alasdair I. C. Heron, *Table and Tradition: Toward an Ecumenical Understanding of the Eucharist* (Philadelphia: Westminster Press, 1983)；及 Donald Bridge and David Phypers, *The Water That Divides: The Baptism Debate* (Downers Grove, Ill.: InterVarsity Press, 1977)。

有重生效力，因為它讓孩子成為神立約子民的一員，讓他／她得享基督在十字架上代贖之工的好處。當然，他們既然是新教人士，也相信聖禮連嬰兒洗禮在內，必須加上信心才是傳遞恩典的。就嬰兒洗禮來說，父母以及會眾的信心可以暫時代替孩子的信心，到孩子長大到合適的年齡，才憑著他／她本人的信心，確認在受洗之時所做的事。抱持聖禮主義的新教人士（特別是傳統的信義宗人士）相信，耶穌基督的人性於聖餐中的餅和酒「之內」(in)、與二者「與之共存」(with)、並在二者「其下」(under) 真實臨在。後人稱此為「合質說」(consubstantiation)，不過信義宗人士不喜歡此語。它與羅馬天主教聖餐觀的分別在於它認為，餅和酒由始至終仍是完全的餅和酒，但它們並非只是象徵。它們成了復活而得榮耀之基督的身體和血的載體，能堅固信心。

在歐洲發生宗教改革的最初十年間，瑞士改教者慈運理強烈否定路德對洗禮及主餐的看法。慈運理起初贊成信徒洗禮過於嬰兒洗禮，但後來因無法說服蘇黎世市議會接受該立場，就反過來支持嬰兒洗禮，把它當作是在新約之下的一個儀式，對應舊約的割禮。換言之，他視洗禮為神選民的一個入籍儀式，不含重生意義。慈運理批評路德在聖禮，特別是在聖餐上，過份依循天主教的教義和做法。在慈運理眼中，主餐只是一個記念性的筵席，記念基督的死。他否認在餅和酒之內、一同或之下，有任何基督身體的「真實臨在」(real presence)。路德為這有違傳統的說法攻擊慈運理，極力維護他本人對洗禮和主餐的觀點——包括合質說。二人對主餐的不同看法，背後反映了他們在基督論上的分歧；路德相信**屬性相通** (*communicatio idiomatum*) 的原則，即基督的神性與人性相通，所以復活而被高升的基督可以無處不在 (ubiquity)。慈運理否認這項原則，主張如果要道成肉身有任何意義，那就意味著成為了人的耶穌基督，是處於天上而不是無處不在的。在主餐方面的爭議，造成早期新教內部的嚴重分化。

由加爾文及其追隨者所建構的聖禮觀，介乎路德和慈運理的看法之間。對於大多數改革宗人士來說，洗禮和主餐是真實的聖禮，因為若是憑信心領受，它們就傳遞恩典而使領受者的信心堅固。可是洗禮卻不是自然地有拯救的效力，至於主餐，雖然它不僅僅是一個象徵性的儀式，可是基督在其中並沒有真實的、有形有體的臨在。在加爾文及其追隨者看來，洗禮(連嬰兒洗禮在內)是一個「標記和印記」(sign and seal)，表示神接受某人加入教會，而這教會就是基督的身體，是神立約之民的團體。他們拒絕任何把洗禮當作是魔法的說法；洗禮沒有自然的拯救功能。雖然如此，根據改革宗神學，就連嬰兒也能從受洗一事獲得屬靈的好處和祝福，不過，如果要使自己的揀選和呼召穩如泰山的話(即對自己因神揀選之恩而得永恆救恩一事有把握)，他們長大以後就必須接受自己在神與其選民所立之約中的身分。在加爾文及其追隨者看來，主餐有神秘的屬靈力量，卻不是魔法。基督徒何時憑信心參與其中，聖靈就用它來增進、加強信徒與基督的聯合。

1525年，慈運理的其中一羣追隨者因洗禮之爭，脫離了慈運理早期在瑞士蘇黎世發起的改革。他們後來被稱為重浸派，因為他們為在嬰兒期受了洗的人「重新施浸」。(當然，他們認為那根本不是重浸；他們否認嬰兒洗禮，只當它是在頭上沾點水。) 格列伯 (Conrad Grebel) 與曼茲 (Felix Mantz) 是「瑞士弟兄會」(Swiss Brethren，重浸派起初的稱呼) 最初的兩個成員，他們相信洗禮象徵歸信基督，所以應該在人自覺悔改信主之後才施行，而他們這個信念一直為後來的門諾會及浸信會人士所堅持。在今天的世界，新教人士有相當大部分以倒水或全身沒入水中的方式施行「信徒洗禮」，視之為一個公開表示獻身基督及基督教會的舉動，而非恩典媒介。這類基督徒中的大多數都信奉慈運理的聖餐觀，對他們來說，與其說聖餐是一個聖禮，不如說是記念性的筵席。這等基督徒不論是門諾會、浸信會或五旬宗人士，都寧可把洗禮及主餐稱作禮儀 (ordinances)，而不叫聖禮 (sacraments)，因為他們不相信任何外在的儀式真的傳遞恩典。他們遵守禮儀，因為基督是這樣吩咐的，又因這些禮儀象徵了基督為信徒並在信徒裏頭所作的工。在這等基督徒看來，洗禮和主餐這兩個禮儀是「可見的道」——那是功效強大的實物教學，教導並宣講救恩，增強記憶與盼望。

在這些基督教派別之間的差異背後，是傳統宗派的一些歷史信念。每一個傳統宗派都可以羅列一籃子經文來支持其觀點。羅馬天主教的教會觀與聖禮觀扎根於傳統過於扎根於聖經。天主教其中一個要緊的信念，是堅持教會那可見的合一。這條原則足以壓倒許多別的原則。新教人士雖然會重視教會的合一，但對於他們來說，福音的純淨畢竟重要得多。據他們看，教會的存在，在乎它是不是忠於那單憑信心靠基督藉恩得救的福音真理，過於它是不是維持著可見的、制度上的合一。出於自由教會傳統的新教人士，例如重浸派、浸信會及五旬宗，就重視「信徒皆祭司」的信念，而且新教的原則往往優先過教會合一的願景及與歷史的基督教的偉大傳統一脈相承的理念。儘管如此，基督徒之間雖然在有關教會與聖禮的信念上有明顯差異，但他們一致相信，教會是由神設立，為神所保養的基督的身體、聖靈的殿，而在某個層次上，即使表面上看來並非如是，但它確實是獨一、神聖、大公及使徒性的。所有真基督徒至少也都重視洗禮和主餐這兩個聖禮或禮儀，雖然彼此對二者的意義及在施行的細節上存在爭議。[11]

基督教在教會與聖禮的綜合觀點

就教會真正的本質、它有形的組織結構，以及聖禮來說，在許多基督教觀點背後，有一個基礎而根本的一致信念：教會是神的子民，由基督親自設立，作為聖靈居衷的團體，並作為祂未來國度的預先體現。再者，教會是獨一、神聖、大公和使徒性的。洗禮及主餐或聖餐是恆常的恩典媒介(不論人們對這一點如何理解)，直到基督再來。在歷史終結之前，在基督徒中間對於以上事實始終存在相當程度的理解差異，這一點幾乎是毫無疑問的。但是，基督徒儘可回到那基本的、彼此公認的教會觀，以它作為互相諒解、彼此尊重以及攜手實踐服侍和使命的共識。

在教會觀方面，〈尼西亞信經〉列明有關教會的四個普遍標記，早已把基督教的共識作出了總括。耶穌基督的教會是**獨一的**。只有一個真教會，就是基督奧秘的身體，由遍佈世界各處在基督裏的一切真信徒所組成的團契。天主教及若干新教人士雖然會以特殊的方式把它等

11 不實施洗禮及聖餐的基督教教派是殘缺的基督教——就如大多數基督教宗派和教會在某些時候的情況。這情況不一定是黑白分別、非此即彼的。有些自稱是基督教的教派，要是實施洗禮及聖餐的話，就會是更名副其實的基督教，這卻不是說，它們的成員根本不是基督徒。

同某個特定的組織，但差不多所有當代的基督徒都認識到，它其實超越了有形的階級制度、流程表、建築物和經濟預算。它甚至超越了主教羣和一切宗派。哪裏只要有兩三個人奉耶穌基督的名聚集崇拜服事祂，那裏就有教會，但教會也以有組織的堂會及它們之間的連結，以具體的形式存在。就如20世紀來自瑞士的一位重要新教神學家卜仁納提醒我們的：教會的本義是團契，而團契永遠都有一個外在的形式。[12] 教會在團契(信徒與基督的團契、信徒與信徒在聖靈裏的團契)之中聯合為一。儘管這個可見的合一永遠不可能制度化，它仍可以是真實的合一。耶穌基督的教會只有一個，但有並總是有——在基督再來前——許多組織作為教會體現的形式。

教會是**神聖的**。就是說，這個遍歷時空的、耶穌基督獨一的真教會，是聖靈分別出來給神的。雖然明顯地，教會的領袖及成員既有缺陷，也有過錯，但教會是神在地上的住所，有其獨特的呼召與命運。它的宗旨是要在萬民中榮耀神，並預示那個未來的完美團體；到那時，神要在祂的國裏與祂的子民一起。那是一個充滿著信、望和愛的超自然團體，在其中人要向神交賬，人被呼召去悔改，過不斷更新的生活。有些基督徒總是把教會視為一個混雜的羣體，內有真信徒，又有只口裏宣認信主的假信徒，而有些基督徒則總是把它視為一個只包括真信徒的羣體。不過所有基督徒都同意，教會是被呼召成為聖潔的，這不但是指在道德操守上，而且也是指著它單單把焦點放在神之上的這個屬靈關注來說。換句話說，崇拜不是為娛樂或其他以人為中心的目的；它是為神的榮耀，為神的愉悅。

教會是**大公的**。它超越了語言、種族、文化和國籍的藩籬，自五旬節起直到基督再來，大底還會以某種形式存在，直到永遠。眾多宗派、個別堂會、聯會、教會機構都是大公教會的各種表現形式，決不等於大公教會本身。這樣說並非要捨棄它們，當它們是無價值之物。它們的價值在於它們是那個包羅一切真信徒的基督身體的眾多組成部

12 Emil Brunner, *The Misunderstanding of the Church*, trans. Harold Knight (London: Lutterworth, 1952).

分，服侍基督。宗派、堂會、聯會或教會機構來去不定，大公教會卻是常存的，而且要永遠存在。它雖是屬靈的、奧秘的和不可見的，卻一點也不飄渺虛幻。我們盼望和祈求有一天，在耶穌基督裏的一切真信徒都認識這一點，而宗派主義會從此消失。如此一來，許多不同宗派的基督徒就要在保留各自特殊的歷史身分的同時，快快樂樂地一起崇拜，在實踐使命和服事上，謀求彼此間的合作。

最後，教會是**使徒性**的。教會的獨一、神聖和大公，跟它承傳自使徒的特性息息相關。教會的使徒性是指教會繼承了耶穌基督眾使徒的信仰和經驗，他們曾在五旬節那天領受聖靈。它是指教會忠於這個福音：耶穌基督是道成肉身的神，是世人惟一的主和救主。哪裏有人忠心保存並宣揚使徒曾宣揚的福音(甚至包括了切合時代的翻譯和處境化的做法)，那裏就有教會。當然，有許多基督徒認為，教會承傳自使徒即等於一個可見的主教羣譜，可以追本溯源到使徒為止。有的基督徒則認為它是屬靈的事情，與任何有形的、組織化的教權制度無關。這兩種看法的背後都同樣相信，教會繼承自使徒，延展至今，並且還要繼續下去，直到基督再來，以至基督再來之後。

若要有一個統一的基督教教會觀，也許是天方夜譚，但是在現實中也不一定如此。在神學家及教會領袖還在爭論不休的當兒，平信徒已走在前頭，合力打造一種有形的(要非制度化的)教會合一。當主教和神學家、宗派領袖和神學教授戰戰兢兢地討論如何取得「眾教會之間有形的制度上的合一」之時，平信徒就藉著諸如靈恩運動、靈命更新聚會、專為弟兄或姊妹舉辦的運動、研經小組及不分宗派的崇拜聚會等活動，落實超越宗派、可見的合一。雖然基督教平信徒這個後宗派的做法隱含著若干危機，但對於基督教的合一來說，它是充滿保證和希望的——此刻在教會合一會議和機構的一切努力下，合一還沒有達成。也許宗派領袖是時候起來趕上平信徒，撤去長久以來那些阻礙彼此間的圓滿團契、妨礙教會合一的籬笆。

14

死後的生命

延續與斷裂

本書最後兩章處理基督教信仰在未來之事的課題。傳統神學把這龐大而複雜的課題稱作**終末論**(eschatology，或稱「末世論」)。某些讀者會奇怪，我竟用足足兩章篇幅來處理這個課題，而在上一章，我才不過用了一章的篇幅，來處理基督徒會認為重要得多的基督教信仰。惟一的理由是，跟終末論相關的問題、議題及所提出的答案多得很，實在要用兩章篇幅來交代。傳統以來，終末論分作兩個獨立而相關的研究及教義範圍：**個人的命運**(死後的生命)，及**世界的命運**(正如我們所知道的世界的結局)。這兩方面的信仰範圍，是許多人深切關注的。

基督教信仰在死後生命的議題和爭論

不論是基督教書室或一般書局的暢銷小說，都有若干據稱根據神的啟示寫成的未來故事。其中部分作品，似乎是臆測居多。此外，還有描畫人死後的生命和末後之事的宗教及非宗教電影；許多聖詩、合唱曲、在教會中唱的和基督教歌手錄製的福音詩歌，也有終末論的主題。說來頗諷刺，不論信仰虔誠之人或普羅大眾，都相當關注這類議題，而大部分聖經學者及神學家卻是完全漠視它們，或只就終末論方面所知的，抱著十分保守的論調。20世紀一位頂尖兒的新教神學家聲言：「我們不應該想要知道太多關於天堂的擺設和地獄的溫度等事！」他的提醒似乎無人理會。這也是可理解的，因為每個人早晚還是要面對死亡，而愛尋根究底的人總想知道，基督教對人的未來和世界整體有怎樣的描述。

在本章，我們只會處理有關每個人的未來的基督教教義。關於人死後的生命，基督教有一套普遍的共識，即使我們對其細節所知甚少。天堂和地獄人人都聽過了，可是居間狀態 (intermediate state) 又如何？新約聖經提到人在肉身死後與身體復活之間，有一個稱為樂園的地方或境況。復活指何事？在甚麼時候發生？審判、永生或不滅的火又如何？這些是不是重要的基督教教義？據調查顯示，大約有四份之一的北美成年人說自己相信靈魂轉世。那跟基督教是否相容？煉獄呢？是不是所有基督徒都相信這項教義？抑或，它是羅馬天主教會特有的教義？以上是在這方面的基督教信仰所帶出的一些問題，關乎個人未來的命運。在下一章我們會處理一個與本章不同但相關的範圍，有關世界未來的命運，包括了基督重臨大地 (主再來，*parousia*) 及神國之圓滿與成全。

我們會如常地先探討在肉身死亡以後的個人未來這方面的基督教共識。我們會看見，說到個人未來的命運，只有幾個基本的概念是差不多為歷代所有基督徒共信。然後，我們會批判性地檢視在基督教共識之外若干重要的另類立場，包括靈魂轉世之說。一旦把公認傳統之外的另類觀念，清晰界定為非正統或異端教義，那麼傳統基督教信仰的一致性就更加顯而易見了。檢視過非正統信念以後，我們繼而會細看基督教信仰在肉身死後的命運這個課題上的分歧。煉獄是基督教一個主要流派的獨特教義，新教一般來說拒絕接受。我們也會看見，新教內部也有分歧。最後，我會就有關人死後的生命這方面的統一性基督教觀點，提出一些意見。我盼望，本章和下一章會為讀者提供一個向度，了解傳統的、歷史的基督教信仰，何以跟講及未來的眾多流行小說、電影、歌曲和民間信念有別。

基督教在死後生命的立場

基督教一向是講說希望的宗教；基督徒一直同意，對於那些藉耶穌基督信靠神的應許、並為己罪悔過的人，死亡不是生命的終結，而是進入永生的門戶——永生是在天堂與神有一種改變了的、親切的永遠同在。再者，基督教一向是物質的宗教；基督徒一直相信(除非他們忘記了那共同的信仰)：人類所得之救贖及未來的永恆生命，也牽涉人的身體在內。最後，基督教一向有陰暗的一面，就是為那些生活與神的慈愛、恩典與憐憫相反，並且抗拒悔改或接受救恩的人，提出審判的警告。基督徒一向相信在天堂以外有地獄。基督教從本質上提出一個必然的保證(這保證是因耶穌基督而有的)：死亡並非終局，正如20世紀新教殉道者潘霍華(Dietrich Bonhoeffer)所言，那是「生命的開始」。我在此把焦點放在未來之上，絕非有意使基督教變成出世的宗教，倘若結果如是，也不過是由於誤會而產生的曲解。其實情況正好相反，把焦點放在未來，才讓今生和這個世界充滿了意義。雖然有很多抱著福音主義的新教徒唱道：「這世界非我家，我停留如客旅，」然而，這詩歌和它要傳遞的信息，卻無意貶低神所創造、我們基督徒要好好管理的這個世界。相反，它反映了今生仍在罪和罪的影響下。在今生之外真的有一個未來世界。基督徒也唱道：「這是天父世界。」眼前的世界是父神的，我們的家卻在未來。此刻我們是朝聖的客旅和管家，期盼在一個全無憂愁、疾病、死亡的新世界中，身體得著救贖。

關於肉身死後的生命，基督教是以四個概念來總括其立場：**復活**、**審判**、**天堂**和**地獄**。可惜很多基督徒只把注意力集中在一些民間觀念上，其中主要的一點是：人死了，靈魂不是上天堂「與主永遠同在」，就是到地獄去受「不滅之火」的折磨。關於死後的生命，許多基督徒心中有的，經常是一幅四不像的圖畫，取材自混雜的來源，例如希臘神話及哲學、精靈説(「折斷的銀鍊」及「極樂世界」)、有關徘徊在死亡邊緣者的報導、聖經及通俗詩歌與文學。這幅常見的圖畫(跟神的啟示或基督教的一貫傳統幾乎全不相干)完全沒顧及未來的身體復活，極之著重在來世的境況中，個人那非肉身但又完全可意識到、可分辨的存在；這來世的境況是以「珍珠門」、「黃金街」、「璧玉城」等聖經意象來描述的。很多人甚至把穿鑿附會的傳統，譬如聖彼得在珍珠門的故事，當成是真的一般。聖經和基督教傳統所強調的，跟以上的看法大有分別，那是當基督在歷史終結再來之時，所有已死的聖徒(因信蒙恩之人)的身體都要復活。至於所謂在肉身死亡與身體復活之間的靈魂居間狀態，不論聖經或基督教傳統都極少提及。差不多全部希望的焦點，都是放在所有人都不曾經驗過的未來之上——在基督再來之時那榮耀的復活和天堂。

提到復活，聖經啟示的經典經文是保羅的哥林多前書第十五章。其他論到復活的經文，新約當然還有許多，舊約聖經可能也有幾處，但在哥林多前書第十五章，對於基督教在身體復活方面的教義討論是詳細的，因此幾乎無可置疑地，只要我們相信新約聖經是在神的靈感下寫成的，神已藉祂的使徒啟示：在天堂與神一起的來生是有形有體的，不是幽靈般或幻影般的。天堂的住客是有形有體的，不是無形無體的靈魂。在哥林多前書第十五章，保羅矯正哥林多教會內某些基督徒的誤解，因為他們質疑身體得贖的真實性，把死後的生命看成是無形無體的靈魂不朽：

> 既傳基督是從死裏復活了，怎麼在你們中間有人説沒有死人復活的事呢？若沒有死人復活的事，基督也就沒有復活了。若基督沒有復活，我們所傳的便是枉然，你們所信的也是枉然；並且明顯我們是為神妄作見證的，因我們見證神是叫基督復活了。若死人真不復活，神也就沒有叫基督復活了。因為死人若不復活，基督也就沒有復活了。基督若沒有復活，你們的信便是徒然，你們仍在罪裏。(林前十五12～17)

保羅把基督的身體復活跟一切死人在未來的身體復活拉上緊密關聯，以前者為了解後者的範例。稍後，他在哥林多前書十五章35至49節論證，我們將來的復活也會像耶穌基督的復活一樣，而且他似乎暗示，基督的復活是未來復活的起頭，不過是提早發生罷了。他稱復活了的身體(不論是基督的或我們未來的)為「屬靈的身體」，但其含義明顯應理解為不只是幻影似的、幽靈般的靈魂實質。據保羅看，死去的身體和神在將來要使之活過來的身體，兩者之間既有延續也有斷裂，即如基督那被埋葬的身體和祂那復活了的榮耀身體之間，也是既有延續又有斷裂的。使徒保羅在腓立比書三章20至21節重拾這個話題：「我們卻是天上的國民，並且等候救主，就是主耶穌基督從天上降臨。他要按著那能叫萬有歸服自己的大能，將我們這卑賤的身體改變形狀，和他自己榮耀的身體相似。」

全人類的身體都要在死後的某個時刻復活過來，這信念在歷代基督教教導中扮演著一個非凡的角色。雖然在習練不夠通達的基督徒中間，有看重靈魂不朽而忽視身體復活的明顯傾向，但諸位教父、中世紀的基督教思想家、所有新教改教者、信仰正確的現代基督教聖經學者及神學家，都強調身體復活是信基督之人滿載祝福的盼望。繼使徒以後，最早的基督教作者是羅馬的革利免，他在1世紀最後十年在羅馬當主教。他在寫給哥林多基督徒的《革利免一書》(*I Clement*) 中，以鳳凰的傳說來說明這個道理 (鳳凰是阿拉伯神話中的一種鳥，據說它從自身的灰燼死而復生)。[1] 2世紀教父愛任紐就分散世界各地的基督徒的共同信仰作出了權威概述，其中談到復活：「教會雖然分散全世界各地至地極，卻是從使徒和他們的門人領受此一信仰：……〔耶穌基督〕在父的榮光中從天上顯現，要把萬物『同歸於一』，並使全人類都復活過來。」[2] 這位影響深遠的教父反駁諾斯底主義者，力言將來的得贖是有形有體的，就如基督死而復活的生命是有形有體的一樣：「因此，就如基督帶著肉體的實質復活過來，把釘痕和肋旁的傷口指給門徒看 (這些都是從死裏復活的肉體的記號)，『祂也必以自己的大能』，以同樣的方式『使我們復活過來』。」[3]

愛任紐跟差不多所有教父一樣，清楚表明復活將會是肉體的，不只是「靈性的」，而對這種全人救恩——靈、魂、體 (愛任紐接受一種三分的人觀) 的期盼——則是基督徒對未來得贖的盼望中不可或缺的

1 "The Letter of the Romans to the Corinthians (I Clement)," chap. 25, in *The Apostolic Fathers*, trans. J. B. Lightfoot and J. R. Harmer, ed. and rev. by Michael W. Holmes, 2nd ed. (Grand Rapids, Mich.; Baker, 1989), pp. 42～43.

2 Irenaeus, *Against Heresies*, 1.10.1, *ANF* 1:330.

3 同上，5.7.1, p.532。

部分。與愛任紐同期的特土良(《辯護書》，*Apology* 48) 及俄利根(《論第一原理》，*On First Principles* 2.10) 也同樣強調，全人類必定有形有體地復活過來。三位教父居於羅馬的不同地區，寫作語言不同(希臘文及拉丁文)，大概彼此也不認識。但他們一致相信，自己只是傳遞使徒的教訓，並沒有表現自己是故意創新或有意臆測。更何況，承認身體復活，可會是與他們在其中生活及寫作的社會文化完全相反的。

據4至5世紀的北非教父兼主教奧古斯丁教導，信徒盼望藉耶穌基督得永生，又盼望身體復活。這位希坡主教在名為《信望愛》的教義大全中，用了整整一章來說明這件事。他寫道：「沒有基督徒可以質疑：所有人的身體，包括已出生的和未出生的、已死去的和在未來要死的，都必會復活過來。」[4] 他也提出，復活的身體將是完美無瑕的身體，每個年齡大約在30歲左右，強壯有力——不論那人死的時候是甚麼年紀和甚麼情況。奧古斯丁在復活方面的教導，有若干細節似乎只屬臆測，不過毫無疑問，大體上，他只是把全教會(諾斯底派除外)對未來的生命所持的信念說出來而已。

羅馬天主教傳統秉承這個有關身體復活的公認立場，規定一切虔誠信眾必須相信它。這一點清楚反映於一份最新而具權威的天主教教義手冊《教會信仰的認信：天主教成人教義問答》(*The Church's Confession of Faith: A Catholic Catechism for Adults*) 中：「神選定、呼召並愛整個人，是身體靈魂合成一個的人。整個人包括了他與世界、與人類的關係，這關係藉身體表現出來。身體復活的盼望，並非由後人添加、為古人信仰所無。它也是信仰的一個自然推論。」[5] 這教義問答也解釋說，我們不應該把復活的身體設想成大體是物質或純然是屬靈的，它們將是經過改變和形像轉化了的身體。天主教制訂的這套官方教義問答列明，與人類的復活身體對應的惟一類比，是基督的復活身體，

---

4 Augustine, *Faith, Hope and Charity (Enchiridon)*, trans. Louis A. Arand (Westminster, Md.: Newman Press, 1963), chap. 23, p. 82.

5 *The Church's Confession of Faith: A Catholic Catechism for Adults* (San Francisco: Ignatius Press, 1987), 5.2.3, p. 336.

它預示了我們在未來的得贖之軀。

16世紀的新教改教者，以及後來跟從各大新教傳統和宗派的信徒，在各人肉身死後的未來命運上，完全贊同早期教會與大公教會的立場。新教三份重要的教義聲明——信義宗的〈奧斯堡信條〉、重浸派／門諾會的〈多特信條〉(*Dordrecht Confession*) 及改革宗／長老宗的〈威斯敏斯特信條〉——不約而同地承認，基督再來之時身體復活的盼望，認為它是一個基本的基督教信念。這些教義聲明背後的改教者及神學家所教導的身體復活，是與奧古斯丁以至整個基督教傳統一致的，而這基督教傳統可上溯至2世紀的教父及使徒保羅本人。

加爾文在《基督教要義》用了多頁篇幅去處理這個課題，叫讀者毫不含糊地了解到他對此事的立場，那是第三冊第25章的「最後的復活」。這位日內瓦改教者拒絕相信古希臘哲學及若干文藝復興時期哲學家的靈魂不滅論，而寧可相信未來必有身體復活，與基督的身體復活同類。換句話說，加爾文堅決聲稱，我們復活時的身體，將是我們死時帶著的身體，不過它們會被改變過來，就如基督的身體被改變過來，成為適宜居於天堂的一種新的生存形態。重浸派改教者門諾．西門寫過《靈性復活》(“The Spiritual Resurrection”) 一文，實際上是關於重生的課題。對於門諾來說，每個人都必須擁有今天福音派基督徒所謂「重生的經驗」，他稱之為「靈性復活」，並且在過程中澄清，**未來的復活**——從基督的死而復活，並從我們重生時因悔改歸信而有的靈性復活，得著保證——是有形有體的，而不只是「靈性的」。[6] 18世紀英國教會的改教者、奮興家及循道派的創辦人約翰．衛斯理也在《論永恆》(“On Eternity”) 一文中教導有關身體復活的事。在文中，他確認：「死亡並非就此結束了靈魂的生命，甚至也不是最終地結束了身體的生命，因為身體和靈魂在那復活的身體內重新聯合為一。」[7]

---

6 參 *The Complete Writings of Menno Simons c. 1496-1561*, trans. Leonard Verduin, ed. J. C. Wenger (Scottdale, Penn.: Herald, 1984), pp. 53～62。

7 Thomas Oden, *John Wesley's Scriptural Christianity* (Grand Rapids, Mich.: Zondervan, 1994), p. 32.

在基督教思想史上，除了這一點以外，再不能在任何一點上找到更大程度的一致了：**死人在未來有形有體的復活，是所有因信而在基督耶穌裏之人充滿祝福的盼望**。二千年來教會領袖和信仰正確的神學家，全體一致地教導這一點，而非靈魂不滅，並且看它比那介乎肉身死亡與基督再來之時有形有體的復活之間某種虛無飄渺的居間狀態，更為重要。可是，正如我們之前的感慨，似乎大部分基督徒都不知這事，他們輕忽了有形有體的復活，寧可相信死後馬上以像幽靈般(甚至天使般)的形態，以屬天、屬靈的方式存在，「在天上永遠與主同在」。這樣極端(即或出於無心)偏離基督教傳統(更別說聖經了！)的可悲現象之所以出現，其中一個可能的解釋是唯靈論(*spiritualism*，相信及實踐與死者溝通)在19世紀對西方基督教所造成的不被承認的影響。

基督教信仰公認傳統的其他概念——**審判**、**天堂**、**地獄**——較不需要從歷史神學作出闡釋或辯護，因為在虔誠信主的基督徒中間，甚少會質疑或嚴重忽略它們。我們只要檢視一下以上曾引述的教父及信仰聲明(二者均贊同有形有體的復活，以之為重要的基督教教義)，便可得知有關個人的未來命運、基督再來(在本書下一章處理)、全人類的審判、人的歸宿是天堂或地獄的不少資料。未來在審判之後往天堂或地獄的信念，其聖經根據特別可以從耶穌的教導中找到。有時候，馬太福音二十四及二十五章被稱為「小啟示錄」(the little apocalypse)，因為那裏記載了耶穌的警告，關於將來人子再來之時所牽涉的災難性事件，以及耶穌對地上之人的審判，和人被送到天堂(「那國度」、「永生」)或地獄(「永刑」)去的警告。

天堂和**地獄**二詞在整本新約聖經和教會歷史上，是用來指個人終局的兩個不同情景或形貌。然而，基督教神學家普遍把它們等同基督再臨時經祂審判之人的最終命運。至於在肉身的死亡與有形有體之復活間所謂靈魂的居間狀況，不論聖經或教會傳統都只給予極輕微的關注。耶穌在約翰福音第十四章提到，祂要為門徒預備一個「地方」，好叫祂再來的時候，門徒可以在那裏永遠跟祂一起。在基督教思想上，一般把這地方理解為天堂，而**樂園**(paradise)一詞——一個寧靜的休憩處——就用來指在基督裏死了之人的靈魂，在基督再來為他們打開天堂之門之前的狀態。加爾文勸人別對這個居間狀態過分費神：

> 過於好奇地查問有關我們靈魂的居間狀態，既不合法又不合算。有很多人為著靈魂住甚麼地方、到底他們是否已享有屬天的榮耀而辯論不休，過度折磨自己。可是，為一些未知的事物尋根究柢，過於神容許我們知道的程度，是既愚蠢又性急的舉動。聖經說，基督與他們同在，接他們到樂園去，好讓他們得慰藉，而被神摒棄之人的靈魂就要受應得的痛苦；就是這麼多了。[8]

樂園一詞常用來指義人的靈魂安靜等候的居間住處，就是等候在復活之後以榮耀的身體與基督相聚，共享天堂；至於那些沒藉基督與神復和而死了的人，即加爾文所謂的「為神所摒棄者」(reprobate)，他們要去的居間住處卻沒有一個專用的術語。雖然如此，歷代以來的基督教神學家實際上一致同意，這類居間住處是存在的，只是我們對它們所知甚少，而且它們也不是聖經或基督教宣講及教訓中，那充滿祝福的盼望或迫切警告的焦點。那些焦點反而是，我們的未來會在天堂或地獄，以復活了的身體永遠存在。

在死後生命方面的非正統立場

若說在肉身死亡以後的生命，世界上有五花八門的信念；其中很多是和特定的社會文化及它們的主流宗教相關的。有些則是哲學性的信念，跟任何特定的文化、種族或宗教沒有關聯。在此我們只會仔細檢視那些在基督徒中間造成了某程度影響的、有關肉身死亡以後的生命的信念。故此，我們只會處理那些為若干基督徒接受，在死後生命的這一點上，嚴重有違上述的正統基督教教義，可以稱之為異端的信念。這類信念的其中一種是主張**靈魂不朽，以至於忽略或排除了身體**

8 John Calvin, *Institutes*, 3.25.6, p. 997.

復活。它主要存在於基督教學者與神學家之中，卻沒有在思想單純而不通曉聖經的平信徒中間來得那麼普遍。它是民間基督教常見的輕忽信仰——是許多基督徒非正式的、沒經反省的信念和習慣，多半取自動聽的口號、傳說或虛構的故事，而不是來自聖經材料，或教義、神學傳統。19世紀的**唯靈論** (spiritualism)[9] 在歐洲及北美的顯著影響，跟這個現象大有關聯；許多保守的基督徒從來都不會求教靈媒或參加降靈會，但實際上他們對死後之事所持的信念，與其說是像教父或基督教改教者，不如說是像唯靈論者的信仰。

另一種愈來愈為基督徒所接受的、有關死後生命的異端是**靈魂轉世**或**輪迴說** (reincarnation or transmigration of souls or spirits)。這種信念本來一向跟東方宗教和西方的玄秘宗教掛勾，可是現在它已廣為歐洲及北美的基督教教會的成員接受，並且更為少數幾個基督教神學家所提倡。最後一種我們要在此檢視的異端是**客觀不朽說** (objective immortality)，即相信人在肉身死後的惟一存在形式，就是他們在世上的長遠影響，以及他們在神的記憶中的永遠存在。客觀不朽說否認在肉體的死亡以後會有任何有意識的存在，包括復活。死者已經灰飛煙滅，只是他們的影響力仍然存在下去，那是相對於主觀不朽。這種看法在提倡進程神學的自由派新教神學家中廣為流行。

許多基督徒(以及別的人)會因為看見我在此提到靈魂不朽說是異端而感到驚奇，可是，既然有形有體的復活是真實可靠的基督教信仰，那麼靈魂不朽說就必然無法與真正的基督教和諧一致。據我們在此對「靈魂不朽說」一詞的用法，以及哲學、宗教和靈修學歷史對此語的一般理解，它是古希臘哲學和宗教學說，以及19世紀深深影響北美新教教會生活的唯靈論者所抱持和宣揚的信念。它出現在無數的福音詩歌歌詞中，例如詩歌〈我將飛脱〉("I'll Fly Away")，就把人在肉身死亡之時的靈魂比作一隻飛脱牢籠的鳥兒。相當多堂會牧師在喪葬講章

9 這裏用的**唯靈論**泛指19世紀在歐洲及北美的基督教外圍冒起，逐漸變得重要而具影響力(甚至在基督徒中間)的一批人和團體。在它最為突出的「神學家」之中，有出身貴族的瑞典神秘主義者斯威登保(Emanuel Swedenborg)，以及美國的唯靈論思想家兼靈媒戴維斯(Andrew Jackson Davis)。

及追思故人的短講中，退回這種觀念去，說那位「離開了我們的親愛人物」已脫離其必朽的身體，與主永遠同在。

古希臘哲學家和希羅帝國許多大小神秘宗教，在肉身死後的生命上也抱著類似的信念。人們把身體（希臘文的 *sōma*）比作墳墓（*sēma*），把靈魂（*psychē*）描繪為在渴求逃脫，去到一處只充滿無限屬靈欣悅、不受任何肉身存在束縛的永恆樂境。在有意識地相信靈魂不朽以至摒除身體復活的基督徒之中，許多是基於對希臘哲學和諾斯底屬靈觀的背景一無所知，又喜歡把它建基於寥寥數段經文，但這些經文若脫離了上下文，就似乎把身處樂園的一羣寫成是在享受神同在與個人得贖的完美之境了。然而，事實上，如果我們讀的是整本新約聖經，我們根本不可能看不出，它把得贖的事押後到未來，即基督以可見的方式重臨地上施行審判之時。令人可悲和顯而易見的是，似乎不少基督徒不經思索地接受了古希臘和現代唯靈論對死後生命的描繪，以為那是「極樂世界」（Summerland），因為把自己的親友想成是在天堂，而不是在等待身體復活（意味著某種不完全，直到身體復活那一刻為止），會較令人感到安慰。

從來沒有一個重要的基督教神學家教導這種靈魂不朽說，也沒有重要的基督教宗派教導靈魂不朽說而不教導復活的真理。雖然如此，靈魂不朽說這個異端，在好些鼓吹新諾斯底主義和唯靈論的教會中（實際上，我們可以在北美每一個城市找到它們），倒是常見的。瑞典堡教會（Swedenborgian churches；譯按：另名「新耶路撒冷教會」）——其中有很多是由拓荒者卓柏文（Johnny "Appleseed" Chapman）在北美建立的教會——教導靈魂不朽說，並主張肉身死後在屬靈領域內有一種靈魂的遷移（輪迴）。這些圖象和觀念，早已進駐主流教會和福音派教會數以百萬計成員的心思，取代了在信徒心目中對身體復活的關注，以及有關信念的重要位置。

轉世（reincarnation，或譯「輪迴轉生」）一詞指好幾種有關人死後的生命的不同信念，都是說靈魂從瀕臨死亡的身體出來，最後進到新的身體去。它有時候也叫「輪迴」（transmigration of souls；特別是當它包含了一個信念，認為脫離了軀殼的靈魂會進入非人類的身體去）或「投胎」(re-embodiment，新紀元運動的追隨者喜歡採用的術語)。[10] 據調查顯示，美國成年人中有23%說自己相信轉世之類的思想。[11] 若干基督徒——包括少數基督教神學家——接受這信念是符合神的啟示，甚至符合基督教傳統的。我們偶爾會聽見有人揚言，早期基督徒相信並教導轉世的道理，只是後來有一位早期基督徒羅馬皇帝宣佈它是異端，並將之從聖經正典抹掉，不將它列入基督教教訓之內。這說法顯然是謊話，它不過是宗教傳說，跟那些廣為大眾接受而找不著絲毫證據的都市流言不相伯仲。對於(任何意義的)轉世的信念是符合基督教教義，或曾有重要教父教導過有關轉世道理的說法，福音派神學家阿伯克茨(Mark Albrecht, Wheaton College)在《轉世：一個基督教的評估》(*Reincarnation: A Christian Appraisal*, Downers Grove, Ill.: InterVarsity Press, 1982)中，已徹底地拆穿了它的假面目。不過，新教哲理神學家麥貴格(Geddes MacGregor, University of Southern California)曾在《基督教的轉世觀》(*Reincarnation in Christianity*, Wheaton, Ill.: Quest Books, 1978)中力議，某些版本的轉世觀是符合基督教真義的。

假如有一段徹底拆毀轉世觀的經文，那就是希伯來書九章27節了：「按著定命，人人都有一死，死後且有審判。」當然，那些堅持要勉強使轉世之說符合聖經和真正基督教信仰的人聲稱，在此經文中的審判是指因果報應——靈魂是按著這條報應律，根據前世的道德和屬靈表現進入新的軀體，但這種說法漠視了經文清楚提到人人必有一死的事實。然而，分析到最後，我們之所以必須摒棄轉世之說，認為它與真基督教完全不符的原因，並不在於新約有一節經文明明拒絕它，而是因為轉世之說無可避免地貶低了身體的價值，而且否認身體復活的事實。復活的會是哪一個身體呢？在靈魂曾經擁有過的一連串身體之中，哪個才是該人真正的身體？轉世之說不可能公平地看待有形有體的存在的價值，以之為神美好創造的一部分。相信它，就是把身體貶為純粹是靈魂演進的載體，靈魂——真正的、更高層次的

10 有關死後生命的許多見解，具學術性又易於理解的討論，參 Geddes MacGregor, *Images of Afterlife: Beliefs from Antiquity to Modern Times* (New York: Paragon House, 1992)。

11 George Gallup, *Adventures in Immortality* (New York: McGraw Hill, 1982), pp. 137～138.

我——想要從它蛻變成長。最後，當然，基於基督論的理由，基督徒是不可能接受轉世之說的。它貶低了道成肉身的價值，為耶穌基督在復活之前和之後所取的身體，造成了諸多無法解決的問題。由於上述及其他許多理由，我們必須聲明，一切形式的轉世之說，都是與基督教不符的。

關於個人的終局，在基督教信仰之外最後一個主要的另類觀點，是**客觀不朽說**。此語顯然是由20世紀哲學家懷德海所創，他激發了進程神學（自由神學的一個門派）的產生。雖然此語的定義，在懷德海的追隨者之間也有所辯論，但他似乎是指個別的單元（例如人）只能在他們對所屬的整個網絡所作的持續貢獻上，並在神的記憶中，超越生物性的死亡，而一切的價值都保存在神的記憶裏。可見，客觀不朽說排除了在肉身死後有個人的、主觀的、有意識的存在。身體復活被視為一種象徵化的表述，表示死去的靈魂或自我那種新的存在形式，那是在環境及在神的意念中一種新的存在。在提倡客觀不朽說最具影響力的人之中，有一位不是這麼看的，她在《神與該亞：地球醫治的生態婦女神學》（*God and Gaia: An Ecofeminist Theology of Earth Healing*）中陳述並提出她的看法。這位作者是魯瑟（Rosemary Radford Ruether），她本身是天主教徒，在一所新教神學院擔任基督教神學與倫理學教授。她也是20世紀末到21世紀初研究女性主義最頂尖的神學家。在《神與該亞》一書中，魯瑟說到傳統基督教神學的看法：

> 有關這「不朽之我」的概念（在我們個別而轉瞬即逝的有機體死了以後仍可生存），我們不但必須承認它是站不住腳的，也必須承認它是地球及他人的許多破壞性行為的來源……生命的中心〔因著肉身的死亡〕被切斷，這也意味著，我們的身體解體成為有機物質，進入分解與重新組合的循環，正如其他物體……有沒有一種意識，把萬物的各部分重新組合、賦與萬物新的景象、把萬物引進復和，就如進程神學家所信的？確實，我們既然與宇宙萬物以及它的後代為族親，那麼在我

們裏面發育為意識的東西，一定也反映在那個宇宙，在那具創造力而持續不斷的整體宇宙母體之內。[12]

當然，這跟人死了就灰飛煙滅——自然論者和自然神論者否認人死後有任何形式的個人存在——根本沒有分別。把肉身死亡以外的個人存在這麼重要的教義從基督教分離出來，基督教還能存在下去嗎？似乎不能。可是，有些基督教神學家偏偏還在主張這種切割手術。平信徒基督徒幾乎沒有甚至根本沒有贊同他們的。靈魂不朽說這個異端流行於民間宗教，在神學家之間則幾乎絕跡；但客觀不朽說卻流行於若干學術界的神學圈子內，在平信徒之間則幾乎絕跡。不論從聖經的啟示或基督教的偉大傳統，都找不著支持客觀不朽說(以至排除死後有主觀的個人生命)的理據。當它遇上在基督教思想的基督中心這條原則時，頓時化為烏有。基督從死裏復活，現正活著！祂活著，並且還要再來，叫一切死人復活，讓他們得到一種適宜居於天堂或地獄的、新的、改變了的存在形態。這是聖經的見證以及基督教信仰傳統的立場。相信客觀不朽說的惟一原因，不外乎是要遷就(甚或降服於)近代自然主義。

明顯地，以上三種有關死亡以後個人命運的看法，完全是在傳統的基督教信仰之外的另類觀點。但我們在此已列舉一切的另類觀點了嗎？就這方面的基督教信仰來說，是不是再沒有其他值得注意而具影響力的異端？也許是有的。不過，上述三個是主要的類目。它們並非精準而條理分明的教義，卻是有關死後生命的籠統觀念，每一種都有它的變化形式。譬如，並非所有進程神學家都完全贊同魯瑟所表達的客觀不朽說，不過他們大部分甚至全部都否認，在肉身死亡後每個人有一種屬於個人的、主觀的、有意識的存在。他們不但拒絕肉身復活的說法，而且也拒絕自我在死後以任何形式存在的說法。他們把不朽限定在神的記憶或自然所包含的價值之內。至於轉世之說及靈魂不朽

12 Rosemary Radford Ruether, *God and Gaia: An Ecofeminist Theology of Earth Healing* (San Francisco: HarperSanFrancisco, 1992), pp.251～253.

說，情形也是一樣——各自在其類目之下，容許某程度的解釋變化。

某些新教讀者會想：為甚麼沒在這個解釋另類觀點的段落，檢視天主教有關煉獄的教義？有些讀者則會期望在此部分，看見所謂「死後滅亡說」(annihilationism)。最後，「靈魂睡眠」(soul sleep) 又如何？這些是許多基督徒所抱持的，有關死後生命的信念，又是若干基督教宗派所持的教義。我們在此沒對它們作出詳細說明和檢視，原因是儘管有人把它們看成是跟基督教的主流觀點脫軌，偏離正路，但它們卻沒有從根本上違反或不符合基督教的立場。它們頂多是在肉身死後的生命及個人最終命運上的一些意見；如果說它們是異端的話，也只有當它們被提升到必須的教義甚或教理的位置，情況才是如此。當然，有若干個別的基督教宗派、教會及機構確實排除這些信念，認為是與其自身的認信傳統及教義聲明不配合的，然而也有許多不是這樣。這解釋了我為甚麼把它們歸在基督教信仰在這方面的不同觀點的條目下處理——不是由於我推薦它們或相信它們是有根據的，而是因為一個真正屬於基督教的人是有可能抱持這樣的觀點，而(據我們看) 毋須作出修正，才能成為從教義上說更完整和更真確的基督徒。

基督教信仰在死後生命的不同看法

所有基督徒都相信或說應該相信，身體復活是所有人的最終命運。所有基督徒也相信或說應該相信，有未來的審判、天堂和地獄，即使他們說自己對「天堂的佈置或地獄的溫度」所知無幾。那些相信轉世之說或靈魂不朽說 (以至排除身體復活) 或客觀不朽說的基督徒，所信的正好跟基督教的偉大傳統相違，彼此有嚴重衝突。他們應該改變信念，好讓自己成為更名副其實和真正的基督徒。然而，在有關個人終局的次要事情上，正統基督教的內部有很多不同的看法，其中有些是與在肉身死亡與身體復活之間的所謂**居間狀態** (intermediate state) 有關的，而有些則涉及**地獄的性質**。最後，有一些是與**天堂的性質**有關的。

說來或許奇怪，上述最後一項 (天堂的性質) 在基督徒中間只引起了很少和最不含敵意的差異。若要找出並描述這類爭論實在困難，儘管那些意見上的差異是人所共知的。有的基督徒相信，天堂是更新了的大地——經蛻變而改變了形象的受造世界，並不是在這世界之外另一個層次的實體。他們把理據建基於使徒保羅在羅馬書八章所提到的一點——受造世界要在未來得自由，從受束縛、會腐朽的現況下得釋放。其他人相信，天堂跟這個世界頗不一樣，分別是在層次上的。就是說，天堂和眼前的一片大地沒有連續性。某些基督徒相信，天堂有階級之分。使徒保羅在哥林多後書十二章提到三重天。不過，他說的似乎是關於自己領受過的一個樂園異象。很多基督徒相信天堂有獎賞；他們相信，某些復活之人，獲准進天堂，因其人生或死亡(例如殉道)而得到的某些獎勵，是其他在天堂的人不會得到的。加爾文是強烈贊同這說法的一個人物。其他基督徒對天堂有獎賞、或天堂有不同程度的榮耀的想法感到不能接受。這些有關天堂的不同看法，只不過是在有關天堂的「佈置」的層面上——到底人會否有各自的起居室、他們的寵物會否在那兒，諸如此類。據新聞周刊的一篇文章報導，一位受歡迎的捧球教練相信，天堂有棒球運動哩！以上意見都是屬於相對不大重要的一類，因為不論聖經或基督教傳統，都沒有明確地說清楚每一件事。在這些事情上人選擇信甚麼，相對來說並不重要。

另一方面，關於**居間狀態的性質**，在基督徒之間就有過真正的辯論和爭議。少數基督徒否認人在肉身死亡和身體復活之間有任何有意識的存在，這看法被它的批評者稱為「靈魂睡眠」。整個歷史上的大部分基督徒都相信，從人的身體出來有某種有意識的狀態(「靈魂」)，同時肯定這個狀態並非最終的狀態；它是等候復活與審判，等候往天堂或地獄的階段。羅馬天主教及少數新教徒相信煉獄是居間狀態的一面；大部分新教徒強烈拒絕它。東正教徒也拒絕相信煉獄，儘管他們也為死人的靈魂禱告。在此我們會討論這類在信仰上的不同意見，先由那描述最詳盡豐富的居間狀態開始，最後以在消散中的居間狀態——靈魂睡眠——結束。在其間，我們會討論在居間狀態的這一點上，標準的新教信念(不是民間神學)，這信念認為它是等候那未來審判與圓滿之境或是永刑的預備狀態。

煉獄。大多數新教徒聽聞此語，就要毛骨悚然。有關煉獄的教義是宗教改革期間，以至許多年來天主教與新教之間爭論的爆發點之一。

到了1960年代梵諦岡第二次會議(梵二)之後，有關爭論才逐漸緩和下來，這是由於天主教神學家開始重新定義煉獄的意思，讓新教徒沒感到那麼討厭。按照天主教神學的說法，那些在蒙恩之境死去而帶著罪的污穢和敗壞的人，他們的靈魂要等一段時間才獲准到樂園去。天主教神學家對煉獄有不同的理解，或認為它是藉猛烈的刑罰去煉淨人的靈魂，或認為它是一種屬靈的發展，為達到完美的悔罪，預備好在樂園及復活後在天堂與神相會。煉獄在中世紀的形象傾向是像地獄般的地方，據但丁(Dante)長詩中所描述的死後生命的多個方面，煉獄與地獄之間惟一的明顯分別，在於煉獄是暫時的，而地獄則是永久的。人們相信，在煉獄的人最終必被煉淨，獲准進入樂園，然後上天堂去。阿奎那為我們提供了中世紀天主教其中一篇有關煉獄的文章，當中的描述和理據最具學究味：

> 但因罪的緣故，靈魂與較低下之物有了扭曲的結連而成了不潔。無疑，靈魂的這個不潔藉悔罪禮及其他聖禮在今生得被潔淨……可是間中實在有這樣的情況：這樣的潔淨在今生還沒做得完美；不論是因為疏忽、工作、甚或因為遇著死亡，人始終是刑罰的負債者。雖然如此，他卻不是完全無份於領取他的那份獎賞，因為可以發生這類事情而不涉及必死的罪，惟有必死的罪才會把愛奪去，而永生的獎賞正是由於愛……由是，必須在今生以後，在他們獲取最後獎賞之前煉淨它們。這個煉淨當然是以刑罰進行的，就如在今生，他們之煉淨本來已經藉刑罰完成了，一切債務已償還了；不然的話，粗心大意的比熱衷渴慕的還好——假如他們在這裏沒充分為罪受夠了刑罰，在未來也不需要受的話。因此，如果好人的靈魂在這世界有可被煉淨的東西，他們若不經過具煉淨功效的刑罰，就不能取得他們的獎賞。以上是我們堅持有煉獄的原因。[13]

13 Thomas Aquinas, 轉引自 Robert C. Doyle, *Eschatology and the Shape of Christian Belief* (Carlisle, U.K.: Paternoster, 1999), pp. 121～122.

可見煉獄的教義，其神學基礎過去是(有時候現在仍是)這樣的：即使是好的基督徒，也經常在他們的罪還未獲得完全的寬赦之時就死了，於是他們還要承擔這一切的「暫時後果」。如此一來，我們就能明白，為何路德、加爾文和其餘的新教改革者拒絕相信煉獄了；在他們看來，煉獄削弱了福音作為免費禮物的意義。羅馬天主教當年以至現時的回應是：雖然在天堂的永生是不能賺取的免費禮物，但人一定要為己罪接受短暫的刑罰，然後才帶著真正的義進入天堂。

羅馬天主教教會以聖經的幾段經文為理據，支持煉獄的教義。其中一段重要文本出現於新教稱為次經的文獻中(兩約之間的典外文獻)。羅馬天主教人士接受為正典而被新教人士拒絕的文獻共有13卷，〈馬加比二書〉(2 Maccabees) 是其中之一，該書提到為死人向神禱告的事(十二48)。天主教人士也援引哥林多前書三章15節及馬太福音十二章32節及五章26節為支持經文，把它們解作是教導人有關肉身死後那如火的煉淨、悔改和寬赦的事。新教人士以別的方式解釋這些經文。不過，說到底，天主教人士相信煉獄——不論其意義為何——的理由是：他們相信，人在進到神面前之時，不論從道德或屬靈方面來說都必須是在實質上完全的。然而，煉獄的概念在近代的天主教思想經歷了徹底的革新。有一位天主教神父給我解釋說，煉獄不外乎是基督徒的靈魂在死後所體驗到的「瞬間」(in a flash) 潔淨。他斷言，靈魂在那瞬間以後就馬上進到樂園去。半官方的天主教成年人教理問答把煉獄重新詮釋如下：

> 一般人有關〔在煉獄中〕「不幸的靈魂」的談論是說得過去的，假若他們所謂「不幸」的意思是指他們無法主動地，而只是被動地接受煉淨和聖化。不過，與其說那些是「不幸的靈魂」，不如說他們是經驗神豐富恩慈的靈魂，在人類盼望的實現上，以及在接近神上，他們比我們領先了一步。他們在神面前的痛苦是，他們還未純淨到一個地步，神的愛可以完全充滿並賜福他們。他們所受的只是被神的愛煉淨的痛苦。在這愛裏，基督身體的所有肢體聯合為一……當然，這不是說，耶穌基

> 督藉著祂的受苦與死亡為我們得贖所做的一切還不足夠。祂做的已經太多了。然而，在祂拯救工作的功效上，祂讓我們參與其中。[14]

雖然在今天的天主教思想中，有關煉獄的描繪較少引起新教人士的反感，但煉獄的概念本身畢竟有違新教的傳統信念——完整的救恩是「單單憑著恩典、藉著相信基督」而白白地、完全地獲得的。煉獄意味著除了基督的受苦與死亡之外，還需要補充某些東西作為獲得完整救恩的條件。從另一方面說，新教人士應該承認，今天天主教的煉獄觀跟以往路德提出強烈反對之時，以及跟英國教會(以其中一個新教傳統為例)在其信仰聲明發表時所譴責的煉獄觀，已經不再一樣。在21世紀初很多天主教人士相信，煉獄是人死後一個屬靈塑造的過程，預備靈魂進入樂園，進入令人安舒的神的同在之中。當然，有待解決的問題是：為甚麼在耶穌旁邊被釘十架的強盜，可以在當天死後馬上進入樂園裏(路二十三42～43)？話說回來，天主教與新教在死後生命上的爭議，無疑仍會繼續下去；惟有希望雙方之中的虔誠信徒，也會看見並承認彼此在教義上的共識。

新教對死後生命的傳統看法，包括了**兩種居間狀態**，這一點有別於天主教的三種(樂園、煉獄及地獄)，也有別於若干新教人士相信的所謂靈魂睡眠。雖然有人曾批評它的人觀在本質上是二元論(把人類分為肉體和靈魂兩部分)，新教的傳統教義卻相信，在肉身死後與復活之間，靈魂是以看不見的形態有意識地存在的，這看法有相當多的聖經經文支持。耶穌在馬可福音十二章24至27節宣告，亞伯拉罕、以撒和雅各都是活人，不是死人。自然地，他們既然都已經歷肉身的死亡，耶穌一定是指他們繼後在居間狀態的存在。福音書中所記基督變像，並與摩西及以利亞交談的事蹟，看來是支持這項傳統教義的：已死之人是處於一個有意識的居間狀態，而耶穌所說的財主與拉撒路的故事，也是一樣。使徒保羅顯然相信這樣的一個居間狀態，因為他寫

---

14 *The Church's Confession of Faith*, 5.3.3.

道：「因我活著就是基督，我死了就有益處。但我在肉身活著，若成就我工夫的果子，我就不知道該挑選甚麼。我正在兩難之間，情願離世與基督同在，因為這是好得無比的。然而，我在肉身活著，為你們更是要緊的。」(腓一21～24) 也有人主張，保羅說他去過樂園(「三重天」) 這段令人費解的經文(林後十二1～6)，反映了他是相信人在居間狀態的存在的。

至於那些在被定罪的情況下死去的人，提到他們的住處的經文則較少。「火湖」和「外面的黑暗」兩個意象，是指那些拒絕神恩之人的未來歸宿，他們被神裁定為既無信心，又活在罪中。聖經讀者多番探求，要從聖經獲知有關已死之人所在之地的名稱和性質，或他們的靈魂的狀況，可是對於居間狀態，聖經始終較少透露。不過，加爾文曾就居間狀態作出保守的臆測，並同時勸人別對已死之人的事過分好奇：

> 過於好奇地查問有關我們靈魂的居間狀態，既不合法又不合算。許多人為著靈魂住甚麼地方，到底他們是否已享有屬天的榮耀而辯論不休，過度折磨自己。可是，為一些未知的事物尋根究柢，過於神容許我們知道的程度，是既愚蠢又性急的舉動。聖經說，基督與他們同在，接他們到樂園去，好讓他們得慰藉，而被神摒棄之人的靈魂就要受應得的痛苦，就是這麼多了。[15]

加爾文的看法是新教對(基督再來審判活人死人之前的) 死後生命的傳統理解。這個有關居間狀態的傳統看法，只包含很少資料。然而，毫無疑問，它不須要被咒詛之人遭受字面意義上的永火，也不須要得救之人享受字面上的珍珠門和黃金街。它們是意象，用來表示最後的終局來到之時，在身體復活和審判之後的存在形態。死了的人現在身在何處？對於他們來說，生命好像甚麼？這些問題的答案無論是甚麼，都純屬臆測，就基督教信仰來說，根本不具規範意義。故此，一般被

15 Calvin, *Institutes*, 3.25.6.

反對者稱為「靈魂睡眠」的第三個屬意見一類的看法，也不是那麼值得反對了。

若干新教人士相信，靈魂惟一的居間狀態，若不是在身體復活之前不存在，就是無意識的睡眠似的狀態，等待基督再來的時候復活過來。常被用來表達這個看法的惟一用語是**靈魂睡眠**。抱持這種信念、以之為教義的新教人士，主要是復臨派 (Adventists) 的各宗派。(一般人稱為耶和華見證人的守望臺是較早期及較大型的復臨派運動旁枝，他們也相信靈魂睡眠。) 許多不屬復臨派的人，也不相信已死之人是處於有意識的居間狀態，但所有復臨派人士都以靈魂睡眠為他們的共同信念。其論點是，身體和靈魂彼此相屬，事實上根本不能分開，因此當身體死去，靈魂也就死去。或許有人喜歡說，靈魂是在神面前的整個人，它「睡」到復活之時。復活過來的是整個人，一個改變了的、新的存在形態——有身體和靈／魂。據此看法，已死之人對一切，包括時間的消逝毫無知覺，到他們復活的時候，他們不會意識到自己曾「睡了一覺」，或意識到自己沒存在一段時間了。抱持這種信念的復臨派以及其他人士，將其論點建基於許多經文，這些經文說到死人就如「睡了」或「在睡覺」的人。

靈魂睡眠說 (不論哪個版本) 的批評者指出，這類經文的作用為別的經文所抵消，後者說到已死之人的靈魂是處於某個地方的。耶穌對祂旁邊被釘十架而臨近死亡的強盜所作的承諾，甚難與靈魂睡眠的信念，或與否認靈魂在肉身死後是處於有意識的居間狀態的說法協調：「我實在告訴你，今日你要同我在樂園裏了」(路二十三43) 。不過，雖然如此，連最保守的神學家也不再把靈魂睡眠說視為異端了。許多神學家甚至相信這樣一個版本的靈魂睡眠說：人們死後跳過了介乎肉身死亡與復活之間的時間，直接進入復活和天堂。據此看法，樂園就是天堂。這個解釋的困難自然在於這一點：它必須首先相信，基督第二次來臨和一切死人的復活，都已經發生了——即使只是「就著那些已死之人來說」。從表面看，這明顯是與使徒保羅給在憂傷中的帖撒羅尼迦基督徒的安慰信息相反；帖撒羅尼迦人曾被誘惑相信，復活的事已經發生了 (帖後二章) 。從表面看，這也明顯跟使徒保羅所指肉身的死亡是「離開身體與主同住」的狀態相違（林後五8）。最後，要是相信人死了就簡單地越過餘下的時間而在死後直接進入復活、審判，以及天堂或地獄的境地，就必須先相信時間本身是幻象，或時間能夠按著不同的規律來運作，以致歷史變得不真實。然而，聖經的敍述和其中的世界觀並不貶低時間和歷史，而是相信它們的真實性——即使對於已死的人來說亦然（啟七9～17）。[16]

基督教信仰在個人的終局——死後生命——這個課題上，展現重大分歧的最後一面，是有關**地獄的性質**。雖然在整個歷史上，大多數基督徒都相信地獄是惡人永受折磨——不論是否字面的火——的境地，但有些基督徒卻相信，地獄是煙滅。這種對地獄的詮釋備受爭議，稱為**死後滅亡說**（annihilationism）及**有條件不朽說**（conditional immortality）（二者雖可區分，本質上卻近乎相同）。地獄是對人某種有意識的、永遠的刑罰（不一定是火與硫磺）的這個信念，為絕大多數的基督徒（包括東正教、羅馬天主教及新教）所共信，它建基於多處經文，其中有出自耶穌所謂的革赫拿（Gehenna，即欣嫩子谷）——革赫拿是位於耶路撒冷附近一個充滿濃煙和烈火的荒涼之地，耶穌以此地作為意象，說明撒但和順從撒但之人的結局（太十八9；二十五41）——耶穌稱之為「永火」。啟示錄第二十章提到未來的一個「火湖」，死亡和陰間連同神的一切仇敵將要被丟在那裏；這一切情景，正是發生在那要他們「晝夜受痛苦，直到永永遠遠」的地方。

死後滅亡派——其中有復臨派各個宗派、教會和機構的所有成員——相信，地獄的永恆性在於永遠煙滅。那是說，被交付地獄的人在同一時間接受神的刑罰，也得到神的憐憫；神把他們完全燒盡作為刑罰，又讓他們不再作為一個受咒詛的叛徒而存在，以此顯出祂的憐憫。這是神採用的人道毀滅方式和死刑。在復臨派圈子外，好些保守派的福音派神學家都接受死後滅亡說。傅治（Edward Fudge）於1982年出版了一本書，為此抗辯；兩位知名的福音派學者潘嘉樂及史托德（John

16 Oscar Cullmann, *Christ and Time: The Primitive Christian Conception of Time and History*, trans. Floyd V. Filson (Philadelphia: Westminster Press, 1950), pp. 231～242.

Stott) 接受了它 (史托德是「暫時接受」)，聖公會的福音派神學家胡嘉 (Philip Edgcumbe Hughes) 亦如是。[17] 這個關注並確認死後滅亡說的趨勢，可以預計地引起了迴響，對於這一度被列為在新教邊緣近乎異端的信念，很多保守派的福音派神學家把它冠以異端和偏離正道的教訓之名，又把膽敢接受它的福音派人士邊緣化。他們所花的時間和精力似乎並不值得。其實死後滅亡說沒有打擊福音的核心，它甚至沒有否認任何重要的基督教教義，而只是把地獄重新詮釋。更重要的是，少數基要主義人士對它所作的嚴厲譴責，不應該妨礙基督徒彼此接納為同是相信基督福音的一羣，儘管在地獄的性質這一點上，彼此持不同意見。跟若干基要派批評者的指控相反，死後滅亡說不等同普救論 (universalism) 或萬物復原論 (*apokatastasis*)。它只是少數人對地獄性質的看法，而不是否認有地獄這回事。

基督教在死後生命的綜合觀點

與主要的另類觀點相比，在相信有個人的死後生命的基督徒中間 (儘管在意見上有嚴重分歧)，有全體共識實在有重大意義。在一個約有23%的成年人 (其中很多自稱是基督徒) 承認相信轉世之說，又有若干基督教神學家及許多凡俗思想家否認死後有個人的存在的社會文化裏，對個人終局的細節持不同意見的基督徒應該攜手合作，肯定他們在神對未來的應許的這一點上共有的信念。坦誠而激烈的辯論固然不會消失，但在相對來說較不重要的意見分歧，對彼此的觀點持互相開放的態度，是必須的。差不多可以肯定地說，大部分新教徒永遠不會接受煉獄之說，不過，他們應當承認近年天主教在這個概念上的明顯轉變，而不再歪曲它。同樣，天主教及大部分新教人士雖然不大可能接受死後滅亡說或靈魂睡眠說，但他們可以並應該承認，很多抱持這些信念的基督徒，也是相信在基督教的偉大傳統之中，那些有關個人死後生命的重要觀點，例如身體復活、審判、天堂和地獄。

---

17 參 Edward W. Fudge, *The Fire That Consumes: A Biblical and Historical Study of Final Punishment* (Houston, Tex.: Providential, 1982)；及 David L. Edwards and John Stott, *Evangelical Essentials* (Downers Grove, Ill.: InterVarsity Press, 1988), pp. 312～329。

與其彼此辯論、互相對罵，基督教神學家與各大基督教傳統的領袖應當專注的是，在協助未成熟的平信徒在死後生命的這一點上，掌握基本的基督教教義，並讓他們輕易從電影、電視節目、通俗文學和歌曲所學來的民間信念中，分別出來。不論哪個基督教宗派的教會牧者都需要在喪葬禮上宣告有關未來復活的盼望，切勿迎合死者的親屬，說些他們愛聽的話。在喪葬禮上，「天堂的佈置和地獄的溫度」一直是過份強調的重點。我們信仰的盼望是在於耶穌的再來，祂必要使一切死人復活過來，讓他們站在祂面前受審，而且在於祂的慈憐與恩惠，並要按神公義的旨意，對不悔改之惡人作出裁決。我們不寄望「山顛之華宅」，而是寄望「新天新地」，在那裏神要與我們同住。基督教的各個傳統都相信這一切應許，相信它們將要兑現，而不是相信居間狀態或天堂地獄的枝末情節。

15

神國

已然與未然

基督徒一向相信並宣認「我們的神作王」、「耶穌是主」。另一方面，基督徒也一向承認，神的統治從某種意義來説是屬於未來的。在那篇被稱為主禱文的教訓中，耶穌指示門徒要為神國代求：「願你的國降臨；願你的旨意行在地上，如同行在天上」(太六10)。由此看來，耶穌相信神屬天的統治與主權不但是一直以來的事，神的統治和主權還要有未來的——終末性的——圓滿實現和顯示。使徒保羅在其哥林多前書中，也提到神國這「已然與未然」的特性：

> 再後，末期到了，那時基督既將一切執政的、掌權的、有能的都毀滅了，就把國交與父神。因為基督必要作王，等神把一切仇敵都放在他的腳下。儘末了所毀滅的仇敵就是死……萬物既服了他，那時子也要自己服那叫萬物服他的，叫神在萬物之上，為萬物之主。(林前十五24～28)

可見，根據保羅的看法，基督已在作王了(而如果基督是神子的話，神國就是跟基督作王分不開的)，可是，祂還要毀滅一切敵對祂的那些「執政的、掌權的、有能的」，以確立其主權。我們在前面論神的護理的一章中，曾指出有關神的主權的這種吊詭性。神已經並一直在名義(有這個權利和能力)上作王，但惟有在將來才在**實際**(萬物實際上按其完美旨意運作）上作王。神國作為對應神旨意的自然和歷史的世界，是一個盼望和一個應許；基督徒懷著熱烈渴望的心為此禱告，相信它的來臨。這個世界在變化成甚麼樣子？基督教的答案是，在「成為神的國」。與此同時，基督教宣告、基督徒相信，神國已經成真，它並非一個全然屬於未來的實有，也是一個當前的實有。神在掌控一切，除非神讓事情發生，不然就沒有事情發生。「黑暗勢力雖然猖狂，天父卻仍作王。」另一方面，基督徒承認，這個「眼前的邪惡世代」（在歷史之內的世界體系）是抗拒和敵對神的。故此基督徒相信，神國之圓滿是在末期之時。即使當羅馬帝國內最早的一羣基督徒在宣認「耶穌是主」時，他們也還禱告說：「主耶穌，求你快來！」(Maranatha!)

基督教信仰在神國的議題和爭論

2001年6月25日的〈時代〉雜誌封面有這條問題：「宇宙將會怎樣結束？」那是全人類的問題。愛尋根究底之人想要知道的答案，不但是對於我來說，更是對於我們全部人來說，宇宙將會怎樣結束。未來會包含甚麼？世界會怎樣結束？歷史和人類的結局將如何？這個由自然和歷史組成的世界有希望嗎？抑或，未來是現在的翻版，或未來有可能是把現在的世界抹掉？基督徒相信，神已經用了一些算是難明的語言和意象來回答這些問題。我們將會看見，就答案來說，或就如何解釋那用來表達它的意象和語言來說，基督徒在具體細節上不盡一致。說到世界的結局——普世的終局、全世界的終局——基督教內部一直有極大的歧異存在。

在2世紀，身為教父兼主教的愛任紐就這世界的結局以及有關基督再來、有關神確立祂可見的統治和主權的一切事情，提供了相當詳盡的說明。他撰寫的若干內容，讀來仿如20世紀末葉一些講及末時的基督教流行書籍。在大約同一時間，教父俄利根就有關未來的事情提出了一套他個人臆測的情節，跟愛任紐那富麗多彩的說明幾無具體的相似之處。俄利根所描述的世界終局強調一點：人們通過基督逐漸增加對神的認識，神國隨之逐漸來臨。俄利根筆下的終末論並非全無天啟成分（鬥爭和災難的意象），只是不及在愛任紐著作的那麼突出。

到了新教改教時期，同樣的歧異也看得見，大部分所謂主流改教者如路德與加爾文，並不重視新約聖經中那些富有天啟性質的意象，而較看重基督在現時隱藏的統治和主權，以及對未來懷有一種帶恭敬意味的不可知論。許多所謂徹底的改教者，例如重浸派人士，則傾向強調神國來臨的鬥爭性和它的未來性。在20世紀，新教基督徒有時會為有關人類終局的議題分裂成不同的宗派，例如當耶穌基督回來之後，祂會否在地上真正(按字面意義)作王一千年，是否有實際上一個長達千年的神國等。千禧年派(millennialists)肯定這一點，而無千禧年派(amillennialists)則否認它。若干保守的新教基督徒，把有關末時之事的細節提升到教義甚至教理的地位。有的基督徒則傾向把此事看得較不絕對，只把它列為意見一類。

我們將會看見，所有基督徒都一直相信，我們所認識的這個世界將會隨著耶穌基督的再臨而結束；他們也一直相信，基督在現時可不是缺席者，只是祂的統治和主權(以及神藉祂實施的統治和主權)在現時仍是隱而未見，而是主要在教會之內、並藉著教會成為可見的，這可見的統治和主權預示了祂再臨之時的那個國度。基督徒相信而且一直相信，當基督再臨時，神的國就要以新的方式被確立和彰顯，最終神會造出一個存到永遠的新天新地。可是，我們應該如何就這些已經揭示了的、有關未來的真理作出詮釋？我們應該如何理解新約的啟示錄，以及其他帶天啟成分的聖經書卷及經文？它們是指著成文之時已在發生的事，抑或是指著將來的事，抑或兼指二者而言？基督再臨的詳情如何？它逼在眉睫嗎？它會是可見及按字面去理解的，以災難性事件及諸如敵基督與巨獸等人物作為場景嗎？基督會不會親自在地上，實施其可見的統治及主權達一千年？新天新地與這個世界之間會不會多少有點延續性，抑或那將是一個全新的景象？以上只是圍繞著世界終局的部分問題，它們有時候為基督教的未來主義者造成困擾。由於篇幅所限，我們無法就這一切議題和問題作出徹底而詳盡的檢視，我們只好粗略地作出描畫，嘗試為基督教終末論勾畫一個大體的輪廓。

在處理這個範圍的基督教信仰上，我們還是照著一向的格式。首先，我已經說明了其中的一些議題、問題和困難。接下去，我會交代基督教在世界終局這方面的基本共識。第三，我們會仔細檢視，過去曾經從基督教內部造成災害的，在基督教共識之外的兩種另類觀點。之後，我們會詳細檢視為基督教內部造成不少歧異，有關世界終局的三個主要的理論。最後，我會就世界與人類的未來，簡略地提出一個統一性而合乎歷史性基督教共識的基督教觀點。我盼望，本章有助讀者嚴肅地看待基督教對未來所抱的盼望、那充滿信心的期待(它扎根於神已啟示的眾多應許)，從中讓讀者對世界的未來抱一種現實而樂觀的態度。我又盼望，讀者能夠從這個觀點去看在許多基督教(以及凡俗的)書店裏的讀物所呈現令人眼花繚亂的未來觀，而且看出它們往往不外乎是作者個人或某個基督教傳統對神的啟示和基督教的盼望所作的詮釋。

基督教在世界終局及神國的立場

在有關世界終局的性質及圍繞著它的一切事情上，基督徒有過一致的立場嗎？驟眼看一下教會歷史和各個宗派的基督徒，可會叫人以為，這樣的一致立場從來沒有真正存在過，在基督再來及神在未來的統治上，基督教內部有——而且總是有——極大程度的分歧。未經分裂的早期教會認信文，以及基督教主要流派的信仰宣言，在世界終局的這一點上說的很少；在這課題上，基督教內部從沒出現過像在三一論、基督的神人二性及藉著恩典得救等教義上的爭論。新教的改教運動一點也不涉及終末論，儘管有少數幾個極端的新教改教者和運動，接受了一些為大部分改教者所拒絕或漠視的終末論。

可是，在基督徒中間，在這方面的信仰上，有沒有甚麼可以認出是全體基督徒所共信的？有沒有甚麼必須持守的教義，是真正基督徒所必備的條件？又或，從消極方面說，有沒有甚麼教義，要是為人所否認的話，就叫人不足以稱得上是真正基督徒？有的。有三項重要的教義，是全體基督徒——除了那些不得不將之視作異端的之外——二千年來所共信的。第一項是**耶穌基督必定再臨地**上。這信念有時候被稱為 *parousia*(主再來)，意思是「顯現」或「來臨」。不論是哪個傳統、哪一羣人、哪個宗派的基督徒，都一直盼望耶穌基督的第二次來臨。

第二項為全體基督徒所共信的，關於世界終局的教義是**當基督再臨時，祂要確立或全然彰顯神的統治和主權——即神的國——那是早就在歷史上開始運作的**。有關世界終局，第三項為全體所共信的基督教教義是**最終神要造出一個存到永遠的新天新地**。大多數基督徒認為，這新天新地是延續那起初的受造世界，即是說，神藉著一次大更新，讓世界得著救贖。少數基督徒認為，這未來的實體是在神毀滅了這個世界之後，一個全新的受造世界。然而，所有基督徒都同意，已經復活和得贖的人類，將要在一個永存的理想國中與神同住，而神要在那裏與他們同住。

在耶穌升天返回祂在天上的父那裏去的一刻，有天使顯現對門徒說：「這離開你們被接升天的耶穌，你們見他怎樣往天上去，他還要怎樣來」(徒一11)。基督徒一直充滿盼望地期待他們的主和救主回來，他們正是憑著這個應許生活的。這件未來的大事在基督徒中間有多個名稱：再現、再臨、基督再臨，主再來。它根據的不單是天使對門徒作的見證，而是許許多多經文。耶穌經常提到祂會在一次離別之後再來，門徒一直不明白祂這些令人費解的話，到基督死而復活，繼而升天之後，他們才想起來。在記載耶穌指示門徒祂將要離去又回來的經文中，有一處尤其具啟發性，就是約翰福音十四章。在該處耶穌說：

> 你們心裏不要憂愁；你們信神，也當信我。在我父的家裏有許多住處；若是沒有，我就早已告訴你們了。我去原是為你們預備地方去。我若去為你們預備了地方，就必再來接你們到我那裏去，我在哪裏，叫你們也在那裏。(約十四1～3)

這話的上下文明顯表示，耶穌不是說祂將要去過一陣子的退隱生活然後再回來。耶穌經常清楚提到祂將因死亡而離去，隨後回來。保羅和新約聖經的其他作者也強調耶穌回來的事。保羅的帖撒羅尼迦書信有相當篇幅，是針對著基督再來及有關事情而說的。我們不難從這兩封信的字裏行間看出一個爭論的境況：有人在主再來與眾人復活的事情上，搞擾帖撒羅尼迦及附近的基督徒。保羅教導他們，耶穌基督必定會以可見的方式回來，使死人復活過來，並招聚祂的百姓到祂那裏(帖前四章；帖後二章)。他強調，基督再來將是一件公開可見的事，因此他們不可能錯過了它；他又告訴他們，神的百姓將不用驚訝，因為他們要從身處的世界中，看出基督即將回來的徵兆。惟有對於外人來說，主的再臨才會像「夜間的賊一樣」(帖前五2～5)。

彼得後書三章記載給早期基督徒的教導和勸勉，談到當基督再來時所發生的、為公眾所見的災難性事件。啟示錄的不少篇幅用象徵性的語言和隱喻去講述同一個課題。不過，儘管用了這樣的表達手法，我們還是可以清楚看見，啟示錄的作者相信，基督是要在世界歷史結束之時來臨的。在啟示錄將近尾聲的部分，這位傳遞異象的作者借用主耶穌的話說：「看哪，我必快來！凡遵守這書上預言的有福了！」(啟二十二7)。新約聖經記載太多有關基督再來的資料，要從基督教教義中摒除這個課題或貶低它的重要性，是不可能的；對於基督徒來說，歷史的意義由其終局賦與：歷史以神的介入告終，祂差遣耶穌到來審判世界，並在人類中間確立神那可見的統治和主權。

早期教會一致認定耶穌基督必定再來，但在基督再來及前後一切事情的細節上，則意見分歧。他們也一致認定，雖然神的國目前無論如何都是在教會之內，在世界仍然隱而未現，但其圓滿實現仍在未來，就在基督再來時臨到。最早就基督再來這個課題大量撰文的教父，是復臨派和千禧年派的。這就是說，他們相信，主再來很快就要以可見的、災難性的方式發生，又相信在此之後將有一個於地上建立的、歷史的理想國。後來的教父開始減弱2和3世紀作者那濃烈的天啟氣息，比較傾向把神國等同基督再臨之前的教會，而較少把它等同基督再臨之後在地上建立的理想國。早期教父的這兩種看法不必互相對立，只是二者的重點不同。觀乎基督徒在君士坦丁大帝(第一位公開承認自己是基督徒的羅馬皇帝)之前所遇的迫害，以及他們在所謂全國歸主之後的有利位置，就可以明白箇中的分別了。

2世紀晚期和3世紀初期的基督教教父愛任紐和特土良在基督再臨一事上，顯然持千禧年說。與他們同時代、較具哲學頭腦的俄利根雖然明顯相信基督的第二次來臨，卻傾向把前後發生的事件描述得不那麼戲劇化。就是說，他把新約有關終末論的不少語言寓意化。愛任紐和特土良比較從字面去理解同一語言。三位教父同樣毫不含糊地肯定真實的主再來，不像諾斯底主義者那樣，把它靈意化為「基督」在每個人裏面一種內在而神秘的實現。愛任紐對基督再臨以及有關事件的描述，是三人之中最詳盡活現的。這位影響深遠的教父在其《反異端》卷五中，用了好幾章去寫末時之事，大量引述啟示錄，把世界的結局概述如下：

> 而他〔啟示錄的作者〕現在說清楚了該名字〔敵基督者〕的數目，好讓我們在這人出現的時候，可以覺察到他是誰，加以防備：但他並沒透露名字本身，因為根本不值得由聖靈把它宣佈出來。因為如果聖靈把它宣佈了，他〔那敵基督〕或會存留一段長時間。而現在呢，那「先前有，如今沒有，將要從無底坑裏上來，又要歸於沉淪」的，既然還不曾存在，也就沒有宣佈它的名字，因為不存在的東西的名字是說不出來的。但到了這個敵基督使這世界的一切變得荒涼之後，他要作王三年六個月，並要坐在耶路撒冷的聖殿內；然後，主要從天上駕著雲彩，在父的榮耀中降臨，把這個人連同他的追隨者都投進火湖去；祂又把義人引進那國度的時代，就是那餘下的、神聖的第七天；把早經應許的產業歸還給亞伯拉罕，關於這國度，主曾宣告說：「有很多人要從東、從西來，與亞伯拉罕、以撒、雅各一同坐席。」[1]

顯然，在有關基督再臨以及世界歷史完結的事上，愛任紐的看法是屬於復臨派和千禧年派的。類似主旨見於特土良的著作，特別是在他的《反馬吉安》(*Against Marcion* 4.39) 中。這位基督徒律師、居於迦太基的神學家在該處大力駁斥被定為異端的馬吉安，以及其他趨向把聖經的天啟文學作靈意化解釋的人；他主張從字面去理解耶穌基督的

1 Irenaeus, *Against Heresies*, 5.30.4, *ANF*, 1:560.

再臨及神在地上的統治、作王，奉之為基督教教義。

4世紀末至5世紀初的希坡主教兼教父奧古斯丁，在基督再臨和未來神國的事上，既不算是復臨派，也不是千禧年派，但他也完全贊同愛任紐、特土良以及其他教父的這一點：基督再臨是真實的、有形有體的。在《信望愛》一書中，他反駁那些把基督再臨作靈意化或寓意化解釋的人：

> 可是，說到我們對基督在未來要做甚麼的信仰，即是祂將要從天降臨，審判活人死人的事，那本不屬於我們在這裏所過的人生；因為它不是祂在地上所行的一部分，而是關乎祂在世界結束之時所要行的。使徒保羅接下去說的話，正是指著這個而言：基督是我們的生命，祂顯現的時候，你們也要與祂一同顯現在榮耀裏。[2]

在題為《上帝之城》這套論神的護理及神對世界歷史主權的鉅著內，奧古斯丁經常（特別在卷20）提到「主耶穌基督的來臨，要審判活人死人」。惟恐有人把此事靈意化，他又寫道：「關於是次審判，祂〔耶穌〕再說：『而且，已經給祂權柄去施行審判，因為祂就是人子。』祂在此處表明，祂從前是披戴肉身到來受審，祂將來也要披戴這個肉身到來施行審判。」[3]

奧古斯丁不像早前的幾位教父，他認為教會是神的國，把（基督再來之前）眼前的世代看作是新約聖經所描述的「災難時期」。他又把這眼前的世代看成是啟示錄第二十章的千禧年——基督作王統治一千年，其間撒但被捆綁、敵基督出現、撒但暫時得釋放去誘惑列國。由此可見，按復臨派或千禧年派的一般意義來說，奧古斯丁不在他們之列。不過，奧古斯丁確實深信，耶穌基督最終必以有形有體的方式回來，神的計劃將圓滿實現，以完善那個在此之前還是隱藏的屬靈實體

2 Augustine, *Faith, Hope and Charity (Enchiridion)*, trans. Louis A. Arand (Westminster, Md.: Newman, 1963), chap. 54, p.57.

3 Augustine, *The City of God*, 20.6, *NPNF*, 1st ser., 2:425.

「上帝之城」(神國)。

我們若是迅速細察一下新教改教者所採納和公佈的重要信條及認信文，就可看見他們這個堅定的信念：基督再臨將會是一件公開的事件。全體信義宗共信的〈奧斯堡信條〉第十七條列明：

> 我們教會又教導人：當世界末日，基督要再顯現，施行審判，叫一切死人復活，賜永生永福給敬虔被揀選的人，但定不敬虔的人和魔鬼受無窮的折磨。[4]

路德本人對於主再來一事多少有些偏執；他相信，基督要在他有生之年或死後不久回來，而教宗則是啟示錄所說的敵基督。另一方面，這位重要的德國改教者卻禁止其神職人員傳講啟示錄的信息，因為他不信有誰能懂得它的意義，認為要去解釋它會造成分裂和危險。加爾文和衛斯理二人雖有分歧，但同樣相信，耶穌基督將來真的要以公開的方式回來，不過他們對於就終局作出臆測，尤其是對於為基督再臨定下日期的企圖，感到十分不安。正如奧古斯丁一樣，加爾文傾向強調教會是神國，而且把千禧年視為即目下的教會時代，而基督再臨之後的時間，就是神藉教會實現祂的統治和主權的時間。換句話說，加爾文在神國方面的觀念較許多基督徒更前進，較少有天啟或災難的成分。衛斯理也傾向把神國定義為基督於現時及未來藉聖靈的屬靈臨在；這位循道派創始人及其追隨者對末事細節的關注，並沒有比加爾文多。儘管如此，不論是加爾文、衛斯理或他們的忠實追隨者，都從沒懷疑或質問過這一點：有一天，基督必定會回到這世界來。

到了19和20世紀，才有若干自由派的基督教神學家開始質疑甚至否認，主在未來再來是真實的。許多保守派的新教神學家以及平信徒釋經者，為了回應自由派對基督再臨及其有關事件所採取的「非神話化」(demythologizing) 手法，就提出一種新的、進取的復臨說和千禧年

4 John H. Leith, ed., *Creeds of the Churches: A Reader in Christian Doctrine from the Bible to the Present*, rev. ed. (Richmond, Va.: John Knox, 1973), p.73.

說，趨向把基督即將再來，甚至基督再來之後在地上真實作王一千年的信念，提升到基本基督教教義的地位。關於世界的終局，在19世紀末到20世紀初成了基督教內部所謂自由派與基要派之爭的爆發點之一。爭論的其中一方傾向執著對末時作出詳細的臆測，並對聖經的天啟文學採取過分字面化的詮釋，而另一方則拒絕相信世界的終局要來，只當它是神話。大多數基督徒已經開始忘掉，在基督再來確立或成全神國的這一點上的基督教偉大傳統；它已經為那種對世界終局的狂熱所淹沒，又或因恐防墮入無知的迷信，基督徒寧可耽溺於神話論而漠視了它。

在該形勢下，一個新的神學運動出現，後來稱為「希望神學」(Theology of Hope)，此運動主要是跟潘寧博和莫特曼二位德國神學家有關的。從1960年代到1990年代，這兩位活躍於學術界的神學家重新把現實的終末論 (realistic eschatology) 注入所謂主流神學中，卻沒有對世界終局的事作出狂熱性的臆測。雖然莫特曼或許也算是千禧年派，但兩位希望神學家都不熱衷天啟論，不鼓勵人遺世而居、袖手旁觀地等主再來，而是主張耶穌基督的再次顯現及祂在地上建立的神國，是人類之間彼此的聯合，又是人類與神的聯合。[5]

基督徒也一直相信這兩個與主再來密切相關的事實：**神國的臻於圓滿**，以及**新天新地的來臨**。當然，他們對這些事的詮釋各有不同，但這個基督教共識是清晰的：當基督再來的時候，神的國——早已因基督的復活及聖靈被差遣到教會來而揭開序幕——就要完成，最終神在一個新的世界裏把受造世界更新過來，把天與地聯合起來。耶穌這樣對門徒講及神國的未來性：

> 「日、月、星辰要顯出異兆，地上的邦國也有困苦；因海中波浪的響聲，就慌慌不定。天勢都要震動，人想起那將要臨到世界的事，就都嚇得魂不附體。那時，他們要看見人子有

5 參 Jürgen Moltmann, *The Coming of God: Christian Eschatology*, trans. Margaret Kohl (Minneapolis: Fortress, 1996)；及 Wolfhart Pannenberg, *Systematic Theology,* vol. 3, trans. Geoffrey W. Bromiley (Grand Rapids, Mich.: Eerdmans, 1998)。

> 能力，有大榮耀駕雲降臨。一有這些事，你們就當挺身昂首，因為你們得贖的日子近了。」耶穌又設比喻對他們說：「你們看無花果樹和各樣的樹；它發芽的時候，你們一看見，自然曉得夏天近了。這樣，你們看見這些事漸漸地成就，也該曉得神的國近了。」(路二十一25～31)

同時，耶穌把神國的臨在教導門徒和眾人：神的國就在你們中間(路十七21)。因此，我們可以從耶穌所教導的神國，清楚看見這「已然又未然」的特性。新約聖經由始至終讓我們看見同一規律。幾乎或根本沒有基督徒會質問或懷疑，神國作為一種屬靈體驗臨在於信徒的心懷意念和神子民所組成的團體中。可是，並不是全部基督徒都意識到，神國要在未來圓滿實現的這項基督教教義。事實上，它同樣是聖經所啟示的，是耶穌和使徒所見證的真理。我先前說過，保羅在哥林多前書第十五章提到神國未來性的一面，這類經文在保羅書信中還有許多。在提摩太後書，保羅把基督的顯現、審判和祂的國度相提並論(提後四1)。希伯來書把未來的「一座城」指給讀者看，它不像地上的城，而是永存的(來十三14)。彼得後書應許將來有一個「新天新地，有義居在其中」(彼後三13)。啟示錄的最後三章看來是描畫基督再臨之後，一個未來的神國，到那時，撒但要被捆綁，不得再去迷惑人，又有一個新天新地，在其中「不再有死亡，也不再有悲哀、哭號、疼痛，因為以前的事都過去了」(啟二十一4)。至於講及未來新秩序的經文之中，最引人入勝的大概是保羅筆下的這一段，出現於羅馬書八章的中間部分：「我想，現在的苦楚若比起將來要顯於我們的榮耀就不足介意了。受造之物切望等候神的眾子顯出來。因為受造之物服在虛空之下……指望脫離敗壞的轄制，得享神兒女自由的榮耀。」(羅八18～25)

到底未來的神國在達至圓滿之時，是不是等於新天新地已經來臨？關於這一點，基督徒之間從來沒有一致的看法。有的基督徒清楚區分二者(千禧年說)，有的則把二者等同。這一點意見上的不同，到我們討論基督教信仰在世界終局的不同觀點時，將更清晰。此刻只說這一點就夠了：所有基督徒一向都相信(以新約聖經為基礎)，基督再來之後即引進一個臻於圓滿的神國，以及一個新天新地，在那裏有一個新的世界秩序，沒有疾病、罪惡或死亡。

我們已經看過，愛任紐和特土良兩位早期教父如何教導有關世界終局的事情。他們二人所論基督再臨的事，也包含審判列國，以及在地上建立一個由基督統治的、已然完善的社會秩序。他們認為，新天新地是隨著基督千禧年統治之後而來的一個永存實體。與他們屬同一時代的北非教父兼神學家俄利根，提到基督再來之後的新社會秩序，較之提到與主再來相關的天啟事件為多。俄利根的終末論有兩個怪異的論點。第一，他似乎相信萬物最終必定全部彼此復和，兼與神復和(萬物復原論，*apokatastasis*)，並以此作為未來神國及神的計劃在新天新地完成的一個不可或缺的元素。第二，在他的筆下，神國是一個漸進的過程，而不是突然出現的災難性情景。除了這兩個怪異的論點之外，俄利根的終末論包含了基督教共識的一般要素，而且是以新約聖經作為起點的。他充分認識大部分甚至所有的使徒著作，不論就它們或其他典內外文獻而言，他都是一個了不起的學者。雖然他傾向從寓意進路去詮釋天啟文學(故此，他可以把基督的來臨和未來神國的登場，看成是漸進的過程)，卻實在相信並教導一件事：萬物在基督再臨以後，將有一個新的秩序。在俄利根那富於哲學的風格中尤其突出的，是他在《反克里索》(*Against Celsus*)中，把斯多亞派(Stoics)的未來觀與基督徒的未來觀作出對比：

> 事實上，斯多亞派相信，當各樣元素之中最強大的那個勝出時，萬物將會變成火，但我們的信仰是，道將勝過整個受造世界，把每一個生靈改變到祂自己那完美的境地；到時候，每個人只要運用他的權力，就會選擇他想要的東西，並得到他選擇的東西……萬物的完成即邪惡遭毀滅。[6]

後來，在北非作教父的奧古斯丁堅決拒絕俄利根主張萬物最終復

6 Origen, *Against Celsus*, 8.72, *ANF*, 1:667.

和的論調，但在以下一點上贊同俄利根，以及在他之前和當時的整個正教–大公教會：萬物在基督再臨以後，會出現一個新的秩序，其中全無罪惡。奧古斯丁把這個新的世界秩序稱為「神之城」，並把它跟那徹底地邪惡的未來的「魔鬼之城」對立起來。

> 而在復活以後〔即基督再來以後〕，當全面的審判已經進行並且完結之時，餘下將有兩座城，各有它的範圍——一個是屬基督的，另一個是屬撒但的；這個採納善，那個採納惡，兩個是由天使和人組成的。對於這一羣來説，定意犯罪是不可能的，而對於另一羣來説，則是有能力去犯罪的。再也不會有任何形式的死亡：前者將真實快樂地活著，享受永生，後者則在永死中悲慘地延續下去——沒法子死去；因為此時二者都是沒有盡頭的。[7]

這兩位很不一樣的早期教父反映了同一個基督教信念：神要在未來圓滿地實現祂對這世界的統治和主權，受造世界將要被徹底更新過來，與天堂合而為一。

新教改教者一如早期教父，也認定這個指望，他們相信未來會有一個和諧平安、公義的世界，又有一個與天堂聯合的、完善了的、更新了的世界。路德、加爾文及他們的追隨者，包括英國的新教改教者——所謂主流改教者——認為耶穌基督的真教會即存在於世界歷史之內、在地上的神國，但他們也盼望有一天當基督回來之後，在教會內隱含著的那股正與罪惡糾纏的正義屬靈動力要勝出，並且滲透整個受造世界。他們傾向強調，那個要在未來達至圓滿、來到完美之境的神國，與眼前這隱藏在信徒的屬靈生命之中，藉教會宣告福音及它對個人及社會所起的影響而彰顯的神國，二者之間存在延續性。然而，毫無疑問，改教者以及他們的忠實追隨者也認識並確認這個現實的盼望：這個受造世界及其中的社會秩序，將要在未來經歷一次更新和難以想

7 Augustine, *Faith, Hope and Love*, 26.111.

像的改變。加爾文在《基督教要義》中寫道：

> 但既然死在勝利中被吞滅的這個預言，只等到那個時候〔最後、死人復活的時候〕才應驗，那麼，就讓我們時常謹記這永恆的幸福，以復活為目標——這種無上的幸福，就連所有口舌能說的都說盡了，還是談不到它的一絲精妙。即使我們十分實在地聽見了，神的國將要充滿著光輝、喜樂、幸福、榮耀，可是當人們提起這一切的時候，這一切對我們的認知來說始終是遙不可及，它們一如過去被迷糊所籠罩，直到那一天，祂才要向我們揭示祂的榮耀，好讓我們面對面地看見它。[8]

以後，這位日內瓦改教者勸人別對天堂的細節作出好奇的臆測，鼓勵基督徒要滿足於那些已經清楚啟示、毋須臆測而可從聖經獲知的事情。很多基督徒沒有聽取加爾文的忠告，反倒試圖在基督教的基本共識之外，為「天堂的佈置和地獄的溫度」增添許多細節——對世界終局以及萬物的終極未來，提出相當高臆測性的揣測和預感，這些揣測和預感看來多半是想像中的東西，而非牢靠地建基於聖經、基督教傳統、理性或基督徒的崇拜、禱告和生命的轉化之上。

對世界終局的非正統立場

有關末期的事，在基督教內部出現過的異端很少，只要基督徒對上述三個最起碼的信念加以肯定，他們就通常被視為完全在基督教範圍之內。當然，有若干宗派、教會和機構選擇在其官方信仰聲明內列明一些更詳細的信念，而他們的下屬也必須至少在口頭上承認它們。譬如，在20世紀有很多基要派的新教宗派、教會及機構要求同工相信，在基督再來之後，祂要在地上實際作王一千年，有的更甚至要求他們相信，一切真信徒會在「大災難」(great tribulation) 的起頭秘密「被提」(rapture)，他們認為這是在基督再來之前發生的。這是前千禧年說

8 John Calvin, *Institutes of the Christian Religion*, 3.10.

(premillennialism)，是基督教對未來之事的其中一種詮釋，但決不是惟一正統的基督教觀點。

所謂被提的信念(即真信徒在基督公開顯現之前的七年或三年半，神秘地離去)因流行小說和電影的作用，在基督徒以至非基督徒中間盛行起來。它不屬於基督教公認的偉大傳統，但也不是異端。它是一羣基督徒的詮釋；但絕大部分基督徒從沒聽過它，直到20世紀，甚至可以說是直到1960年代才有所聞，由海林斯 (Hal Lindsay) 等作者將之通俗化。基督教終末論本來就容許在細節上有很大程度的多元和歧異。在20世紀崛起而在某程度賺得人心的另類信念，主要有兩種。它們雖然有著較古老的根源，卻是特別難以防範，因為今天的基督教教會是廣泛接納它們的。第一種是**徹底現實終末論** (radically realized eschatology)，而另一種是**極端復臨說** (extreme adventism)。不論是二者之中的哪一種，都不為任何一個重要的基督教宗派所採納，而僅是個別的基督教學者、教會牧者及少數平信徒對未來所抱持的神學觀點。它們把一個原本合法的基督教觀點推至極點，而它們之所以成了基督教信仰之外的另類觀點，原因也在於此。

凡是聲稱主再來、神的國和新天新地統統都已實現了的終末論，都是**徹底現實終末論**。它信的是：

> 對世界終局的期望……與其說是盼望一些要在未來發生的事，不如說是在我們面對耶穌基督的每一刻，帶著悔改和信心去體悟祂。它真正的意義是超越時間的終末論。終末的一刻很大程度即**現在**，此刻永恆藉著審判與恩典之道闖進了時間，而且創造了信心和一個以神為中心的人生。[9]

我們已經看見，在聖經以及有關終末論的基督教傳統教訓中，神國的吊詭性其實包含了現實終末論的成分。即是說，從某種意義說，

9 Robert C. Doyle, *Eschatology and the Shape of Christian Belief* (Carlisle, U.K.: Paternoster, 1999), p. 261.

神國已然成為事實，它在神子民「心裏」，或在他們「中間」，在教會之內、在世界之內隱藏著。不過，傳統的基督教信仰承認：在未來基督真的要回到這世界來，由此揭開了神國將圓滿實現的序幕。徹底現實終末論的錯誤在於否認這未來的一面，可能充其量只把它當作是神國在強度上的逐漸遞增。徹底現實終末論把耶穌基督的來臨、祂的國度，以及神所造的新天新地，降為在信徒心中及生命中，並在教會中的一個屬靈的、實存的實體。

在早期基督教出現的諾斯底派是相信現實終末論的，因他們認為**可以**在世界之外，撇開這物質世界而完全經驗神的一切許諾。他們把時間和物質看成是邪惡的，或至少是趨向邪惡的，故此他們不可能盼望在時間之內得著救贖，或盼望這個世界會得著救贖。[10]愛任紐、特土良與奧古斯丁等教父駁斥諾斯底主義過分的現實終末論，力言基督的再來、所有死人復活、神的國、審判以及新天新地，都是在受造世界之內(而不是在它之外)發生的真實事件和情景。

在今天世界的一些自由派及非正統的新教神學，跟古老的諾斯底主義那過分的現實終末論不相上下。他們某些人認為，神的國是「時常在來臨中，但永遠不會來到」的——是一個懸垂於歷史的半空、無可實現的理想，而且只有當公義抬頭，當人在基督的十字架之內，在那因信心而有的真實存在之中，對自我有新的覺悟之時，才會實現出來。20世紀的德國新約學者兼神學家布特曼看來是抱持一種完全的現實終末論，在其中耶穌基督的再來及神國之圓滿達成，正是當個人藉十字架之道(宣講福音)與耶穌基督會晤，並以確定的信心來回應祂的每個時刻。布特曼把聖經的超自然敍述和天啟文學非神話化，從內在的而非從外在的歷史去發現它們真正的意義——這內在的歷史即人在神面前的實存性自我認識。[11]

這種主張世界的終局是在實存地恆常實現的現實終末論，並不是

10 關於古今諾斯底主義及相關的現實終末論，以下是出色的説明和檢視：Carl A. Raschke, *The Interruption of Eternity: Modern Gnosticism and the Origins of the New Religions Consciousness* (Chicago: Nelson-Hall, 1980)。

11 參 Rudolf Bultmann, *Jesus Christ and Mythology* (New York: Charles Scribner's Sons, 1958)。

徹底現實終末論的惟一形式。它也有一些較保守的形式。布特曼等人似乎在對超自然事物反感的驅使之下，投向徹底的現實終末論。然而，也有一些吸納大量超自然成分的激進現實終末論的形式。例如，有若干與某些形態的靈恩運動相關的人士，承認一種稱為「現世神國」神學("Kingdom Now" theology)的現實終末論。他們並非全都否認未來將有一個真正的世界終局，但他們有一個共通點，幾乎毫無例外地把焦點放到這個上去：神國完全在眼前的這個世代裏實現。基督徒根本不需要盼望未來；基督徒的真正盼望是聖靈在此時此地把祂所充滿的人，轉化為「有目共睹的神的兒子」。

正當傳統的新教和大部分早期的靈恩派人士(特別是出自所謂主流宗派的)滿懷熱情地確認耶穌基督即將回來的事實，有時更因這種對終局的期待而墮進一種出世的苦修主義之中，支持現世神國神學的激進五旬宗及靈恩派人士，卻在耶穌將要真的披戴肉身回來，以及那將存在於地上或新天新地之內的神國等事上，保持緘默。他們完全和孤注一擲地寄望於現世的祝福，諸如經濟發達、身體完全得醫治(有時包括跨越死亡的能力)，以及足以叫他們能夠控制社會，使之歸入基督國度的超自然力量。這些激進的五旬宗及靈恩派人士的著作，通常只在專門的基督教書店內見到，或從電視台及廣播電台的佈道家那裏購買。這種完全現實的終末論是跟基督教對立的，因為它直接或間接地否認了聖經及基督教傳統中的一大元素，即這個應許和盼望：基督將要有形有體地回到這世界來施行審判及救贖，並確立神在萬物及萬人之上的統治和主權。這方面的基督教教義不能靈意化或實存化，將之投射到現在；正是這個盼望，讓基督徒不滿足於目前，而期待預言中那更美的境地。

在基督教終末論之外的第二個另類觀點，是**極端復臨說與千禧年說**。這異端跟頭一個相反；它把神的國——神的統治與主權——界定為全然屬於未來的事，把這個未來(基督在災難的情景中回來)跟過去和現在對立起來，把過去和現在看成沒有神國的成分。很多教會及宗派在其名稱中有**復臨**(Adventist)一詞，其中最大和最廣為人知的是基督復臨安息日會(General Conference of Seventh-day Adventist Churches)，但也有其他的教會、宗派及若干復臨派的團體，沒有用上此語。這些自稱為復臨派的運動和機構，不一定抱持或提倡「極端復臨說」。若要符合「極端復臨說」的條件，其終末論必須超過了單單強調聖經的預言和「時代徵兆」，而進一步試圖定下基督再來的年份，並從教義上強調一套在聖經以外、有關世界終局的詳盡概念。當復臨說踏出了這下一步，把這世代的世界歷史和現時的受造世界描繪成無神駕馭，似乎神現在還不是而惟有未來才是主，才是至高無上的統治者，它就變成了異端。

正如現世神國神學的那種徹底現實終末論一樣，極端復臨說極少以直接否認神現時主權的正式聲明出現，反倒通常是表現於頑固和一面倒地側重神國的未來性，以至自然地把我們身處的世界（自然和歷史）看成不但是在咒詛之下，更是邪惡猖獗的。第一種另類觀點——徹底現實終末論——強調神國和目前的現實（內在的、屬靈的、教會性的）之間的**延續**(continuity)，而極端復臨說則強調彼此之間的**斷裂**(discontinuity)，以至完全忽略一切的延續性。這個異端（或教義上的錯謬）見於復臨運動的某些旁枝，它們是基督教的異端。其中有的通過電視和電台的廣播節目及逐家逐戶的見證，宣揚他們對未來神國的側重，以及對現時世界甚至教會的消極觀點；他們拿著彩色的小冊子和袖珍小書，向人講述那未來的國度，人可以如何逃過這世界將要被毀的結局，並在神於地上所設立的樂園裏活到永遠。

極端復臨說是錯誤的，並且是在基督教公認立場之外的一個另類觀點，因為它忽略或否認了神國目前的真實性，而且注重未來的事件與情態，以致錯過了對這世界的關注。它跟基督教所相信的，不論現在或未來，神都擁有至高無上的主權的教義不合。它傾向較多以未來的救贖，而不是以耶穌基督的十架與復活，作為神決定性的救贖工作。極端復臨說貶低了耶穌基督的教會的價值，不過把它當成為基督再臨作好準備之人的屬靈救生艇。總而言之，我們不得不對一切形式的徹底現實終末論，以及一切形式的極端復臨說作出批評，充其量只可看它們是非主流的基督教，而從最壞的角度來說，它們是與真正基督教對立的。

基督教信仰在世界終局的不同看法

在基督徒中間，純粹為終末論的分歧而造成的正式分裂少之又少。雖然如此，在有關神國的事情以及它與基督再臨、新天新地的關係上，基督教內部還是有幾個主要的理論。偶然有一些基督教派別和羣體因感到某一套對神國及末時的看法那麼重要，就把它的地位提升成為該羣體的教義。甚少有基督徒熱烈地擁護其中某個理論，以它們為基督教不可或缺的教義。在我們對這些理論進行檢視之前，讓我們先了解一下解釋聖經天啟文學的各種進路，這是有益的做法——所謂天啟文學是指以象徵手法表述神國及基督再臨的經卷或經文，其中強調善惡的對立、彼此的衝突和災難。最為人熟知的例子是啟示錄，又稱約翰的啟示錄 (Apocalypse of John)。部分但以理書、馬太福音及其他聖經書卷的部分經文，也屬於天啟文學的體裁。我們所知不少有關世界終局的基督教信念，不少是從這些經文提煉出來的。幸而我們也不是完全倚賴它們，因為它們是相當難解的。對天啟文學的不同詮釋進路，會產生對世界終局的不同意見。

解讀天啟文學所依循的三種主要基督教進路，是**未來論** (futurism)、**過去論** (preterism)，和**歷史論** (historicism)。若是翻看這幾個名詞在神學詞典中的定義，大多數讀者只會感覺一片混沌。特別是**未來論**和**歷史論**二詞，還兼含一些與終末論及天啟文學不相干的意思。在此，它們是指對於在上述天啟文學的書卷和經文中採用的象徵符號的時間和歷史參照，所持守的信念。譬如，啟示錄所用的敵基督意象，是指啟示錄成書 (或作者見異象) 之際，已經存在的人物或事物嗎？或它是指著一個全然未來的人物，或一件全然未來的事物？又或它會否是指著一個在啟示錄成書之時是未來，而後來已經出現了的實體？對於今天的讀者來說，它是屬於過去了的或現在的，而不是屬於未來的實體嗎？關於這一切，聖經學者之間沒有一致的看法。

未來論的詮釋進路假定，聖經的天啟文學所採用的大部分或全部的符號和意象，是指著相對於現時來說仍是未來的實體而言。過去論的詮釋進路則認為，它們全部或大部分對於我們來說，是已經應驗了的符號和意象，儘管對於得異象者及他最初的一批讀者來說，應驗的時間是在未來。歷史論的進路，則把該等符號和意象看作是代表著與領受啟示之人處於同時代的人物、事物和事件。故此，在未來論者的立場，敵基督仍未出現。在過去論者的立場，敵基督已經出現了，他(它)可能是某份職事、某類人或政治單位，而不是某一個人。在歷史論的立場，敵基督(對於啟示錄的作者來說)是羅馬皇帝或羅馬帝國本身。這樣不難看出，一個人如何看神的國、基督再臨和聖經所應許的新天新地，很大程度在乎他採納哪一種詮釋天啟文學的手法(反過來說也一樣)。

關於世界終局的基督教教義，主要的理論有三個：**前千禧年說**(premillennialism)、**後千禧年說**(postmillennialism)，以及**無千禧年說**(amillennialism)。[12] 凡相信基督在歷史之內、在地上實施他可見的統治和主權，都是**千禧年說**(millennialism)。它有時候甚至被用來指，相信基督通過教會實施祂無形的統治和主權——要是這統治帶來全世界都歸依基督教的這個結果的話。全世界基督化的這個現象，如果是緊接在基督再臨之後或正好在基督再臨之前，就是千禧年。(在此的**千禧年**，是指由基督管轄的、在地上一個具體的歷史和政治體系。由基督統治的這麼一個世界性體系，可見於啟示錄第二十章，當時撒但是「被捆綁」的。)

前千禧年說是任何相信基督要在這世代結束(即世界歷史結束)之時，以可見的形式重臨地上，在全世界確立祂的國度——那圓滿的神國——的信念。真正的千禧年說，並不要求相信字面上的一千年，但必定相信，在基督再臨**之後**，在新天新地出現**之前**，神要藉著耶穌在地上實施某種社會政治性的(不單是屬靈的)、歷史性的統治。前千禧年派主張，基督的再臨必然有「主的號筒」吹響作為伴隨(換句話說，是十分公開的)，至於時間將**不會**是「再沒有」。相反地，歷史還要繼續下去，大概為時 千年。在那 千年間，基督要親自以彌賽亞和上

12 這些模式在以下書籍中有相當好的描述：Doyle, *Eschatology*; Stanley J. Grenz, *The Millennial Maze: Sorting Out Evangelical Options* (Downers Grove, Ill.: InterVarsity Press, 1992); 以及 Robert G. Clouse, ed., *The Meaning of the Millennium: Four Views* (Downers Grove, Ill.: InterVarsity Press, 1997)。

的身分統治全地，實施主權，執行公義和平。這個介乎這現今世代與新天新地(啟示錄二十一章的「新耶路撒冷」)之間的過渡時間，將會是神國的應驗和彰顯。

前千禧年派就基督再臨之前及千禧年間要發生的事所提出的詮釋，不盡相同，但他們一致認為，基督將要在地上作王，萬膝要跪拜、萬口要承認祂是主，使榮耀歸與父神。若干前千禧年派人士相信，基督再臨分兩個階段，其中包括了在基督有形有體地回來毀滅那敵基督並引進他在地上的國度之前，真信徒將會「秘密被提」。很多人不信這一點。前千禧年說主要為早期教會及處於現代後期的教會信徒所歡迎。這1,500年來差不多再沒聽見，除了在幾個邊緣的基督徒和教派中間之外。早期教父愛任紐和特土良都是前千禧年派，20世紀的福音派基督教神學家賴德 (George Eldon Ladd) 和艾利克森也是。大部分傳播基督教終末論的人，包括絕大多數以末事為題材的基督教小說作家黎曦庭 (Tim LaHaye) 和大部分電視佈道家 (例如福爾韋爾〔Jerry Falwell〕) 都屬前千禧年派。前千禧年派援引聖經的多處經文來支持他們的信念 (即耶穌要在再臨之後，確立一個由祂統治的地上神國)。他們把舊約中有關一個已然實現而且完善了的大衛國度，以及一個地上樂園的預言，視為前千禧年說的理據及證明。這類經文之中有以賽亞書第十一章，它預見將有一個從大衛王出來的公義後裔統治大地，那時「豺狼必與綿羊羔同居，豹子與山羊羔同臥；少壯獅子與牛犢並肥畜同羣；小孩子要牽引牠們……認識耶和華的知識要充滿遍地，好像水充滿洋海一般」(賽十一6～9)。前千禧年派尤其倚賴啟示錄二十章，那裏三次提到長達一千年的時間，期間撒但要被捆綁，基督要與那些為祂殉道而復活了的聖徒，一起統治列國。

當被問及這過渡期間的神國——千禧年——的意義時，前千禧年派認為它是神用來展示公義，並向人 (有可能也向屬天的存有) 表明祂心意中的世界樣貌的方法——特別是，如果人們在祂頭一次來臨時已接受了耶穌基督作他們的彌賽亞和主的話。批評者指出，前千禧年派在解釋聖經的預言及天啟文學上，過分字面化。若干批評者認為，前千禧年說無可避免地減除了基督徒對當前的環境及社會公義的關注。

他們說，既然基督必定回來整頓一切，那麼為何要急於現在就努力去締造神國呢？

有關世界終局，基督教的第二個主要理論是**後千禧年說**。它相信在基督再臨**之前**有一個真實的地上神國。有關神國的理論，如果要算得上是真正的後千禧年說，就必須符合一項條件：相信這世界體系在主再來之前基督化。它不要求其追隨者相信每個人都會得救。事實上，大多數後千禧年派都不接受普救論，即使是發生在千禧年間的全人類得救，也不同意。後千禧年說是對歷史和神國抱著樂觀的看法。根據此說，「耶穌要統治凡太陽的軌跡所到之處」，而基督徒向萬邦傳的福音將「使人心歸正」，「黑暗必轉為晨光，晨光轉為午正的光明，基督的偉大國度定要來到地上，這國度會充滿愛與光明」(Isaac Watts 1719)——當這一切發生以後，才會有基督可見的再臨。

其中兩位突出而具影響力的後千禧年說支持者，是17世紀末到18世紀初的安立甘宗神學家韋特比 (Daniel Whitby)，以及18世紀新英格蘭的清教講道家兼神學家愛德華滋。後千禧年說在清教徒的影響之下，在新大陸 (北美) 盛行。它在20世紀因世界大戰及種族屠殺的暴行受到挫折，事情看來不像是逐漸進入神國的境地，後千禧年說大體上已為前千禧年說取代，作為基督教界最通行和最具影響力的千禧年說。雖然如此，後千禧年說在20世紀仍有幾個貫徹始終的支持者。改革宗神學家波提奈 (Lorraine Boettner，來自美國) 及伯克富 (來自荷蘭)，還有幾個信義宗神學家都力倡後千禧年說。如果說後千禧年派有甚麼支持經文的話，那便是馬太福音十三章31至33節了：

> 他〔耶穌〕又設個比喻對他們說：「天國好像一粒芥菜種，有人拿去種在田裏。這原是百種裏最小的，等到長起來，卻比各樣的菜都大，且成了樹，天上的飛鳥來宿在它的枝上。」他又對他們講個比喻說：「天國好像麵酵，有婦人拿來，藏在三斗麵裏，直等全團都發起來。」

後千禧年說的批評者認為它的聖經支持太單薄，並指它在教會歷史上無人提倡，直到17世紀後期(韋特比)才出現。他們也認為，它對歷史的上行趨勢樂觀不堪：難道在該世紀之初被吹噓為「基督教世紀」的20世紀，要比多災多難的14世紀優勝？事實是，前者可能比後者更糟。不過，後千禧年派把神國看成是一個多有起伏的社會秩序，並且辯稱該理論為基督徒在社會公義和傳福音上的參與，提供了強大的動力。

有關世界終局的第三個基督教理論是**無千禧年説**——否認在基督再臨之前或之後有任何社會政治的、歷史的神國。自從奧古斯丁以來，絕大多數的基督教神學家及教會領袖都屬無千禧年派。奧古斯丁的《上帝之城》把神國等同教會及神在世界之內那隱藏的統治和主權，換句話説，奧古斯丁傾向把神國靈意化，但並無以任何方式否認基督在未來再臨。在基督再臨之後要發生的事，將是審判，然後是新天新地(以及地獄)。據奧古斯丁的看法，啟示錄所説的一千年是介乎基督的道成肉身及其再來的時間——即教會時代。當然，即使在奧古斯丁看來，神的城(神的偉大國度)也是延續到永遠的。神在基督再臨之後所造的新天新地，將是神對受造世界的一種新的輝煌統治形式。不過在他看來，正如在所有無千禧年説者看來，神國**在歷史之內**(within history)的主要形式，並不是一個烏托邦式的社會秩序，在其中地上的萬國已經全然基督化，或者在基督的政治國度之下(如同千禧年説那樣)，而是神藉基督與聖靈在教會及在天上的臨在。無千禧年説及兩種千禧年説(前及後)之間的惟一根本分別是，前者不信在歷史之內、在這個地球上有一個實際的神國，作為在基督親自管治的國度之下，或在基督教原則之下的一個「新的世界秩序」。無千禧年派簡單地從屬靈的意義去理解這類表面上提到歷史的地上神國的經文，或把它們看作是指向基督再來之後的新天新地。他們不認為需要一個實際的、在歷史上的千禧年。

在千禧年派看來，啟示錄第二十章及其他經文，明顯是指在地上和在歷史之內，撒但被捆綁，基督要在萬國之上作王統治的一段時間；他們不滿意無千禧年派所提供的詮釋。他們質疑，如果任由人把這類經文從靈意的向度去解説的話，聖經還有甚麼是可以靈意化的呢？他們恐怕無千禧年說會引出徹底現實終末論。再者，基督教與千禧年派(特別是前千禧年派)指出一個事實：最初在著作中寫到終末論的教父，大部分是前千禧年派，他們並且反對對新約中那些提及歷史的神國(在期間撒但實際地被捆綁，隨後有審判及新天新地)的經文，作出寓意化的理解。惟有到了奧古斯丁的時候，前千禧年說才為無千禧年說所取代，作為基督徒中間最廣為人接受的終末論。許多前千禧年派人士質疑，這有可能是與所謂羅馬帝國的基督教化或君士坦丁制度(Constantinianism)有關——在當時，教會、國家與神國之間的界線，已經變得模糊了。

另一邊廂，無千禧年派主張，把啟示錄第二十章中提及基督作王統治一千年的經文作寓意化或靈意化的解釋，是完全合法的，因為啟示錄和一般天啟文學，本來就有不少象徵的成分。他們力言，更何況，沒必要有實際的千禧年存在。每一段指向神國的經文，都毋須倚賴它去作出恰當的理解。神的國是一個實體，表現於多種面貌——教會、神在基督徒的心中及在生活中的臨在——甚麼時候、甚麼地方讓神顯明的旨意成就，那時候、那地方就是樂園、未來的新天新地了。

在基督徒中間，圍繞這些理論的辯論經常耗費大量時間、精力和心神。若干基督教宗派堅持相信這個或那個立場。羅馬天主教教會一向傾向相信無千禧年說。大多數信義宗及改革宗的成員也屬無千禧年派，而大多數傳統的浸信會、循道派，以及基督教會(Churches of Christ)的成員，也是一樣。在20世紀，很多保守派的浸信會及若干基要派的長老會人士，則採納前千禧年說。絕大多數的五旬宗人士也擁護前千禧年說。沒有一個宗派正式宣稱接受後千禧年說。這個在末落中的理論，主要可見於某些信義宗及改革宗的神學家，不過，它在時下現世神國派的五旬宗人士及靈恩派人士中間，也有小規模的復興。

基督教在世界終局的綜合觀點

有關世界終局，在世界及人類的終極未來這一點上，基督徒應該甚至必須持守甚麼信念的問題，基督教的反思面臨兩個危機。第一個危機是把有關這一切未來事件及形勢的基督教真理及信念縮到最小，當成是最不重要的。有些基督徒寧可把整個課題擱在一片不可知的——純屬奧秘的——模糊領域裏，因為他們害怕教導及傳講未來的事，以及聖經中所啟示了的未來的事，認為那多少總會叫人不注意眼前、不參與現在的時局。很多教會和基督教機構從來不觸及這個課題，有些更積極地避而不談。自19世紀中葉起，不時叫眾多基督教派別(特別是在北美的)著迷的終末論狂熱現象，往往被拿來作為基督徒完全不談末事的藉口。當有關神國的問題及議題浮現時，就經常有人以「泛千禧年説」(panmillennialism)的立場——「一切最終都會有結果的」——來終止討論(譯按："pan"的意思可以指「泛」或「結果」)。

第二個危機和第一個危機同樣嚴重，甚至更為嚴重。它是對末事狂熱和偏執的危機。至少從1830年代復臨運動在紐約及新英格蘭興起以後，一浪接一浪關注「時代徵兆」的熱潮，以及就基督再臨的年份、聖經天啟文學中符號的象徵意義所作的臆測，席捲北美新教教會。若干教會、宗派、宗教團體對該潮流的反應，是制訂冗長的教義聲明，要求其成員確認一套有關世界終局的明確信念。取名為《基督要在1988年回來的88個理由》("Eighty-eight reasons why Christ will return in 1988")之類的書籍，相繼在書店湧現。教會的牧養也完全集中在以驚嚇手段導人悔改信主上，對敵基督及其巨獸搭擋繪形繪聲，大肆渲染二者將對那些(在大災難期的起頭)錯過了秘密被提的人所造成的可怕毀壞。很多基督徒因而把這類對末時富高度臆測性、兼具枝節微末，而且叫人驚怕的信仰，等同普遍的聖經終末論。有的掉頭逃跑遠離，連去踫一下世界終局這個課題也不敢想。至於在這方面的教義持溫和而平衡立場的書本，很快就因無人問津而絕版了。

基督徒需要認識一件事：神給我們那關乎未來的啟示是**好消息**。它無意以人必然註定敗亡並遭毀滅的景象去唬嚇人，即或他們不幸地錯過了像賊在夜間來到的秘密被提之類的事件。事實上，我們要想起那滲透了聖經信息的調子、關乎未來的重要應許和遠大盼望。這信息一言以蔽之是：**最終是神獲勝**。既然神是完全良善而偉大的，那就沒有甚麼好怕的。那關乎未來的聖經信息，因而也是關乎未來的基督教要理：受造世界的每一處敗壞都要被醫治過來，神將是一切之內的一切，或者說，祂將是每一個人的一切。有關未來的基督教信仰，應該聚焦於和平與復和、愛與公義、豐盛生命與滿足的這個應許上。可是，假如我們沒有一些基本和核心的信念，讓我們確知未來將發生甚麼促使這一切實現的東西，以上的盼望就不算是盼望。基督徒要學會如何歡喜地活在基督教對未來的盼望中，卻不流於在激情主義及散播恐懼中打滾。我們需要認識，因著耶穌的第一次來臨而已然開展的偉大神國，要因同一位耶穌基督的第二次來臨而完成並達至圓滿。一位救主和主；一個偉大國度的不同表現形態。

基督徒之間在世界終局方面的看法雖然有意見上的分歧，但還是能夠彼此接納為基督徒。無論是後千禧年派、無千禧年派，或前千禧年派，都可以在較重要的信念上達成一致，那是二千年來把基督徒統一的信念：耶穌基督將要回到祂在升天之日離開了的這個世界，神那充滿著愛與公義的統治和主權，最後將要實現，讓所有人都看得見它，到那時，神的旨意要成全「在地如若在天」，而神要給這個受造世界來一次更新，把它和天堂接合起來，讓祂的子民在新天新地永遠與祂同住。我們不能期望對「天堂的佈置或地獄的溫度」有詳盡的知識，但我們可以持守這個為基督教所特有的盼望(充滿把握的期望)：有關自然和歷史的棘手問題，終極的解決方案不在於人必敗的籌算、計劃或策略，而在於要來的那位；基督徒不會因「這世界要變成甚麼樣子」而活在失望之中，反倒因著「快要臨到這世界的那位」，而活在盼望裏。

聖經經文索引

創世記

一1 *141*
一9 *144*
一12 *144*
一18 *144*
一21 *144*
一25 *144*
一26 *187*
一31 *144, 186*
二7 *184*
三章 *146*

民數記

二十五9 *93*

申命記

六4 *123*
七7～9 *249*
九6 *249*
三十二4 *104*

尼希米記

九17 *104*

詩篇

八5 *187*
十四1 *67*
十九篇 *61*
二十二28 *159*
九十2 *103*
一０二27 *103*
一０三8 *103*
一三九7～10 *103*
一三九7～12 *99*

以賽亞書

六章 *112*
十一章 *331*
十一6～9 *331*
四十四24 *103, 141*
四十五7 *144, 159*

瑪拉基書

三6 *103*

馬太福音

六10 *311*
十29～30 *160*
十二32 *304*
十三31～33 *332*
十八9 *308*
二十四章 *294*
二十五章 *294*
二十五41 *308*
二十七51 *244*
二十八19 *124*

馬可福音

十27 *103*
十45 *238*
十二24～27 *305*

路加福音

二52 *187, 209, 218*
七30 *174*
十七21 *321*
二十一25～31 *320～321*
二十二42 *126*
二十三42～43 *305*
二十三43 *307*

約翰福音

一章 *123, 209*
十二32 *244*
十四章 *294, 315*
十四～十七章 *123, 261*
十四1～3 *315*
十四16 *127*
十四26 *127*
十六13 *40*
十七章 *126*
十七20～23 *126*
十九30 *236, 247*

使徒行傳

一11 *315*
二章 *266*
十七章 *99, 157*
十七22～33 *98*
十七24～25 *141*
十七24～26 *98*
十七25 *103*
十七25～26 *159*
十七28 *99, 100*

羅馬書

一章 *61, 72*
一16～17 *40*
一25 *150*
五6～11 *227～228*
五18 *190*
五19 *190*
八章 *146, 302*
八18～24 *146*
八18～25 *321*
八19～23 *158*
八21 *158*
九至十一章 *173, 261*
十一33 *104*

哥林多前書

三15 *304*
十章 *93*
十8 *93*
十二章 *70, 271*
十二27 *271*
十五章 *13, 290, 321*
十五12～17 *290*
十五24～28 *311*
十五35～49 *290*

哥林多後書

五8 *307*
五19 *225*
十二章 *302*
十二1～6 *306*

以弗所書

一章　*261*
二8　*255*
二8～9　*249*
二20　*271*

腓立比書

一21～24　*306*
二章　*210*
二5～11　*221*
二6～11　*210*
二12～13　*162, 249*
三20～21　*291*

歌羅西書

一章　*123*

帖撒羅尼迦前書

四章　*316*
五2～5　*316*

帖撒羅尼迦後書

二章　*307, 316*

提摩太前書

二15　*40*

提摩太後書

三16　*61, 76, 87*
四1　*321*

希伯來書

一章　*40, 123*
一1～2　*59*
四13　*103*
四15　*187*
九27　*298*
十二14　*321*

雅各書

一17　*104*
二24　*249*
三9　*187*

彼得前書

二21～25　*228*

彼得後書

一20～21　*61, 76, 89*
三13　*321*
三15～16　*40*

約翰壹書

四章　*104*

約翰貳書

7節　*187*

啟示錄

七9～17　*308*
二十章　*20, 308, 318, 330～331, 333～334*
二十一章　*330*
二十一4　*321*
二十二7　*316*

人名中英對照及索引

二劃

卜仁納 Emil Brunner *60, 69, 71, 83, 94, 285*

三劃

士來馬赫 Friedrich Schleiermacher *81, 112, 216*

四劃

巴西流〔該撒利亞的〕Basil of Caesarea *25, 124*
巴拿巴 Barnabas *41*
巴特 Karl Barth *57～63, 60, 62～64, 68～72, 96, 102～104, 108～111, 132, 136～137, 156, 213, 257*
巴斯噶 Blaise Pascal *18, 52～53, 58, 202*
戈斯 Philip Gosse *152*
文鮮明 Sun Myung Moon *64, 236*

五劃

加爾文 John Calvin *3, 26, 61, 78, 91, 122, 143, 162～163, 166～167, 188～189, 237, 241～242, 260～261, 267, 282～283, 293, 295, 303, 306～307, 313, 319, 323～324*
古普爾 John W. Cooper *199*
司布真 Charles Spurgeon *241*
史托德 John Stott *308*
史特朗 Augustus Hopkins Strong *123～125*
史密夫〔約瑟〕 Joseph Smith *47*
史普爾 R. C. Sproul *173, 175*
尼布爾 Reinhold Niebuhr *31, 192, 202*
布洛殊 Donald G. Bloesch *91～94, 206*
布特曼 Rudolf Bultmann *65, 169, 326～327*
布塞珥 Martin Bucer *23*
弗克斯 George Fox *65*
弗喇秋 Matthias Flacius *187*
甘地 Mahatma Gandhi *240*
田立克 Paul Tillich *68, 189*

六劃

伊拉斯姆 Desiderius Erasmus *15, 24, 96～97, 261～262*
伊格那丢〔安提阿的〕 Ignatius of Antioch *124, 271*
伏爾泰 François-Marie Voltaire *81, 105～106*
吉爾凱 Langdon Gilkey *141, 144, 147～148, 154*
多倫斯 Thomas F. Torrance *114～115*
安瑟倫〔坎特伯雷的〕 Anselm of Canterbury *67, 97, 231～232, 239～240, 243*
托蘭德 John Toland *48, 169*
米迦勒〔天使長〕 Michael (archangel) *128, 217*
考夫曼 Gordon Kaufman *82*
艾力克森 Millard Erickson *88*
西門〔門諾〕 Menno Simons *23, 200～201, 213, 293*

七劃

亨利〔卡爾〕 Carl F. H. Henry *69～70, 88, 90, 213*
伯克富〔亨德高斯〕 Hendrikus Berkhof *110, 332*
伯拉糾 Pelagius *190～191, 197, 200, 230, 253, 255～256, 261～262*
但丁 Dante *303*
克理索 Celsus *120, 210, 322*
克藍麥 Thomas Cranmer *3, 23*
利奧十三世〔教宗〕 Leo XIII (pope) *77*
君士坦丁 Constantine *119, 121, 316*
坎伯爾 John McLeod Campbell *242*
希克 John Hick *234*
希特勒 Adolf Hitler *63～64, 160*
希爾曼 Paul Helm *69～70, 173*
廷得爾 Matthew Tyndal *48, 169*
杜納 I. A. Dorner *110*
狄魯夫 L. Harold DeWolf *81*
貝利 John Baillie *69, 71*
貝庫維 G. C. Berkouwer *91*

八劃

亞他那修 Athanasius *25, 41, 59, 77, 121, 128, 185～186, 229～230*
亞米紐斯 Jacob Arminius *167, 172, 178, 259, 262, 267*
亞伯拉德 Peter Abelard *240～241*
亞里斯多德 Aristotle *51～52, 110, 113*
亞波里拿留 Apollinarius *218*
亞流 Arius *26, 121, 127～128*
亞德溫寇 Russell Aldwinckle *221*
卓柏文 John Chapman *297*

坡旅甲　Polycarp　*120, 228*
孟他努　Montanus　*40, 274*
居普良　Cyprian　*25, 41, 119, 251～253, 270, 272*
彼高　Dewey Beegle　*90*
彼得森　Peterson, Michael　*175*
彼登革　Norman Pittenger　*219*
拉什德爾　Hastings Rashdall　*234*
拉庫娜　Catherine LaCugna　*125, 136*
拉納　Karl Rahner　*132, 136*
波伊丢斯　Boethius　*111*
波提奈　Lorraine Boettner　*332*
波普　Alexander Pope　*153, 181*
芬尼　Charles Finney　*256～257*
阿伯克茨　Mark Albrecht　*298*
阿奎那　Thomas Aquinas　*52, 61, 67～68, 101, 165, 197, 303*

九劃

保羅〔撒摩撒他的〕　Paul of Samosata　*127, 215～216*
俄利根　Origen　*25, 41, 62, 77, 119～120, 211～212, 257, 292, 312, 322～323*
俄爾　James Orr　*89*
哈納克　Adolf von Harnack　*49*
哈茲霍恩　Charles Hartshorne　*49, 170*
哈梅雅　Balthasar Hubmaier　*200*
施本爾　Philip Spener　*53*
柯布　John Cobb　*170～171*
洛克　John Locke *48*
祈克果 Søren Kierkegaard　*14, 112*
約雅斤〔費奧尼的〕Joachim of Fiore *137*
胡克爾 Richard Hooker *44*
胡嘉 Philip Edgcumbe Hughes *308～309*
迦賢努 John Cassian *253*
革利免〔亞歷山太的〕Clement of Alexandria *52*
革利免〔羅馬的〕Clement of Rome *249～250, 291*

十劃

韋特比 Daniel Whitby *332～333*
倪柝聲 Watchman Nee *186*
哥爾 Charles Gore *221*
夏理士 Sidney Harris *48*
庫爾茨 Paul Kurtz *194*
桑德斯 John Sanders *176～177*
格列伯 Conrad Grebel　*283*
格倫登 Wayne A. Grudem *71*
海林斯 Hal Lindsay *325*
涅斯多流 Nestorius *207, 218～222*
烏舍爾 James Ussher *152, 155*
特土良 Tertullian *25, 41, 62, 77, 119, 143, 186, 210, 211～212, 250～251, 292, 316～317, 322, 331*
特里維廉 George Trevelyan　*149*
馬古斯〔西門〕Simon Magus *45*
馬吉安 Marcion　*62～63, 76～77, 317*
馬歇爾 I. Howard Marshall　*89*

十一劃

曼茲　Felix Mantz　*283*
康德　Immanuel Kant　*48～49, 107, 170*
理查〔聖維克多的〕　Richard of St. Victor　*133, 137*
莫特曼　Jürgen Moltmann　*111, 134～136, 156, 257, 320*
莫理斯　Thomas V. Morris　*222*
陶恕　A. W. Tozer　*175*
麥貴格　Geddes MacGregor　*298*

十二劃

傅治　Edward W. Fudge　*308*
傑克遜　Thomas Jefferson　*48*
富希士　P. T. Forsyth　*221*
富朗開　August Hermann Francke　*53*
富蘭克林　Benjamin Franklin　*48*
斯賓諾沙　Benedict Spinoza　*106*
游斯丁〔殉道者〕　Justin Martyr　*52～53, 119*
華菲德　Benjamin Breckinridge Warfield　*79, 88*
萊斯　John R. Rice　*84*
賀智　Charles Hodge　*56, 244*
貴格利〔呂撒的〕　Gregory of Nyssa　*25, 124, 133, 137, 239, 257*
貴格利〔拿先施的〕　Gregory of Nazianzus　*25, 124, 218*
貴格利一世　Gregory I　*239*
雅典那哥拉　Athenagoras　*100～101, 119*
黑格爾　G. W. F. Hegel　*13～14, 49, 64, 66*

十三劃

奧古斯丁　Augustine　*23, 97, 101, 111, 129～132, 145～146, 148, 155, 164～165, 167, 172, 175, 178, 186～187, 190～191, 193, 197, 200, 212, 230～231, 252～253, 263, 292, 318～319, 322, 323*
奧連　Gustaf Aulén　*241*
奧登　Thomas Oden　*22*
慈運理　Ulrich Zwingli　*23, 101～102, 162～163, 165～166, 200, 282～283*
愛任紐〔里昂的〕　Irenaeus of Lyons　*25, 41, 62, 101, 119～120, 142~143, 163～164, 187～188, 215, 229～230, 291～292, 312, 316～317, 322,*

331
愛德華滋　Jonathan Edwards　*102, 156, 241, 332*
瑟維特　Michael Servetus　*213, 216*
萬桑〔萊蘭的〕　Vincent of Lérins　*21*
葛培理　Billy Graham　*241*
路德〔馬丁〕　Martin Luther　*3, 23～24, 26, 42, 51, 59, 96, 108, 122, 165～166, 232, 261～265, 272, 282, 303, 313, 319, 323*
達爾文　Charles Darwin　*139, 147, 153*
達瑪蘇一世〔教宗〕Damasus I (pope)　*77*

十五劃

撒伯流　Sabellius　*126*
歐迪奇　Eutyches　*207, 219～220*
歐慈理　Albert Outler　*44*
潘嘉樂　Clark Pinnock　*89, 308*
潘寧博　Wolfhart Pannenberg　*52～53, 68, 134, 320*
潘霍華　Dietrich Bonhoeffer　*289*

十六劃

衛斯理〔查理斯〕　Charles Wesley *3, 221*
衛斯理〔約翰〕　John Wesley　*3, 44～45, 53, 79, 97, 101, 109, 191～192, 200, 213, 254, 262, 293*
魯希烏　Hugo Grotius　*242*
魯益斯　C. S. Lewis　*22, 129, 242*
魯瑟　Rosemary Radford Ruether　*126, 299～300*
黎曦庭　Tim LaHaye　*331*
墨蘭頓　Philipp Melanchthon　*15, 26*
親岑多夫　Nicholas Ludwig von Zinzendorf　*53, 97*
諾克斯　John Knox　*48, 156*
賴爾　Charles Lyell　*152*
賴德　George Eldon Ladd　*331*
霍奇森　Leonard Hodgson　*133～134, 137*

十七劃

戴通　Donald W. Dayton　*147*

十八劃

薩根　Carl Sagan　*150*

十九劃

懷德海　Alfred North Whitehead　*49, 106, 170, 177, 299*
懷特腓德　George Whitefield　*3, 213, 254*
羅拔士　Oral Roberts　*71*
羅賓遜　John A. T. Robinson　*215*

二十劃

蘇西尼　Fausto Socinus　*213, 216, 234, 255*

二十一劃

蘭姆　Bernard Ramm　*73, 154～155*

專有名詞中英對照

一劃

一元論　monism
一體　Oneness

二劃

七十士譯本　Septuagint
二元論　dualism
二分法　dichotomy
人文主義　humanism
人性　humanity, human nature
十架神學　theology of the cross

三劃

三一性　trinity
三一者　triune
三分法　trichotomy
三位一體　trinity
三神論　tritheism
大爆炸　big bang
大覺醒　Great Awakening
女性主義神學／婦女神學　feminist theology
凡俗人文主義　secular humanism
小羣主義　sectarianism
千禧年派，千禧年論者　millenialism, millennialists

四劃

不朽　immortality
五旬宗，五旬宗信徒　Pentecostalism, Pentecostals
互滲互存的合一　perichoretic unity
中庸的神學　mediating theology
內在光照　inner light
內蘊性　immanence
公理宗主義，公理宗　congregationalism, congregational
公禱書　Book of Common Prayer
天特會議　Council of Trent
天堂　heaven
天啟文學　apocalyptic literature
幻影說　docetism
心理性類比　psychological analogy

五劃

主再來　*parousia*
主教　bishops
主教制教會，主教制　Episcopalian, Episcopal
主餐　Lord's Supper
以弗所會議　Council of Ephesus
代罰論　penal substitution theory
加爾文主義　Calvinism
半伯拉糾主義　Semi-Pelagianism
古典有神論　classical theism
〈尼西亞－君士坦丁堡信經〉　Nicene-Constantinopolitan Creed
〈尼西亞信經〉　Nicene Creed
尼西亞會議　Council of Nicea
本質合一 hypostatic union
本體論證　ontological argument
未來派解釋　futurist interpretation
正統　orthodoxy
民間宗教　folk religion
永生　eternal life

六劃

先存性　preexistence
全美福音協議會　National Association of Evangelicals
全然敗壞　total depravity
再臨　second coming
有神進化論　theistic evolution
同歸於一　recapitulation
吊詭　paradox
合作說／神人合作說　synergism
合質說　consubstantiation
年輕地球創造論　youth earth creationism
地獄　hell
在先的恩典（可抗拒的恩典）　prevenient grace (resistible grace)
〈多特信條〉　Dordrecht Confession
多特會議　Synod of Dort
存在主義，存在派哲學　existentialism, existentialist philosophy
宇宙論證　cosmological argument
守望台聖經書社，耶和華見證人　Watchtower Bible and Tract Society, Jehovah's Witnesses
安息日會　Seventh-day Adventists
安提阿，安提阿學派　Antioch, Antiochian school
成聖　sanctification
次位論　subordinationism

次經　Apocrypha
死後滅亡說，死後滅亡說論者　annihilationism, annihilationists
自由神學　liberal theology
自由教會　free churches
自由意志　free will
自限　self-limitation
自然宗教　natural religion
自然神論，自然神論者　deism, deists
自然神學　natural theology
自然論　naturalism

七劃

佛羅倫斯會議　Council of Florence
伯拉糾主義　Pelagianism
君士坦丁堡會議（第一次）　First Council of Constantinople
君士坦丁堡會議（第二次）　Second Council of Constantinople
希坡會議　Council of Hippo
希臘化 Hellenistic
形態論（撒伯流主義）　modalism (Sabellianism)
抗辯派　Remonstrants
改革宗神學，改革宗神學家　Reformed theology, Reformed theologians
邪惡　evil

八劃

〈亞他那修信經〉　Athanasian Creed
亞米紐斯主義，亞米紐斯派　Arminianism, Arminians
亞波里拿留主義　Apollinarianism
亞流派爭論，亞流主義　Arian controversy, Arianism
亞爾比根派　Albigensians
亞歷山太，亞歷山太學派　Alexandria, Alexandrian school
使徒　apostles
〈使徒信經〉　Apostles' Creed
使徒統緒　apostolic succession
兩意志基督論　two minds Christology
和子　*filioque*
孟他努主義　Montanism
居間狀態　intermediate state
彼此滲透　*perichoresis*
性體的聯合　hypostatic union
東正教信仰，東正教會　Eastern Orthodoxy, Eastern Orthodox
泛神論　pantheism
物種主義　speciesism
社會福音　social gospel
社羣性類比　social analogy
宗教信條　Articles of Religion
長老制，長老宗信徒　Presbyterian, Presbyterians

九劃

信心　faith
信心的肇始　*initium fidei*
信仰　belief
信仰準則　rule of faith
信經　creeds
信義宗，信義宗信徒　Lutheranism, Lutherans
信實　faithfulness
前千禧年論　premillennialism
〈威斯敏斯特信條〉　Westminster Confession of Faith
客觀不朽說　objective immortality
後千禧年說　postmillennialism
政府論　governmental theory
柏拉圖哲學　Platonic philosophy
科普替教會　Coptic Church
科學革命　scientific revolution
科學創造論　scientific creationism
耶穌子民　Jesus People
耶穌運動　Jesus Movement
英國國教（聖公會）　Church of England (Anglican)
〈迦克墩定義〉　Chalcedonian Definition
迦克墩會議　Council of Chalcedon
迦他利派（亞爾比根派）　Cathari (Albigensians)
重浸派　Anabaptist(s)

十劃

恩典　grace
悔改　repentance
拿撒勒派　Nazarenes
純正基督教　mere Christianity
浸信會　Baptists
〈海德堡問答〉　Heidelberg Catechism
海德堡辯論　Heidelberg Disputation
涅斯多留主義，涅斯多留派　Nestorianism, Nestorians
真誠運動　*satyagraha*
神的自我啟示　self-revelation of God
神的形像　*imago Dei*
神格惟一論　monarchianism
神死　death of God
神祕論，神祕主義者　mysticism, mystics
神國／上帝國　kingdom of God
神智學，神智學者　Theosophy, Theosophists
神學　theology
神體一位論，神體一位論者　Unitarianism, Unitarians
祕傳基督教　esoteric Christianity

十一劃

動物權益　animal rights
唯名論，唯名論派　nominalism, nominalists
唯信仰論者　antinomian
唯靈論　spiritualism
堅忍　perseverance
基要主義，基要派　fundamentalism, fundamentalists
基督一元論　Christomonism
基督一性說，基督一性說派　Monophysitism, Monophysites
基督論　Christology
基督教科學會 Christian Science
基督教會　Church of Christ
基督教無神論　Christian atheism
婦女神學，婦女神學家　womanist theology, womanist theologians
宿命論　fatalism
偉大傳統　Great Tradition
從無造有　*creatio ex nihilo*
惟獨聖經　*sola scriptura*
救世軍　Salvation Army
救恩　salvation
救恩的次序　*ordo salutis*
救贖　redemption
教宗　pope
教理　dogma
教會　church
教會法規　canon laws
教會聖制傳統　church hierarchy
教義　doctrine
敗壞　depravity
啟示　revelation
啟示性類比　revelational analogy
啟蒙運動　Enlightenment
梵蒂岡第一次會議　First Council of Vatican
梵蒂岡第二次會議　Second Council of Vatican
理性主義　rationalism
異端　heresy

十二劃

統一教教會，統一教　Unification Church, Unificationism
終止論，終止派　cessationism, cessationists
終末論　eschatology
傑佛遜聖經　Jefferson's Bible
創世研究所　Creation Research Institute
創造　creation
創造論　creationism
勝利者基督論　Christus Victor theory
復活　resurrection
復臨論，復臨派　adventism, adventist
循道宗，循道宗信徒　Methodism, Methodists
普世教會協會　World Council of Churches
普林斯頓神學　Princeton theology
普救主義（萬物復原論）　universalism (*apokatastasis*)
智慧　wisdom
替贖論　vicarious penitent theory
無千禧年派，無千禧年論者　amillennialism, amillennialists
無條件揀選　unconditional election
無關重要的東西　*adiaphora*
發散論　emanationism
虛己（自限），虛己基督論　kenosis, kenotic Christology
貴格會（公誼會）　Quakers (Friends)
最高的善　*summum bonum*
進化　evolution
進程神學　process theology
開放有神論，開放有神論者　open theism, open theists

十三劃

傳統　tradition
嗣子論　adoptionism
〈奧斯堡信條〉　Augsburg Confession
慈愛　love
敬拜　worship
敬虔主義，敬虔主義者　Pietism, Pietists
新正統派，新正統教會　neo-orthodoxy, neo-orthodox
新柏拉圖主義　Neo-Platonism
新紀元運動　New Age Movement
新教　Protestant
新諾斯底主義　Neognosticism
煉獄　purgatory
萬有在神論　panentheism
萬物復原論，普救論　*apokatastasis*, universalism
萬桑準則　Vincentian Canon
罪，原罪　sin, original sin
聖社　Holy Order
聖經　Scripture
聖像　icon
聖潔　holiness
聖禮　sacraments
聖靈　Holy Spirit
嗣子論　adoptionism
補償論　satisfaction theory
解放神學，解放神學家　liberation theology, liberation theologians
道成肉身　incarnation
道德榜樣論　moral example theory
道德影響論　moral influence theory
達爾文主義，新達爾文主義　Darwinianism,

Neo-Darwinianism
預定　predestination
榮耀神學　theology of glory
漸進啟示　progressive revelation
漸進創造論　progressive creationism
福音主義，福音派 evangelicalism, evangelical

十四劃

稱義／成義　justification
維克多派　Victorines

十五劃

審判　judgment
摩尼派　Manicheans
摩門教，摩門教徒　Mormonism, Mormons
撒但　Satan
撒伯流主義　Sabellianism
敵基督　antichrist
模式　models
樂園　paradise
歐迪奇主義，歐迪奇派　Eutychianism, Eutychians
衛斯理四邊形　Wesleyan quadrilateral
衛斯理派，衛斯理派信徒　Wesleyanism, Wesleyans

十六劃

整全論，整全二元論　holism, holistic dualism
獨力說／神恩獨作說　monergism
諾斯底主義，諾斯底派　Gnosticism, Gnostics

十七劃

嬰兒洗禮　infant baptism
薔薇十字會主義，薔薇十字會士　Rosicrucianism, Rosicrucians
擬宗教　quasi-religion
隱藏的神　hidden God

十八劃

藉洗禮重生　baptismal regeneration

十九劃

羅馬天主教會　Roman Catholic Church

二十一劃

屬性 attributes
護教學 apologetics
護理 providence

二十二劃

贖罪 atonement
贖價論 ransom theory

二十三劃

變質說 transubstantiation

二十四劃

靈魂，靈 soul, spirit
靈魂睡眠 soul sleep
靈魂轉世／輪迴 reincarnation

緊扣時代 服事教會

以文字傳揚基督真道

讀者意見表

衷心多謝你購買本社書籍。本社一直致力以出版事工服事教會，幫助信徒扎根於神的話語，促進靈命增長。為使我們的出版更能滿足你的需要，請填寫下列各項資料，並寄回或傳真予本社。

所購書籍：______________________

本書最吸引你的地方：
☐作者 ☐適切性 ☐文筆 ☐設計 ☐實用性
☐其他：______________________

購買本書地點：
☐基道書樓 ☐基督教書店 ☐非基督教書店

性別：☐男 ☐女 職業：______________

信仰：☐基督徒 ☐非基督徒

年齡：☐ 16 歲或以下 ☐ 17～25 歲 ☐ 26～35 歲
☐ 36～55 歲 ☐ 56 歲或以上

學歷：☐中三或以下 ☐中五 ☐預科
☐大學 ☐研究院

☐我欲更多了解基道出版社的事工及考慮支持，請寄給我下列資料：
☐機構簡介 ☐新書資料 ☐基道會員通訊
☐《基道文字事工通訊》

姓名：______________ 電話：______________

地址：______________________________

____

傳真：______________ 電子郵件：______________

其他意見：______________________________

____

多謝賜教！

意見表可以傳真（2687-0281）或直接郵寄以下地址：
香港沙田火炭坳背灣街26號富騰工業中心1011室
基道出版社編輯部收